《信息化与工业化两化融合研究与应用》编委会

国家出版基金项目
NATIONAL PUBLICATION FOUNDATION

信息化与工业化两化融合研究与应用

流程工业组件化生产执行系统

荣 冈 冯毅萍 赵路军 编著

科学出版社

北 京

内 容 简 介

本书依据协同生产管理和控制的国际标准,采用过程系统工程的方法论,以生产执行系统 MES 软件组件为信息化载体,实现两化整合中所需的统一数据集成,统一知识表达和人机协同决策。本书首先介绍了 MES 的基本原理、发展趋势及其在两化整合中的作用。结合流程企业实际,第 3、4 章提出了基于多层次工厂模型的 MES 设计方法,第 5 章详细介绍了组件化 MES 软件设计、开发和应用实施的方法和技术。第 6、7 章针对质量管控和计划优化两个应用案例,分别介绍了各类 MES 组件的协同运行方法。第 8 章介绍了 MES 信息可视化组件的应用场景,第 9 章介绍了 MES 培训组件对改善人机协同工作效率的作用。本书可供流程工业企业各级生产和经营管理人员、管理技术人员、MES 实施与应用人员学习参考,也可作为相关院校教师、研究生的教学教参书。

图书在版编目(CIP)数据

流程工业组件化生产执行系统/荣冈,冯毅萍,赵路军编著 . —北京:科学出版社,2014.10

(信息化与工业化两化融合研究与应用)

ISBN 978-7-03-042020-6

Ⅰ.①流… Ⅱ.①荣… ②冯… ③赵… Ⅲ.①工业生产-管理信息系统-研究 Ⅳ.①F406.2-39

中国版本图书馆 CIP 数据核字(2014)第 224240 号

责任编辑:姚庆爽 / 责任校对:韩 杨
责任印制:肖 兴 / 封面设计:黄华斌

科 学 出 版 社出版

北京东黄城根北街 16 号
邮政编码:100717
http://www.sciencep.com

新科印刷有限公司印刷

科学出版社发行 各地新华书店经销

*

2014 年 10 月第 一 版 开本:720×1000 1/16
2014 年 10 月第一次印刷 印张:20 3/4
字数:400 000

定价:108.00 元
(如有印装质量问题,我社负责调换)

《信息化与工业化两化融合研究与应用》序

传统的工业化道路,在发展生产力的同时付出了过量消耗资源的代价:产业革命200多年以来,占全球人口不到15%的英国、德国、美国等40多个国家相继完成了工业化,在此进程中消耗了全球已探明能源的70%和其他矿产资源的60%。

发达国家是在完成工业化以后实行信息化的,而我国则是在工业化过程中就出现了信息化问题。回顾我国工业化和信息化的发展历程,从中国共产党的十五大提出"改造和提高传统产业,发展新兴产业和高技术产业,推进国民经济信息化",到党的十六大提出"以信息化带动工业化,以工业化促进信息化",再到党的十七大明确提出"坚持走中国特色新型工业化道路,大力推进信息化与工业化融合",充分体现了我国对信息化与工业化关系的认识在不断深化。

工业信息化是"两化融合"的主要内容,它主要包括生产设备、过程、装置、企业的信息化,产品的信息化和产品设计、制造、管理、销售等过程的信息化。其目的是建立起资源节约型产业技术和生产体系,大幅度降低资源消耗;在保持经济高速增长和社会发展过程中,有效地解决发展与生态环境之间的矛盾,积极发展循环经济。这对我国科学技术的发展提出了十分迫切的战略需求,特别是对控制科学与工程学科提出了十分急需的殷切期望。

"两化融合"将是今后一个历史时期里,实现经济发展方式转变和产业结构优化升级的必由之路,也是中国特色新型工业化道路的一个基本特征。为此,中国自动化学会与科学出版社共同策划出版《信息化与工业化两化融合研究与应用》,旨在展示两化融合领域的最新研究成果,促进多学科多领域的交叉融合,推动国际间的学术交流与合作,提升控制科学与工程学科的学术水平。丛书内容既可以是新的研究方向,也可以是至今仍然活跃的传统方向;既注意横向的共性技术的应用研究,又注意纵向的行业技术的应用研究;既重视"两化融合"的软件技术,也关注相关的硬件技术;特别强调那些有助于将科学技术转化为生产力以及对国民经济建设有重大作用和应用前景的著作。

　　我们相信,有广大专家、学者的积极参与和大力支持,以及编委的共同努力,本丛书将为繁荣我国"两化融合"的科学技术事业、增强自主创新能力、建设创新型国家做出应有的贡献。

　　最后,衷心感谢所有关心本丛书并为丛书出版提供帮助的专家,感谢科学出版社及有关学术机构的大力支持和资助,感谢广大读者对本丛书的厚爱。

中国工程院院士

2010 年 11 月

前　言

流程工业指主要生产过程为连续生产的工业。包括了石化、冶金、电力、轻工、制药、环保等在国民经济中占主导地位的行业，其发展状况直接影响国家的经济基础，是国家的重要基础支柱产业。联合国工业发展组织的统计报告显示，2009年中国已经成为仅次于美国的全球第二大工业制造国，但相比于发达国家，我国制造业产品附加值低，制造过程资源、能源消耗大，污染严重。

近年来，我国流程工业企业非常重视"工业化与信息化"融合，由企业资源管理系统（ERP）、生产执行系统（MES）和生产过程控制系统（PCS）构成的综合自动化系统，已经成为流程行业节能减排、提高竞争力的利器。其中，生产执行系统MES，上联 ERP 层，下达 PCS 层，强调制造过程的整体协调和优化，可帮助企业建设完整的企业级闭环生产管理体系，是协同生产管理和控制的核心技术。MES 的实施和应用，必须长期不懈地坚持科学研究、技术开发和工程应用三者的有机结合，才能真正取得成效。

本书依据协同生产管理和控制的国际标准，采用过程系统工程的方法论，以MES 软件组件为信息化载体，将企业的生产管控流程与自动化技术及工艺技术融合在一起，力图实现综合自动化系统的统一数据集成，统一知识表达和人机协同决策。

本书是"工业化与信息化"深度融合的一次努力和尝试，一大批青年学者、软件开发员、行业应用咨询师参与了本书的工作，他们是赵路军，周德营，吴玉成，许祎，冯毅萍，顾海杰，杨佳丽，王强，朱玉涛，肖力塘，朱峰，许华，朱炜，王子豪，李诚，张奇然。

全书共 9 章，由从事科研开发和工程应用的专业人员编写，荣冈对全书进行了统稿，王成龙、李诚进行了全书的统一排版。具体执笔分工为：荣冈编写第 1、2 章，冯毅萍编写第 3、4、8、9 章，荣冈和王子豪编写第 6、7 章，赵路军编写第 5 章。

由于编写时间紧迫，书中不妥之处请专家和广大读者批评指正。

荣　冈

2014 年 7 月于求是园

目　　录

第1章 绪 论

1.1 流程工业企业的信息化

1.1.1 工业化与信息化"两化"融合的需求

流程工业涵盖石油、化工、冶金、制药等多种产业,是至关重要且规模庞大的基础产业,也是国家的经济命脉之一。

流程工业的生产过程通常具有大规模连续或间歇的物料转化、混合、分离等一系列复杂及动态的生产制造方式,大多是资金密集、技术密集的大型企业和企业集团。流程工业的可持续发展,不仅需要供应链层面进行宏观的合理布局和资源优化,也需要企业内部生产和经营各环节的有效控制和协同管理,通过各项技术经济指标的最优化,实现安全生产,降低成本,提高能源利用率,减少有害物排放。

20 世纪 90 年代以来,我国工业化向着更大的加工与制造规模发展,以应对更激烈的市场竞争。流程工业企业的发展也不例外,企业的生产规模不断扩大,占全国企业年总产值的比例不断攀升,2011 年达 66%。然而,我国流程工业企业的技术进步、企业生产经营效益等指标远未达到发达国家水平,尤其是综合能耗水平远高于全球的平均水平。电力、钢铁、有色、石化、建材、化工、轻工、纺织 8 个行业主要产品单位能耗平均比国际先进水平高 40%,我国的能源利用效率仅为 33%,比发达国家低 10 个百分点左右。

信息化是我国加快实现工业化和现代化的必然选择。近十年来,专家学者和国家科技部等相关部门的领导,倡导以信息化带动工业化,以工业化促进信息化,走科技含量高、经济效益好、资源消耗低、环境污染少、人力资源优势得到充分发挥的新型工业化路子。流程企业信息化水平不断提高,计算机、通信与软件技术在流程工业中的应用得到发展与普及,引进和自主开发了大量信息化技术与工程软件,并且以各类工业控制计算机和工业级通信网络为载体,广泛应用于企业生产营运、经营管理、设计研发的全过程。"十二五"以来,中国流程工业企业加快了转型升级步伐,由规模发展向科学发展、内涵发展转变,更加注重发展的质量和效益,也更加需要工业化与信息化的深度融合。

1.1.2 "两化"融合的技术路线

自动化技术是实现大规模工业生产安全、平稳、优质、高效的基本条件和重要保证。工业现代化程度越高，其成套技术装备的主辅机依赖于工业自动化仪表与系统的程度越大，对工业自动化仪表与系统的要求也越高，一般来说，在工程建设中，自动化仪表的投资与工业设备的总投资之比（自动化投资率）也越高，电力工业已由20世纪60~70年代的3‰~5‰，提高到目前的10‰~12‰；钢铁工业从8‰提高到12‰~15‰，化学工业从10‰提高到15‰~18‰。这表明工业自动化仪表与系统在工业生产中的作用越来越大，其应用水平不断提高。

自动化技术是传统产业改造升级的有效手段。应用工业自动化仪表与系统能改变技术设备和管理的落后面貌，使传统产业实现低消耗、高质量、高效益的目标，提高新产品开发能力和市场竞争能力，确立现代先进制造业新形象。

流程工业生产通常是使原材料和其他物质资源在形态上发生改变，在人参与下，使原材料价值增加的一个综合过程。也就是说根据用户的需求，在企业内部管理人员和操作人员共同控制与操作下，经过一定的生产设备，把一些物资的形态转变成为用户所要求的具有使用价值的产品，如图1-1所示。在转变过程中，企业经营者希望产品价值逐步高于原材料的价值。

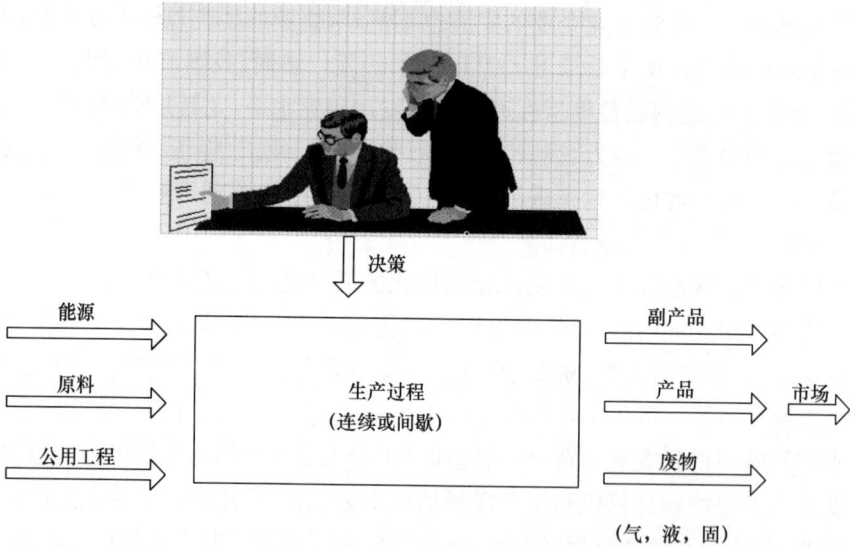

图 1-1　流程工业企业的运作过程

在这一转变过程中，流程工业企业的经营者采用综合自动化技术解决以下四方面的问题。① 安全：需要用高可靠性的控制系统、检测和执行机构对设备与装置的运行提供保证,进而对关键装置进行故障诊断与健康维护;② 低成本:通过先进的工艺及工艺参数以降低能耗和原料消耗,以及通过先进的建模技术、控制技术和实时优化技术来提高产品的合格率和转化率;③ 高效率:通过先进的计划调度与排产技术和流程模拟技术来提高设备利用率和劳动生产率;④ 提高竞争力:通过数据和信息的综合集成,如先进的管理技术(包括 ERP、CRM、SCM 等)、电子商务、价值链分析技术等,促进企业价值的增值,最终提高企业的综合竞争力。

自 20 世纪 90 年代以来,在流程工业企业普遍沿着更大的加工与制造规模和更激烈的市场竞争趋势发展的同时,计算机、通信与软件技术在流程工业中的应用得到发展与普及,大量的新型系统理论、技术与软件被开发出来,并且以各类工业控制计算机和工业级通信网络为载体,应用于流程工业,承担起对于生产过程全局的协同控制、管理及优化。在此共识的基础上,学术界与产业界将这类技术体系化地归纳为由 ERP、MES 和 PCS 三个层面组成的管理与控制一体化系统,国际上称为计算机集成制造系统(Computer Integrated Manufacturing Systems,CIMS),如图 1-2 所示。该结构体系及其内部组织的指导思想本质上仍然是在长期研究中积累的过程系统工程(Process Systems Engineering,PSE)领域的系统方法论。

图 1-2 三层体系结构示意图

最底层是以 PCS(过程控制系统)为代表的基础自动化层。主要内容包括先进控制、软测量技术、实时数据库、可靠性技术、数据融合与数据处理技术、集散控制系统(DCS)、多总线网络化控制系统、基于高速以太网和无线技术的现场控制设备、传感器技术等。

中间层是以 MES(生产制造执行系统)为代表的生产执行及过程运行优化层。主要内容包括先进建模与流程模拟技术(Advanced Modeling Technologies,AMT)、先进计划与调度技术(Advanced Planning and Scheduling,APS)、生产实时跟踪技术、故障诊断与健康维护技术、数据挖掘与数据校正技术、动态质量控制与管理技术、物料平衡技术、产品储运与配送技术等。

最上层是以 ERP(企业资源管理)为代表的企业生产经营计划和优化层。主要内容包括企业资源管理(ERP)、供应链管理(SCM)、客户关系管理(CRM)、产品质量数据管理(PDM)、数据仓库技术、设备资源管理、企业电子商务平台等。

三层结构在功能划分上虽有重叠，但各有侧重。如同是设备管理，PCS层注重设备监控和故障诊断，MES层注重设备管理，ERP层注重设备维修计划、备品备件、设备资产管理等。其他各个业务功能模块，如生产计划、调度、成本、物流等也与此类似。

在管控一体化的体系结构中，MES起到了承上启下的作用。一方面，它对来自ERP层的生产计划进行细化分解，并会同质量、工艺、设备等信息，生成操作指令，传递给PCS层；另一方面，它对PCS层的运行状态进行监控，通过采集其物料、工艺、质量、设备状态等数据，进行分析计算与处理，得到底层的生产状态信息，并传递给ERP层，使管控一体化系统形成了一个有机的整体。由此可见，MES是实现企业综合自动化的关键。

1.2　MES发展历程

1.2.1　MES的背景

过去二十五年，伴随着消费者对产品的需求愈加多样化，制造业的生产方式开始由大批量的刚性生产转向多品种少批量的柔性生产，企业开始投资信息系统以提高生产率，以计算机网络和大型数据库等IT技术和先进的通信技术的发展为依托，企业的信息系统也开始从局部的、事后处理方式，转变为面向全局的、实时处理方式。这推动了企业信息系统市场的稳步增长。一些如ERP系统在市场中占据了主要地位，80%的《财富》五百强企业已经使用ERP来管理他们的企业运转，而且越来越多的中小型企业也在采用这种方法，不同程度地实现了以财务为核心的产、供、销、人、财、物集成化的企业资源综合管理。另外，在过程控制领域PLC、DCS得到大量应用，极大地提高了企业生产自动化程度，企业信息化的各个领域都有了长足的发展。

但是，其中很长一段时间内，车间层的信息系统建设明显滞后。车间层的生产部门通常都采用定制应用软件来满足现场的生产操作和管理需求。例如，基于数据库或电子表格的生产数据采集系统在车间获得广泛的应用，用于实时监控生产执行过程。但是在实践过程中，由于生产过程的不确定性和复杂性导致其软件维护和数据整合变得很复杂。所以，在企业信息集成的实践过程中，仍然难以解决生产管理瓶颈带来的各种问题：一方面，上层职能部门在制订计划过程中无法准确及时地把握底层的生产实际状况；另一方面，底层的操作人员在生产过程中无法得到切实可行的作业计划做指导，并且工厂管理人员和操作人员难以在生产过程中跟踪产品的状态数据，不能有效地控制在制品库存，而用户在交货之前无法了解定单的执行状况。针对这些困难,软件供应商提出了将多个执行管理组件封装于单个应用集成软件的解决方案,提供一个通用的用户界面和数据管理系统,即制造执行系统(MES),以达到快速响应市场需求,高质量、高效率、低成本地完成生产任务的目标。

20 世纪 70 年代,各企业开始开发或引入单一功能的软件产品和软件系统,如设备状态监控系统、质量管理系统、生产管理系统等,所有这些系统可以理解为单一功能的 MES。

20 世纪 80 年代,为了解决底层各集散控制系统(Distributed Control System, DCS)之间没有联系的"信息孤岛"(Island of Information)问题,即管理层的物料需求计划(Material Requirements Planning, MRP)、制造资源计划(Manufacturing Resources Planning, MRPII)与底层 DCS 系统之间没有联系问题,出现了 MES 原型,即传统的 MES(Traditional MES)。传统的 MES 的主要功能是生产现场管理(Point of Production, POP)和车间级控制系统(Shop Floor Control, SFC)。

1990 年,美国咨询调查公司(Advanced Manufacturing Research, AMR)首次提出并使用了 MES 的概念,将企业的计划系统与控制系统之间的面向制造执行过程的管理信息系统称为 MES;又于 1992 年提出了企业三层集成模型,指出 MES 位于计划层与控制层之间,任务是将业务系统生成的生产计划传递给生产现场,并将生产现场的信息及时收集、上传和处理。

AMR 于 1993 年进一步提出了 MES 的集成系统模型,该模型向上与公司级的计划系统相连,向下与过程控制系统相连,由围绕关系数据库和实时数据库的四组功能构成,各个功能通过关系数据库实现生产数据的共享,并通过实时数据库保证与过程控制系统的同步,如图 1-3 所示。四组功能分别是:

(1) 工厂管理(Plant Management)是生产管理的核心部分,主要包括生产资源管理、计划管理和维护管理等功能;

(2) 工艺管理(Plant Engineering)主要是指工厂级的生产工艺管理,包括各种文档管理和过程优化等功能;

(3) 质量管理(Quality Management)以工厂制造执行过程中的质量管理为核心,主要包括统计质量控制、实验室信息管理系统等;

(4) 过程管理(Process Management)主要包括设备的监测与控制、数据采集等功能。

1.2.2　MES 的定义

回顾历史,每一位参与者都有自己关于 MES 的定义。定义往往取决于他们掌握 IT 工具的程度,生产管理的方式,或者他们对客户需求的了解。

制造执行系统国际联合会(Manufacturing Execution System Association In-

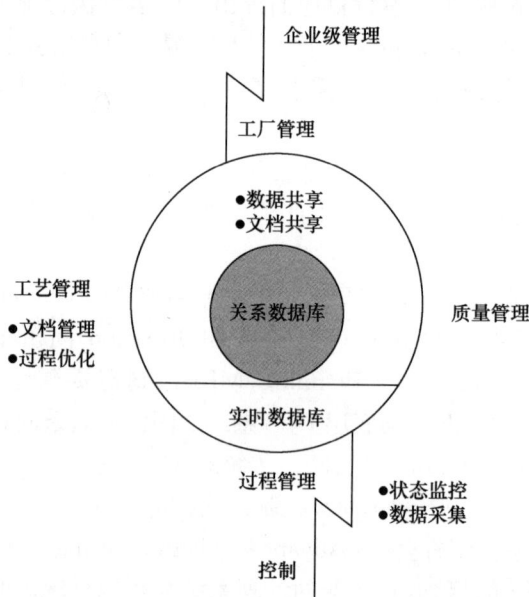

图 1-3　MES 集成系统模型

ternational,MESA)于 1997 年开始陆续发表 MES 白皮书,分析了 MES 产品的发展及应用 MES 产品的作用与效益,论述了 MES 实现与上层计划系统和下层控制系统集成的可行性,给出了 MES 的描述性定义,从而有效地推动了 MES 的发展。

MESA 给出的 MES 的描述性定义是:MES 能通过信息传递,对从订单下达到产品完成的整个生产过程进行优化管理。通过使用准确的实时数据,MES 能够指导生产进程,响应计划调度指令,以及报告生产活动的状态和结果。由此可以应对生产环境变化,减少无附加值的活动,提高生产加工过程的效率。MES 还可以提高准时交货率,库存周转率,从而提高经营型资产的回报率。MES 通过双向通信,提供了生产活动的任务核心信息,可以贯穿企业各管理层次和供应链的各个环节。

为了满足制造环境多样性的需求,MESA 定义了 11 条 MES 的主要功能,如图 1-4 所示。

(1) 资源配置和状态(Resource Allocation and Status):管理各种资源,包括机器、工具操作技术、物料、其他设备,以及如文件等确保运行正常开始所必需的实体。资源配置和状态的功能是提供资源的详细历史,确保设备的恰当设置,以及提供设备的实时状态。资源管理也包括了预约和分派这些资源的功能,以满足运行调度的目标。

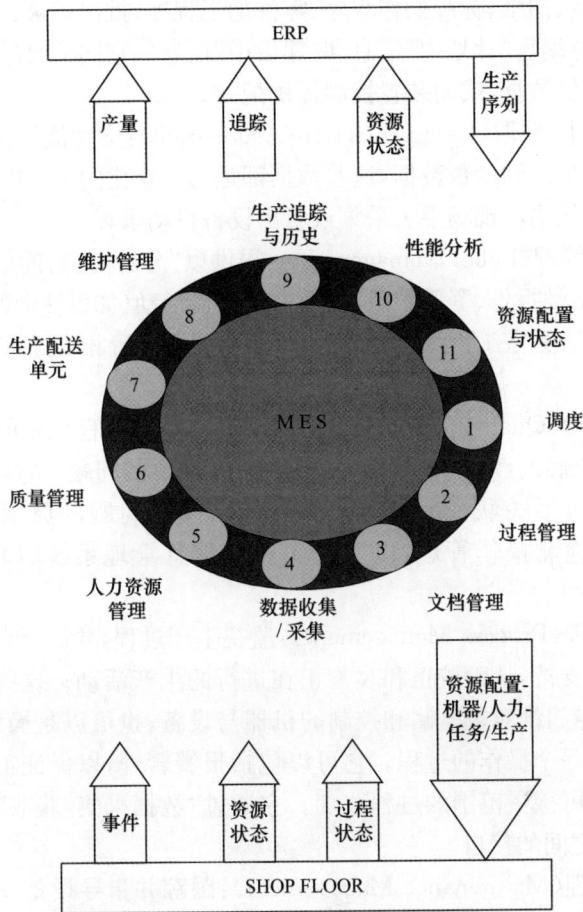

图 1-4 制造执行系统功能模块

（2）运作/详细调度（Operations/Detail Scheduling）：基于优先级、属性、特性以及与运行过程中特定的生产单元相关的生产规则等进行排序，如颜色类型的排序，或者其他使得排序恰当、调整时间最少的调度特性的排序。运行/详细调度需要考虑到资源的有限产能，并考虑到替代方案和重叠/并行运行，以便详细计算出设备负荷和轮班模式调整的精确时间。

（3）分派生产单元（Dispatch Production Units）：管理以作业、订单、批次、工作指令为形式的生产单元的流程，以适当的顺序分派信息，使其在正确的时间到达正确的地点。当工厂现场发生突发事件时，它按顺序分派信息，及时执行和修改作业。它具有变更现场预定调度的能力，重新安排生产，改变已下达的处理计划，并具有通过缓冲管理来控制在制品数量的能力。

（4）文档管理（Document Control）：管理与生产单元相关联的记录和报表，包括工作说明、配方、图纸、标准操作程序、零件加工程序、批次记录、工程更改说明和交接班信息,以及编辑"计划中"信息和"建设中"信息。它向下给操作级发送指令,包括向操作员提供数据,或向装置控制提供配方。

(5) 数据采集/获取(Data Collection/Acquisition):本功能提供了一个接口来获取运行内部的生产和参数数据,这些数据都是与大众化的生产单元相关联的,以"分钟"为时间级从生产现场手工采集或者由设备自动采集。

(6) 劳动力管理(Labor Management):提供以"分钟"为时间级的人员状态信息,包括时间和出勤报告、资质跟踪,以及追溯间接活动(如以活动的成本计算为依据的物料准备或工具室工作)的能力。它可以与资源配置相交互,以确定最优的工作分派。

(7) 质量管理(Quality Management):提供从制造过程采集的测量数据的实时分析,以保证正确的产品质量控制,并识别需要注意的问题。它可以提供纠正问题的推荐措施,包括关联征兆、动作和结果,以确定问题的原因。它还包括了SPC/SQC、离线检测操作管理,以及在实验室信息管理系统(LIMS)中的分析功能。

(8) 过程管理(Process Management):监视生产过程,并进行自动校正或者为操作者提供决策支持,从而校正和改善正在进行的生产活动。这些活动既可以是操作内部的,并专门针对被监测和控制的机器与设备;也可以是操作之间的,跟踪从一种操作到下一个操作的过程。它可以包括报警管理,以保证工厂的工作人员能够知道已超出可接受范围的过程改变。它通过"数据采集/获取"功能提供了智能设备和MES之间的接口。

(9) 维护管理(Maintenance Management):跟踪并指导设备及工具的维护活动,从而保证这些资源在制造过程中的可用性,并保证周期性维护调度或预防性维护调度,以及对紧急问题的响应。同时,还包括维护事件或问题的历史信息,以支持故障诊断。

(10) 产品跟踪和谱系(Product Tracking and Genealogy):提供所有时期工作状况和工作安排的可视化。其状态信息可以包括:谁在进行该工作;供应者提供的物料成分、批量和序列号;当前生产条件,以及与产品有关的任何报警、返工,或者其他例外信息。在线跟踪功能也创建了一个历史记录。该记录保证了对每个最终产品的成分和加工过程的可追溯性。

(11) 绩效分析(Performance Analysis):以"分钟"为时间级,提供实际制造运行结果的最新报告,同时提供与过去历史记录和预期业务结果的比较功能。绩效结果包括对诸如:资源利用率、资源可用性、产品单位生命周期、与调度的一致性,以及与标准绩效的一致性等指标的度量。

在这11个功能中,有一些功能直接与相关层次生产过程联系,如调度和质量管理。然而还有一些功能,如资源管理和产品可追溯性等,需要跨层次实现。MES 功能分类的困境带来两个后果。首先,对于相关的制造商来说,通常难以清楚理解 MES 的概念。其次,倾向于将尚未在 ERP 或 PCS 层次定义的功能,统统引入 MES,造成功能架构的混乱。事实上,所有的 MES 功能并不一定是在同一层次上。

因此,MESA 提出了如图 1-5 所示的 MES 外部系统环境模型,从而给出了 MES 与其他企业管理系统之间的关系。

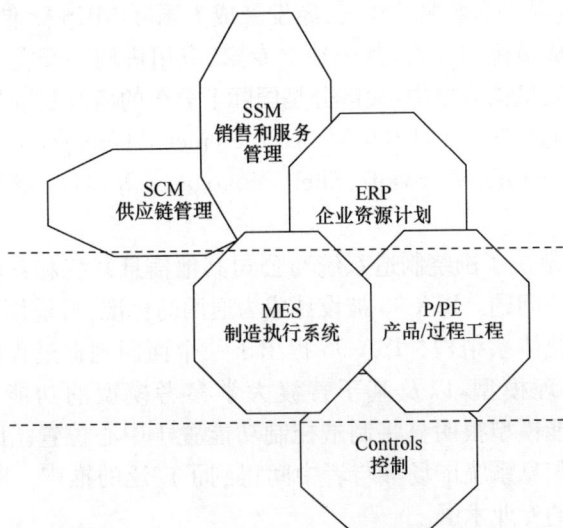

图 1-5　MES 外部系统环境模型

通过图 1-5 可以看出,MES 在企业信息系统集成过程中起到了信息集线器的作用。MES 为其他应用系统提供生产现场的实时数据,同时它也从其他系统获取所需的数据。从信息集成的角度来看,MES 连接了企业上层的 ERP、SSM、SCM 等业务经营计划系统与底层的过程控制系统,从而实现了企业的纵向信息集成,起到了打破企业纵向信息断层的作用。同时,MES 也横向集成了 P&PE、ERP、SSM、SCM 等系统,这些系统之间信息的传递与共享,起到了打破企业间横向"信息孤岛"的作用。此外,MES 与其他类型信息系统之间也有着部分功能重叠的关系。例如,MES 和 SCM 中都包含调度管理;MES 和 SSM 中都有劳动力管理;ERP 中也有相应的人力资源管理;MES 和 P/PE 两者都具有文档控制功能;同时 MES 和生产自动控制系统中也都包含过程管理。各个系统重叠范围的大小与工厂的实际执行情况有关,但是每个系统的作用和价值又是唯一的。

为了解决这一问题,国际仪器、系统及自动化委员会 ISA 发布了 ISA-95 国际标准,其重要贡献便是定义了一套 MES 不同部分的关键相互作用。如果没有这种标准接口,研发出来的 MES 解决方案可能无法跟上各行业不断变化的需求。例如,与维护操作中的记录相关联,就可以正确解释一个周期性的质量问题。反之,如果生产班组管理与过程控制信息不能很好挂钩,那么产品质量追踪就失效了。

1.2.3　ISA-95 标准

从 1997 年起,美国仪表学会启动了编制 ISA-95 企业控制系统集成标准的工作,该标准受到业界人士普遍关注,已经发展成为国际 MES 标准。参加标准起草和讨论的工作组成员逾 190 人,其中独立专家、应用机构和开发机构各占约 1/3。在应用机构和开发机构名单中,大部分是国际上著名的离散制造业、流程工业和自动控制系统公司的代表,如 HP、IBM、ABB、Siemens、Honeywell、SAP、Rockwell、Emerson、Invensys、GE、Microsoft、Shell、Yokogawa 等,具有相当的代表性和权威性。

ISA-95 标准解决了围绕制造系统与公司其他信息系统和自动化系统进行信息交互的规范接口问题。ISA-95 被设计成为通用的标准,可适用于任何组织机构模型或者制造系统体系结构。ISA-95 提出了一个面向制造过程的,由 ISA-88 标准推理得到的物理模型,以及基于普渡大学参考模型的功能和信息流定义。ISA-95的这个功能模型很明显将制造控制功能置于中心位置。此标准已经在车间层或更高层的信息系统市场参与者中间得到了广泛的推广。ISA-95 标准也给出了此领域一致的专业术语。

对 ISA-95 标准最严峻的挑战是它必须满足多种工业和行业对企业信息集成的需要。如流程行业的 MES 不仅要集成信息流和物料流,还要集成能源流,并且流程行业的 MES 具有混杂性,不仅包括连续过程变量,而且包含离散过程变量,因此 ISA-95 必须是一个适用于食品、化学,以及电子工业这些不同类型的工业的跨行业的定义集合,从而保证其可以成为覆盖离散型、连续型和批处理流程制造业的 MES 的标准。按照 ISA-95 标准(表 1-1)进行生产建模,可以保证简单而快速的实施复杂的制造系统,但作为具体可实施的 MES 模型,还需要针对行业和企业的特点进行细化和扩展。

表 1-1　ISA-95 系列标准

标准号	发布时间	标题
SP95.01	2000	模型与术语 Models and Terminology

续表

标准号	发布时间	标题
SP95.02	2001	对象模型属性 Object Model Attributes
SP95.03	2002	制造信息行为模型 Activity Models of Manufacturing Information
SP95.04	2003	制造操作对象模型 Object Model of Manufacturing Operation

ISA-95 标准逐渐成为指导 MES 开发、实施及解决 ERP 与 MES 接口问题的一个重要参考依据，并先后被法国、德国、意大利、日本、英国、肯尼亚等接受为国家标准。从 2003 年开始，ISA-95 标准正式被 IEC 采用，分别在 2003 年、2004 年和 2007 年作为 IEC 62264 标准发布。分别为：

(1) 2003 年的模型与术语(IEC 62264-1：2003 Enterprise Control System Integration-Part 1：Models and Terminology)；

(2) 2004 年的对象模型属性(IEC 62264-2：2004 Enterprise Control System Integration-Part 2：Object Model Attributes)；

(3) 2007 年的制造操作管理活动模式(IEC 62264-3：2007 Enterprise Control System Integration-Part 3：Activity Models of Manufacturing Operations Management)

IEC 62264 企业控制系统集成标准，其功能模型主要依据国际 MES 协会提出的模型和美国普渡大学著名教授 T. Williams 指导下提出的普渡企业参考体系结构 PERA。它将任务视为企业功能分解的最底层，是基于任务建模的参考模型。它对信息系统的任务、制造任务和人的任务，以及这三者之间相互关系进行建模。PERA 通过功能视图和实施视图来描述企业。功能视图描述企业的任务和功能，它定义信息流和制造流，信息流包括职业中所有与功能相关的决策、控制和数据处理，而制造流则取决于企业的具体生产需求。PERA 覆盖了计算机集成制造系统 CIM 系统实施的最完整的生命周期，同时也符合了工业化应用标准的简单性和适应性。

1.3　MES 的行业化应用

MES 的实施和应用要充分考虑企业的经营目标，生产过程特点和管理模式，以谋求最合适的信息化解决方案。

企业的生产方式，主要可以分为按定单生产、按库存生产或上述两者的组合。从生产类型上考虑，则可以分为批量生产和单件小批量生产。从产品类型和生产工艺组织方式上，企业的行业类型可分为流程生产行业和离散制造行业。

典型的流程生产行业有医药、石油化工、电力、钢铁、能源、水泥等。这些企业，主要采用按库存、批量、连续的生产方式。典型的离散制造行业有机械、电子、航空、汽车等行业。这些企业，则既有按定单生产，也有按库存生产；既有批量生产，也有单件小批生产。

MES无论从功能模型还是信息模型以及相关技术上，都覆盖了流程生产行业和离散制造行业。但是，无论从工艺流程还是生产组织方式方面，流程生产行业和离散制造行业都存在较大的差别。所以，在MES具体实施上，要根据行业特征区别对待。

1.3.1　行业的需求差异

流程生产行业，主要是通过对原材料进行混合、分离、粉碎、加热等物理化学方法使原材料增值，通常以批量或连续的方式进行生产。而离散制造行业主要是通过对原材料物理形状的改变、组装，成为产品使其增值。在MES需求、应用环境等诸多方面，两者都有较大的差异。

1. 产品结构

离散企业的产品结构，可以用"树"的概念进行描述—其最终产品一定是由固定个数的零件或部件组成，这些关系非常明确并且固定。流程企业的产品结构，则有较大的不同，它们往往不是很固定—上级物料和下级物料之间的数量关系，可能随温度、压力、湿度、季节、人员技术水平、工艺条件不同而不同。

在流程生产行业MES中，一般采用配方的概念来描述这种动态的产品结构关系。其次，在流程生产行业每个工艺过程中，伴随产出的不只是产品或中间产品，还可能细分为主产品、副产品、协产品、回流物和废物。MES在描述这种产品结构的配方的时候，还应具有批量、有效期等方面的要求。

2. 工艺流程

面向订单的离散制造业，其特点是多品种和小批量。因此，生产设备的布置不是按照产品而是按照工艺进行布置的。例如，离散制造业往往要按车、磨、刨、铣等工艺过程来安排机床的位置。因为每个产品的工艺过程都可能不一样，而且可以进行同一种加工工艺的机床有多台。因此，离散制造业需要对所加工的物料进行调度。并且中间品需要进行搬运。

流程生产行业的特点是品种固定，批量大，生产设备投资高，而且按照产品进行布置。通常,流程企业的设备是专用的,很难改作其他用途。MES 规划的时候,要考虑到不同行业生产设备布置的特点做好配置。

离散企业的原材料和产品多为固体形状,存储在室内仓库或室外露天仓库。流程企业的原材料和产品通常是液体、气体、粉状等。因此存储通常采用罐、箱、柜、桶等设备,并且存储量大多采用传感器进行计量,MES 可以从这些传感器获得必要的信息。

3. 自动化水平

离散企业由于是离散加工,产品的质量和生产率很大程度依赖于工人的技术水平。其自动化水平主要体现在单元级操作层,例如数控机床、柔性制造系统。因此离散制造业企业一般是人员密集型企业,自动化水平相对较低。

而流程企业则大多采用大规模生产方式,生产工艺技术成熟,广泛采用 PCS (过程控制系统)等,控制生产工艺条件的自动化设备比较成熟。因此,流程企业生产过程多数是自动化的,生产车间的人员主要完成生产管理、过程监控和设备检修等工作,自动化水平普遍要求较高。

4. 生产计划管理

离散企业由于产品的工艺过程经常变更,对生产计划能力提出了更高的要求。对于按订单组织生产的企业,由于很难预测订单在什么时候到来,因此对采购和生产车间的计划就需要很好的生产计划系统,特别需要计算机来参与计划系统的工作。只要应用得当,在生产计划系统方面投资所产生的效益在离散制造业可以相当高。

而流程企业主要是大批量生产,只有满负荷生产,企业才能将成本降下来,在市场上才具有竞争力。因此,在流程生产行业企业的生产计划中,年、季度计划更具有重要性,它决定了企业的物料需求。

5. 设备

流程企业的产品比较固定,而且一旦生产就有可能是十几年不变;离散企业的产品,其寿命相对要短得多。体现在设备上,流程企业的设备是一条固定的生产线,设备投资比较大、工艺流程固定。其生产能力有一定的限制,生产线上的设备维护特别重要,不能发生故障。离散企业则不是这样,可以单台设备停下来检修,并不会影响整个系统生产。

6. 批号管理和跟踪

流程生产行业的生产工艺过程中,会产生各种协产品、副产品、废品、回流物等,对物资的管理需要有严格的批号。例如,制药业中的药品生产过程要求有十分严格的批号记录和跟踪,从原材料、供应商、中间品以及销售给用户的产品,都需要记录。一旦出现问题,企业要可以通过批号进行追溯,反查出是谁的原料、哪个部门、何时生产的,直到查出问题所在。而离散制造业一般对这种要求并不十分强调,虽然现在很多离散制造业企业也在逐渐完善批号跟踪管理。

流程生产行业与离散制造行业之间的上述差异,导致 MES 在面向离散企业和流程企业的应用有所区别。

1.3.2　MES 的行业应用特点

在离散制造业,ERP 系统通常以制造资源计划 MRPII 系统来呈现,它是对离散制造业企业的生产资源进行有效计划的一整套生产经营管理计划体系,是一种计划主导型的管理模式。MRPII 是闭环 MRP 的直接延伸和扩充,是在全面继承MRP 和闭环 MRP 基础上,把企业宏观决策的经营规划、销售/分销、采购、制造、财务、成本、模拟功能和适应国际化业务需要的多语言、多币制、多税务以及计算机辅助设计(CAD)技术接口等功能纳入,形成的一个全面生产管理集成化系统。

MES 处于企业的计划执行层,从 MRPII/ERP 层接受计划指令,并向 MRPII/ERP 反馈信息。因此,无论流程生产行业还是离散制造行业,MES 都要与 MR-PII/ERP 建立紧密的信息集成。目前,市场上的大多数 MRPII/ERP 系统是在离散制造业发展过来的,对离散制造业比较适合。适用于流程生产行业的 ERP 产品目前还很少。MRPII/ERP 系统所用的一些术语、提供的管理概念与流程企业的概念习惯不一致。因此流程企业的 ERP 需要专门对待,并且它们对下层 MES 的建设也提出不同要求,主要表现在:

1.　生产模型的要求

流程生产行业中体现了以配方为核心的生产模型,而离散行业中体现了以产品物料清单 BOM 为核心的生产模型。

2.　生产计划方式

流程企业根据市场的需求进行生产的观念已经逐步加深。但一般情况下,特别是对市场需求量大的产品,是"以产促销"——通过大批量生产,降低成本,提高竞争力。因此,作为流程企业生产计划的依据,主要是市场预测。离散企业一方面可以根据定单进行生产,另一方面也可以根据市场预测作为生产计划制订的依据。离散企业的 MRPII/ERP 系统向 MES 下达作业计划指令主要以"工作令"(Job Order 或 Work Order)的方式,而流程企业的作业计划下达主要以"指令计划"方式。

3. 作业计划调度

离散企业的生产作业计划调度,需要根据优先级、工作中心能力、设备能力、均衡生产等方面对工序级、设备级的作业计划进行调度。这种调度,是基于有限能力的调度并通过考虑生产中的交错、重叠和并行操作来准确地计算工序的开工时间、完工时间、准备时间、排队时间以及移动时间。通过良好的作业顺序,可以明显地提高生产效率。

而流程企业的产品,是以流水生产线方式组织、连续的生产方式。因此,在作业计划调度方面,不需要也无法精确到工序级别,而是以整个流水生产线为单元进行调度。从作业计划的作用和实现上,比离散企业相对简单。

4. 数据采集

MES 的数据采集功能,可以实现对生产现场各种数据的收集、整理工作,是进行物料跟踪、生产计划、产品历史记录维护以及其他生产管理的基础。

离散企业的数据采集,以手工上报为主,可以结合条形码采集等半自动信息采集技术进行工时、设备、物料、质量等信息的采集。这种数据采集方式,时间间隔较大,容易受到人为因素的影响,要特别注意保障数据的准确性。

流程生产行业的自动化程度较高,生产过程大量采用 DCS、PLC 等计算机控制系统,各种智能仪表、数字传感器已普遍应用,传统的"计、电、仪"分工界限已不再明显。这些自动化设备,能自动准确记录各种生产现场信息。对于 MES 而言,重点在于系统构建的时候与这些自动化设备做好数据接口。

5. 作业指令的下达

在离散制造行业的 MES 中,将作业计划调度结果下达给操作人员的方式一般采用派工单、施工单等书面方式进行通知,或采用电子看板方式让操作人员及时掌握相关工序的生产任务。作业计划的内容,包括该工序的开工、完工时间、生产数据等方面。

流程生产行业的 MES 中,不仅要下达作业指令以及 PDI(Panel Data Interface,面板数据接口)数据,而且要将作业指令转化为各个机组及设备的操作指令和各种基础自动化设备的控制参数(如 PID 控制参数——Proportional Integral Derivative,比例积分微分控制),并下达给相应的 PCS 系统(Production Control System,生产控制系统)。

6. 设备管理

离散企业的生产设备的布置,不是按产品而是按照工艺进行布置的。可以进行同一种加工工艺的机床一般有多台。单台设备的故障不会对整个产品的工艺过程产生严重的影响,一般需要重点管理关键、瓶颈设备。

在流程生产行业的流水线生产中,生产线上的设备维护特别重要,每台设备都是关键设备,不能发生故障,一台设备的故障会导致整个工艺流程的终止。

7. 库房物料管理

离散制造行业中,一般对半成品库也设有相应的库房,各工序根据生产作业计划以及配套清单分别进行领料。

流程生产行业中,对连续生产方式,一般不设中间半成品库房,配方原料的库位一般设置在工序旁边。配方领料不是根据工序分别领料,而是根据生产计划一次领料放在工序库位中。

8. 质量管理

无论离散制造行业还是流程生产行业的质量检验和管理都相当重要,但在MES 中对质量检验和管理的方式有所区别。离散行业中,对单件小批生产,一般需要检验每个零件、每道工序的加工质量;对批量生产,一般采用首检、抽检、SPC分析相结合。流程生产行业中,一般采用对生产批号产品进行各工序上的抽样检验。

当然,在每个行业的不同生产方式和生产类型中(如离散行业的单件小批或大批大量生产,医药、化工、钢铁等不同流程生产企业),MES 的应用还存在一些差别,仍然需要根据各自特点进行综合分析。

1.4 MES 技术的现状

1.4.1 MES 采用的信息化技术

自从 MESA 提出制造执行系统 MES 的概念以来,MES 的信息化解决方案通常是基于模块化来设计的。并且许多 MES 软件还实现了组件化,大大方便了系统的集成和整合,用户根据自身的需要可以灵活快速地构建自己的 MES。因而,如果 MES 功能集在理论上是不变的,那么它们之间的优先级和结构就能比较方便地改变,以适应公司的目标。一般来说,大部分的 MES 解决方案能够用三个信息技术来支撑:

(1)客户服务器应用程序层:这一层对用户可见。同时,其他系统也能"插入",使得他们能够在一种分布式信息传送环境下进行通信。

(2)集成框架层:集成框架层是整个体系结构的核心。该层主要由标准的,可重复使用的对象组件组成,这些组件提供一个使信息在应用中流转的应用基础框架。通常使用标准的分布式对象工具如 CORBA(公共对象请求智能体体系结构)或 COM/DCOM/OLE(组件对象模型/分布式组件对象模型/对象连接与嵌入)等来建立这个框架。

(3) 数据存储/管理层:这一层向应用和集成框架层提供了基本的服务,如网络通信服务,对象管理服务,以及持久的对象服务。这些服务和功能必须要建立在一个鲁棒性强的标准操作系统和数据库技术之上,从而才能向整个系统提供一个长期可靠的基础。

更具体地说来,MES 的行业巨头关注于各种各样能够增强 MES 的问题,例如集成、可扩展性以及图形配置等。这些提升都依赖于网络计算(如网络协议、内网和外网)和软件技术(如对象、组件、客户/服务器架构、CORBA,ActiveX,Agent,XML,XSLT,SOAP 网络服务,通用设备连接以及语言)方面的显著进步。这些提升和未来的业务特性趋势可以概括如下:

(1) 集成:部署企业级的信息系统是关键,MES 正是通过信息系统将车间层控制和管理层计划系统连接起来。

(2) 异构知识的融合:该机制旨在使得数据采集更加便于理解以及用户更加容易做出决策。

(3) 标准化的连接:即插即用的连接使得设备适合不同计算环境。

(4) 实时性能:如过程状态、物料、资源、员工,以及服务状态的相关信息能够在正确的时间传到正确的用户。

(5) 基于网络的架构体系:开放和模块化系统以便在异构应用中提高互操作性以及增强对新技术的适应性。

(6) 可扩展性和可重构性:一套 MES 必须考虑当前企业的需求,产品的规格以及生产动态发展的本质。

1.4.2 MES 采用的体系架构和数据模型

伴随着全球化竞争,如电子商务,B2B(Business-to-Business),或者 B2C(Business-to-Consumer)。网络被应用于制造工程的各个层面,产生了如敏捷制造、虚拟企业和虚拟工厂等新概念。产品变得越来越多样,更加满足客户的需求,生产操作和工具也越来越复杂,所以生产的复杂性增强了。企业自身也在不断利用新的技术和应用,打通内部管理和系统壁垒,实现灵活生产,满足需求变化。然而,企业高度集中化的组织方式成为了信息系统扩展和 IT 资源重用的结构性限制。因此,采用开放的 MES 架构,标准化的数据建模方式,使得它们更容易与企业现有信息系统进行集成,这一直是 MES 技术发展的主线。基于网络技术的客户/服务器体系,有力地支持了以 MES 为中心的企业实现并行式、分布式的或者并发的生产管理工作流。

多智能体技术具有分布式的组织方式、高度模块化和安装便捷的特点,引起了MES研发者特别的关注。智能体可以表示单个资源(如工作单元、工具等)、流程中的工人等,同时也能表示产品、客户或者供应商。它们执行独立的任务,之间又可以相互作用,以完成生产功能(如采购、局部计划、任务安排、调度、执行控制及产品配送等)。

智能体有效使用的一个案例是整子(Holonic)制造系统,它是智能制造计划中提出的一种未来的制造模式。其中整子(Holonic)的定义是这样的,"Holon"是软件智能体与一套实体设备或者一组实体设备的联合。整子是构造制造系统的一种模块,它具有自治性及合作性。整子制造系统追求快速适应环境变化的能力,虽然整子制造系统整体的相互协作没有使用全局的或者集中的程序,但是它们具有一个基于功能分解的多层次结构,使得相互协作成为可能。

多智能体结构体系通常使用层次和异构的结构,在一个层次体系结构中,会有多层次的主从智能体类型的关系。然而在一个多层次体系结构中,智能体采用一种"点对点"而不是事先定义的主从关系进行通信。智能体是局部自主的,通过协商过程来达到自己的局部目标。层级结构被寄希望于能够降低自身复杂性,加强模块化和扩展性,以及内部的鲁棒性和容错性,只在需要时进行局部决策。

基于分布式系统的工厂自动化(Plant Automation Based on Distributed Systems,PABADIS)旨在开发一个基于网络的柔性生产系统的MES,该MES通过一个分布式和分散式的框架进行设计,并由自主智能体进行执行。它通过小的生产批次来调整灵活的制造单元,并使未来的工厂能够对不稳定的市场做出快速的反应。

因为数据库是一个信息系统的核心,所以,建模工作仅仅关注体系结构方面是不够的。设计、建立和安装一套满足工厂需求而又性价比高的集成MES,其关键步骤在于评估当前集成的状态和基础设施的可行性,然后再映射所有操作层的信息需求。基于此,MES的数据库需要依据工厂特有的条件进行设计。ISA-95标准第三部分试图描述了MES的数据模型。

1.4.3　互联性和网络

基于网络的柔性生产系统MES,对智能体之间的互联性以及制造过程的自动化程度提出了较高的要求。大部分的制造企业也在不断努力,去适应或改进设备集成和通信的技术。物联网和移动通信为生产设备和人员信息互联提供了新的手段。

在离散制造业,特别需要既能单独运行又能与MES集成的通用装备管理器。为了能够通用并重复使用,通用装备管理器的运行规则被分成三个独立的部分:系统/框架规则、业务规则以及设备规则。这些规则在MES界面和设备驱动模型中独立安装,各自执行。其中,驱动模型中的设备规则是设备独有的,将不同的机器连到设备管理器上需要改变相关的驱动。为了解决这一问题,研究人员提出采用移动对象技术的网络设备驱动程序。设备管理器通过网络浏览器下载这一驱动,然后会采用 Java Socket 技术或者对象网络技术通过 CORBA 或者 DCOM 协议与设备进行通信。

在流程行业,除了需要通用装备管理器,还需要采用实时数据库,实现物料、产品、生产设备状态等实时信息在 MES 模块间传递。

PCS 层的网络化控制系统须集成所有新的技术,如无线网络、嵌入式系统、移动组件和电子标签(无线射频识别)等,来满足如移动性、模块化、分布式控制和诊断、自主性以及冗余、快捷维护等要求。工业以太网技术的发展,满足了多层次通信体系结构的通信标准化需求,能够保证 MES 以上层次的通信机制与应用于车间的现场总线通信机制保持一致。例如,将故障检测、隔离和容错控制技术应用于网络化控制系统,将信息系统健康诊断技术应用到多层次工业通信网络,利用网络的动态适应性能、重新配置网络组件等方法,可以提升复杂系统的安全性和可靠性。

1.4.4 数据处理

在网络化的 MES 中,数据以及数据的获取、存贮、转换和发送过程,是一个 MES 效率的核心。网络化、分布式、多人并发操作的 MES,有必要将数据放到信息流的业务上下文中,进行数据处理的效率分析。例如,生产加工调度中,首先有加工指令这类信息流,然后才有物料加工物理过程的发生。如果一个制造企业的信息传递缓慢且质量不高,那如何保证快速生产和产品质量呢?很明显,只有在正确时间提供正确信息才能帮助做出正确的决策。当前技术能够保证信息的可用性,但不能保证信息的准确性。如果所获取信息的准确度依赖于信息的获取链,那么,需要合理设计并在线验证信息获取链。

数据分析和验证需要采集信息,可能是从一个或者多个营运数据库中直接获取数据。营运和事务数据库被设计成能够迅速高效处理独立交易。这种基于交易的相互作用便是在线交易处理(OLTP)。当交易数据对运行环境不再有价值时,就被存于数据仓库中,为以后的决策提供支持环境。实体关系模型常被用来建立 OLTP 系统的数据模型。而多维数据模型常被用作支持决策的数据仓库的建模技术。在线分析处理(OLAP)是一种基于查询的方法,这种方法能够支持在多维环境下进行数据分析。一个 OLAP 引擎以立体的形式构建合乎逻辑的多维数据。MS Excel 提供一个接口使得用户能够查看 OLAP 立体数据库。因而,OLAP 立体数据库和 MES 数据仓库能够用于车间层数据分析。

在车间层,通过设备,装置和其他仪器采集的数据,其精度都必须满足生产过程的精确控制。例如,生产过程检测所得的实时数据,在没有被处理的情况下通常是不能直接用于其他高层办公信息系统的。常用的数据处理技术有数据过滤、文档对象模型(DOM)等。

在流程企业的综合自动化系统中,自动化设备和仪表能自动准确记录各种生产现场信息,并在 DCS 历史数据库或 MES 实时数据库中,建立这些实时数据序列与生产业务数据之间的关联。这些数据被广泛用于统计过程控制、故障诊断、绩效评估等。当实时数据被集成到 MES 的关系数据库时,用统计归并的方法,过滤掉实时数据序列的动态信息,得到与加工批次相匹配的生产绩效数据,并以生产报表的形式,表达这些生产现场数据的上下文关系。验证生产现场数据上下文关系正确性的有效工具为物料平衡或能量平衡计算软件。这项功能在石化行业 MES 解决方案中,被设计成独立的数据校正功能模块,已经在我国大部分石化企业得到优先配置和应用。

1.4.5　集成模型

显然,有效的数据集成,使车间数据(如库存情况、设备利用率、设备运行状态及生产进度等)及时可得,为实现一个集成的企业级信息系统打下了基础。企业级信息系统中与车间现场有效的连接并非可有可无,而是构成良好的企业级信息集成系统的基石。对不同的生产企业,这种集成的益处将会不同,但是基本的作用通常包括有:流程更透明、适应能力更强以及跟踪和追踪能力等。

目前,大多数办公信息系统最初都不是为生产车间设计的,而通常是为企业财务、人力资源、物流、市场和供应链等应用设置的。往往是在事后才尝试连接到生产制造系统。由于在设计阶段就缺乏一个全面的整合设计考虑,办公信息系统将难以有效连接到生产车间。因此当有需要时,点到点的 API 方法被大多数生产企业所采纳,从而导致了昂贵的、非弹性的、不可扩展的同时难以持续的系统架构。

在经过了多年大规模的、封闭式的解决方案开发,接口的定义方式,如 SAP R/3 的业务编程的应用程序接口(BAPI),成为了异构系统中的一个主要的集成方式。由于需要结合各厂商的优势模块,出现可重复使用的预设组件的概念,它用于集成各类系统来提高它们的协调性,包括在同一公司内部或者跨企业之间。有了这种接口,可以把组件集成在软件的内部流程中。例如,很多研究关注的设备维护模型,就能被集成到 ERP 中。

和基于分布式系统的工厂自动化(PABADIS)工程中一样,移动智能体被用于对 MES 体系结构进行建模。智能体能够以一种自主方法来进行协商,从而完成被分配的任务目标,它的这种能力同样能作为一种集成的载体。Java 编程语言使得这种方法变得更简单了,因为该语言能够与生俱来地实现移动智能体,并能将智能体的复杂体系结构转换成简单的文档文件,反之亦然。

不同的生产设备(或生产流程)被用于生产不同的产品,例如汽车、食品、化学原料等。生产设备种类的多样性使车间的连接变得复杂。如今,使用多种通信接口以多种格式在多个信息源间传输数据。有效的数据集成必须是最适合集成架构的。随着 ISA-95 标准的颁布,车间"顶层"集成的目标更容易实现了。集成的过程已经在格式化文本(cvs)文件和电子表格宏计算中进行了很多年,只是它是一种非弹性的集成。现在,通过 MES 和 ERP 系统连接生产车间变得相对标准化。例如,OPC(过程控制 OLE)可以从控制系统和 B2MML(ISA-95 标准的 XML 实现)中收集数据并在 ERP 应用中使用这些数据。事实证明,对于系统的横向和纵向集成,一致的数据模型是必不可少的。

1.5　当前 MES 的缺陷和挑战

1.5.1　架构

就生产系统的大小和评价技术的完备性两方面而言,MES 构架的主要困难是缺乏开发工具和测试平台。近年来针对生产过程的多智能体系统研究出现了许多成果,然而一旦要把这些成果应用到真实的工厂生产环境中,却遇到了许多困难。因此,MES 的开发者和研究者都迫切需要一种能提供真实生产测试案例的 MES 测试环境。换句话说,架构研究进展必须在现实世界的仿真工厂中进行测试和检验,而不是仅仅依靠许多论文中惯用的小型测试案例和象征性的评价活动。

1.5.2　实时处理

理论上,MES 必须能实时(分钟/小时)处理车间的数据,从而控制生产活动。通常 PCS 层的实时数据采集周期为秒级或分级,MES 层的数据处理周期为小时及或天级。相比于以往缺乏底层数据支撑的开环 ERP 系统,MES 是相对"实时"的系统。

一般而言,MES 的可扩展性是十分有限的,当其所管理的生产制造系统的规模和复杂性增加时,难以继续保持它实时解决问题的能力。比如,当生产过程的实时数据采集量扩大时,MES 就需要处理更多的数据信息,导致实时响应性下降。这种情形下,MES 除了要能提高企业制造系统的生产率外,还要能够及时从其分散在各地的生产部门中获得制造流程和产品数据。这些数据也要实时分析用于制定企业级最优决策,例如检验设备安装情况和生产计划完成情况、监控生产过程状态和显示产品质量趋势等。

1.5.3　集成

首先,传统单一的自上至下的生产任务层次管理结构正在发生变化。取而代之的,出现了自下而上的生产需求管理模式,如 Just-in-Time(JIT)产品、"pull"产品,或者是符合迫使订单在生产过程中调整的反向制造。

另一个困难来自于制造环境的软件多样性,这在同一个 MES 解决方案中并不少见,用户需要实施不同供应商的模块,它们每个都有各自的信息模型、通信机制甚至独立的数据库。为了让它们工作如一个整体,通常使用专有机制来集成系统。

不同供应商提供软件的用户格式和 API 不同,这是限制它们有效集成的主要原因。这也是为什么实施、集成和维护 MES 会这么昂贵的原因。企业中现有的信息系统(ERP,SCM 等)通常都有各自的用户接口,尤其是制造设备有无数种不同的接口,导致了 MES 研发的高投入,从而客观上阻碍了 MES 在更多公司的推广。因此,MES 与其他信息系统有效集成是十分重要的。

面向服务架构(SOA)技术可以解决这些集成问题。SOA 是连接计算机资源(主要是应用和数据)的设计,以实现服务客户(可以是最终用户或者其他服务)所期望的结果。这种架构类型提倡在宏观(服务)层面上而不是微观层面上(如对象)的重复使用。它也可以简化对现有 IT(传统)资产的相互连接和消耗。SOA 的目标是达到交互软件代理间自由的连接。服务是一个服务提供商实现服务客户所需的最终结果所做的单位工作。提供商和客户都是通过代表各自所有者的软件代理来扮演各自角色。这种解决方案唯一的缺点就是它需要对所有现存的应用程序全部重写。

由于制造系统类型的多样性,管理模式的层次性,以及生产过程和环境的不确定性,制造执行是一项复杂的任务。为了应付这种多元化的集成挑战,未来的 MES 设计必须应用具有自组织功能的组件。

1.5.4　方法研究和技术开发的挑战

MES 概念背后的目标是制造过程和资源的优化。第一步是测量,监测当前系统的性能。MES 通常是与制造流程紧紧相连的,它是实时测量性能指标的最好工具,这些指标包括原料消耗、能源消耗、产品合格率和机器故障率等。然后,将实测性能与 ERP 生产计划系统指定的评估指标相比较,这些指标包括产量、质量、物耗、能耗、平均无故障时间和平均修复时间等。如果发现显著的负偏差,就需要回溯操作过程和操作条件,分析负向绩效的原因,提出改进措施。显然这些步骤不仅大量地使用数据处理技术,而且需要人工经验,更需要基于制造过程分析模型的决策支持工具,如优化计算软件。

为了实现制造流程和资源的优化,PCS、MES 和 ERP 的纵向集成,MES 功能模块与第三方决策支持工具软件的横向集成,都需要一个一致的数据模型。当业务流程很好地集成在数据模型中时,就可以挖掘出优化的潜力。MES 可以帮助生产管理和操作人员实现一系列基于工厂模型的优化方法。事实上,大多数生产过程没有建模或者不能精确建模,遇到突发事件时,既定的优化操作步骤将失效。

因此,应当动态地响应不可预测的变化,运用自适应制造策略,达到持续优化的目标。近年来,过程系统工程研究领域提出的企业级优化方法论,指导了 MES 新模块的研发。

此外,提升 MES 决策支持能力仍然是有待研究的重要问题,包括以下方面:

(1) 开发生产过程分析模型,以便实时响应系统故障,并集成可能的处理方式;

(2) ERP 计划者、生产调度者以及 MES 之间的工作流的协同;

(3) 扩展 MES 技术到多企业协同制造;

(4) 提高互操作性及集成能力;

(5) MES 解决方案的标准化、模块化;

(6) 提高处理不确定性信息的能力;

(7) 大数据、数字看板及可视化技术;

(8) 新数据库技术及工具。

当然,潜在的研究领域是广泛的,从开发新型再调度算法,到开发自适应绩效指标,各有各的不同。在线决策制定工具是非常重要的,并且应该与评价方法相结合。仿真仍是评价不同场景和不同操作策略,计算业绩指标的强大工具。学术界已经提出在线仿真和优化算法(主要是启发式)相结合的决策支持解决方案,但是很多依旧需要不断应用实践和完善。数据挖掘工具也有助于解释不同层次采集的信息对闭环生产管理作用。高效地聚合数据,以获得一致的、重要的全局业绩指标,分析它们与较低层级业绩指标间的相互作用,将继续成为一个重要的研究课题。

1.6　本书的组织

相对于其他自动化产品及企业上层管理软件(如 ERP),MES 整体应用不够普遍,成熟的应用也仅局限于某些行业或企业,各行业及制造企业对利用 MES 进行协同生产管理的整体认知度参差不齐。随着产业转型的进程,流程企业节能减排、提高自身竞争力的愿望十分强烈,对生产执行系统 MES 的需求不断增加。

本书第 2 章,首先介绍 MES 国际标准组织推进协同生产管理的理念,以及指导组件化 MES 软件系统设计、开发和应用的具体技术文件。论述了运用过程系统工程领域的系统优化方法,研发 MES 中关键的决策支持组件,可以充分发挥 MES 软件的作用。第 3 章,依据 MES 的功能模型,研究建立了工厂多分辨率模型的形式化表达。第 4 章,针对流程工业的特点,以炼油企业为例,建立了工厂多分辨率物料加工模型,为不同管理层次、不同生产岗位的 MES 组件提供了统一数据模型。第 5 章,介绍了组件化 MES 软件系统的具体开发过程。第 6、7 章,介绍了两个 MES 功能组件深度应用的案例。第 8 章,介绍了数据可视化技术对提升 MES 决策支持功能的作用。第 9 章,介绍了 MES 软件工具培训模块的开发和应用。

第 2 章　制造运营管理与过程优化

生产执行系统技术二十余年的发展,使人们对 MES 的认识不断加深,对 MES 的需求日益增强。以石化、冶金行业为代表的流程行业为例,企业正向着新一代可循环制造流程方向发展,在流程企业生产制造过程中,实现能源、废弃物可循环利用。其目标是:按照循环经济的"3R"原则(即减量化 Reduce、再使用 Reuse、再循环 Recycle),通过实施可持续发展战略,成为规模和产品结构合理、管理水平先进、资源和能源消耗低、环境污染小、生产效率高、可持续发展的现代化资源节约型绿色工厂。

近年来随着老龄化趋势的日益凸显,以及人口红利的逐渐消退,制造企业正面临着用工成本的增加,甚至用工荒的问题。在企业出口降低以及原材料价格上升的双重压力下,增加企业的自动化投入及提高企业生产效率就成了各制造企业尤其是劳动密集型中小企业首先要考虑的重要问题。

为了达到这些目标,不仅需要先进的制造思想、装备、技术,也需要更加有效的综合自动化平台的支撑,需要企业层(ERP)、车间生产管理层(MES)和过程控制层(PCS)之间更紧密的纵向集成。

虽然国内流程行业企业、学者以及软件供应商均对 MES 的研发应用和产品化寄予厚望,但是现实情况是,MES 技术在实际应用中仍存在如下问题:

(1) 缺乏 MES 的设计、开发、实施、维护技术标准,影响了 MES 产品的技术性能,加大了系统开发和应用的成本,与国外同类 MES 产品竞争没有优势。

(2) 由于缺乏统一的工厂数据模型,MES 各功能子系统之间以及 MES 与企业其他相关信息系统之间缺乏必要的集成,导致 MES 作为企业制造协同的引擎功能远未得到充分发挥。

(3) 现有系统通常针对特定需求,很难应对企业业务流程的变更或重组,由于缺乏基于工厂数据模型的数据集成技术,系统的可配置性、可重构性、可扩展性较差,制约 MES 的推广应用。

(4) MES 作为面向制造车间的实时信息系统,实时性是实现 MES 功能的基础。现有系统缺乏准确、及时、完整的数据采集与信息反馈机制,在底层数据的实时采集、多源信息融合、复杂信息处理及快速决策等方面非常薄弱。

(5) MES 中所涉及的信息及决策过程非常复杂,由于缺乏基于优化模型的决策机制,现有 MES 大多只提供了一个替代经验管理方式的信息系统平台,通常需要大量的人工干预,难以保证生产过程的高效和优化。

　　要解决这些问题,需要学界、软件供应商和制造企业共同的努力。幸运的是,近十年来,学术界提出了一大批基于模型和基于知识的企业级优化方法,软件供应商、学者和企业技术专家共同推进了 MES 国际标准的制定和应用。依据国际标准设计和建立统一的工厂数据模型,设计和开发标准化的 MES 功能组件,可以使MES 各功能子系统之间以及 MES 与企业其他相关信息系统之间按需集成,使理论上可行的企业级优化方法和决策工具,真正投入工程应用。

　　组件化的生产管理系统可以理解成将整个生产管理软件拆分成多个生产管理过程的小组件,它的每一块功能都解决了生产过程中对于信息管理业务的某一具体问题,而组件化的优势就在于,可以通过建模平台,根据企业的业务特点和当前信息化手段,不断对生产管理各个功能进行搭建和重构。

　　如何将整个生产管理工厂拆分成多个生产管理活动的小组件,并有机整合实现优化生产的目标,不仅需要标准化的生产管理软件平台,而且需要过程系统工程(Process System Engineering,PSE)的优化理论与方法。

2.1　制造执行系统功能体系结构

　　针对上述 MES 在研究与实践中存在的问题,美国仪器、系统和自动化协会(Instrumentation,Systems,and Automation Society,ISA)于 2000 年开始发布ISA-SP95 标准,希望通过标准化来解决上述问题。该标准共分为 6 个部分,第 1、2、3、5 部分已经正式发布,第 4 部分正在制定过程中,第 6 部分尚处于构思阶段。目前,其第 1、2、3 部分已由国际标准化组织 ISO(International Organization for Standardization)和国际电工委员会 IEC(International Electro technical Commission)联合发布为国际标准《IEC/ISO 62264 企业控制系统集成》。同时,也被我国在内的等许多国家采用为国家标准。我国于 2010 年发布了《GB/T 25485-2010 工业自动化系统与集成制造执行系统功能体系结构》国家标准。

2.1.1　MES 功能层次的定位

　　在参考 AMR 和 ISA-SP95 标准的模型和相关描述的基础上,将两者统一起来,给出了如图 2-1 所示的 MES 功能层次定位模型。将制造企业划分为三个功能层次:业务计划层、制造执行层以及过程控制层。MES 关注的是企业的制造执行,其主要的功能范围和制造执行层相对应。同时,MES 也需要考虑与业务计划层及过程控制层所选用系统之间的信息交互。

　　(1)过程控制层:定义了感知、监测和控制实际物理生产过程的活动。按照实际生产方式的不同,可细分为连续控制、批控制以及离散控制。过程控制层通常选用的控制系统包括 DCS(分布式控制系统)、DNC(分布式数控系统)、PLC、SCA-

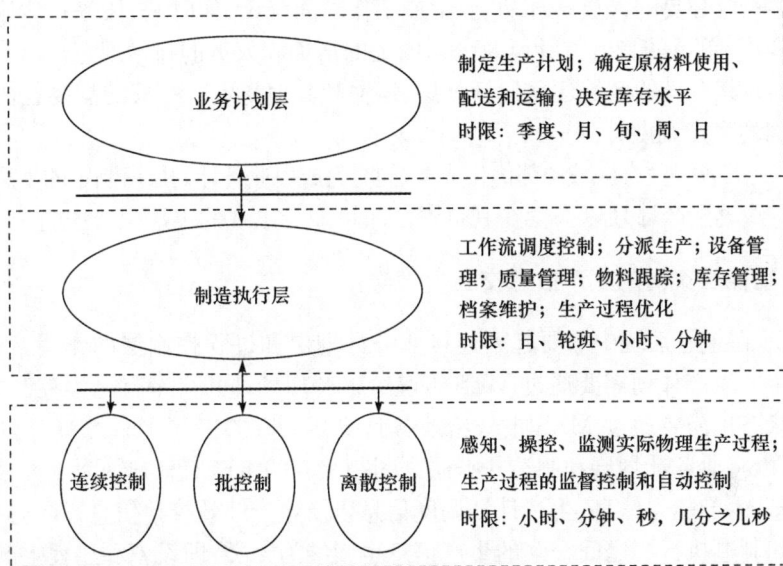

图 2-1 制造类企业功能层次

DA 等。过程控制层的活动运行周期通常是小时、分钟、秒。

(2) 制造执行层:定义了为实现最终期望产品生产的工作流活动,包括生产记录的维护和生产过程的协调与优化等。主要面向制造企业工厂管理的生产调度、设备管理、质量管理、物料跟踪以及库存管理等。可通过 MES 实现这些功能。制造执行层的活动运行周期通常是日、轮班、小时和分钟。

(3) 业务计划层:定义了企业管理所需的相关业务类活动。包括管理企业的各种资源、管理企业的销售和服务、制订生产计划、确定库存水平以及确保物料能按时传送到正确的地点进行生产等。通常会选用 ERP(或 MRPII)、SCM、CRM 等系统。业务计划层的活动运行周期通常是季度、月、旬、周、日。

2.1.2 制造执行层的主要活动

MES 需要针对功能层次中制造执行层的活动进行定位与设计,关注制造执行层内部的制造运行和控制功能,以及与业务计划层、过程控制层之间的信息交互。

制造执行层的主要活动包括:

(1) 报告包括可变制造成本在内的区域生产情况;

(2) 汇集并维护有关生产、库存量、人力、原材料、备件和能量使用等区域数据;

(3) 完成按工程功能要求的数据收集和离线性能分析,这可能要包括统计质量分析和有关的控制功能;

（4）完成必要的人员管理功能，诸如工作时间统计（如时间、任务）、休假调度、劳动力调度、单位的晋升方针以及公司内部的培训和人员的技术规范；

（5）为其自身的区域建立包括维护、运输和其他与生产有关的需要在内的、直接的详细的生产调度计划；

（6）为其各个生产区域局部优化成本，同时完成由业务计划层所制定的生产计划；

（7）修改生产计划以补偿在其负责区域可能会出现的工厂生产中断。

2.1.3 功能层次间的生产信息交互

MES 在企业系统中需要起到连接业务计划层和过程控制层的作用。业务计划层制定的生产计划需要通过 MES 传递给生产现场；同时，来自过程控制层的实际生产状态也需要通过 MES 报告给业务计划层。在参考了 ISA-SP95 标准的基础上，可以将业务计划层和制造执行层之间相交互的生产信息归纳为 4 类，即产品定义信息、生产能力信息、生产计划调度信息以及生产绩效统计信息。同时将过程控制层和制造执行层之间交互的生产信息也归纳为 4 类，即设备和过程生产规则、操作指令、操作响应以及设备和过程数据（图 2-2）。

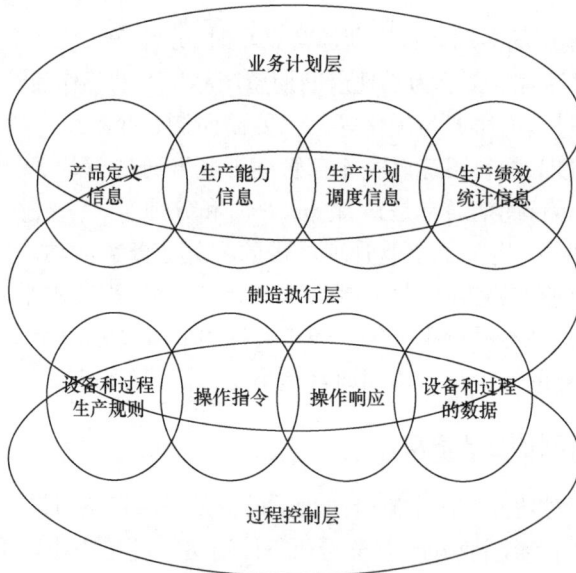

图 2-2　生产信息的交互

1. 业务计划层和制造执行层间信息交互

1）产品定义信息

产品定义信息是指产品生产规则、资源清单，以及物料清单之间共享的信息。

其中产品生产规则是指导如何生产一种产品的制造操作信息,如标准操作程序(SOP)、标准操作条件(SOC)、应用协议、生产路线安排以及装配步骤等。资源清单是生产一种产品所需的所有资源的列表。资源可包括物料、人员、设备、能源及消耗品等。物料清单是指为生产某种产品所需要的全部物料的定量列表。这些物料可以是原材料、中间物料、分装配件、零件及消耗品等。

2) 生产能力信息

生产能力信息是指用于生产的所有资源的信息汇集。它由有关的人员、设备、物料和过程段等信息组成。生产能力信息详细描述了制造控制系统已知的名称、术语、状态和数量等,可以用于产能调度和设备维护。一种生产能力是指对一个特定时间段内的所有人员能力、设备能力、物料能力和过程段能力等的汇集,并可将其区分为:当前承担的产能、可利用的产能和难以达到的产能。

3) 生产计划调度信息

生产计划调度信息是指所有的生产请求(计划命令)的汇集。生产请求是指由生产规则标识的对单一产品生产的请求。生产请求应包含为了完成该生产计划所需要的信息,如物料标识、生产规则标识和物料数量,以及相关的生产参数、人员要求、设备要求和物料要求等。生产请求可以确认或引用相关的生产规则。一个生产请求可对应一个或多个生产响应。

4) 生产绩效统计信息

生产绩效统计信息是指对所提出的生产请求的响应报告,是所有生产响应的汇集。生产响应是指与生产请求相关联的,对生产制造的响应。如果生产设备需要将生产请求分解为几个更小的工作单元,那么对于一个单独的生产请求,可以有一个或多个生产响应与之对应。在生产过程当中,由于生产物料或中间物料的成本核算,业务系统需要知道生产过程的状态,生产响应也包含了向业务系统及时回报这些状态的事项。

2. 过程控制层和制造执行层间信息交互

1) 设备和过程生产规则

设备和过程生产规则是指基于特定分配任务的、对于过程控制层操作的专门说明。例如:针对特定产品的操作程序、随着控制过程而改变的控制程序、或者过程控制层中执行的单个产品配方。

2) 操作指令

操作指令是指传递给过程控制层的请求信息,是用来启动或完成一个操作的典型指令。这些信息可通过标准操作程序(SOP)的方式呈现,或者直接下达给操作员,比如启动机器、降低机器运转速度或者清洗机器等指令。

3)操作响应

操作响应是指从过程控制层接收的针对操作指令的响应信息。这些信息反映了操作的完成情况或者过程的实际状况。

4)设备和过程数据

设备和过程数据是指从过程控制层接收的有关状态监测结果的信息,是关于被执行过程及其相关资源的典型信息。

2.1.4 MES 功能体系结构

以"生产管理模型"为中心,对制造执行层进行功能结构的划分,可以给出制造执行层内部的主要功能,以及各功能之间传递的信息流,如图 2-3 所示。具体划分为三部分模型进行详细描述。分别是生产管理模型(图 2-3 中制造执行层左侧虚线框所表示的部分)、影响生产的主要功能模型(图 2-3 中制造执行层右侧虚线框所表示的部分),以及影响生产的其他功能模型(图 2-3 中制造执行层右下角椭圆所表示的部分)。

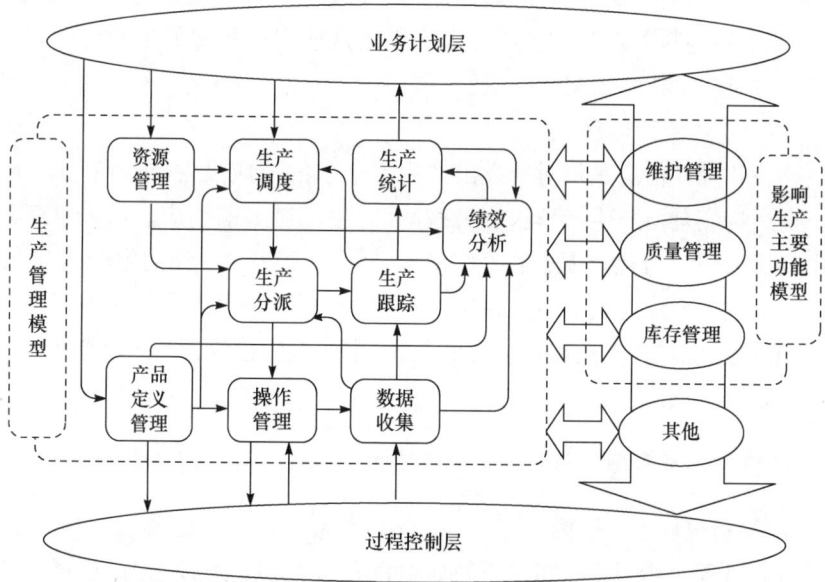

图 2-3　MES 功能体系结构模型

1. 生产管理模型

生产管理定义为一系列协调、指导、管理和跟踪原材料、中间物料、能源、设备、人员和信息等资源来制造产品的活动集合。本章在参考 ISA-SP95 标准的基础上,结合我国制造企业的实际情况,给出了如图 2-4 所示的生产管理模型,它是制造执行系统的核心部分,对应图 2-3 中左侧虚线框所表示的部分。该模型可以进一步细分为 9 个相对独立的子功能,分别是产品定义管理、资源管理、生产调度、生产分派、操作管理、数据收集、生产跟踪、绩效分析和生产统计。图 2-4 中的实线框代表了这些子功能;带箭头的实线则表示了各个子功能之间的信息交互关系,以及特定功能模块与上层业务计划层和下层过程控制层之间传递的信息流。

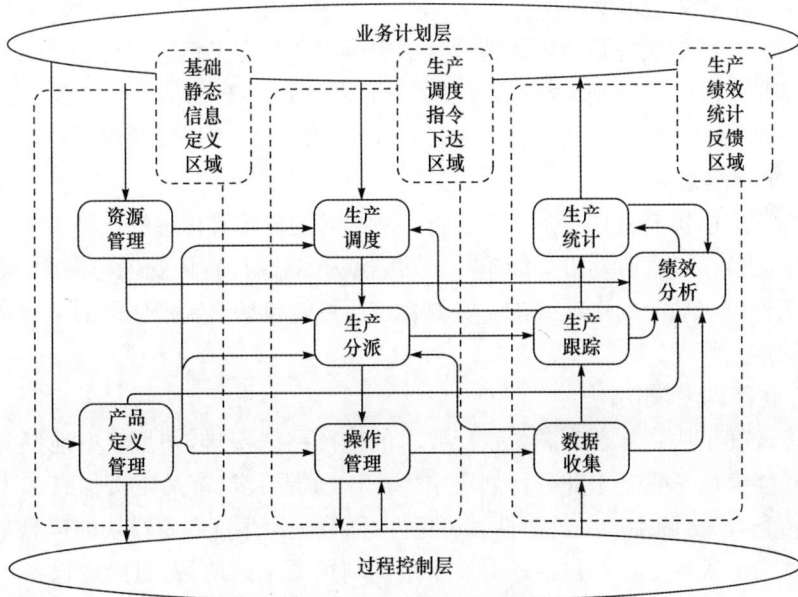

图 2-4　生产管理模型

图 2-4 中的三个虚线框表示了三个不同性质的区域。通过这三个区域的划分,使得生产管理模型形成一个完整的逻辑闭环,从而可以有效地控制整个生产运行过程。这三个区域分别是:

(1) 基础静态信息定义区域:包括产品定义管理模块和资源管理模块,主要功能是管理企业生产运行中必备的产品定义类信息和基础资源类信息,如产品生产规则(SOP、SOC)等的确定与维护;生产方案、资源清单及物料清单的定义与维护;人员、设备和物料等基础信息的定义与维护;企业资源信息的控制和产能利用情况的管理等。

(2) 生产调度指令下达区域:包括生产调度模块、生产分派模块和操作管理模块等,主要功能是将业务计划层传递下来的生产计划调度信息通过生产调度模块细化为详细生产调度信息,再经生产分派模块转化为生产分派清单,最后经操作管理模块转化为操作命令下达给过程控制层,从而指导实际的生产运行过程。

(3) 生产绩效统计反馈区域:包括数据收集模块、生产跟踪模块、绩效分析模块和生产统计模块,主要功能是将过程控制层的生产和资源过程数据通过数据收集模块采集上来,然后传递给生产跟踪模块和绩效分析模块进行跟踪、处理和分析,再将处理好的数据传递给生产统计模块,最终整理成为生产绩效统计信息反馈给业务计划层。

其中各个模块的功能介绍如下。

(1) 产品定义管理模块。

产品定义管理模块是管理制造执行层中所有产品定义信息的功能模块。产品定义信息是产品生产规则、资源清单及物料清单之间共享的信息。产品定义信息的制定使得制造执行层的其他功能和过程控制层的功能可以按要求实现。

(2) 资源管理模块。

资源管理模块是管理有关生产运行中所必需的资源类信息的功能模块。这些资源包括设备、原料、劳动力和能源等。对这些资源进行直接管理与控制,使其满足完成其他模块功能的生产要求。资源管理还可能包括给未来使用的本地资源预留系统的信息管理。

(3) 生产调度模块。

生产调度模块是管理为满足生产要求的生产路线安排,并且使本地资源最优利用的功能模块。它基于业务计划层中生产计划的要求、产品定义信息和生产资源能力信息,来协调生产的约束性和可用性;同时利用生产跟踪模块的信息来解决生产过程中的实际工作。包括针对设备最优利用要求的协调;对最少设备设置或清洗要求的排序;以及由于批量和有限产率所引起的拆分请求等。生产调度需要考虑本地资源的状况和可用性。

(4) 生产分派模块。

生产分派模块是负责把生产任务分派给相关设备和人员的功能模块。其任务可包括:对生产工作单中所使用的设备、人员、物料及库存等资源的指派,批控制系统中调度分批的开始;生产线上调度生产运转的开始;向人工操作发送工作顺序等。

(5) 操作管理模块。

操作管理模块是管理和指导生产执行的功能模块,对应执行生产分派清单中所列出的生产任务。它主要通过产品生产操作次序的合理安排,来选择、启动和移动工作单元(如批次、子批次或批量);而实际的操作工作则是过程控制层的一部分。操作管理可使用来自生产运转、生产跟踪的历史信息,进行本地优化;操作管理的功能还包括对某些区域手动过程和自动过程的协调。

（6）数据收集模块。

数据收集模块是为特定生产过程或特定生产要求收集、编辑和管理生产数据的功能模块。它主要处理关于数量和参数的过程信息，以及诸如控制器、传感器和执行器的设备状态信息。这些信息包括：传感器读取、设备状态、事件数据、操作员登录数据、交互数据、操作行为、消息、模型计算结果等。数据收集是基于固定时间或事件的，按照时间或事件添加数据，把收集的信息联系起来。

（7）生产跟踪模块。

生产跟踪模块是根据生产和资源的历史数据，跟踪生产过程的功能模块。它向生产调度模块提供信息，使生产调度可根据当前情况进行更新；同时，它还向生产统计模块提供产品生产过程中详细的人员和设备的实际使用情况、物料及消耗品的消耗、产品或中间品的生产等信息。

（8）绩效分析模块。

绩效分析模块是为业务系统分析和报告绩效信息的功能模块。它的主要任务包括：对装置生产周期、资源利用、设备使用、设备性能、程序效率以及生产可变性等信息的分析。这些分析可用于完善关键绩效指标（KPI）报告，以及进行生产和资源利用的最优化。这些信息可按计划提供；也可在生产运行结束或批次结束时提供；或者依据需求提供。

（9）生产统计模块。

生产统计模块是为业务计划层提供生产响应报告的功能模块。它的主要任务包括：总结和汇报关于产品生产过程中人员和设备的实际使用情况、物料及消耗品的消耗、产品或中间品的生产，以及其他诸如成本和绩效分析结果等有关生产数据的信息。

2. 影响生产的主要功能模型

对于制造企业的运作过程而言，"维护管理"、"质量管理"、"库存管理"是必不可少的组成部分，它们对生产将会产生极为重要的影响，有时甚至是决定性的影响。例如，在制药行业，"质量管理"可能指导其他的活动过程，对生产制造产生重要影响；又如在分配中心，"库存管理"可能指导其他的活动过程，对生产制造产生重要影响。本节将给出"维护管理"、"质量管理"、"库存管理"的功能定义；并给出它们与"生产管理"主要传递的信息流。

1）维护管理

维护管理定义为协调、指导和跟踪设备、工具及相关资产的维护功能的活动集合。该功能保证了设备、工具及相关资产的可用性，并保证反应性的、周期性的、预防性的，以及基于状态的维护调度得以顺利执行。同时，维护问题和维护事件的相关历史信息，也可用于支持故障诊断。

2) 质量管理

质量管理定义为协调、指导和跟踪质量测量和报告等功能的活动集合。广义的质量管理同时包括质量操作和那些以保证中间产品或最终产品质量为目的的操作管理。它提供对测量数据的实时分析,以保证正确的产品质量控制,并识别需要注意的问题。它还包括了统计过程控制/统计质量控制、离线检测操作的跟踪和管理,以及实验室信息管理系统(LIMS)中的分析等。

3) 库存管理

库存管理定义为在企业生产运行过程中协调、指导、管理和跟踪库存和物料移动的活动集合。它通常包括:基于需求的库存量控制;计算和报告期间的库存平衡;出入库物料的数量确认;库存运行的指示、报警与控制;与库存相关联的活动请求;质量保证测试请求;库存质量报告;库存存储条件的测量与控制,以及与其他管理活动的协同等。

4) 各模型间的信息交互

图 2-5 给出了"维护管理"、"质量管理"、"库存管理"与"生产管理"之间主要传

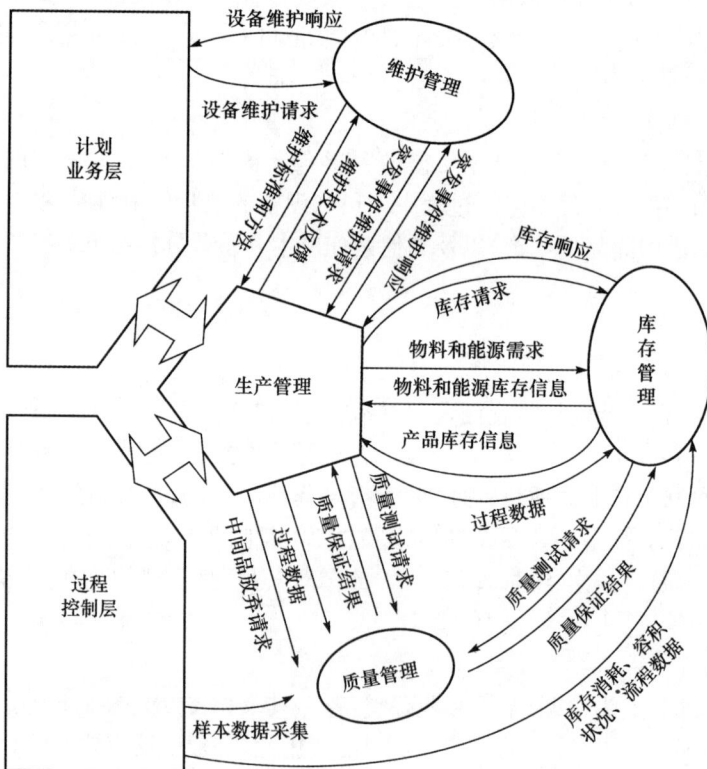

图 2-5　"生产、维护、质量、库存"间的信息交互

递的信息流。这里定义的信息流只是各模型之间最通用的信息交互关系,由于行业间差异较大,具体企业应用该模型时,需要根据实际情况,对信息流进行细化、扩展或删减。

3. 影响生产的其他功能模型

除了本节所定义的影响生产的主要功能以外,还有一些业务功能可能会对制造企业产生一定程度的影响,它们并不是对于所有制造企业都是必需的,但有时它们对生产的影响也非常重要,或可对生产管理提供非常有益的帮助。同时,对不同行业而言,所需这样的业务功能扩展也将会有所区别。本节将给出"能源管理"、"生产安全管理"、"文档管理"、"系统仿真"这几个功能的定义作为参考,它们对大多数制造企业将会产生较为重要影响。

1) 能源管理

能源管理通常是一种企业的业务功能,它对于企业的生产管理和能耗控制等关键问题都可能产生重要的影响。能源管理的主要作用是节约能源、提高能源利用效率以及保护和改善环境。能源管理的主要功能包括能耗统计和能源优化。能耗统计是以能源介质作为基本对象,构建能源拓扑网络,进行能源核算和能源平衡管理。能源优化是基于生产计划和能源产耗预测数据,利用优化技术,实现能源的优化利用和控制,从而降低消耗;减少损失和污染物排放;制止浪费;有效、合理地利用能源。

2) 生产安全管理

生产安全管理通常是一种企业的业务功能,可能对企业的生产管理产生重要的影响。它基于企业的业务流程和安全生产规范,针对企业资产、人员、边界的安全需求,构建包括安全评估、安全检查、教育培训、上岗管理、风险源管理、作业管理、应急响应等在内的生产安全管理体系;并通过生产过程、消防、安防以及环保、气象监测等实时信息,构建企业综合预警、防灾系统。它可将企业的安全管理从以人工干预为核心转变为以自动化处理为核心;并将企业的安全管理模式从"事前检查＋事发应急"转变为"事前预警＋隐患排除",从而提高企业的安全等级。

3) 文档管理

文档管理通常是一种企业的业务功能,可能对企业的生产管理产生重要的影响。企业的生产运行需要管理广泛的文档。这包括许多内容,比如标准操作程序(SOP)、工作说明、控制系统程序、图表、批记录、工程变更通知、警报日志以及突发事件报告。它有时还包括了对环境、健康、安全等方面的规定,以及与 ISO 标准信息的控制和整合,比如校正行为程序、储存历史数据等。对这些信息的管理通常是企业能够更好运转所必需的。一般地,企业都有自己的一套程序、规则以及软件工具来管理所有的文档。

4) 系统仿真

系统仿真常常用于生产装置的物流建模和过程变化响应的评价。它虽然不是对所有制造企业都是必需的组成部分,但它可以为制造运行提供很多帮助。它可以模拟过程中的变化、产品线的变化或者制造流程的变化;还可以基于当前运行过程状况来预测物料特性。仿真可以在装置的生命周期中用于性能的跟踪、过程变化的跟踪以及操作员的训练。

2.2　从 MES 到制造运行管理 MOM

2.2.1　制造运行管理的提出与作用

自从美国先进制造研究协会于 1990 年首次提出制造执行系统的概念以来,MES 已经逐渐成为国内外学术界和产业界研究与应用的热点,并在实践中取得了长足发展和广泛应用。但是 MES 在发展与实践过程中也遇到了一些难以解决的新问题。首先,由于 MES 同时包含了物理上的和逻辑上的双重概念,而这两者之间有时会存在不一致的情况,从而导致了 MES 概念的模糊性与边界范围的不确定性;其次,由于缺少规范的、通用的 MES 集成模型,没有统一的信息集成与管理平台,导致 MES 的各个模块之间难以实现有效地集成与共享;最后,由于绝大多数 MES 只片面地强调生产执行的核心作用,对于企业的维护运行、质量运行和库存运行的重视程度有限,难以充分满足现代制造企业对其制造运行区域的业务一体化管理需求,进而直接影响对于企业运行管理的效果。

针对上述问题,自 ISA-SP95 标准演化而来的 IEC/ISO 62264 标准首先正式确立了制造运行管理(Manufacturing Operations Management,MOM)的概念,用以替代 MES 所隐含的逻辑概念,从而避免对 MES 边界的争论。IEC/ISO 62264 标准针对更广义、更明确的制造运行管理划定边界,作为该领域的主体研究对象和研究内容,以解决 MES 概念的模糊性及边界范围不确定性的问题。同时,采用 UML 语言(Unified Modeling Language)建立了 9 种数据对象模型,作为工厂统一建模的基本元素与工具,以解决 MES 难以实现集成与共享的问题。最后,构建了 MOM 通用活动模型应用于生产运行、维护运行、质量运行和库存运行这 4 大类主要运行区域,详细定义了各类运行系统的主要功能及各功能模块之间的信息交互关系,从而实现将以生产执行为主体的 MES 框架扩展至生产运行、维护运行、质量运行和库存运行并重的 MOM 框架。

2.2.2　制造运行管理的概念与功能层次定位

IEC/ISO 62264 标准给出的制造运行管理(MOM)的概念定义是:通过管理和协调企业的人员、设备、物料和能源等各类资源,实现把原材料或零件转化为产品的活动。它包含管理那些由物理设备、人和信息系统来执行的行为,并涵盖了管理有关调度、产能、产品定义、历史信息、生产装置信息,以及与其相关的资源状况信息的活动。可以看出,MOM 的概念不是一个物理上的实体概念,而是从逻辑上给出的一个对象范畴的概念,即给出了制造企业信息化过程中通用的研究对象与研究内容。IEC/ISO 62264 标准又以美国普度大学企业参考体系结构(PERA)为基础,给出了如图 2-6 所示的制造企业功能层次模型。

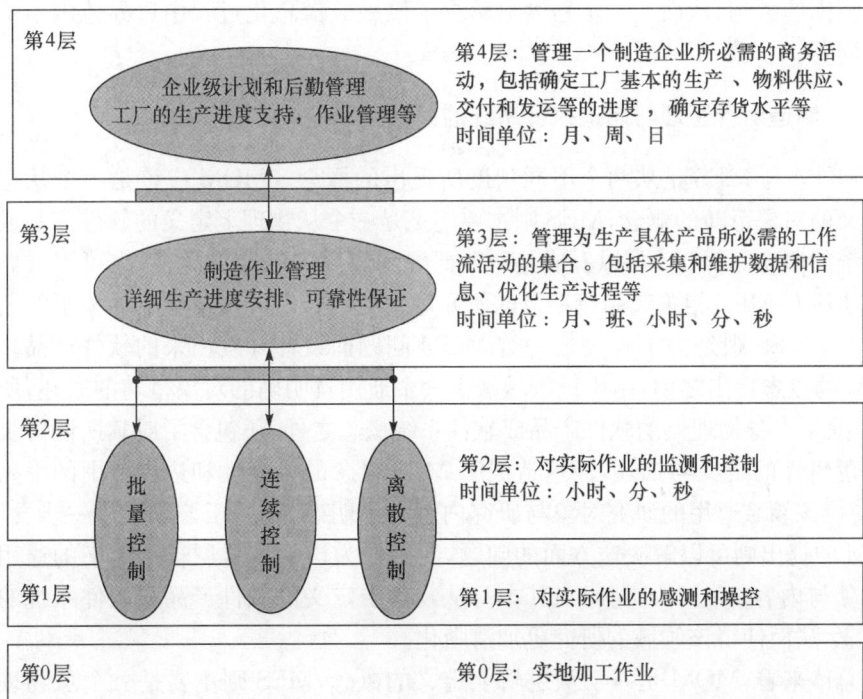

图 2-6　制造企业功能层次模型

由图 2-6 可以明确看出,该功能层次模型将制造企业的功能划分为五个层次,分别是:

第 0 层:定义了实际的物理生产过程。

第 1 层:定义了感知和操控物理生产过程的活动,例如传感器、执行机构及人工测量等。

第 2 层:定义了对物理生产过程的监测、监督控制和自动控制,例如各种自动控制系统、控制策略及手动控制活动。

第 3 层:定义了生产期望产品的工作流活动。生产记录的维护和生产过程的协调与优化等。

第 4 层:定义了制造组织管理所需的各种业务相关活动,包括建立基础车间调度(如物料的使用、传送和运输)、确定库存水平,以及确保物料按时传送给合适的地点进行生产。

其中制造运行管理(MOM)的范围是企业功能层次中的第 3 层,其作用是:定义为实现生产最终产品的工作流活动,包括了生产记录的维护和生产过程的协调与优化等。由此可知,MOM 比较清晰地界定了它与上层业务层和下层控制层之间的边界,这个边界是从逻辑上进行定义和划分的,不受物理上的实际软件产品功能和范围的影响,从而在一定程度上解决了该领域信息化过程中边界范围不确定性的问题。

2.2.3 制造运行管理与制造执行系统的关系

MOM 与 MES 是从两个不同角度所提出的概念。MOM 应该是一个从逻辑上定义的对象范畴的概念;MES 则主要应该是一个从物理上定义的软件产品或软件系统的概念。MOM 可以看成是所要研究和解决的问题的集合,也可以看做是涵盖了所有 MES 相关产品所涉及的研究对象和内容经过从逻辑上抽象了的通用上限;而 MES 则是为了解决某一类 MOM 问题而设计开发出来的软件产品。在 MOM 的概念提出之前,由于该领域缺少一个通用且明确的对象范畴的表述,所以 MES 除了本身物理上的软件产品或软件系统概念之外,还包含了对其所能解决问题的逻辑性的定义与描述,而这造成了 MES 概念的模糊性和边界范围的不确定性,使得该领域通用的研究对象与研究内容并不明确,不利于该领域进一步发展。MOM 的提出则可以解决这方面的问题,明确作为该领域从逻辑上定义的通用研究对象与内容,而 MES 则回归其本身从物理上定义的软件产品或软件系统的主体概念,从而使得该领域的研究更加清晰化。

总体来看,MOM 是一个从逻辑上定义的概念,MES 则主要是一个从物理上定义的概念。MES 可以视为针对 MOM 问题的一种具体实现方式,或是一种为解决某一类 MOM 问题而设计开发出来的软件产品。MOM 的提出不仅为该领域确立了一个通用且明确的研究对象和研究内容,还提供了一个更加符合现代制造企业运行方式和特点的主体框架。

自从 ISA-SP95 标准正式发布并逐渐演化成国际标准 IEC/ISO 62264 以来,国内外学术界和产业界都逐渐开始重视对于该标准的理解和使用,如何将该标准用于指导制造企业信息化的研究与实践已成为该领域的新课题。涌现了一批研究成果,不过这些研究成果多是针对企业制造运行管理中的局部问题,并未从整体上依据 IEC/ISO 62264 标准进行系统构架与设计,难以从根本上彻底解决该领域所存在的各种问题。Harjunkoski 等学者,综合分析了基于该标准进行企业生产调度系统与控制系统集成的研究现状、面临问题及未来发展趋势与挑战,但是其并未提出解决问题的具体方法。因此,如何在 IEC/ISO 62264 标准的指导下,使用 MOM 框架从整体上实现制造企业信息化系统的构建与设计,并将其应用于工程实际,对该领域的发展有着关键性的意义。

2.3　制造运行管理系统构架

2.3.1　MOM 整体框架合理性的分析

制造运行管理是指通过管理和协调企业的人员、设备、物料和能源等各类资源,实现把原材料或零件转化为产品的活动。它包含管理那些由物理设备、人和信息系统来执行的行为,并涵盖了管理有关调度、产能、产品定义、历史信息及生产装置信息,以及与其相关的资源状况信息的活动。IEC/ISO 62264 标准围绕制造运行管理的定义,参考美国普度大学提出的 CIM 参考模型,给出了企业功能数据流模型,定义了与企业制造运行相关的 12 种基本功能及各个功能之间相交互的 31 类信息流。在此基础上,根据各个业务功能性质的不同,又将功能数据流模型中制造运行管理内部细分为四类不同性质的主要区域,即生产运行管理、维护运行管理、质量运行管理和库存运行管理,生成了制造运行管理模型,从而明确了制造运行管理的整体结构划分,如图 2-7 所示。

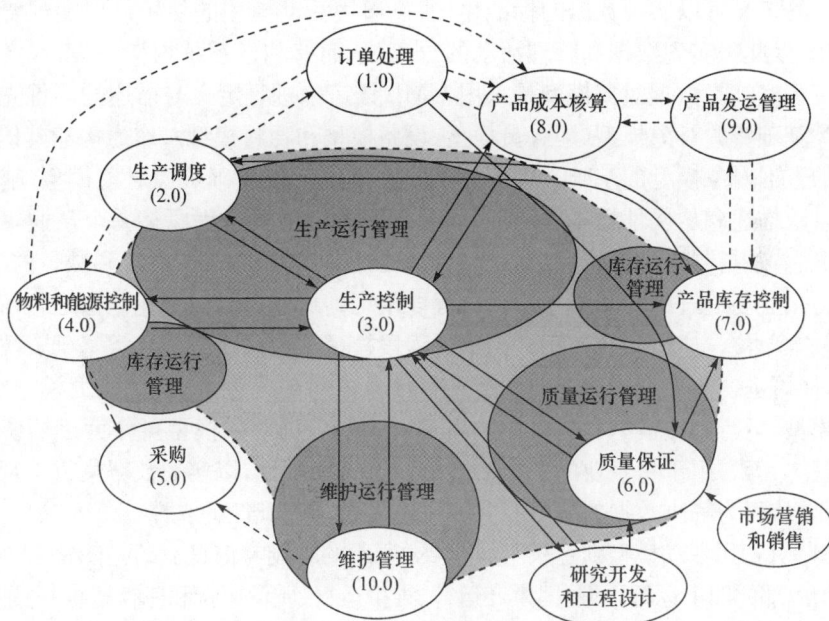

图 2-7　制造运行管理的整体结构

图 2-7 中的粗虚线代表了企业的业务计划区域与制造运行区域之间的边界,即给定了制造运行管理的范围。白色椭圆和带箭头的实线段分别表示企业中与制造运行相关的基本功能及各功能之间相交互的信息流。阴影区域则表示了制造运行管理内部细分成的四类不同性质的主要区域。在制造型企业当中,生产运行是

整个工厂制造运行的核心,是实现产品价值增值的制造过程。维护运行为工厂的稳定运行提供设备可靠性保障,是生产过程得以正常运行的保证。质量运行为生产结果和物料特性提供可靠性保证。库存运行则为生产运行提供产品和物料移动的路径保障,并为产品和物料的存储提供保证。由此可见,维护运行、质量运行和库存运行对于制造型企业是不可或缺的。但是同时,生产运行、维护运行、质量运行和库存运行的具体业务过程又是相互独立的。所以只有这四个部分相互作用,彼此协同,共同服务于企业制造运行的全过程,才能使得整个企业的制造运行得以有机地运转。因此,采用生产、维护、质量和库存并重的 MOM 系统设计框架要比使用片面强调生产执行的 MES 框架更加符合制造型企业的运作方式和特点。

2.3.2　IEC/ISO 62264 标准的主要贡献

IEC/ISO 62264 标准对于企业制造运行管理系统构架与设计的指导作用主要体现在两个方面:一是定义了用于描述企业各类制造资源的数据对象模型;二是定义了用于描述企业制造运行过程的 MOM 通用活动模型。通过数据对象模型及其属性的定义可以实现数据的标准化;通过通用活动模型的使用可以实现管理的规范化,以此来实现数据和管理活动的分离,从而有利于系统构架与设计、产品开发及工程实施。数据对象模型是采用 UML 语言来进行定义与描述的。首先建立了 3 类基础资源对象模型(即人员模型、设备模型和物料模型),作为构建其他制造资源的数据对象模型的基础。进而使用并汇集这 3 类基础资源对象模型,辅以特定的参数描述和从属性描述,联合生成了过程段模型。过程段是一个从逻辑上定义的概念,是指制造过程中完成一个生产步骤所需的所有资源种类和数量的汇集,可视为企业制造过程的基本粒度。过程段模型即可作为构建企业制造运行信息对象的基本单位。通过联合使用并汇集过程段模型和前面定义的 3 类基础资源对象模型,便可进一步生成描述企业制造运行信息的对象模型,即运行能力模型、运行定义模型、运行调度模型和运行绩效模型。这些数据对象模型可作为工厂统一建模的基本元素,用于将企业的各类制造资源进行模型化,以实现数据集成与管理的标准化,从而为解决数据的集成与共享问题提供了基础性的支撑。

MOM 通用活动模型则是采用如图 2-8 所示的功能与信息流结构图来对制造运行管理内部的四个运行区域(即生产运行、维护运行、质量运行和库存运行)分别进行统一的定义与描述。该图中的椭圆框表示制造运行管理内部的主要活动,带箭头的实线段代表了这些活动之间相互传递的各种信息流。通过这些主要活动及信息流的定义与描述,可以清晰地反映企业各个运行区域内部的基本运作过程,以实现对各个运行过程的成本、数量、安全和时间进度等关键参数的协调、管理和追踪。MOM 通用活动模型可作为统一的系统框架设计模板,用于对生产运行、维护运行、质量运行和库存运行进行系统模块化设计与描述,以实现运行管理的规范化。

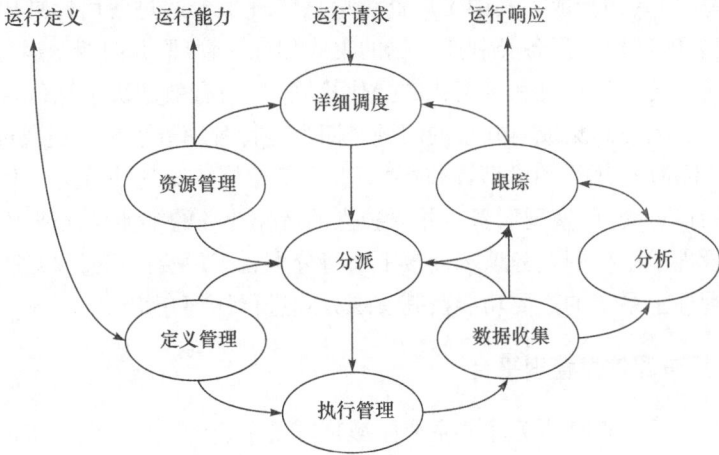

图 2-8　制造运行管理通用活动模型

2.4　制造运行管理系统体系结构及其实现方式

基于上述对 MOM 框架合理性的分析及对 IEC/ISO 62264 标准主要贡献的论述,根据数据和管理活动分离的设计理念,可提出如图 2-9 所示的制造运行管理系统的体系结构。该体系结构由一个工厂资源信息管理平台和四个运行管理子系统(即生产运行管理子系统、维护运行管理子系统、质量运行管理子系统和库存运

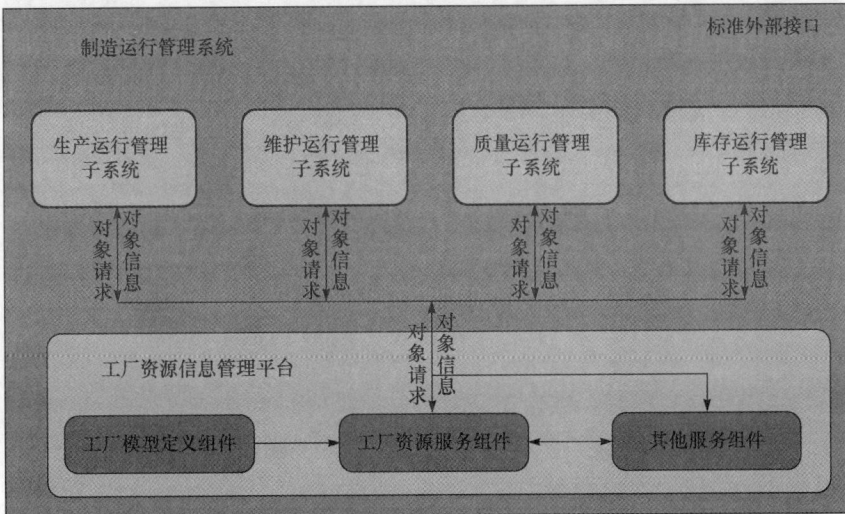

图 2-9　制造运行管理系统体系结构

行管理子系统)共同构成。其中工厂资源信息管理平台通过使用标准中定义的数据对象模型,实现对工厂各类制造数据的集成和统一管理,并向四个运行管理子系统提供结构化的工厂信息和制度化的操作规则,从而有效解决了该领域信息化实践过程中遇到的信息集成与共享的问题。四个运行管理子系统分别通过使用标准中定义的 MOM 通用活动模型,同时利用工厂资源信息管理平台进行信息获取和彼此之间的信息交互,实现对各自相对独立的运作业务的维护与管理,并响应其余几个运行管理子系统的业务请求。接下来将分别就工厂资源信息管理平台和四个制造运行管理子系统的主要功能及其实现方式进行详细介绍。

2.4.1　工厂资源信息管理平台

企业制造运行管理所关注的主要区域是制造企业的工厂。工厂资源信息管理平台的主要功能是对工厂的制造资源进行统一的定义、解析和服务管理,可集成相关的外部数据;定义符合标准规范的数据结构和功能接口,为各个运行管理子系统提供结构化的工厂信息和制度化的操作规程,并提供消息通信、工作流定义等公共服务。其中对工厂模型的统一定义、解析和使用是工厂资源信息管理平台的核心,具体可通过工厂模型定义类组件和工厂资源服务类组件两部分的设计来实现。工厂资源信息管理平台还可以根据具体需要,设计与开发其他服务类组件,保证信息管理平台功能的可扩展性,以满足企业制造运作业务的特定服务需求。图 2-10 给出了工厂资源信息管理平台的结构示意图。

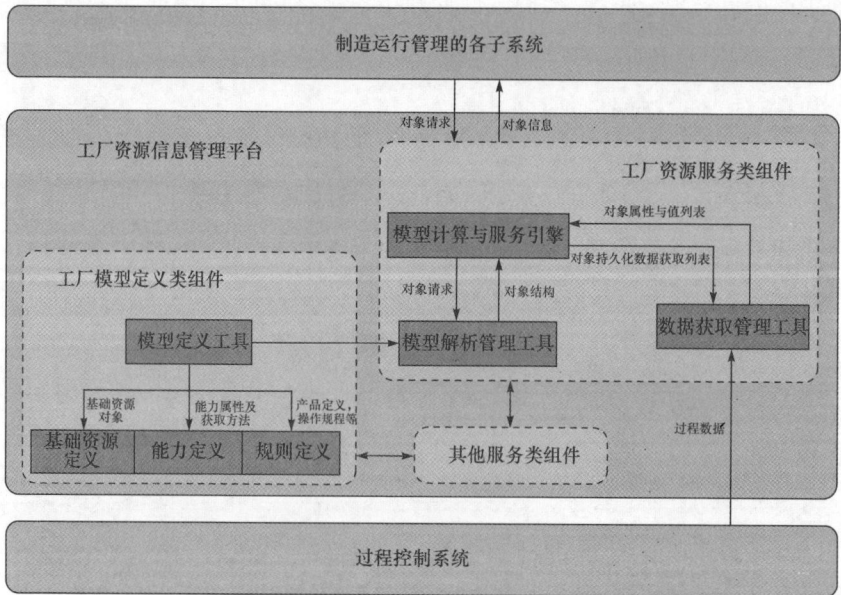

图 2-10　工厂资源信息管理平台

1. 工厂模型定义类组件

工厂模型定义类组件通过对工厂静态基础结构与要素进行组态,生成结构化的工厂模型,以实现对工厂制造运行区域的定义,主要包括企业制造过程所需的基础资源定义、能力定义及规则定义。其中基础资源定义主要依据 IEC/ISO 62264 标准中所定义的数据对象模型,对企业的基础资源对象(即人员、设备、物料,以及过程段等)及其属性进行定义与模型化,作为整个工厂模型构建的基本要素。能力定义则需结合企业各类制造资源运行和使用的情况,对企业的制造运行能力和未来资源可用性进行定义与描述,并将企业的资源区分为:承担的产能、可利用的产能与难以达到的产能。规则定义主要依据企业制造运行的规则与特点,对企业的生产方案、产品定义、作业定义、操作规程、标准操作程序(SOP)、安全运行规范等各种方法与规范类内容进行定义与描述,以实现对工厂制度化管理的统一建模。

2. 工厂资源服务类组件

工厂资源服务类组件则是在上述工厂模型的基础上,对工厂运行数据进行实时的采集和处理,并与工厂模型相关联,实现对工厂模型的解析与使用,从而为整个制造运行管理系统提供准确、实时的制造运行过程映像,用于事件处理与调度。它通过内部的模型解析管理工具对工厂模型定义部分的资源定义、能力定义及规则定义进行对象结构化处理,生成标准的对象结构,并传递给模型计算与服务引擎。模型计算与服务引擎则根据对象结构中的数据源定义进行过程数据的加载,通过标准的数据获取接口从数据源进行数据的实时采集,并为四个运行管理子系统的应用模块提供统一的工厂结构化对象信息。模型计算与服务引擎可以通过对象初始化、定期刷新、接受反馈信息等方式来更新缓存对象。

3. 其他服务类组件

其他服务类组件是工厂资源信息管理平台根据企业实际需要所定义的部分,它可能包括各种接口组件、显示组件、组织机构定义组件、权限设定组件、报表组件、编码组件及检索组件等。这些组件并不是工厂资源信息管理平台必备的核心组成部分,企业可以根据自身运作业务的特点,选择所需的组件,以满足对其运作业务的特定服务需求。

2.4.2　制造运行管理子系统

根据制造型企业的制造业务活动特点,基于标准定义的 MOM 通用活动模型,采用统一的系统框架模板,设计了制造运行管理各子系统具体实现的结构,图 2-11 给出了该结构的示意图。

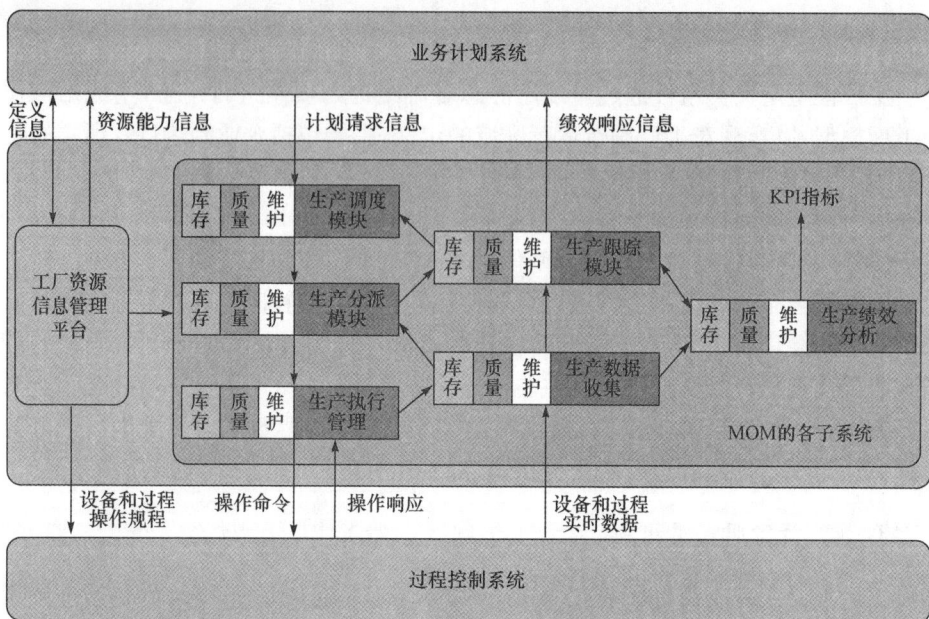

图 2-11　制造运行管理各子系统的结构

这四个运行管理子系统(生产、维护、质量和库存)都具有统一的系统实现结构,均含有 6 个主体功能模块,与 MOM 通用活动模型中 6 个主要活动相对应,分别是调度模块、分派模块、执行管理模块、数据收集模块、跟踪模块和绩效分析模块。每个功能模块都需要在其所属的运行管理子系统内部完成性质相同但具体任务不同的特定功能;并完成系统内部功能模块之间的信息交互;以及特定功能模块与上层业务计划系统和下层过程控制系统之间的信息交互,以实现各个运行管理子系统相对独立的运作业务。MOM 通用活动模型中的定义管理和资源管理在工厂资源信息管理平台中统一实现,各个运行管理子系统通过工厂资源信息管理平台获取信息,以保证各子系统对工厂运行规则的定义和制造资源的使用具有一致性。通过各个运行管理子系统的计划/请求信息下达过程和绩效/响应信息反馈过程,可实现对制造运行过程的闭环管理与优化。下面分别就生产、维护、质量和库存运行管理子系统的主要功能实现方式进行介绍。

1. 生产运行管理子系统

生产运行管理子系统的主要功能实现方式是:生产调度模块接收从上层业务计划系统下达的生产计划,结合由工厂资源信息管理平台提供的企业生产能力及资源使用状况信息,利用先进优化调度算法进行生产排程,将企业的生产计划分解为详细生产进度表。生产分派模块依据由工厂资源信息管理平台提供的资源可用性信息、产品生产规则及所需的物料清单与资源清单,将详细生产进度表进一步分解为生产任务分派清单。生产执行管理模块则需按照生产任务分派清单的安排下达具体操作命令给指定的下层过程控制系统,并接收操作响应,保证所执行的操作按照标准的程序和规则进行,确保各种制造资源的准确分配。

另一方面,生产数据收集模块按需要收集各种生产过程数据、资源状态数据及操作响应结果等,并进行数据的处理、整合与存储,形成资源历史数据,供生产跟踪模块和生产绩效分析模块使用。生产跟踪模块则基于资源历史数据、生产任务分派信息及生产绩效分析信息,跟踪整个生产过程的运行状态,记录物料移动的起点和终点,统计物料批次的数量信息和位置信息,并最终形成生产过程报告和生产绩效信息,向生产调度模块和上层业务计划系统汇报。生产绩效分析模块基于资源历史数据、生产过程跟踪报告和生产任务分派信息,使用特定的制造系统性能评估方法,对生产运行状态进行分析与评估,并建立关键绩效指标(KPI),作为量化的过程评价结果和过程优化的依据。

2. 维护运行管理子系统

维护运行管理子系统的主要功能实现方式是:维护调度模块接收从业务系统或其他运行管理子系统发出的维护请求,根据工厂资源信息管理平台提供的设备运行状态及相关维护资源使用情况,创建详细的维护作业进度表。维护分派模块依据工厂资源信息管理平台提供的维护定义信息及维护资源可用性信息,将维护作业进度表进一步分解为维护作业工作单。维护执行管理模块需要按照维护作业工作单的安排下达具体维护命令给下层的维护作业系统,并记录维护工作执行的状态和结果,保证维护操作按照标准的程序和规则进行,确保维护作业过程中各种资源的正确使用。

另一方面,维护数据收集模块按需要收集设备维护状态信息、维护资源使用信息及维护事件报告等,供维护跟踪模块和维护绩效分析模块使用。维护跟踪模块基于上述维护信息和维护事件报告,跟踪维护作业计划的执行情况及维护资源使用情况,并向维护调度模块和上层业务计划系统汇报维护作业执行状态、维护绩效分析结果、维护成本及资源使用情况等。维护绩效分析模块基于维护历史信息,对维护作业的执行过程、维护效果及所消耗资源进行分析与评估,确定问题区域和改进区域,并建立 KPI 指标,用于维护运行的改进与优化。

3. 质量运行管理子系统

质量运行管理子系统的主要功能实现方式是:质量调度模块接收从业务系统或其他运行管理子系统发出的质量测试请求,根据工厂资源信息管理平台提供的质量测试资源使用情况及质量分析仪器运行状态,创建详细的质量测试进度表。

质量分派模块依据工厂资源信息管理平台提供的质量测试定义信息和质量测试资源及分析仪器的可用性信息,将质量测试进度表进一步分解为质量测试工作单。质量执行管理模块需要按照质量测试工作单的安排下达具体的质量测试命令给下层的质量分析测试系统,并保证质量测试操作按照标准的程序和规则进行,确保各种测试资源和分析仪器的正确使用,同时按要求执行样品的留样管理。

质量数据收集模块按需要收集质量测试结果、质量测试中间数据及质量测试报告,供质量跟踪模块和质量绩效分析模块使用。质量跟踪模块基于上述质量测试结果和测试报告,记录质量分析的结果,跟踪质量测试的流程,并向质量调度模块和上层业务计划系统汇报质量测试结果、质量绩效分析结果及测试资源使用情况等。质量绩效分析模块以改善产品质量为目的,建立 KPI 指标,对质量测试结果、测试性能及质量指标变化趋势等进行分析与评估。

4. 库存运行管理子系统

库存运行管理子系统的主要功能实现方式是:库存调度模块接收从业务系统或其他运行管理子系统发出的库存请求,根据工厂资源信息管理平台提供的库存能力及库存资源使用情况,创建详细的库存作业进度表。库存分派模块依据工厂资源信息管理平台提供的库存定义信息及库存资源可用性信息,将库存作业进度表进一步分解为库存作业工作单。库存执行管理模块需要按照库存作业工作单的安排下达具体库存工作命令给下层的库存作业系统,并记录工作执行的状态和结果,保证产品和物料的移动过程遵循工作单程序和规则,确保库存运行中使用正确的资源。

另一方面,库存数据收集模块按需要收集产品跟踪信息、质量跟踪信息、维护跟踪信息及库存资源使用信息,并向库存跟踪模块报告有关的库存运行状况和物料操作数据。库存跟踪模块基于上述数据收集报告,跟踪并记录有关的物料移动信息、物料存储管理信息,以及物料批次的数量信息和位置信息,并向库存调度模块和上层业务计划系统提供库存运行报告和库存响应信息。库存绩效分析模块以改善库存运行为目的,建立 KPI 指标,对库存损失情况、物料移动效率及库存资源利用效率等进行分析与评估。

5. 各个运行管理子系统之间的协同

由于生产运行、维护运行、质量运行和库存运行之间有着非常密切的业务联系,是一个有机的整体,所以四个运行管理子系统需要彼此协同工作,共同服务于整个制造运行区域。例如,当生产运行中的生产计划信息发生变更时,可能需要维护运行、质量运行和库存运行予以协同配合,以保证更新的生产计划能够有效地完成,其他亦然。各个运行管理子系统通过工厂资源信息管理平台传递彼此之间的业务请求与业务响应,以实现信息的集成和统一管理,避免各个运行管理子系统之间发生业务运作或资源使用的冲突。

6. 制造运行管理子系统的可拓展性

除上述四个主要的制造运行管理子系统之外,还可以根据企业的特定需要,将制造运行管理子系统的实现结构应用于定义和描述企业制造运行区域内其他的管理活动,如生产安全管理、文档管理、突发事件应急管理等等,以保证制造运行管理系统具有良好的可拓展性。

2.5　MES 与过程系统工程理论

迄今为止,过程系统工程 PSE、运筹学和管理科学都十分关注企业内部各个业务过程和功能的研究。包括上游的研发管理研究,离散和连续制造业的计划和调度研究,以及近年来活跃的不确定环境下供应链优化问题研究。事实上,现代流程工业企业是一个具有内部凝聚力的整体,企业的运行需要在计划与生产层面上进行不同程度的跨部门协同,才能保证企业绩效和可持续发展。流程工业企业复杂的组织结构,使人们不容易理解跨部门协调的重要作用。

在学术界与产业界共同努力下,对应 MOM 层次模型,ISA-95 标准给出了企业管理层次模型,以及以 MES 为核心协同机构的企业控制系统集成(Enterprise-Control System Integration),如图 2-12 所示。企业控制系统集成的应用,一方面有可以更有效地控制与管理大规模的全局生产过程;另一方面,生产规模的不断扩大和生产方式复杂性的不断增强也给这些技术与系统的发展提出更高要求。

事实上 AMR 于 1998 年就已经提出了如图 2-13 所示的制造业务过程 RE-PAC(Ready,Execution,Process,Analyze,Coordinate)模型。REPAC 模型在 AMR 早期所提出的三层集成模型的基础上,增加了近年来成为制造工厂竞争力新基础的一些业务过程。该模型不仅强调 MES 在企业信息化中承上启下的作用,而且与企业的经营管理系统、过程控制系统一起形成了企业制造管理过程的闭环回路,描述了制造企业完整的制造事务管理流程。REPAC 模型中的 5 个过程元素分别为:

(1) 准备(Ready):随着产品生命周期的不断缩短,工厂必须加快使新产品达到设计产量的速度。新产品引进 NPI(New Product Introduction)、产品数据管理 PDM(Product Data Management)和对质量标准应用的管理,是准备过程的重点。

(2) 执行(Execution):与早期的 MES 以及物料跟踪系统紧密相关,它以产品和订单的执行为重点,对应于 MES 中的事务处理过程部分,主要作用是追溯产品并记录包括质量和异常信息在内的生产数据。

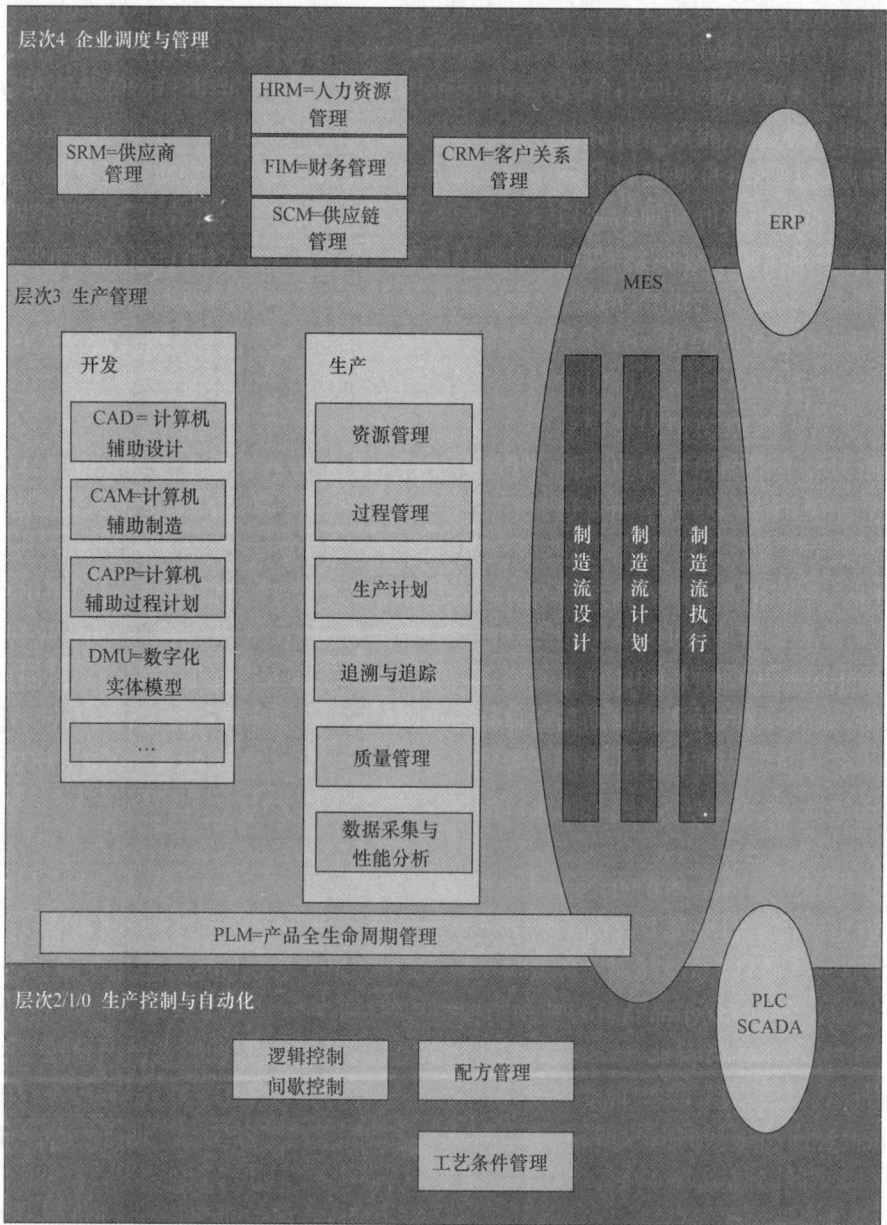

图 2-12　对应 MOM 层次模型的企业级控制系统集成术语一览

（3）处理（Process）：与工厂中现存的过程管理和控制基础设施紧密相关，它对应于工厂系统的过程和控制部分，包括 MMI／SCADA，PLC，DCS 以及与控制有关的设备。

（4）分析（Analyze）：在与制造过程紧密相连的 MES 中存在着大量的生产数据，但这些数据通常难以直接用于决策支持和业务分析。在分析过程中，借助于在线分析处理（OLAP）和数据仓库技术可以进行质量和生产改进、关键绩效指标的计算、整理和提供信息等有关工厂和产品绩效的分析。

（5）协同（Coordinate）：与计划系统密切相关，以工厂内部生产过程的协调以及与供应链的协调为重点。协调过程不断地更新工厂的作业计划，通过来自执行过程的生产状态信息和来自分析过程的绩效信息，优化工厂中的所有活动。

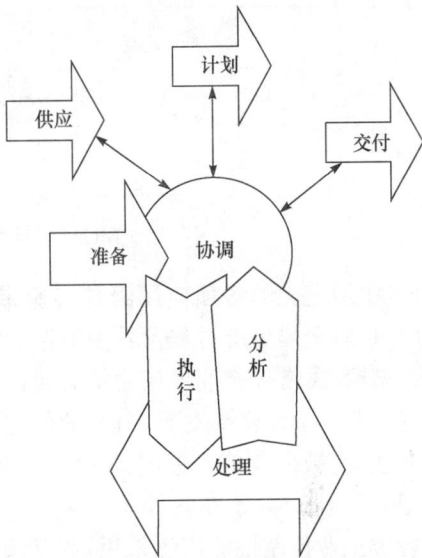

图 2-13 REPAC 模型

流程工业 MES 的产业应用和《IEC/ISO 62264 企业控制系统集成》国际标准发布，并不代表 MES 技术发展到了终点，流程工业 MES 在实施和应用过程中遗留或新出现的问题，必须依赖流程工业生产方式下特有的系统工程理论和方法论的发展才能解决。

2.5.1 MES 与 PSE 领域研究的关系

在图 2-12 所表达的功能模型中，不管是供应链管理 SCM(Supply Chain Management)，还是企业经营与决策，或是制造执行，其本质的目标都是通过操控各种管理功能的活动与行为，实现生产资源的动态优化配置，实现原材料与半成品的有序供给，产品的有序高效与稳定生产，并快速投放市场，以赢取经济效益和社会效益。同理，企业行为的本质是以经济指标为导向，通过对各项生产资源和生产活动的配置与管理，实现对原料、半成品和产品有序组成的生产物流的全局协同控制与管理，使之长期处于稳定与高效状态。因此，企业依据生产经营目标设定各项经济技术指标，企业级控制系统是执行经济技术指标闭环管控的工具及手段，而以生产物流为核心的生产过程，则是企业级控制系统实施其控制与管理策略的物理对象，本书称该对象为生产系统 PS(Production System)。

不妨用多层次控制系统结构图重新读解图 2-12 企业级控制系统，如图 2-14 所示。

由于 MES 在体系中发挥着协同生产管理及优化生产执行的关键作用，并在 PCS 与 ERP 之间具有承上启下的控制与管理信息融合与传递的核心功能，以及

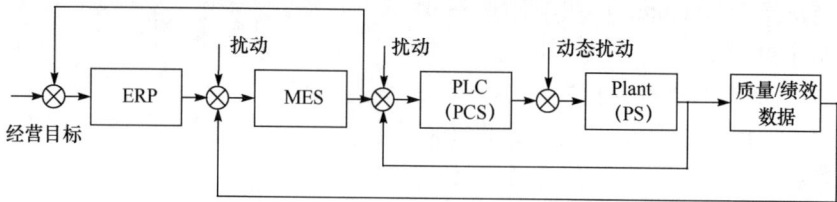

图 2-14　MOM 体系结构的控制流程关系示意图

MES 中所定义的各项应用组件普遍带有针对全厂范围生产过程的全局性,因此 MES 是对全局生产过程及其中的生产物流进行协同控制与管理的核心平台。

MES 通常被产业界认为是行业化的整体解决方案或产品化的软件系统。沿着这一思路,学术界关于 MES 的研究通常专注于先进或智能的系统架构模式及其方法论、数据及信息集成、软件产品化设计和行业技术标准制定等主题。进入新世纪后,随着 MES 在各行业的应用不断深入,分布式软件系统,网络化及智能化的各类工业控制设备广泛采用,业界认识到只有通过信息及信息模型的有效集成,才能够真正实现 MOM 中的控制逻辑与管理业务的集成及互操作(Integration & Inter-Operation),MES 的数据与信息集成因此成为研究的热点。在数据与信息集成的研究进程中,MES 经历了从基于数据驱动(Data-Driven)的集成与互操作到基于信息与知识驱动(Information & Knowledge-Driven)的集成与互操作的进化与演变。

如果把 MES 视为行业化的整体解决方案或产品化的软件系统,研究与开发的形式通常是促进某种指导性的方法论向 IT 实现技术的过渡,往往忽略 MES 本质上应该担负的主要任务,即各类型全局应用(Global Applications)应当面向共同的生产系统物理对象模型,进行的协同控制、管理与优化。

由于流程工业 MES 的核心对象即流程型生产系统是典型的复杂过程系统和混杂系统(Hybrid System),因而 MES 中各类全局应用所需的建模、控制、监测与优化等技术,理应是 PSE 领域研究中的核心主题。相比较于传统的 PSE(Traditional PSE),近年来处于研究与发展热点的扩展型 PSE(Extended PSE),注重全局过程(Global Process)如全局生产流程、全局生产系统以及供应链等,而非局部过程(Local Process)如控制回路的建模、控制与优化。尽管扩展型 PSE 的本质仍然是使用数学和计算机求解过程系统的问题,以实现对于系统对象的过程建模、仿真与优化即 MSO(Process Modeling,Simulation and Optimization),但其理论与方法的目的,则从原先传统 PSE 中实现对局部过程状态检测跟踪、建模、仿真及参数整定等过程级的优化设计与控制,全面过渡到解决企业级优化(Enterprise-Wide Optimization,EWO)的全局问题,例如,对一系列混杂生产过程的协同生产与经营集成。这些全局问题的有效解决,可推动企业实现经营目标的实时追踪与优化能力,提高生产资源优化配置能力,降低成本与资源耗费,从而显著地提升企业核心竞争力。

　　近来,有学者(Pavan Kumar Naraharisetti 等)将扩展型 PSE 定义为面向企业的过程系统工程(PSE of Enterprise),指出该新领域涵盖了与传统 PSE 相似的主题,包括系统表达(System Representation)、建模与仿真(Modeling and Simulation)、综合与设计(Synthesis and Design)、计划与调度(Planning and Scheduling)以及控制与监测(Control and Supervision)。也即扩展型 PSE 领域的研究主旨是以 PSE 的方法论解决企业级建模、集成、仿真、控制与优化等多种类关键命题。全局的工厂(设备)健康与维护(Plant Health and Maintenance)因其对于过程中的生产活动具有重要的影响和制约,也成为扩展型 PSE 领域的研究热点之一。

　　如图 2-15 所示,从企业经营管理中的层次化决策(Levels of Decision Making)等需求出发,可以对扩展型 PSE 给出战略(Strategic)、战术(Tactical)和操作(Operational)三个主要决策层次的体系划分。战略层既包括了多目标及多约束的供应链管理 SCM(Supply Chain Management)与优化决策,也包括了由 ERP 负责实施的企业资源配置管理与优化决策。战术层主要包含与全局生产过程及其活动直接相关的计划与调度,而操作层则指在车间和生产设备范围上进行的控制与操作,并通常将经由上述两个决策层面逐步细化的策略按照调度指令(Scheduling Instructions)的形式下达给 PCS 层执行。

　　对照上述扩展 PSE 领域的典型划分,结合 MESA 及 ISA-95 分别给出的 MES 功能定义,可见上述战术层和操作层(除属于 PCS 的设备外)的各项应用功能均属于 MES 范畴,如图 2-15 中虚线框包围的部分所示。因此,根据上述分析,流程工

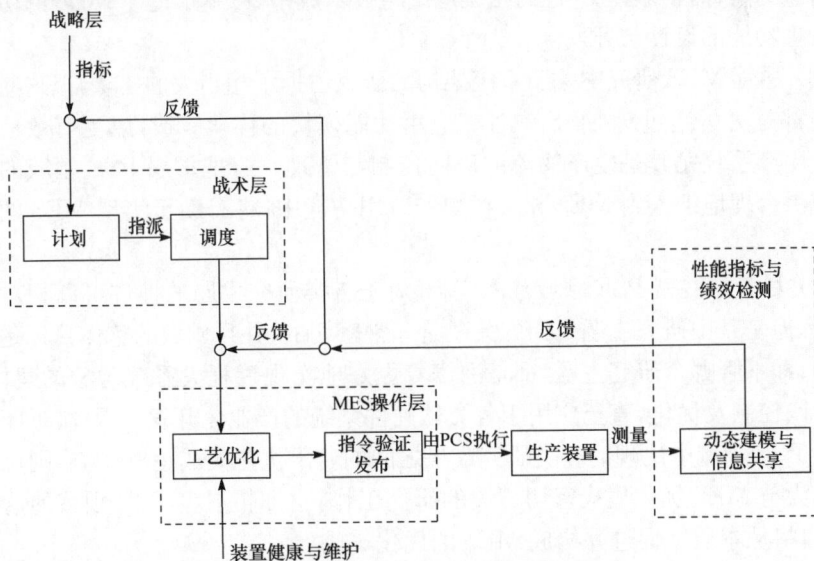

图 2-15　MES 的 PSE 方法论角度视图

业 MES 与扩展型 PSE 两个相近领域的研究之间有着如图 2-16 所示的重合关系（阴影区域），并具有以下多个方面的密切联系。

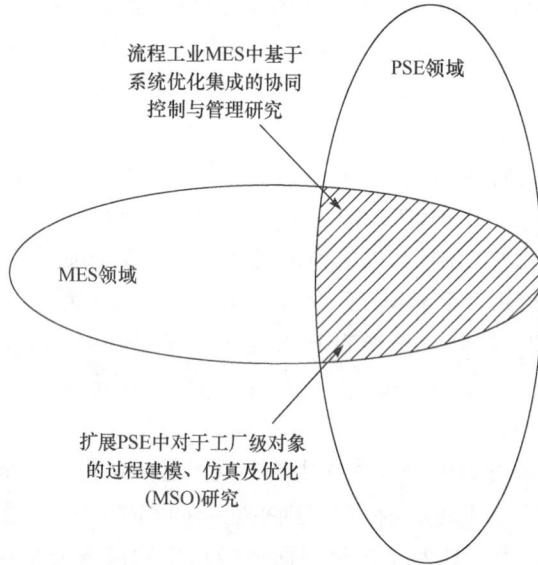

图 2-16　扩展 PSE 与 MES 研究领域的重合关系

（1）扩展型 PSE 领域的研究范围与主题更为广泛，其研究的理论倾向性也较为明显，而 MES 研发则更注重于系统的实现技术与应用研究，但由于两者具有共同的对象与目标，扩展型 PSE 的相关理论与技术成果，可用于指导 MES 的协同控制与管理功能的设计与开发。

（2）尽管 MES 研究中关于系统架构的研究占据了相当大的比重，但这些研究的本质都是为了通过对 MES 中各类应用功能模块的优化集成，以更有效地实现其对于生产系统尤其是生产物流的协同控制与管理。若把扩展 PSE 领域的相关研究成果合理地纳入到 MES 相关模块的应用功能中，将有助于实现 MES 的这一本质目标。

（3）尽管扩展型 PSE 领域范围广阔，对于各类研究主题的推进可以相对独立地进行，但是其中研究主题之间的关联是非常密切的，并且领域的整体目标是非常明确的，即不管哪个研究主题，都是围绕着更好地实现过程大系统对象的建模、仿真、设计、控制及优化，直至应用于各类软硬件系统的产业化开发。因此，近年来在扩展型 PSE 领域中出现的多类研究成果之间的若干优化集成主题研究，则可被相应地视为与 MES 优化集成密切相关的研究工作，也即扩展型 PSE 领域的这类研究成果，将从本质上促进并构成 MES 的优化集成。

2.5.2　全局生产物流模型的关键作用

如前所述,PSE 研究的核心内容是对于系统的过程建模、仿真与优化(Modeling,Simulation and Optimization,MSO)研究。其中,过程建模是几乎所有研究工作的基础,建模的目标则是实现优化控制(Optimal Control)或优化设计(Optimal Design),而优化设计的最终目标也是实现对系统的优化控制。扩展 PSE 的研究中是如此,MES 的研究中亦是如此,图 2-17 描述了这种关系。

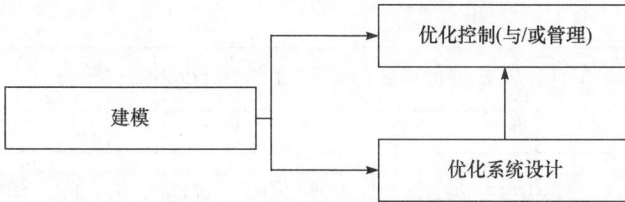

图 2-17　建模与优化的关系

不同于传统 PSE 研究,扩展 PSE 和 MES 中的过程建模主要是指对于生产系统及其活动过程的集成建模。相应地,不同于传统的受控对象,流程工业生产系统是一种具有多种生产要素和生产活动的混杂系统,包括了连续或间歇的复杂生产工艺和各类离散与连续的生产事件,也包括了生产物流、设备、人力、能源等生产要素,还包括了按产品生产流程划分,或者按原料加工、半成品加工、成品加工、进出厂等区域或环节划分的生产过程,因此流程工业生产系统的集成建模是一项极为复杂和困难的系统工程,而目前在该方面的研究还明显不足。

生产系统中所有要素与活动均是围绕着从原料到产品的生产流程展开的,因此生产物流是生产的本质。这就意味着不仅对于生产物流的建模是生产系统建模中的核心组成部分,而且其他生产要素的建模是可以围绕着生产物流模型展开的。此外尤为重要的是,从决策功能优化集成角度来看,生产物流是各层次决策功能管理与控制的最终对象,因而生产物流模型中包含的实时数据与信息是进行各项决策的主要依据。从生产信息的有效集成角度来看,生产物流模型本身是对生产过程中物流数据与信息的动态组织与表达,并可以此为核心可进一步集成与融合设备状态、人力投入和能源消耗等动态数据及信息。而从面向决策支持与工厂级控制的优化集成角度来看,在线的生产物流模型则可对工厂级的集成与优化控制起到实时数据与信息反馈模型的作用。可见,生产物流模型及以此模型为核心的生产系统模型将可为研究并实现 MES 优化集成起到关键作用。然而,现有的主要几类生产物流的建模方法均存在着这样那样的不足,从而限制了 MES 优化集成的研究。

值得关注的是,不管当前全局生产物流建模理论的研究是否充分,因得益于面向对象、UML、数据库等软件建模技术的充分发展,产业界在推进 MES、SCM 等系统的应用与产品化过程中,对于过程大系统的建模及其应用进行了相当多的尝试与实践。由于生产物流是生产系统中的核心对象,因而这些尝试与实践中给出的对象模型大多是以生产物流为核心的面向对象或数据库模型,并且这些系统中各项应用模块的业务操作运行和信息交互对于生产物流模型具有强烈的依赖性。

参照 ISA-95 标准实现的某石化 SMES 的功能架构如图 2-18 所示。以此为案例,可以说明其中各项应用功能的运行对于生产物流模型(物料移动模块)的依赖关系。

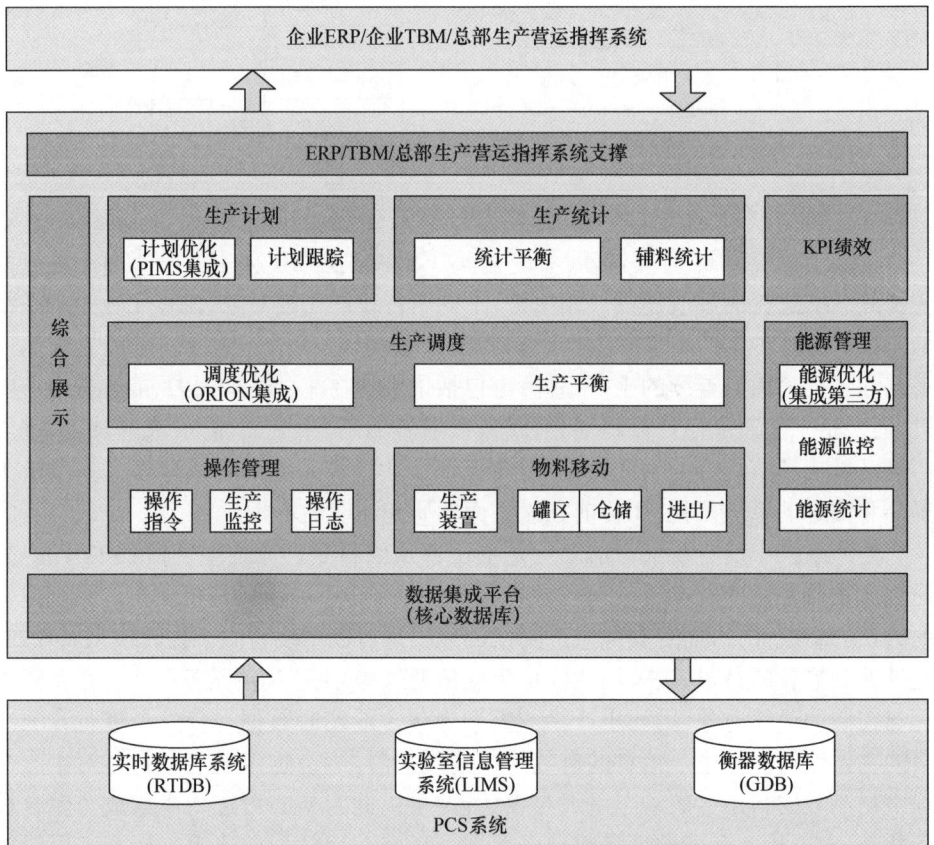

图 2-18　SMES　总体功能架构示意图

除专用型的 SMES 产品系统以外,在流程工业各行业具有通用性的产品系统如 Siemens 的 Simatic IT、AspenTech 的 AspenONE、浙大中控 Mes-Suite,以及 Honeywell 的 POMSnet 等,这些产品系统在 ISA-95 等标准规约的指引下,都将全局(即全流程)生产物流模型和基于面向对象或数据库的建模过程作为其各自系统实现中的基础与核心部分,而这类应用系统或产品系统中的生产物流模型则通常是基于软件建模技术及业务流程描述实现的。

然而,如前所述,流程工业生产系统是规模庞大的混杂系统,其中生产物流则在离散切换的调度指令(事件)驱动和连续的生产方式共同作用下,表现出包含普遍、持续且不规则的离散动态、连续动态及混合动态的混杂性。这类混杂的动态只有通过合适的数学方法方能表达,而单纯依靠软件建模技术及业务流程描述是难以机理性地表达这类混杂及不规则的动态的。相应地,众多 MES 应用实践也表明,由于缺乏来自扩展型 PSE 领域中关于生产物流建模研究成果作为指导,当这类软件模型在面对流程工业生产物流的复杂状态时将面临很大的困境,导致难以持续运行和维护。

2.6　理论与实践结合的组件化 MES

应用需求和 IEC/ISO 62264 国际标准的推动,MES 软件产品化开发,以及 MOM 解决方案的研究和应用不断走向成熟,亟待 PSE 学术研究领域提供更具实用价值的研究成果。很多研究者也在不同层面上,从不同角度出发,研究了企业级控制所需的技术和方法。例如,多种不确定性条件下的离散时间和连续时间调度方法、中期计划与短期调度的集成模型和求解方法、调度与控制的集成与快速决策、分布式人工智能技术(Multi-Agent System,MAS)以及可重构制造系统(Holonic Manufacturing Systems,HMS)等。

然而,上述研究结果有着共同的基本视角,即它们都是沿着理论方法的演进过程所展开的,均没有明确地从 MES 的技术发展需求出发,反向审视研究领域中相关成果的不足之处。因此,从 MES 技术发展需求的角度出发寻找理论研究的薄弱环节,可以发现三个需要努力改进的方面:具备在线应用可行性的理论方法、用于构建工厂级控制环(Plant-Wide Control Loop)的多层次集成建模与优化体系以及兼具多种系统特征的系统设计方法论。针对这三个方面薄弱环节的研究成果必将对流程工业 MES 技术的发展、完善和应用带来深远的影响。组件化 MES 的研发和应用,期望在这三个方面有所贡献。

2.6.1　具备在线应用可行性的理论方法

扩展 PSE 领域前期研究所关注的焦点,是如何将传统 PSE 领域研究中已经获得的数学建模方法、计算方法等理论成果,扩展应用于时间和空间范围更大的流程工业对象,即促进建模、仿真和优化(MSO)方法的应用对象从装置单元转移到生产流程、多流程的生产系统,以及供应链范畴,可称为 PSE 的"扩展化"阶段(Extending Stage)。该阶段的显著成果是发展出了滚动时间窗、离散/连续时间表达方法,STN 和 RTN,MILP/MINLP 等一系列建模与优化计算方法,而这一阶段的研究活动基本以纯粹的理论方法探讨为主要形式。尽管该阶段的研究活动极少考虑这些理论方法在实际生产环境下的使用问题,但以 AspenONE 和 SMES 为代表的流程工业 MES 实践中仍然运用了该阶段的一些研究成果,例如,AspenONE 的一些离线优化计算模块中应用了 MILP/MINLP 方法,而 SMES 在其在线的多层次物流平衡中使用了数据校正方法。然而,由于该阶段的大多数采用确定性数学模型,上述理论方法在复杂应用环境下遇到了相当多的难题。

扩展 PSE 领域的近期研究活动更加注重多种不确定性条件下的理论方法研究,并且认为这些不确定性的来源主要有两类:一方面是过程不确定性,例如生产处理时间和设备可用性等的不确定性,即来自生产系统内部的不确定性;另一方面是环境不确定性,例如需求量或交货时间、原材料或产品的价格与成本等的不确定性,即来自生产系统外部的不确定性。这一现状意味着学术界既关注到了理论方法的实用性难题,同时也开始着手务实的研究工作,可称为扩展 PSE 发展的"实用化"阶段。总体来看,生产系统外部的不确定性及其方法的研究主要集中在 SCM 主题下,考虑了产品需求与价格不确定性条件下的供应链决策,提出一种包括原料供应、生产、输送和分销的多阶段模型。另一方面,关于生产系统内部的不确定性及其方法的研究则与 P-MES 内部的功能直接相关,这些研究通常把多种来源的不确定性抽象成生产系统的扰动因素,从而展开面向动态计划、动态调度、数据校正或 MPC 等主题的建模与计算方法研究。

然而,上述关于外部和内部两方面不确定性及动态条件下的实用化方法研究,基本上是针对供应链和生产系统两个不同环节的对象而分离展开的。在 SCM 主题研究中,通常是将生产系统视为供应链(网络)上具有原料输入与产品输出的节点。尽管少数研究人员将供应链中的不确定性和生产系统内部的安全库存相结合进行研究,但大多数考虑不确定性及动态的研究,其初衷是为了实现供应链自身的计划等方面的优化,而绝大多数研究并未深入分析供应链上的不确定性与动态将如何转移与传递到生产系统内部,以及它们将对生产系统内部的复杂操作、生产表现以及多层次的决策优化产生怎样的影响。反之,针对生产系统的多数研究在考虑其内部的决策模型与优化算法面向动态环境的改进方案时,也没有把来自供应链的不确定性,以及生产系统中动态变化的生产条件与能力等因素联合起来进行研究。此外,相关研究报告还指出,目前模型与算法的规模和复杂程度将可能造成其不可求解,通常无法满足在线计算的可操作性要求。

当前在扩展 PSE 领域中广泛研究的多层次决策优化、工厂级控制与实时优化(Plant-Wide Control and RTO),以及生产过程全局实时跟踪等研究命题,紧扣了 MSO 方法在线应用,符合是流程企业 MES 等系统未来发展的本质需求,因此,扩展 PSE 当前及未来发展阶段可称为"在线化"阶段。图 2-19 说明了扩展 PSE 发展进程中三个阶段的划分及其演进趋势。其中,Grossmann 在 2005 年较为全面地阐述了除"在线化"阶段之外的多方面未来研究挑战,并以此提出了对于领域研究具有推动性作用的 EWO 概念,因而可视为扩展 PSE 领域研究发展中的一个重要里程碑。

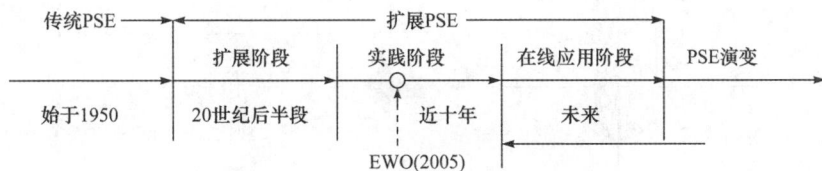

图 2-19 扩展 PSE 的三个阶段划分

2.6.2 面向全流程多功能集成与优化

除了实用化改进等研究趋势之外,扩展 PSE 领域中还存在着若干多功能的集成与优化研究的趋势,它们分别是 DIO(Decisions Integration & Optimization)、PWC(Plant-Wide Control & Optimization)和 EWO(Enterprise-Wide Optimization)。DIO、PWC 和 EWO 三个层面的综合研究主题(趋势)并非相互独立的,一方面由于 EWO 研究的理论基础和方法论主要来自于 PSE 领域;另一方面根据 EWO 所涉及或所属的多层次主题在扩展 PSE 中的范围,以及它们分别与 DIO 和 PWC 的重合关系,见图 2-20 左上部分。以它们各自分别涉及的对象及主题的范围为基准,在图 2-20 的左上部分给出了 DIO、PWC 和 EWO 之间的"向前"包含关系。由图 2-20 可见,以 EWO 为代表的最新研究趋势一方面是扩展 PSE 领域中新的主流方向,另一方面其相关研究主题和具体问题与流程企业 MES 的应用功能主题及其在应用实践中遭遇的现实问题高度吻合,因此以 EWO 为代表的研究趋势和成果将对流程企业 MES 技术带来前沿的需求,产生积极影响。图 2-20 下方主体部分,可称为面向构建工厂级控制环 PWCL(Plant Wide Control Loop)的多功能集成与优化研究。为了体现这类研究活动在扩展 PSE 视角下的不同范畴,图 2-20 下侧部分在图 2-15 基础上进行了相应的划分,分别由区域Ⅰ、Ⅱ和Ⅲ表示。

在区域Ⅰ所示的 DIO 研究范畴内,该方面的努力主要集中在计划和调度的集成与优化(Integration &Optimization of Planning and Scheduling),以及调度和控制的集成与优化(Integration &Optimization of Scheduling and Control)两个层面。

在区域Ⅱ所示的 PWC 研究范畴中,相关工作专注于运用 MPC 等控制策略,研究比 DIO 更为全局的工厂级多功能集成控制与优化问题。这些研究的显著特点是考虑到了生产系统的运行过程状态信息对于 Planning、Scheduling 和 Control 多层决策的重要支撑作用,进而针对这些层决策功能建立控制策略,从实时优化

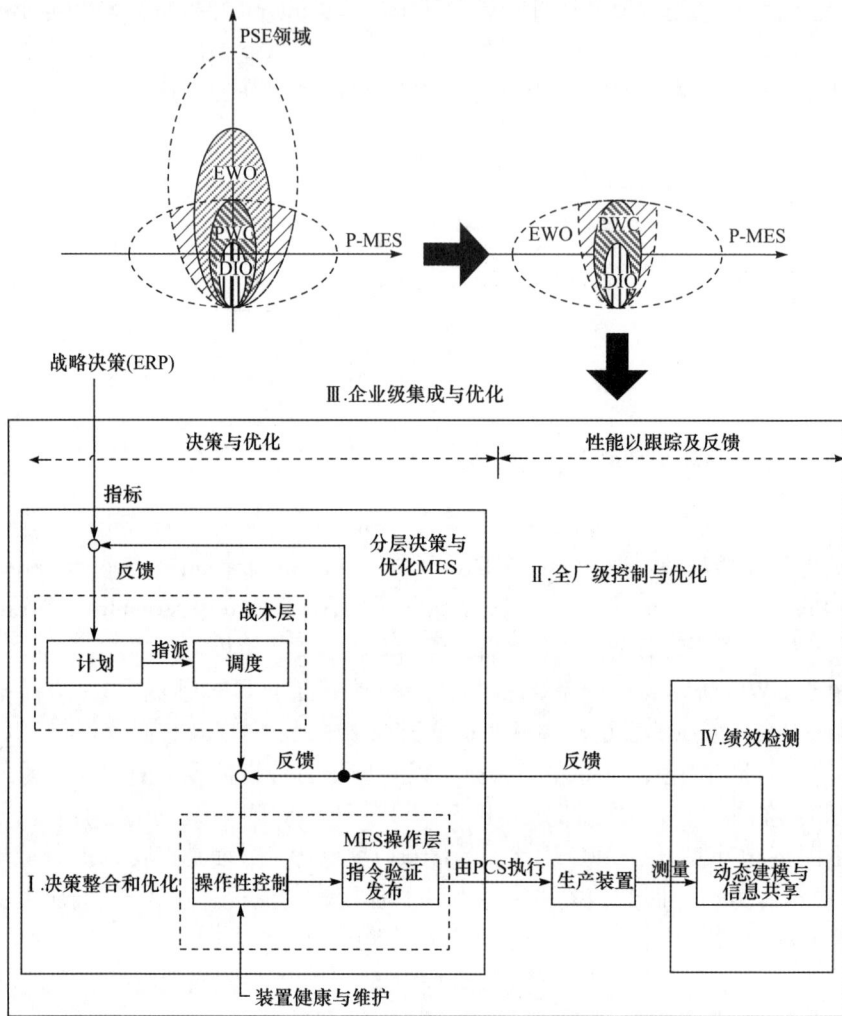

图 2-20　用于构建工厂级控制回路的多功能集成与优化研究

（RTO)角度出发实现具有再计划(Re-Planning)或者再调度(Re-Scheduling)功能的 PWC 回路。近期的研究活动表明，更为适应全局系统对象的 PWC 的复杂系统形式，以及更为深入的生产系统过程状态跟踪手段受到了关注。这些最新进展意味着 PWC 范畴中的相关研究正从前期针对目标对象的控制方法扩展阶段走向系统化阶段。

此外，区域Ⅲ所示 EWO 范畴中的未来研究对于扩展 PSE 和 P-MES 的发展将产生深远影响。这种影响体现在以下三个方面：

（1）EWO 的视角既不同于通常将生产系统简化网络节点的单纯的供应链间

题研究,也不同于以往大多数主要考虑生产系统内部问题的决策优化研究,它将供应链、生产系统以及生产过程视作一个多层和多尺度(Multi-Level and Multi-Scale)的整体及动态的复杂网络对象,这使得 EWO 视角下的扩展 PSE 理论与方法的研究更具有现实意义,其相关成果对于 P-MES 等工业 IT 系统技术的未来发展更具有实用价值。

(2) EWO 包含了 DIO、PWC 的研究范畴,这一方面使得 EWO 视角下的多功能集成与优化研究趋势在当前及未来的扩展 PSE 领域中更具有代表性,另一方面使得 DIO 和 PWC 等范畴内的研究须以 EWO 概念下的相关思想及要求为导向或原则。

(3) EWO 方向上的研究将面对建模、多尺度优化、不确定性、及算法与计算等多方面的挑战。未来在这些方面的努力将为解决真实世界的工业问题带来更有效的模型和方法。在这些模型与方法基础上将有可能产生新一代的分析 IT 工具,以显著增加流程工业的利润、降低成本,同时增强其经济表现与竞争力。

然而,上述研究局面下还存在着明显的不足。深入调查可见,对于图 2-20 下侧区域Ⅳ中的多项功能,包括生产系统运行状态信息的实时跟踪(Real-Time Tracking)、动态模型、实时反馈(Real-Time Feedback)、动态追溯(Dynamic Tracing)等,目前还没有得到学术界的充分关注。这一系列功能的核心是具有检测与反馈模型(Measure and Feedback)属性的动态模型,而这类模型则分别与化工生产工艺、流程生产方式以及多层决策功能密切相关,即它是应该通过扩展 PSE 领域中的相关理论分支支撑的重要模型方法之一。尽管在关于 PWC 的一些研究中运用了若干针对生产系统状态检测的数学模型方法,但这些方法还远不足以支撑在MES 中,也即在工厂级控制回路中建立上述多项功能。相比较,在传统 PSE 下过程控制回路中的检测与反馈模型具有完备且有效支撑理论和方法,而扩展 PSE 领域中与之相对应的理论方法则显得尤为稀缺。这一状况已经导致目前 P-MES 中与上述功能相关的复杂问题基本上都必须完全依赖定制开发的信息集成模块来解决,从而给系统应用造成了很大的制约。

2.6.3　兼具多种系统特征的系统设计方法论

系统设计方法论对于系统架构与功能集成的优化具有重要的指导作用。由于流程工业的独特性,流程行业 MES 同时具有信息系统工程 ISE(Information Systems Engineering)和过程系统工程 PSE(Process Systems Engineering)两种方法论视角下的系统架构表达形式,分别如图 2-15 和图 2-18 所示。参照 P-MES 的系统知识构成体系,按照 PSE 形式的设计使得流程行业 MES 具有一般信息集成系统 MIS 和离散工业 MES 所不具备的功能和用途。然而,当前的现实状况是,一方面 ISE 形式的流程行业 MES 设计方法已得到成熟地总结和应用,而另一方面,关于 PSE 下的系统设计方法的研究则尤为稀缺。此外,尽管以 MAS 和 HMS 为系统架构的分布式系统工程 DSE(Distributed Systems Engineering)经常被用于 MES 的研究和设计(主要针对离散工业),并且相比于扩展 PSE 领域,DSE 下的研究活动更加注重系统设计方法的探索,目前 DSE 还不足以完整地解释流程行业 MES 的整体系统架构和复杂功能体系。

因此,扩展 PSE 中关于 P-MES 等系统的设计方法论是较为突出的薄弱环节。并且,鉴于分布式系统在大规模复杂运算的分解求解和信息不确定条件下的命题求解等方面存在着一定程度的机制性优势,本项研究认为 DSE 设计方法在 P-MES 中诸如计划与调度优化决策、分布式生产对象的复杂运行模拟和实时状态跟踪、基于大规模测量网络的数据集成与协调等具体功能层次上具有进一步的深入应用研究价值,即在未来的研究中 PSE 与 DSE 两种系统设计方法论存在融合的研究前景。同时,考虑到 ISE 在 P-MES 等工业 IT 系统设计和实现中的基础作用,图 2-21 给出它们对 P-MES 未来设计方法论的影响关系。

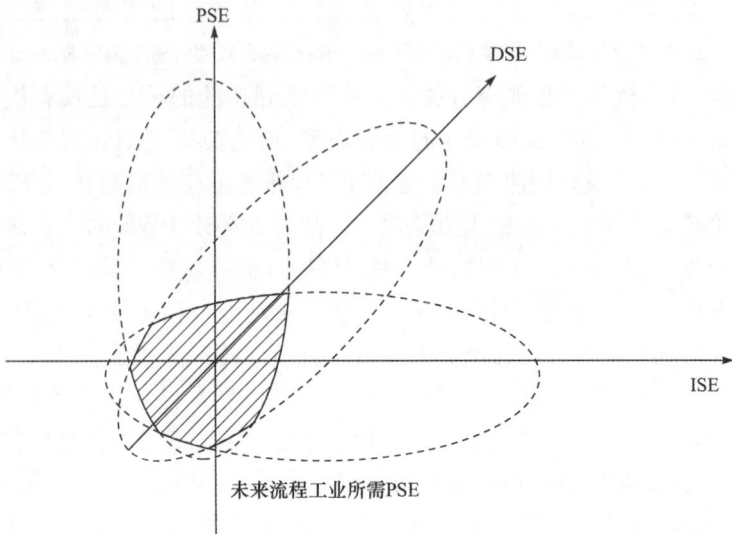

图 2-21　ISE、PSE 和 DSE 对未来流程工业 MES 设计的影响关系

2.6.4　流程工业组件化 MES 设计理念

我国运用信息系统工程 ISE 方法论设计、开发、实施 MES 已经有近十五年的历程,在 2007 年出版的《化工生产执行系统 MES》一书中,结合石油炼化工企业实际,提出了炼化企业 MES 的体系架构和功能模型,详细介绍了 MES 的设计、开

发、实现、实施的过程、方法和技术；内容包括 MES 基本原理、MES 的效益与企业生产管理机制的转变、炼化企业 MES 的设计、MES 的数据库设计、MES 开发与实现以及 MES 的实施等。代表了以 ISA-95 国际标准为设计依据，以当时先进 IT 技术为实现工具，以用户生产执行层的信息化需求为导向，进行项目型开发的 MES 开发模式，形成了一批符合我国流程企业特点，能满足企业生产管理日常需求的 MES 软件，取得了良好的应用成效。

随着流程工业企业对 MES 需求的不断深化，IT 技术日益发展，这一时期的 MES 软件，不断升级完善，逐步完成项目型开发到产品型开发的转变，MES 软件的用户应用体验不断改善。然而，MES 软件的用户应用价值，即 MES 参与各方期盼的，利用 MES 实现经济技术指标闭环管控和持续优化，还有待提升。这一时期的 MES 软件，普遍采用组件化的软件开发模式。这是由于近十年来，主流开发平台已经逐渐向组件化方面发展。采用组件化开发在国外已经非常普遍了，目前全球已经有超过 110 家软件企业生产超过上千个不同种类的软件组件，其中相当一部分组件有源代码可以选购。根据初步统计软件行业的各大公司都广泛采用组件来开发产品，甚至世界五百强中绝大部分在自己的项目中也很多都采用了不同的组件产品。因此，本书流程工业组件化 MES 设计，重点不在软件组件化技术路线本身。

本书力图阐明的流程工业组件化 MES 设计理念是：① 如何依据生产运营管理 MOM 国际标准和企业生产管理的日程需求，设计图 2-21 中 MES 的 ISE 维度的部分，使 MES 软件是一个优秀的生产信息管理软件平台；② 如何根据企业综合自动化 DIO 和 PWC 的需求，设计图 2-21 中 ISE 和 PSE 重叠的部分，使 MES 软件成为支持企业控制系统各层次闭环优化的信息平台；③ 如何根据 EWO 的需求，设计图 2-21 中 ISE、PSE、DSE 三者重叠部分，实现对内跨企业管理层次协同，对外跨供应链协同的未来智能工厂目标。

在近十年的研究中，本书作者找到了可以覆盖图 2-21 重叠阴影部分需求和特点的企业多分辨率层次建模方法，并在过程系统工程领域为 MES 需求研究了质量闭环管控、计划-工艺操作集成优化等实用算法，还用信息可视化技术提升 MES 软件决策整合和优化(DIO)的性能，最后将 PSE 领域操作员仿真培训系统的概念推广应用到 MES 软件应用培训。

第3章 工厂多层次模型

模型是一种帮助人们认识企业实质并快速作出决策的工具,根据分类标准和应用场合不同有多种模型分类方法。

根据模型抽象程度可分为应用模型和参考模型。参考模型(Reference Model)是通用的抽象模型,可以用来作为其他应用模型的基础来指导其他应用模型的建模过程;应用模型(Application Model)是在参考模型的指导下针对企业某一具体业务应用需求而建立的模型。

根据模型表现形式可分为数学模型、物理模型及图表模型等。物理模型(Physical Model)指仿造真实系统构建的实体模型;数学模型(Mathematics Model)是指运用数学符号和数学公式建立起来的描述客观事物特征及其内在联系的模型。数学模型有多种形式,如微分方程、传递函数、频率特性及状态空间描述等。类似的还有图表模型,利用图形和表格的方式描述事物,如结构图、信号流图等。数学模型按表达的规律是否包括时间因素,可分为静态模型和动态模型两大类。动态数学模型若时间参数 t 是连续的,则此模型是连续时间模型,若 t 是分段采样的,则称之为离散时间模型。用微分方程或状态方程表示的动态模型称为参数模型,模型中若参数随时间 t 而变化,称其为时变系统模型,反之称为定常系统模型。

根据模型在企业管控过程中所起的作用可以分为描述模型和分析模型,如表 3-1 所示。描述模型(Descriptive Model)是对企业各个组成要素的属性及其相互关系的客观描述。描述模型建模过程需要确定组成系统各个实体的属性、状态,以及它们之间的关联机制。分析模型(Analysis Model)是用仿真及逻辑推论的方法获取知识,支持优化计算和决策分析。

表 3-1 企业模型分类

	分类	小类	主要建模体系与方法
企业模型	描述模型	数据模型	ER 图、结构树、有向图、OOM
		信息模型	IDEF1、ARIS、Multi-Agent、ER 图、MERISE
		本体模型	IDEFi、Tove 法、骨架法、Berneros 法
		过程模型	IDEF3、Petri-Net、Workflow、OOM
		功能模型	IDEF0、Petri-Net

续表

	分类	小类	主要建模体系与方法
企业模型	分析模型	故障诊断模型	结构树-故障树诊断模型、层次法
		决策模型	GRAI
		队列网络模型	运筹学与控制论方法
		仿真模型	DEVS、MRM

典型的描述模型有信息模型和数据模型。信息和数据都是信息系统中最基本的术语,数据是指记载下来的事实,是客观实体属性的值,而信息是构成一定含义的一组数据。数据模型用来描述数据库中具体的数据类型、数据间的关系以及数据库的限制。信息模型(Information Model)则是一种通过提供稳定的、可共享的数据组织架构对系统内的概念、关系、约束、规则和操作进行描述。

常见的分析模型有决策模型(Decision Making Model)及仿真模型。决策模型通过定量描述研究对象各个组成因素间相互关系及其在一定条件下运动变化的全部规律,为决策提供明确内容和过程的模型。系统仿真又称系统模拟,是在模型化的基础上应用数字计算机对真实系统进行模仿性实验研究的方法。仿真模型(Simulation Model)指由数学模型转换成的可由计算机运行的模型。

由于被建模对象模型应用需求的复杂性,往往需要同时建立多个模型从不同侧面对其进行描述,而在这些模型中通常首先建立一个基础模型。所谓基础模型(Base Model)是对真实生产系统充分的描述和概括。基础模型包括覆盖生产过程所有对象实体的原始通用模型库,这些通用模型包括生产过程的物理属性(装置、物流等)、信息属性(原料配方、工艺方案等)以及控制属性(控制逻辑、控制约束等),而与具体的模型编程工具无关。本书企业集成建模过程中,选取诸多模型要素中的某些关键要素建模,得到企业基础模型,然后通过模型重用的方法获取其他模型。

在传统过程控制领域,人们习惯于用仿真及逻辑推论的方法获取知识,支持生产过程的优化计算和决策分析,建立了包括仿真模型、优化模型、故障诊断模型及队列网络模型等为代表的分析模型。由于侧重于控制理论的应用,分析模型通常不展开描述系统复杂的属性、状态及交互关系。而在软件工程领域,在建立企业信息系统时,通常利用数据库对企业各个组成要素的属性及状态建立了大量的描述模型,如功能模型、信息模型、数据模型、过程模型及本体模型等,侧重于描述系统各个要素的属性状态及交互关系。由于历史的原因,两个体系常常是单独建立,信息管理、产品制造与自动化技术之间无法有效地进行集成,从而无法保证企业全局性优化运行。

随着企业自动化水平的提高,过程控制研究开发重点逐渐转移到了系统级层次,大规模的企业管控一体化或综合自动化系统的研究与实施工作得到了重视。综合自动化的目的是通过信息集成技术使异构环境中的各种企业要素(如人、自动化设备和信息处理系统)方便地获取所需要的数据。并支持各种企业要素之间实现应用互操作和功能协调。这就对建立统一集成的描述模型与分析模型提出了迫切的需求。

另一方面,PCS/MES/ERP 三层次结构体系是企业管控应用系统对企业信息多层次多粒度需求的反映,也对企业建模提出了多层次多粒度的需求。而传统的应用系统建模多立足于满足单一层次粒度应用需求。例如,生产计划优化和调度模型不仅涉及工厂多个功能组织的协同作用,而且受制于生产过程的不确定性和可变性,一直以来就是一个非常复杂的问题。而传统的单一模型法由于其目标函数和约束条件采用过程机理建模方法,虽然在生产调度模型、算法和计算性能方面取得了一定进展,但面对复杂流程问题时,为了描述足够的模型细节,数学模型会变得十分庞大,无论在建模复杂度及算法复杂度等方面的问题都还远未解决。Hax and Meal 在 1975 年提出层次化生产计划模型 HPP(Hierarchical Production Planning),认为一个复杂流程工厂的运营操作可以划分成 4 个决策层次,并引入滚动周期的方法。HPP 层次化模型结构降低了问题的复杂性和不确定性,并且其层次结构与实际管理组织结构的层次性一致,使得模型易于理解。但是,HPP 存在两个困难,其一是不同层次模型之间缺乏保持一致性的机制,其二是全局优化问题,一旦某一层次发生一些不可预期的变化(如机器故障、新订单等),其他层次不能同步修正,整个计划过程必须重新运行。

一种解决思路是为多层次递阶结构模型设计统一的数据源,通过保证数据源的一致性改善递阶模型的一致性。B. P. Das 等提出了三层次计划调度递阶结构模型,三个不同周期的计划调度模型通过统一数据平台集成。但此方法没能从根本上解决模型一致性问题,一旦过程系统出现不确定性变化,模型之间的一致性很难保证,并且大规模系统的统一数据平台设计本身也存在相当大的困难。

可见,针对单一层次应用需求的企业模型造成了不同层次、不同视图模型之间的物流、资金流、信息流和控制流缺乏有效的交互和同步,也就无法反映局部变动对整个企业的影响,制约了流程工业的全局优化运行。随着企业集成建模和企业级综合自动化的不断发展,多分辨率建模技术引起业界的普遍重视,成为复杂系统建模发展的关键技术之一。

本章以系统模型的形式化表达入手,对复杂多节点系统在空间和时间上的属性状态及关联关系描述进行了深入的分析,引入以模型生命周期、系统属性分类定义、多层次模型建模等为核心的多节点多层次系统模型形式化描述方法,有效地将复杂系统描述模型和分析模型进行了统一建模,为企业综合自动化建设打下了良好的基础。

3.1　多分辨率层次建模理论的研究现状

采用多节点网络化模型,为生产企业、交通网络等复杂系统建模,已得到学术界和工程应用领域的普遍认可。如何建立一个满足应用需求的多节点结构模型,工程和理论上仍有几个难题。其一是子系统划分缺乏理论依据,其二是应用问题对信息的多样性需求,其三是面向应用的多视角建模,难以保证多个模型的一致性。为此,人们提出模型分辨率的概念,将应用需求按某种分辨率进行分类,以子系统的分辨率为建模的视角和子系统划分的判据,为不同的应用建立多个分辨率各异的多节点结构模型。

分辨率(Resolution)原本是计算机图形学的术语,国际仿真互操作标准化组织所属仿真互操作专题研究小组对它的定义为:分辨率指在模型和仿真中表示现实世界的详细和精确程度,亦称粒度。Roza给出的定义是用来描述现实世界某些方面的模型或仿真应用的详细程度或精度。

粒度(Granularity)和详细度(Level of Detail)在建模与仿真领域是与分辨率等价的概念。高分辨率模型描述系统微观特性,低分辨率模型则描述系统的宏观特性,可以有效降低计算成本。多分辨率建模通过属性映射函数和交互处理等手段保证多分辨率模型之间的一致性,从而达到对系统多层次、多角度的研究。多分辨率层次模型的粒度变化范围可以从分子级到工程级直至厂级、企业级。

模型分辨率的度量在本文指被建模对象实体、属性、约束关系和过程的复杂程度的定量表达,而在企业建模中,时间、空间、组织机构(结构)又是“复杂程度”的常用测量尺度。

复杂系统建模通常由参考模型、建模工具、数据库及模型评估及验证方法四个部分组成。参考模型最常见的建模方法有形式化描述和图示化描述两种。形式化描述方法精确、严谨,易于系统实现,图示化方法直观、自然,易于描述系统的层次结构、功能组成,但精确性和严谨性不够。形式化模型是参考模型的数学表达方法,建模工具是实施参考模型的必要手段。数据库则是模型的物理实现。模型评估及验证方法保证模型具有足够的可信度用于决策支持。模型检验贯穿于整个模型生命周期。

本章重点就复杂系统多分辨率层次模型的形式化问题进行研究,建模策略包含两个层面的内容,其一是由于企业建模的复杂性,如何在企业内部众多的模型要素中选择一个有效的切入点,即选择一个企业集成的关键要素模型作为企业基础模型,然后通过模型重用的方法方便地获取其他模型。其二是在多分辨率层次模型组内部,如何通过选择一个合适的分辨率层次模型作为建模的起始层,然后通过模型映射得到其他分辨率层次的模型。

　　以流程行业中颇具代表性的石化企业生产过程为例,它属于典型的复杂流程工业生产过程,生产过程涉及多种复杂化学变化和物理变化,原材料、添加剂、中间产品及最终产品种类繁多,且都是以物料流的形式出现在生产过程的不同阶段。同时这些物料流的载体是生产过程中的各种生产设备,原料物流在物流设备中按照预定的方案被加工成各种产品。由此可见物料流是石化生产过程的最直接的表现,能较好地反映企业内部的物资流动和供应链情况。实际上许多生产管理应用系统都已经以物流关系模型作为其实施的基础,如物流仿真、调度优化和计划排产等。因此建立石化企业生产过程统一的物流模型具有十分重要的学术和工程意义,它可以作为石化企业生产过程建模的基础模型。

　　多分辨率层次模型可以根据管理或业务管理需求分为固定的时间和空间分辨率层次结构。由于不同层次模型是对同一对象系统不同分辨率特性的描述,所以不同层次模型的建模成本和难易程度是不同的,如何制定高效率低成本的建模策略、如何保证所建模型的完备性和一致性等问题仍然是没有解决的难题,因此多分辨率建模比传统的建模方法带来了更多的挑战性。

　　20 世纪 90 年代中期,美国 RAND 公司的 Davis 等在战略评估系统中提出变分辨率建模的概念和面向过程的一体化层次多分辨率建模法,对多分辨率建模进行了一些开创性的研究。Davis 认为多分辨率建模(Multi-Resolution Modeling)是指为同一现象建立具有不同分辨率的多个模型、一个集成的模型族或者是二者的组合。1995 年美军建模与仿真主计划 MSMP(Model and Simulation Master Plan)中提出"要建立实体、行为和进程的多分辨率模型",要求将多种类型不同分辨率的仿真实体互联起来,构成一个可互操作的综合仿真环境,并解决多分辨率模型的聚合和解聚问题。

　　Cubert 和 Fishwick 将多分辨率建模和面向对象的继承组合机制联系起来;而 Davis 则强调多分辨率建模的难点在于过程模型的多分辨率问题;Godding 从系统仿真建模角度描述了多分辨率嵌套层次模型,并建立了仿真系统的多分辨率形式化表达模型,但是由于应用的局限性,还不是一个统一的形式化模型;Caughlin 则从模型抽象的角度描述分辨率模型,并将一个系统的高分辨率模型和低分辨率模型之间的关系看作映射关系,为了保证聚合解聚的有效性,高分辨率模型和低分辨率模型之间应该存在同态映射关系。同态映射的概念为检验聚合解聚的有效性提供了一个标准,但是这种讨论过于简单化,实际系统的聚合解聚要复杂得多,而且文献没有给出具体的映射方法和保持一致性映射的机制。

　　针对工厂数据的多分辨率特点,多分辨率建模方法在数据校正领域也得到了重视。Lang 和 Ungarala 针对线性系统数据多时间和空间分布的特点提出了一种基于贝叶斯方法的多分辨率数据校正算法。Yi 提出了一种基于混合整数优化的多分辨率数据校正方法,但都只是多分辨率建模的局部应用,没有给出系统的建模方法及一致性验证算法。王旭提出了多层次数据校正框架,给出了工程应用实例,但只是一个多分辨率应用模型,对于其他更一般的方法及模型没有展开讨论。Cameron认为多分辨率建模的关键在于子模型的高效建模方法及其模型集成方法、与建模目标对应的模型分辨率确定问题、模型在不同应用领域(如工程设计、控制优化等)的可靠性等问题,但并没有给出具体的建模方法及策略。

从以上分析可知,多分辨率建模技术在各个应用领域都得到了发展,满足了不同的多分辨率建模需求,但都缺乏对多分辨率建模理论及方法的一般性研究,至今还存在以下理论及应用难题:

(1) 多分辨率模型统一的形式化表达方法;

(2) 全流程多分辨率层次化模型高效建模方法;

(3) 多分辨率模型一致化方法、模型验证及性能评估的系统框架。

多分辨率建模的形式化描述研究是使用数学表达式来严格描述系统特征的过程。被描述的系统特性包括行为特性、时间特性、性能特性和内部结构等。通过系统模型的形式化描述,可确切地定义系统的各项特征,从而达到对系统深入的理解,是寻找多分辨率建模的一般理论方法的关键所在。

目前多分辨率模型还缺乏统一的形式化表达方法,传统的研究成果大多针对一些特定的仿真需求,如离散事件仿真系统建模 DEVS(Discrete Event System Specification)形式化表达方法及支持并发表示的多分辨率模型形式化表达 UNIFY(A Framework for Effective MRM)方法等。

企业建模的主要方法有机理建模法、IDEF 功能模型法、工作流法、视图模型、多智能体方法、过程流程模拟等。机理模型运用数学符号和数学公式建模,是对过程最为准确的描述,但对于复杂过程机理模型往往因为其高成本和长周期而缺乏实用性。工作流是针对工作中具有固定程序的常规活动而提出的一个概念。通过将工作活动分解成定义良好的任务、角色、规则和过程来进行执行和监控,达到提高生产组织水平和工作效率的目的。工作流模型由于主要以图形语言或者文本描述来定义工作流,缺乏良好的理论基础,使得工作流系统在许多关键特性上有待改进。视图建模以过程视图为核心,功能视图、信息视图、组织视图和资源视图为辅助工具,其主要困难在于视图之间的映射和一致性维护。

当前的模型验证及性能评估理论体系尚不完善,对一些新的建模概念和方法还没有达成共识。企业模型验证由于要考虑模型对决策支持的能力、多视图、多粒度模型之间的一致性和互操作性、风险预测能力等许多复杂因素,加上企业环境的不确定性,始终是一个难题。而多分辨率层次模型的验证,由于其多模型特点,传统的单层次模型的检验方法已不能很好地适应其多层次模型整体检验的需求,对模型验证及性能评估带来了新的挑战。

模型验证及性能评估是多分辨率建模的必要环节,包括模型精度、一致性及完备性等方面的内容。其中模型精度包括单一层次模型的精度及多分辨率模型整体的精度两个层面内容。单一层次模型的准确度与传统模型准确度一致,可以通过比较模型运行中的表现与被建模真实对象之间的误差大小来分析。而多分辨率模型整体的精度问题由于涉及层次模型之间的一致性问题,所以不仅要验证其中的单一层次模型,还要验证整个模型系的精度。

层次模型一致性验证是多分辨率模型性能评估的核心,包括不同视图模型一致性、在整个模型生命周期保持一致性、不同粒度模型保持一致性,以及行为一致性、状态一致性和解析一致性。行为水平亦称为输入/输出水平,状态水平不仅定义了系统的输入与输出,而且还定义了系统内部的状态变量集合及状态转移函数。解析水平除了定义输入输出行为和内部状态集合,还定义了系统内各个实体之间的结构关联关系。

P. K. Davis 从模型聚合解聚后输入输出是否匹配的角度来定义不同分辨率层次模型的 I/O 一致性。Natraian 的 MRM 在多分辨率模型中定义之间相互推演的建模方法中定义了实体属性关系图,通过寻找合适的映射函数实现空间属性的聚集和解聚,从而保证了多分辨率模型之间的空间属性一致。DEVS 的耦合封闭性保证了可以将一个耦合的动态变结构模型作为原子模型加入到更为复杂的动态变结构模型中去。模型结构关系一致性问题在传统控制论中研究较多的是模型简化的等价性问题,而对于多分辨率层次模型拓扑一致性的研究工作并不多。

一致、准确得多分辨率层次模型,不一定完全满足模型应用的需求。模型校核指确定(仿真)模型和有关数据准确代表开发者的概念描述和技术要求的过程,即检验模型符合应用需求的过程。本章提出了多分辨率层次模型完备性的概念和定义,它与建模目标和需求相对应,是模型校核结果的定量描述,也是研究模型可扩展性、可重用性的基础。

3.2　模型形式化的基本方法

形式化是通过集合论等工具建立系统数学模型的方法,被描述的系统特性包括行为特性、时间特性、性能特性和内部结构等。在形式化过程中根据对系统特性充分的抽象来建立对象模型的集合结构,使得模型具有更为广泛的应用能力和应用范围。

3.2.1　系统模型的形式化表达

仅有一个对象实体组成的系统模型可由图 3-1 示意,把被建模对象抽象成一个与环境有明确边界和输入输出的集合,系统内部的属性抽象成系统的状态集合。

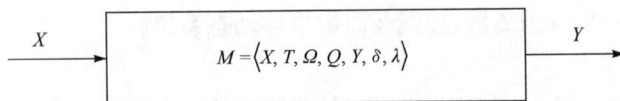

图 3-1　单对象系统模型的通用形式化描述

系统工程领域早在 1970 年就由 Arbib 提出了一种确定性因果系统模型的通用形式化描述,可用一个七元组集合表示:

$$M = \langle X, T, \Omega, Q, Y, \delta, \lambda \rangle \qquad (3\text{-}1)$$

其中

M:单一实体系统。

X:该系统输入集合,描述外部通过系统边界进入系统的全部输入集合,代表外部环境对系统的作用。通常 X 代表 n 个实值的输入变量。如外部输入是离散事件,X 可表示为 $X_e \bigcup \{\varnothing\}$,其中 X_e 为外部事件集合,$\varnothing$ 为空事件。

T:时间基,作为系统变化的时间坐标来描述系统时间及为事件排序。根据 T 为整数集或实数集合,相应地系统分别被称为离散时间系统或连续时间系统。

Ω:输入段集,描述某时间间隔内系统的输入模式。可以用以下映射表示:$\omega:\langle t_0, t_1 \rangle \rightarrow X$,其中时间区间 $\langle t_0, t_1 \rangle$ 是时间基中从初始时刻 t_0 到终止时间 t_1 的一个区间,所有上述输入片段所构成的集合都记作 (X, T),输入段集 Ω 是 (X, T) 的一个子集。当时间基 T 取实数集合时,Ω 可为分段连续段集,$\omega:\langle t_0, t_1 \rangle \rightarrow X$,$X = R^n$;$\Omega$ 也可为离散事件段集,$\omega:\langle t_0, t_1 \rangle \rightarrow X_e \bigcup \{\varnothing\}$,并且除对于有限事件时间集合 $\{\tau_1, \cdots, \tau_n\} \subset \langle t_0, t_1 \rangle$ 以外,$\omega(t) = \varnothing$。当时间基 T 取整数集合时,Ω 为有限序列集。

Q:内部状态集合,是系统内部结构建模的核心,它影响着现在和将来的响应。

Y:输出集合,代表系统通过界面输出到外部环境的总和。

δ:为状态转移函数,定义系统内部状态是如何变化的,可用以下映射表示 $\delta:Q \times \Omega \rightarrow Q$。若系统在时刻 t_0 处于状态 q,并且施加一个输入段 $\omega:\langle t_0, t_1 \rangle \rightarrow X$,则 $\delta(q, \omega)$ 表示系统 t_1 时刻的状态。因此,任意时刻的内部状态和从该时刻起的输入段唯一地决定了段终止时的状态。

λ:输出函数,用以下映射表达:$\lambda:Q \rightarrow Y$。输出函数给出了一个输出段 $\lambda:Q \times X \times T \rightarrow Y$。

根据以上提出的形式化定义,可以描述对象的属性及行为特征。

3.2.2　系统模型特性的若干术语

由式(3-1)的定义,可以方便地对系统建模中出现的若干术语说明如下。

1) 动态模型

无论输入段集 Ω 具有何种特性,内部状态 Q 总是依 T 动态变化。并且根据 T

和 Ω 的不同进一步分为离散、连续及离散事件动态系统。

2）稳态模型

对于系统输入段集 $\{\Omega, X =$ 常数$\}$，则 Q 和 Y 亦为仅依赖于 X 的常数；即 Q 和 Y 与 X 之间只存在代数关系，δ 和 λ 为代数变换。

3）准稳态模型

为了兼顾过程动态特性分析和降低计算复杂度的要求而提出的一种折中方案，它是基于准稳态的概念，在给定的时间基及输入段集 Ω 基础上，将输入 X 进行平均处理得到 $\overline{X}$，并且相应地得到 Q 和 Y 的均值 $\overline{Q}$ 和 $\overline{Y}$，这个过程称为准稳态处理过程，动态模型经过准稳态处理后得到准稳态模型。

4）时变模型与非时变模型

δ 和 λ 随输入段集 Ω 变化的模型为时变模型，否则为非时变模型。

5）事件

事件是某个特定时刻所发生的事情，它是对引起对象从一种状态转换到另一种状态的现实世界中的事件的抽象。

6）状态

状态是对象在其生命周期中的某个特定阶段所处的某种情形，它是对影响对象行为的属性值的一种抽象。

7）行为

行为指对象达到某种状态时所做的一系列处理操作，状态转换驱使行为发生。

8）属性

模型中所定义的数据，它是对客观世界实体所具有的性质的抽象。主要由状态、静态参数、δ 及 λ 构成。

3.2.3 系统模型的离散事件形式化表达

离散事件系统的时间是连续变化的，而系统状态仅在一些离散的时刻上由于随机事件的驱动而发生变化。Balci 提出用于描述离散事件调度及其结果的关联系统形式化模型，Allen 给出了离散模型通用的六元组形式化描述模型：

$$M_e = \langle X_e, Q_e, Y_e, \delta_e, \lambda_e, \tau_e \rangle \tag{3-2}$$

X_e：外部事件集合；

Q_e：序列离散事件状态；

Y_e：输出集合；

δ_e：转移函数；

λ_e：输出函数，$\lambda_e: Q_e \to Y_e$；

τ_e：表示映射 $\tau_e: Q_e \to R_{0,\infty}^+$，系统在没有外部事件作用且在新的状态转移发生之前,系统状态保持不变。

此模型可以统一到式(3-1)系统模型的通用形式化描述,它们之间的关系为:

$T:[t_0,\infty]\subset R$;

$X:X_e\bigcup\{\varnothing\}$;

$\Omega:\{\omega|\omega:\langle t_0,t_1\rangle\rightarrow X\}$;

Q:由 Q_e 和 τ_e 构造出来实际状态集合。τ_e;$Q\rightarrow R_{0,\infty}^+$;$Q:\{(q,e)|q\in Q_e,O\leqslant t_e$ $\leqslant\tau_e(q)\}$。合成的状态是(q,t_e)对偶,其中 q 是一个顺序状态,而 t_e 是保持这个状态的时间;

δ:由 δ_e 构造而得映射 $Q\times X\rightarrow Q$;

$\lambda:\lambda_e$。

上述模型描述了系统在离散事件段集的输入下内部状态变量的变化过程及系统输出集合,对系统实体、属性、系统内部结构及系统行为给出了形式化描述的方法,为系统模型的形式化表达奠定了基础。

3.3　多节点结构模型的形式化

多节点结构模型 MNSM(Multi-Node Structured Model)指多个分布式节点组成的结构模型。由多个分布式实体组成的复杂系统如图 3-2 所示,图中节点 1、2、3、4,直至 n 表示系统中所包含的 n 个实体,连线表示实体之间的关联关系。这种复杂系统的实例如互联网、复杂工业生产过程、城市交通网络等,其模型可以抽象表示为由多个分布式实体及其相互之间的动稳态关联关系组成的分布式网络系统。关联关系包括物理设备的连接关系、逻辑关系及指令信息关系等。如把系统中的实体抽象为节点,实体之间的关联简化为节点间的弧,则系统可表现为由节点和弧组成的网络结构图模型。本书将式(3-1)讨论的模型称为单节点模型,图 3-2 所示的模型称为多节点结构模型。

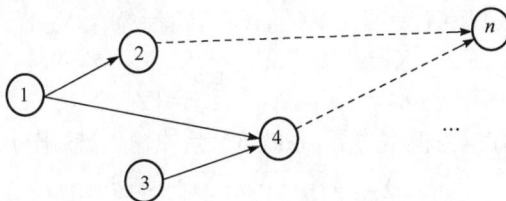

图 3-2　多个分布式节点组成的结构模型

单节点系统模型和多节点结构模型是对复杂系统的两种建模思路,前者把整个系统看成是一个大的单节点系统模型来描述,当这个对象比较复杂时,其内部状态及其转移函数很难清晰描述。所以,另外一种建模思路是化整为零,把复杂系统看成是由多个对象节点及其关联关系组成的分布式多节点系统,则其中的每个节点都可以用一个单节点模型来描述,而由这些节点组成的分布式结构模型则重点描述节点间及其与系统边界的结构关联关系。在复杂系统研究领域中,网络化分布式建模最常用的方法有贝叶斯法、层次法、神经网络法等。

3.3.1　有向图结构模型

由图论可知,一个图 G 可以形式化表示为二元组 $G=\{U,K\}$,其中 U 是顶点的有穷非空集合,K 是 U 中边的有穷集。若图 G 中的每条边都是有方向的,则称 G 为有向图(Digraph)。有向图是由节点集合及顶点间的关系集合组成的一种结构图,图中一条有向边是由两个顶点组成的有序对,有向边也称为弧(Arc),边的始点称为弧尾(Tail),终点称为弧头(Head),顶点又称为节点。有向图模型中节点之间只有因果关系,没有明确的从属关系,一个节点可与其他多个节点建立联系,即节点之间的联系是任意的,任何两个节点之间都能发生联系,可表示多对多的关系。

有向图与关联矩阵有一一对应关系,因此结构模型也可以用关联矩阵来描述节点之间的关联关系。关联矩阵是布尔矩阵,其运算遵守布尔代数的运算法则。关联矩阵 W 中全为零的列所对应的节点称为源点,或输入节点;元素全为零的行所对应的节点称为汇点,或输出节点。结构模型的关联矩阵 W 可定义为:设系统实体集合 $U=\{U_1,U_2,\cdots,U_n\}$,则 $n\times n$ 矩阵 W 的元素 $w_{i,j}=1$ 表示 U_i,U_j 之间有关系,$w_{i,j}=0$ 则表示没有关系。

3.3.2　分布式结构模型的有向图描述

设集合 M_r 表示单层网络结构模型,$U_r=\{U_{r,1},U_{r,2},\cdots,U_{r,n_r}\}$ 表示其内部的节点集合,n_r 表示集合 M_r 中的节点个数,$U_{r,v}$ 表示其中的第 v 个节点($1\leqslant v\leqslant n_r$)。以图3-3所示系统 M_r 为例,此系统由三个节点 U_1,U_2 及 U_3 组成,$U=\{U_1,U_2,U_3\}$。对于每个节点输入输出分别有:

$$U_1:X_1=\{X_{11},X_{12},X_{13}\},Y_1=\{Y_{11},Y_{12}\}$$
$$U_2:X_2=\{X_{21}\},Y_2=\{Y_{21},Y_{22},Y_{23}\}$$
$$U_3:X_3=\{X_{31},X_{32}\},Y_3=\{Y_{31},Y_{32}\} \tag{3-3}$$

设以图 3-3 大方框为模型边界,系统 M_r 整体输入、输出分别为

$$X_r=\{X_{11},X_{12},X_{13},X_{32}\} \tag{3-4}$$
$$Y_r=\{Y_{21},Y_{22},Y_{31},Y_{32},Y_{33}\} \tag{3-5}$$

系统 M_r 的结构关联集合 Q_l 由系统内部结构关联、输入边界结构及输出边界结构组成,分别用 Q_{ll},Q_{li},Q_{lo} 表示,即 $Q_l=\{Q_{ll},Q_{li},Q_{lo}\}$,得

$$Q_{ll}=\{(Y_{11}\rightarrow X_{21}),(Y_{12}\rightarrow X_{31})\}$$
$$Q_{li}=\{(X_{01}\rightarrow X_{11}),(X_{02}\rightarrow X_{12}),(X_{03}\rightarrow X_{13}),(X_{04}\rightarrow X_{32})\}$$

$$Q_{lo}=\{(Y_{21}\rightarrow Y_{01}),(Y_{22}\rightarrow Y_{02}),(Y_{23}\rightarrow Y_{03}),(Y_{31}\rightarrow Y_{04}),(Y_{32}\rightarrow Y_{05})\}\quad(3\text{-}6)$$

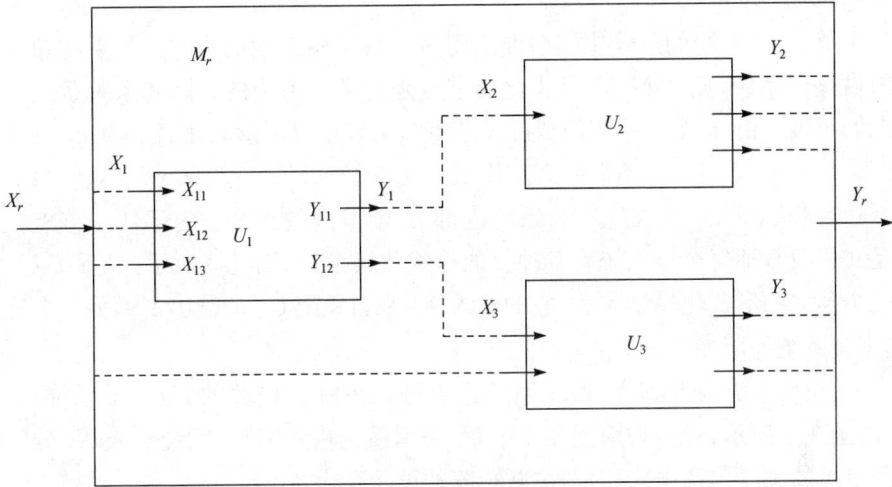

图 3-3 结构模型示意图

图 3-3 对应的有向图为图 3-4,图中 U_1,U_2 及 U_3 分别表示 M_r 中的 3 个节点,U_i 及 U_o 节点表示系统输入边界节点和输出边界节点,有向弧表示节点间的输入输出关联关系。

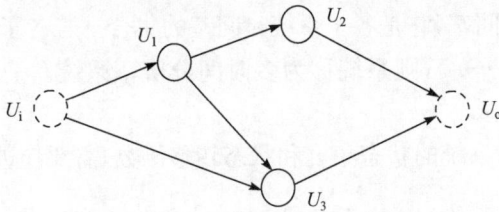

图 3-4 结构模型 M_r 的有向图

有向图 3-4 的关联矩阵可以表示为

$$W=\begin{matrix}U_i\\U_1\\U_2\\U_3\\U_o\end{matrix}\begin{bmatrix}0&1&0&1&0\\0&0&1&1&0\\0&0&0&0&1\\0&0&0&0&1\\0&0&0&0&0\end{bmatrix}\quad(3\text{-}7)$$

可见,采用式(3-2)表达节点模型,类似图 3-4 表达多节点结构关系,能构建复杂系统多节点结构模型。

3.3.3　多节点结构模型形式化

本节将式(3-1)的形式化模型推广到多节点结构模型的形式。如果将单个节点看做是子系统，则 MNSM 形式化的重点是定义子系统的关联和系统状态集合概念的扩展。由 n_r 个子系统组成的多节点结构模型可以形式化表达为

$$M_r=\langle X_r,T_r,\Omega_r,Q_r,\delta_r,Y_r,U_r\rangle \tag{3-8}$$

$U_r=\{U_{r,1},U_{r,2},\cdots,U_{r,n_r}\}$ 为系统内部 n_r 个节点的集合。内部任一节点模型满足式(3-1)，即每个子系统有其独立的形式化模型，如图 3-3 所示，子系统 U_3 可由一个独立的形式化模型表达，它的输入 X_{31} 来自系统 U_1 的输出 Y_{12}，另一个输入 X_{32} 来自系统外部。

X_r 表示系统输入集合，通过系统边界进入系统中相关的节点(子系统)。例如，对图 3-3 所示系统，采用图 3-4 中 U_i 表示系统输入节点，系统输入 X_r 分配到内部节点的关联关系由式(3-7)关联矩阵的第一行表达。

Ω_r 表示系统输入段集，定义同式(3-1)。

Y_r 表示系统的输出集合，它是所有内部节点经由系统边界向外输出变量的合集。例如，图 3-3 所示系统，$Y_r=\{Y_{21},Y_{22},Y_{23},Y_{31},Y_{32}\}$。若用图 3-4 中 U_0 表示系统输出的虚拟节点，则系统(外部)输出与内部节点输出的关联关系由式(3-7)关联矩阵的第五列表示。

T_r 表示系统时间基，它是各子系统时间基的集合。若各子系统采用不同的时间基 $T_{r,v}(v=1,2,\cdots,n_r)$，则系统称为多时间分辨率系统。一般假设各节点与系统具有相同的时间基。

Q_r,δ_r 分别称为系统的状态集合和状态转移函数，需要作进一步的定义。

1. 系统状态集合概念的扩展

在式(3-1)的形式化描述中，内部状态主要指实体、状态(随时间变化状态变量)的集合。在模型的生命周期内，对象的属性包含了一些不变的静态参数和变化的状态变量。在多节点关联的结构模型中，节点之间的关联，也是系统属性的重要组成部分。为此，需将系统状态集合的概念扩展为

$$Q_r=\{Q_{sr},Q_{dr},Q_{lr}\} \tag{3-9}$$

其中

Q_{sr} 表示系统各节点静态属性的集合；

Q_{dr} 表示系统各节点状态变量的集合；

Q_{lr} 表示系统各节点之间关联结构变量的集合，对于图 3-4 所示结构模式，Q_{lr} 由式(3-7)的关联矩阵表示。

2. 状态转移函数 δ_r 的讨论

由于系统状态集合概念的扩展,式(3-1)状态转移函数的定义也需要相应扩展:

$$\delta_r = \{\delta_{sr}, \delta_{dr}, \delta_{lr}\} \tag{3-10}$$

分别表示以下三种映射:

$$\delta_{sr}: Q_{sr} \times \Omega_r \rightarrow Q_{sr} \tag{3-11}$$

$$\delta_{dr}: Q_{dr} \times \Omega_r \rightarrow Q_{dr} \tag{3-12}$$

$$\delta_{lr}: Q_{lr} \times \Omega_r \rightarrow Q_{lr} \tag{3-13}$$

式(3-12)的定义与式(3-1)中状态转移函数相同,表示系统状态在输出段集 Ω_r 的作用下,在 T_r 时间基上的动态变化过程。由于 Q_{dr} 是系统各节点状态变量的集合,式(3-12)系统状态转移的运算呈分布式,即各个节点分别作状态转移,Q_{dr} 是状态转移结果的集合表示。

$$Q_{dr} = \{Q_{dr,v} \mid v = 1, 2, \cdots, n_r\} \tag{3-14}$$

对于系统的静态参数 Q_{sr},是指在时间基 T_r 和输入段集 Ω_r 所指的时段内,系统各节点不随时间变化的静态(属性)参数,如水槽的几何尺寸,介质种类等。映射 δ_{sr} 为恒等变换。建模中确定 Q_{sr} 的过程在软件实施中称为静态参数配置。

对系统结构变量 Q_{lr} 的映射 δ_{lr} 是 MNSM 建模的核心问题。若在系统时间基 T_r 之下 Q_{lr} 恒等不变,则系统为结构恒定的多节点网络,此时 δ_{lr} 为恒等变换。一般地,复杂网络系统的节点间的关联是动态变化的。只要在输入段集 Ω_r 所指的时间段内 Q_{lr} 发生变化,则 δ_{lr} 用来描述这种变化。在工程应用中,Q_{lr} 的变化一般是事件和条件触发的,变化的频率一般比节点动态过程的变化率低。

3.4 MNSM 的时间基

由于多节点结构化模型的状态集合呈现出不同的时间特性,如式(3-1)那样采用统一的时间基难以有效满足 MNSM 的应用需求,有必要对模型的时间基推广到多时间分辨率(多周期)。

3.4.1 模型生命周期时间基

模型生命周期时间基 T_{Life} (Time Scale for Life Cycle of Model)是一个离散时间序列,起点是模型的生成时间 t_0,终点是模型退役时间 t_∞,中间点记录模型因系统物理结构、设备变化而进行模型重建的时刻。在 T_{Life} 划分的时段之内,系统静态属性 Q_{sr} 随时段的变化而变化。

$$Q_{sr} = \begin{cases} Q_{sr}(\tau_1); t_0 \leqslant \tau_1 \leqslant t_1 \\ Q_{sr}(\tau_2); t_2 \leqslant \tau_2 \leqslant t_3 \\ \cdots\cdots \\ Q_{sr}(\tau_k); t_k \leqslant \tau_k \leqslant t_\infty \end{cases} \tag{3-15}$$

$$T_{\text{Life}} = [t_0, t_1, t_2, \cdots, t_k, t_\infty] \tag{3-16}$$

事实上，T_{Life}将 MNSM 按式(3-15)分为了若干个分段形式化模型 $M_r(\tau_i)$，$\tau_i \in T_{\text{Life}}$，其中时间分段依据模型生命周期。

在本书中，若无特别说明，均在式(3-15)模型生命周期的某个时段内讨论模型的形式化，Q_{sr} 为静态属性。

MNSM 模型的状态变量集合 Q_{dr} 及关联关系集合 Q_{lr} 随时间发生动态变化。根据时间基的不同特性，模型又分为连续时间动态系统、离散时间动态系统及离散事件动态系统等类型。

3.4.2 连续动态模型的时间基

现实世界中时间是连续的，但在计算机世界中一般认为时间是离散而有序的等长单位，是与自然数同态的域。因此时间就类似一条具有起点的射线轴，物理时间可映射到时间轴。时间域可表示为一个二元组 $(T; \leqslant)$，其中 T 是一个时间点的非空集合，$\leqslant$ 表示 T 中时间点的排序关系。时间域的选择通常基于连续(稠密)时间和离散时间两种特性。连续时间模型的时间取值范围对应于自然时间轴，即在任何两个时间点 $t, t' \in T$，满足 $t < t'$，总能找到时间点 t''，使 $t < t'' < t'$。系统的状态可以在任意时间点获得。

3.4.3 离散动态模型的时间基

假设时间轴上的最小可区分区间单元为时间基元(Chronon)，规定时间基元具有一定的长度，且不可再分割。若干时间基元的集合构成一应用时间单元。时间粒度(Granule)由若干连续的时间基元构成，对应着时间轴上的某时间段。最细的颗粒由单个时间基元构成。如果模型的时间取值范围为固定的时间粒度点，就称为离散时间模型。即此时 $T = \{n \times \text{Chronon}\}$，通常采样时间为固定间隔，如 1 秒、1 分钟等，此时 n 为一个固定非负整数，系统的状态只能在离散的时刻点上获得。

设离散时间为：$T_e = (t_0, t_1, t_2, \cdots)$，在任一 $t_i (t_i \in T)$ 点对应一个模型状态，而在任一 $t_j (t_j \notin T)$ 点上，模型状态可能没有定义或等于 $\text{Model}(t_i)$。T 单调递增，两个时间点之间定义为时间步长 time-step，表示为 $[t_i, t_{i+1}] (t_i, t_{i+1} \in T_e)$。模型的时间步长是可变的。

在实际应用系统中存在两种离散时间点，一种是采样时间点序列 T_s，如图 3-5

中所标的 $T_S=(T,2T,3T,\cdots)$,不妨设采样时间是一个常数,即采样时间步长是不变的,即 $\forall\, t_i,t_{i+1},t_j,t_{j+1}\in T_S,i\neq j,t_{i+1}-t_i=t_{j+1}-t_j$。系统状态变量属性 Q_{dr} 随采样时间的变化而变化。

$$Q_{dr}=Q_{dr}(t_S),\quad t_S\in T_S \tag{3-17}$$

另外一种离散点时间序列 T_e 是与离散事件发生的时间对应的,如图 3-5 中所标的 $T_e=(E_1,E_2,E_3,\cdots)$,由于离散事件的发生通常是随机事件,所以离散事件的时间步长也相应地是一个随机变量。T_S 和 T_e 之间可能重合也可能不重合。图 3-5 下方表示对应于 $T_e=(E_1,E_2,E_3,\cdots)$ 的离散事件模型。

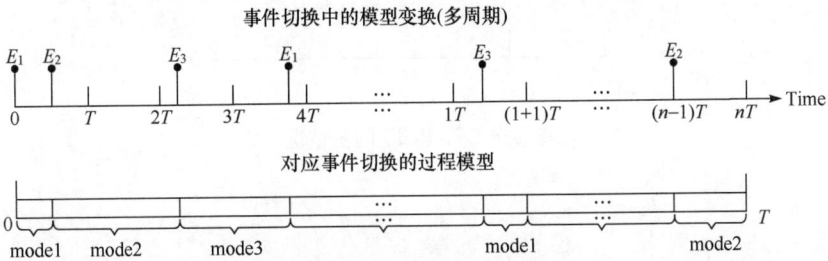

事件切换中的模型变换(多周期)

对应事件切换的过程模型

图 3-5　T_S 和 T_e 关系实例

离散事件系统是指在某些随机时间点上系统状态发生离散变化的系统。状态变化时间点取值由事件发生时间点决定,因而这类系统是由事件驱动的。离散事件的发生会引起系统状态变量属性 Q_{dr} 及系统关联关系属性 Q_{lr} 发生动态变化。

$$Q_{dr}=Q_{dr}(t_e),\quad t_e\in T_e \tag{3-18}$$

$$Q_{lr}=Q_{lr}(t_e),\quad t_e\in T_e \tag{3-19}$$

3.4.4　模型管控周期与时间基的关系

在实际系统中,模型状态变量随采样时间序列 T_S 动态发生变化,采样时间一般为秒或分,然而不同的管理部门对管控周期有不同要求,如车间级的生产调度时间周期通常为班或天,秒或分级的模型对于生产调度层来说显然是过于复杂了,为了简化模型处理,通常根据实际管控需求通过设置较长的管控周期 T_{cr} 将模型动态特性进行过滤,即通过准稳态处理得到准稳态模型。

设此时系统模型的管控周期为 $T_{cr}=(1T_{cr},2T_{cr},3T_{cr},\cdots)$,其步长为固定步长。$T_{cr}$ 和 T_e 之间可能重合也可能不重合,据此可以分为以下几种情况讨论。

1) T_{cr} 和 T_e 同步情况

如图 3-6 所示,由于随机时间引起的网络拓扑结构变化发生在时间尺度点上。此时结构图变化与准稳态处理时间同步,不影响模型的准稳态特性。例如,工厂按"天"来切换装置的生产加工方案,装置级的网络拓扑结构随之发生变化。

2) T_{σ} 和 T_e 不同步情况

如图 3-6 所示，随机事件发生在层次模型时间尺度 T_r 内，在该时间尺度以内发生模型的有限次切换，如在装置连续生产过程中发生的随机调度事件引起模型改变。此时结构图变化与准稳态处理时间不同步，对模型的准稳态特性产生了影响。以图 3-7 为例，T_{E_1} 处于第一个周期内，设相对于 $(0 \sim T_{E_1})$ 时间的结构参数为 $Q_{lr}(0 \sim T_{E_1})$，相对于 $(T_{E_1} \sim 1T_{\sigma})$ 时间的结构参数为 $Q_{lr}(T_{E_1} \sim 1T_r)$，在这种情况下，系统的准稳态处理分别针对不同的结构参数分别进行。

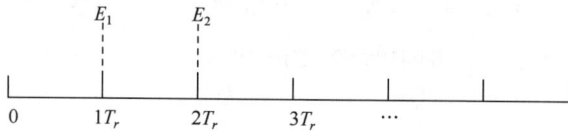

图 3-6 T_r 和 T_e 同步情况

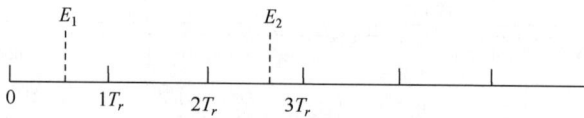

图 3-7 T_r 和 T_e 不同步情况

3.5 多分辨率层次结构模型

随着被建模系统日益复杂，不同管理层次对分辨率产生了不同需求，信息集成及整体优化成为新的建模焦点，多实体关联过程、多时空分辨率需求、模型高维数等困难使得传统单一层次建模方法已不再适应新的建模需求。迫切要求构建一种包含多种时空分辨率，能够在不同分辨率或抽象层次上对复杂系统进行一致性描述的建模方法。

以流程工业综合自动化 ERP/MES/PCS 三层模型为例，不同层次对模型及数据的粒度有不同需求。根据 ISA-95 企业建模标准流程，工业企业按照空间层次关系分为单位层、单元层和区域层，分别对应工厂的实际生产装置设备及根据调度统计需要组合成的逻辑装置设备，设备的空间粒度依次增大。对应到石化 MES 业务管理层次可分为装置级、调度级和统计级，管理时间尺度从秒、分增大到班、天及周、旬、月，分别完成厂区监控、操作管理到方案执行、物流跟踪及计划优化等 MES 功能。

多分辨率层次模型形式化描述在更一般的意义上研究层次模型的形式表达，通过多分辨率层次模型中层次分辨率、模型属性、时间、事件等模型要素关系间的分析，建立了多分辨率层次模型的框架结构。

本节提出一种多分辨率层次模型的建模方法(MRLSM)，即在对应应用需求的不同分辨率层次(水平)上，分别建立多节点结构模型，首先在同一个分辨率层次上，定义实体的属性及其相互关联，然后再建立不同层次模型之间的映射关系。该模型具有易于理解、易于应用、易于实施的特点。

3.5.1　模型分辨率

Dr. Davis 认为模型分辨率包括实体、属性、逻辑约束、过程、时间和空间等因素。即实体、属性、约束关系和过程的复杂程度，都可以作为分辨率的度量，而时间、空间、组织机构(结构)又是"复杂程度"的常用测量尺度。在本书所讨论的企业建模问题中，主要研究空间分辨率和时间分辨率的定义、选取和划分。

时间分辨率一般由应用系统的需求决定，在企业建模与优化应用中，指测量、控制、管理的不同周期，如分钟、小时、班、天、月等，简称为管控周期。空间分辨率指被建模的实体(子系统)按空间尺寸划分的粒度单位，实体、属性及其约束关系都按这个空间尺度定义。在企业建模领域，空间分辨率以地理、几何空间或组织机构为单位，如分为设备级、装置级、车间级、厂级、公司级等。表 3-2 以炼油企业的企业模型为例，给出了时、空分辨率的某种划分，显然，时、空分辨率是交互作用的。空间分辨率较高的层级，如生产装置，其实体的状态属性的时间分辨率也较高，以秒、分计，反之亦然。

对式(3-8)建立的多节点结构模型，时间 T_r 的定义决定了模型的时间分辨率。节点的个数 n_r 及节点的复杂程度反映了模型的空间分辨率。

表 3-2　分辨率要素实例

模型分辨率要素	高分辨率实例	低分辨率实例
实体	常减压生产装置	车间
属性	装置实时产量	整个车间的日产量
逻辑约束	生产装置的实时产能	整个车间的生产能力
过程	常减压生产装置及其过程状态	车间内各装置的关联
时间	秒、分	小时、班、天
空间	装置内的生产设备及其关联关系	车间内的生产装置及其关联结构

定义 3-1　对式(3-8)所定义的多节点结构模型，若 $T_{r,i} \neq T_{r,j}(i,j=1,\cdots,n_r; i \neq j)$，则称该模型为多时间分辨率模型。若 $u_{r,i}$ 与 $u_{r,j}$ 具有不同的空间分辨率，则称该模型为多分辨率空间模型。

3.5.2　多分辨率层次模型框架

多分辨率层次模型指根据被建模系统物理结构和业务管理需求，采用层次结构，同层模型具有相同的时间和空间分辨率尺度。本书应用面向对象的方法以实体作为过程模型的节点，捆绑实体的属性、逻辑约束等因素构成过程层次模型，并以过程模型时空分辨率为主线,构建多分辨率层次模型总体框架结构,如图 3-8 所示。

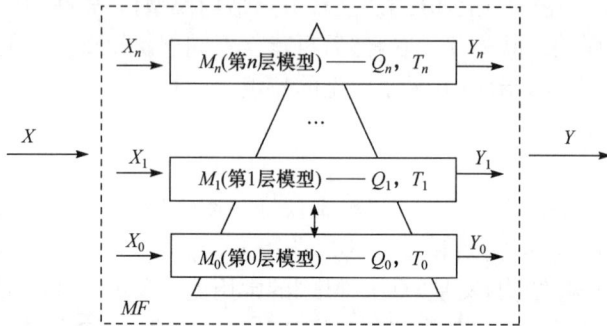

图 3-8 多分辨率层次模型示意图

设每个层次对应一定的时间分辨率,用 T_r 表示,r 表示模型层次,$r \in R, R =\{0,1,2,\cdots,n\}$,$n$ 表示模型组中不同层次模型的数量,T_r 通常表现为该层次模型对应的管控周期。Q_r 指第 r 层模型的属性集合,其数据粒度代表了此层模型的空间粒度。层次模型之间存在空间聚集和解聚关系,聚合度越高其分辨率越低。底层模型通常是真实物理过程的详细描述,中高层模型分别用不同粒度对真实的物理过程进行抽象和简化,各个层次模型从本质上是对同一个复杂系统在不同抽象层次上的描述,这些描述之间具有聚集和解聚关系。聚集也称为聚合,表示类与类之间的关系是整体与部分的关系,其逆过程即解聚。如图 3-8 所示第 1 层模型 M_1 和第 0 层模型 M_0 描述同一个系统,它们的区别是抽象层次不同,M_0 是比 M_1 更详细的描述,则称 M_0 可以聚集成 M_1,或称 M_1 可以解聚得到 M_0。

采用多分辨率层次结构可以实现在不同分辨率或抽象层次上一致地描述同一系统、体系或过程,其目标是实现空间层次关系和时间层次关系上的统一建模描述。

3.5.3 多分辨率层次模型形式化表达

在讨论形式化模型之前先作几个假设:

假设 1 每个层次模型的时间分辨率是一定的,一般上层模型的时间分辨率是其下层模型的整数倍。

假设 2 模型的分层数 n 为有限非零整数。

假设 3 层次模型之间的映射关系是存在的,并且已知。

假设 4 每个层次模型的空间分辨率定义在一定的范围内,而且高层次模型的空间分辨率低,低层次模型的空间分辨率高。

多分辨率层次模型组可以用以下三元组来表示:

$$MF = (R, M, \{\mathrm{Rel}_{i,j}\}) \tag{3-20}$$

其中

　　R:模型分辨率层次的集合,$R=\{0,1,2,\cdots,n\}$;

　　M:层次模型的集合,对应 $R,M=\{M_0,M_1,M_2,\cdots,M_n\}$;

　　$\{\mathrm{Rel}_{i,j}\}$:层次模型映射关系集合,且 $i,j\in R,i\neq j$;

　　进一步,第 r 个层次模型 M_r 由第 r 层内的实体、结构参数及模型输入输出等组成,属于多节点结构模型,类似式(3-8)可以表示为

$$M_r=(X_r,Y_r,T_r,\Omega_r,Q_r,\delta_r,U_r) \tag{3-21}$$

式中各项的定义同式(3-8)。对于第 r 层上第 v 个实体,其模型 $U_{r,v}$ 形式化表示同式(3-1)。

　　层次模型间的映射关系集合 $\{\mathrm{Rel}_{i,j}\}$ 是式(3-20)多分辨率层次模型组形式化表达的核心。多分辨率层次模型之间的映射关系不仅包括静态属性集合、状态变量集合之间的映射关系,还包括了层次模型之间的结构属性之间的映射关系。

　　例如,层次模型 i,j 之间的映射关系集合由 $\{\mathrm{Rel}_{i,j}\}$ 表示,如果 $\{\mathrm{Rel}_{i,j}\}=\varnothing$,那么层次模型 i,j 是独立的。如果 $\{\mathrm{Rel}_{i,j}\}\neq\varnothing$,那么层次 i,j 之间是有关联的。由于层次结构模型的属性集合包括静态属性集合、状态变量集合及结构变量集合,对于不同层次模型三个属性集合之间的映射关系 $\mathrm{Rel}_{si,j}$,$\mathrm{Rel}_{di,j}$,$\mathrm{Rel}_{li,j}$,分别表示以下:

$$\mathrm{Rel}_{si,j}:Q_{si}\times\mathrm{Rel}_{si,j}\rightarrow Q_{sj} \tag{3-22}$$

$$\mathrm{Rel}_{di,j}:Q_{di}\times\mathrm{Rel}_{di,j}\rightarrow Q_{dj} \tag{3-23}$$

$$\mathrm{Rel}_{li,j}:Q_{li}\times\mathrm{Rel}_{li,j}\rightarrow Q_{lj} \tag{3-24}$$

　　式(3-22)、式(3-23)表示第 i 层模型的静态属性集合及状态变量集合与第 j 层模型的相应集合之间的映射关系,在应用中常常表现为不同层次实体之间的几何尺寸、状态参数等的数量上的组合关系。式(3-24)表示不同层次模型之间结构变量集合的映射关系,当采用有向图结构关联模型时,$\mathrm{Rel}_{li,j}$ 转化为第 i,j 层模型结构关联矩阵之间的互相映射问题。

　　由式(3-22)、式(3-8)和式(3-1)构成的模型形式化描述是多分辨率层次模型的一般化表达,属性集合的具体化可构成各类企业应用模型。单层次模型上实体间的关联属性的定义和描述,即单个实体对象的模型如何关联起来,是模型核心的内容,也是形式化模型具体实现时关注的首要问题。显然,在各个层次上分别建模,就是传统的固定层模型,多层次建模的核心问题是如何定义和研究层次模型间的映射关系 $\mathrm{Rel}_{i,j}$。

3.5.4　多分辨率层次模型的映射

1. 静态多分辨率层次模型的映射

按照在时空中的存在状态,系统可分为动态系统和静态系统。动态与静态的

区分以系统状态与时间的关系为参照。动态系统是指系统的状态变量是时间的函数,即系统的状态变量随时间的变化而变化。静态系统则指表征系统运动规律的数学模型不包含时间的因素,系统的属性不因时间变化而变化。显然静态系统只是动态系统的特殊状态,因而具有相对性。

静态模型通常应用于描述系统的空间结构关系,应用于复杂组织机构、人事管理、设备树等系统。静态多分辨率层次模型用于描述系统的静态空间层次结构及其属性关联关系。剔除了时间分辨率因素。其层次模型 M_r 中只包含实体及其静态属性,可简化表示为

$$M_r = \{\Omega_{sr}, U_r\} \tag{3-25}$$

其中

Q_{sr}:层次模型静态属性集合,描述层次模型中实体的静态属性及模型静态结构关联关系,$Q_{sr} = \{Q_{sr,v}\} (v=1,\cdots,n_r)$,其中 n_r 表示此层上的实体对象的数量;

U_r:第 r 层上实体对象的模型集合,$U_r = \{U_{r,v}\} (v=1,\cdots,n_r)$,其中 n_r 表示此层上的实体对象的数量。

静态多分辨率层次模型是一种层次空间结构模型,它把不同分辨率的实体对象按层次关系组织起来,以反映实体之间的层次隶属关系。它的特点是将同一分辨率层次上的实体对象组织成有向图结构,结构中的节点代表实体对象,弧表示对象的静态关联关系。不同分辨率层次通过层次空间关联集合描述位于不同层次节点及弧间的从属关系(一对多的关系),这种关联关系类似于有序有向树的定义。由树的定义可知,一棵树有且仅有一个无双亲节点的称为根的节点;其余节点有且仅有一个双亲节点,它们可分为 $m(m \geqslant 0)$ 个互不相交的有限集,其中每一个集合本身又是一棵树,将其称为子树。图 3-9 表示设备实体 U 及其空间关系所构成的层次模型。

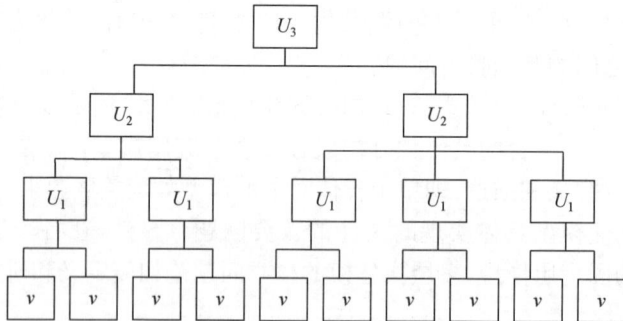

图 3-9 企业层次设备树模型

例如,工厂的多分辨率层次设备管理系统,对应工厂组织机构采用车间、分厂、总厂三层管理模型,其中最底层车间层对应实际的生产物理设备及其连接关系,假设实际的生产物理设备及其连接关系在正常生产过程中是静态不变的,其形式化

模型同式(3-23),其中

R:模型分辨率层次的集合,$R=\{0,1,2\}$,分别表示车间层、分厂层及总厂层;

M:层次模型的集合,包含车间模型、分厂模型及总厂模型;

$Rel_{i,j}$:层次模型之间的空间映射关系。

层次模型形式化描述同式(3-8),其中

U_r:第 r 层上设备模型的集合,$U_r=\{U_{r,v}\}(v=1,\cdots,n_r)$,其中 n_r 表示此层上的设备数量。

Q_{sr}:层次模型静态属性集合,描述层次结构模型中设备节点的静态属性集合及其结构关联关系集合,$Q_{sr}=\{Q_{sr,v}\}(v=1,\cdots,n_r)$,其中 n_r 表示此层上的实体对象的数量。$Q_{sr,v}$ 表示设备 v 的静态属性集合,包括设备的运转记录、主要零配件记录、主要易损件记录、检修要记、备件更换记录、重大缺陷记录、事故/故障记录等数据,还包括设备间的静态结构连接关系。

由于工厂进行装置设备改造、新增设备时,其生产过程物理设备及其连接关系会发生变化,此时只需要重新构造单位层物理网络拓扑结构,进行系统的模型升级即可。

静态多分辨率层次模型跟有向树结构相比有以下特点:

(1) 增加了每个层次的静态结构模型描述;

(2) 不同分辨率层次之间的关系除了从属关系外还可以定义其他关系。

2. 动稳态多分辨率层次模型的相对性

稳态模型描述系统在特定条件下保持生产过程稳态平衡关系的状态特性。通常应用于生产过程工艺参数、流程、设备结构及其尺寸的确定。但由于实际生产过程不可能完全处于稳态,所以虽然稳态模型的描述和求解都很简单,但并不符合工业现场实际情况,很难直接应用于实际过程。动态模型虽然对过程的动态特性进行了充分的描述,但是问题的求解颇为复杂。Stanley 在 1977 年提出了准稳态的概念,认为除了偶尔的突变和缓慢的漂移外过程都处于稳态的情况。准稳态模型是为了兼顾过程动态特性分析和减低计算复杂度的要求而提出的一种折中方案,它是基于准稳态的概念将稳态数据用于建立动态模型,在动态性能分析中,准稳态模型得到了广泛的应用。

复杂系统的多分辨率层次模型中由于各个层次模型涉及的应用需求、信息粒度及来源各不相同,通常低分辨率粗粒度层次处理大范围长周期管理优化问题,所以建立稳态过程模型;而高分辨率细粒度层次处理实际生产过程的控制与管理问题,通常建立动态控制模型。各个层次模型的应用需求不同。以流程工业生产过程三层次模型为例,PCS 层为生产控制层,直接面对物理生产过程,模型应用于厂区监控、操作管理及工艺优化控制等需求,管控周期为秒或小时,需要建立系统的动态模型;中间调度层执行生产方案执行、物流跟踪、设备管理等功能,管控周期为班或天;上层统计级执行生产计划优化及计划执行统计功能,管控周期为周、旬或月,如图 3-10 所示。

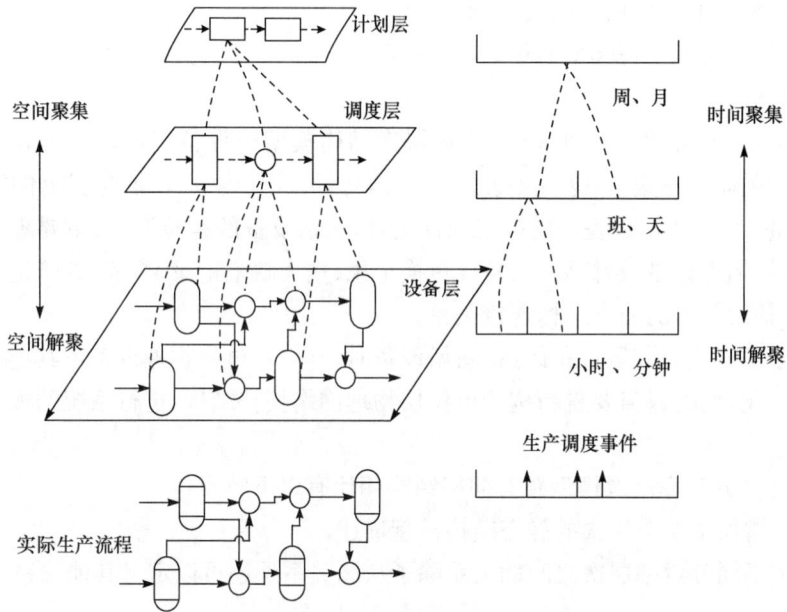

图 3-10　多分辨率层次模型中动稳态模型的相对性

式(3-8)中的层次模型时间基 T_r 描述此层次模型系统变化的时间坐标,包括 T_{sr} 及 T_{σ},当 $T_{\sigma} \leqslant T_{sr}$ 时,该层次模型表现为动态模型;当 $T_{\sigma} > T_{sr}$ 时,通过准稳态处理,即在生产过程平稳操作条件下,对模型在 T_{σ} 时间尺度周期内做平均处理,该层次模型表现为稳态模型。即相对 T_{sr},如果将时间尺度 T_{σ} 无限拉长,系统就成了稳态问题,如果将时间尺度无限缩小,则系统就成了动态问题。可见通过选择不同的时间分辨率尺度,层次模型就呈现出不同的动稳态特性。

3.5.5　几种形式化模型的比较

DEVS 描述是基于事件的复杂系统,通过模型耦合嵌套形成空间粒度层次化模型,满足耦合封闭性。其空间粒度和耦合度由建模任务目标决定,支持混合粒度模型。DEVS 中的各个原子模型分别完成各自的任务,模型之间的连接通过输入输出接口,前后模型的时间周期可以是不相关的,是一种顺序时间结构模型。DEVS 模型可以通过把最原始对象原子模型耦合的排列组合形成一种空间粒度可以连续变化的层次模型结构,其组合的确定根据实际建模的粒度需求,可以组成一个单层次的多粒度的模型网络,描述一个复杂的系统,并不关心不同粒度层次之间的模型映射和推演。而多分辨率层次模型是根据对象系统的实际需求建立层次模型,每个层次模型的粒度是一致的,并且是固定的,其层次空间分辨率呈现离散变化。多分辨率模型的底层模型是一种离散模型结构,定时采集系统数据,而 DEVS 是一种基于事件的仿真模型结构,只有当有事件触发时才会引发系统输出变化。这种建模策略对系统资源要求较少,所以多分辨率层次模型中的单层次模型可以利用 DEVS 方法建模,只是此时 DEVS 模型的粒度要求是均匀的。

层次模型是直接依据应用需求设计的模型,通过结构化建模可以建立层次模型之间清晰的映射函数。DEVS 是对多分辨率模型的描述工具,通过统一的分辨率约定以得到层次模型。分辨率是层次模型的一个属性,分层通常依据实际应用需求,层次模型的层次划分根据直接应用需求设定,契合应用模型的需求。而通过 DEVS 转化为层次模型则需要从原始 DEVS 模型向目标模型转化过程,此变换过程通常难以获取。

其他图形化层次建模方法如 IDEF 等比较直观、自然,易于描述系统的层次结构、功能组成,且简单易学,通常还有工具软件支持,但这种方法基于传统多视图建模理念,从模型结构及思想上与目前推崇的系统集成建模思想存在冲突,并且基于图形的建模方法比形式化建模方法在精确性和严谨性上也略嫌不够。

几种典型的形式化模型之间的特性比较如表 3-3 所示。

表 3-3　各种形式化模型比较

模型特性	特性分项	MRLSM	DEVS	UNIFY
模型表达	分辨率显式表达	是	否	是
	时间基显式表达	是	是	是
	静态属性显式表达	是	否	否
	层次映射函数显式表达	是	否	是
	结构模型参数显式表达	是	是	否
模型结构	层次性	清晰	混合	清晰
	支持多分辨率实体交互	否	是	是
	支持子模型嵌套	否	是	否
模型一致性	保证一致性方法	映射函数	耦合一致性	一致性机制
建模效率		高	一般	一般

3.6　多分辨率层次模型的评价指标

企业模型验证由于要考虑模型对决策支持的能力、各个视图模型之间的一致性和互操作性、风险预测能力等许多复杂因素,加上企业环境的不确定性,始终是一个难题。Chapurlat 在企业模型的 VVA 中考虑了模型的时间和粒度因素。认为模型一致性是企业模型 VVA(模型校核 Verification、模型验证 Validation 和模型确认 Accreditation)今后的主要研究内容之一,包括不同视图模型一致性、在整个模型生命周期保持一致性、不同粒度模型保持一致性。围绕多分辨率层次模型的可信性的定量描述及评估、层次模型一致性理论及方法等问题引起了国内外学者的研究兴趣。

多分辨率层次模型的评价指标包括两个层面的内容,其一是各层次模型的性能,其二是多层次模型系的整体性能。

层次模型首先应准确地反映被建模对象在该分辨率层次上所表现出来的特性,即模型与实际系统一致性;其次,模型的信息容量应满足模型应用的需求,即模型应该具备信息的完备性。在建模仿真领域,模型一致性指模型仿真结果接近被建模对象的程度。这种接近程度可以用不同的指标来考量,称为行为一致性、状态一致性和解析一致性。行为水平亦称为输入/输出水平,将系统视为一个"黑盒",在输入信号的作用下,只对系统的输入输出进行测量。状态水平不仅定义了系统的输入与输出,而且还定义了系统内部的状态变量集合及状态转移函数。解析水平除了定义输入输出行为和内部状态集合,还定义了系统内各个实体之间的相互连接关系。在被建模对象与模型之间,如果输入输出等价,称为行为一致性模型;如果在状态结构级等价,称为同态模型;如果在分解结构级等价,则称之为同构模型。在复杂系统仿真中,低级阶段是建立系统的同态模型,它可用来复现和预测系统的行为。高级阶段则是建立系统的同构模型,以认识系统运行的机理和规律。

对于多分辨率层次模型而言,由于多分辨率模型是对同一被建模复杂对象而建立的多个模型,应研究这些模型各自接近对象的程度。工程应用中遇到的困难是,即使各层次模型分别满足了模型一致性的基本定义,它们互相之间也不一定一致。因此,多分辨率模型一致性的研究重点是层次模型之间的一致性,包括一致性的定义和实现一致性的方法。

多分辨率层次模型的一致性是十分重要的模型评价指标。如图 3-11 所示,如果通过检验证实多分辨率层次模型本身达到一致化,则只需在任一分辨率层次验证模型的准确性,就可以验证整个模型组的准确性。并且,由于多分辨率层次模型之间存在一致化的映射,可以提高整个模型组的信息冗余度,改善多分辨率层次模型的信息完备性。

然而,在多分辨率层次模型建模和应用的工程实践中,多分辨率层次模型常常表现出两类不一致性,包括层次模型间对象(节点)属性数据(包括 I/O 数据、静态属性数据和状态数据等)的不一致,以及结构(拓扑)关系不一致。产生多分辨率层次模型之间的不一致性的原因是多方面的,主要有:

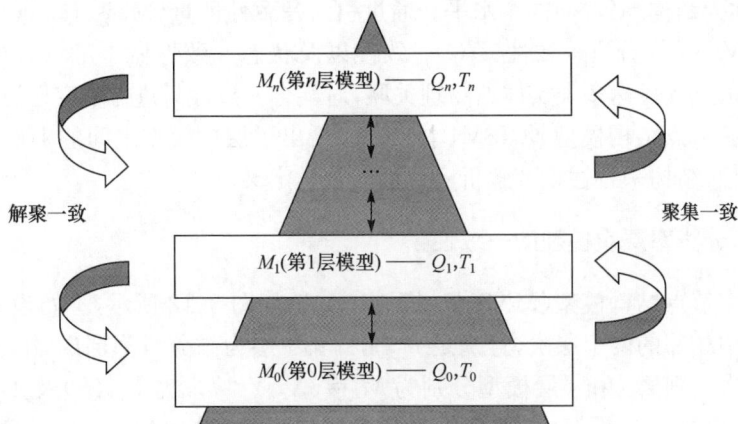

图 3-11　多分辨率层次模型的一致性检验

（1）各层次模型定义时产生的差错，如建模时需求定义错误、节点属性定义错误、结构（拓扑）关系错误；

（2）各层次模型应用时数据源的差错，如数据采集误差、缺失等；

（3）建立层次模型间映射时产生的差错，如采用的聚集、解聚算法不合理等；

（4）模型运行过程产生，如多层次仿真模型并发运行产生的时间不同步等。

为了解决多分辨率层次模型一致性问题。一种方法是直接为层次化应用需求设计一致的数据库，重点解决多层次数据库的设计与实现、不同层次数据之间的连接和更新触发机制，以及不同表达版本之间的一致性维护。如 Das 等提出三层次计划调度递阶结构模型，建立统一数据集成平台，但是在数据库平台对多层次模型的数据进行维护是十分费力的，无法从根本上解决模型的一致性问题，需要更为基础性的研究。

许多学者各自给出了对多分辨率模型的一致性不同的理解。Davis 从模型聚合解聚后输入输出是否匹配的角度来定义不同分辨率层次模型的 I/O 一致性。Natraian 在多分辨率模型中采用实体属性关系图，寻找合适的映射函数实现空间属性的聚集和解聚，从而保证了多分辨率模型之间的空间属性一致。DEVS 定义了耦合封闭性，将一个耦合的动态变结构模型作为原子模型加入到更为复杂的动态变结构模型中，此时原先的动态变结构模型作为一个整体来构造更为复杂的模型，从而实现多分辨率模型的建模。耦合模型与原子模型之间的严格嵌套关系保证了多分辨率模型的一致性。在 DEVS 基础上，刘宝宏认为"多分辨率模型间的一致性是指同一个实体、现象或概念的不同分辨率的模型在相同的实验框架下（或将其映射到相同的实验框架下），在输入输出、行为、状态或结构等方面彼此一致的程度"。把模型一致性的评估分为分析一致性、I/O 一致性、状态一致性和耦合一致性(也称为结构一致性)四个水平。通过引入一致性度量(Measurement of Consistency,MOC)对分析一致性、I/O 一致性以及状态一致性做了定量分析。由于 DEVS 无法显式表达多个实体的物理关联,对耦合一致性只进行了定性讨论。

对于多节点结构模型 MNSM,本节分别给出了层次模型之间的 I/O 一致性、状态一致性、结构一致性以及解析一致性的数学定义。

3.6.1　多分辨率层次模型的一致性

对于多节点结构模型(MNSM),模型一致性如图 3-12 所示,不妨设 i 和 j 层是模型组中相邻的两个层次,且满足 $i<j$,即第 i 层为高分辨率层次,第 j 层为低分辨率层次。则第 i 和 j 层模型分别为 $M_i=(X_i,Y_i,T_i,\Omega_i,Q_i,U_i)$ 及 $M_j=(X_j,Y_j,T_j,\Omega_j,Q_j,U_j)$。设第 i 层模型通过模型聚集映射后得到的第 j 层模型为 $M_i'=(X_i',Y_i',T_i',\Omega_i',Q_i',U_i')$。相应地第 j 层模型经过模型解聚后得到的第 i 层模型为 $M_j'=(X_j',Y_j',T_j',\Omega_j',Q_j',U_j')$。多层次模型一致性包含模型两个方向映射意义上的一致,即聚集意义上的一致性和解聚意义上的一致性。聚集意义上的一致性如图 3-12 实线部分所示,第 i 层模型经过聚合得到的第 j 层模型 M_i' 与第 j 层实际系统进行比较,如果两者吻合,则称为第 i 层模型与第 j 层模型是聚集意义上一致的。解聚意义上的一致性如图 3-12 虚线部分所示,第 j 层模型经过解聚映射后得到的第 i 层模型 M_j' 与第 i 层实际系统进行比较,如果两者吻合,则称为第 i 层模型与第 j 层模型是解聚意义上一致的。由于在聚集过程中会造成信息的损失,所以要保证解聚过程一致,必须建立有效的信息跟踪和保留机制。由于在实际应用中通常很难做到完善的信息跟踪和保留,所以聚集过程比解聚过程容易得到实施。

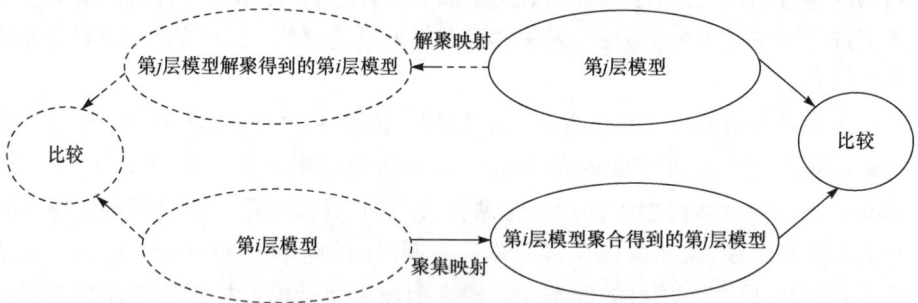

图 3-12　多层次模型一致性示意图

3.6.2　多分辨率层次模型 I/O 一致

定义 3-2　对于多分辨率层次模型系,设 i 和 j 层是模型系的两个层次,且满足 $i<j$,即第 i 层为高分辨率层次,第 j 层为低分辨率层次。对于高分辨率层次第

i 层,输入为 X_i,输出为 Y_i,并且 $\lambda : X_i \rightarrow Y_i$;而对于低分辨率层次第 j 层,输入为 X_j,输出为 Y_j,并且 $\lambda' : X_j \rightarrow Y_j$;设存在聚集映射函数 f',使得 $X_j = f(X_i)$,$Y_j = f(Y_i)$;存在解聚映射函数 $\overline{f}$,使得 $X_i = \overline{f}(X_j)$,$Y_i = \overline{f}(Y_j)$;

(1) 若式(3-26)成立,则称 i 到 j 层聚集 I/O 一致。

$$f'(\lambda(X_i)) = \lambda'(f(X_i)) \tag{3-26}$$

(2) 若式(3-27)成立,则称 j 到 i 层解聚 I/O 一致。

$$\overline{f}'(\lambda'(X_j)) = \lambda(\overline{f}(X_j)) \tag{3-27}$$

(3) 若式(3-26)、式(3-27)同时成立,则称模型 I/O 完全一致。

在实际系统中,二者之间不可能存在完全的一致,其相近的程度就是不同分辨率模型在 I/O 层上的一致度。由于在聚集过程中会造成信息的损失,所以在实际应用中要保证解聚过程一致,必须建立有效的信息跟踪和保留机制。

3.6.3 多分辨率层次模型状态一致

在代数学中定义一个代数系统到另一个同类型的代数系统上保持代数运算(如加法、乘法等)的映射称为同态,一个代数系统到自身的同态称为自同态,并称具有同态关系的两个代数系统互为同态象。在控制论中,把系统的一部分之间存在一一对应关系的两个系统称为同态系统;在系统的模型化中,把与系统之间存在同态关系的模型称为同态模型。

对于通用系统 M 和 M',其模型结构存在同态和同构两种基本关系。所谓同态性指 T, X, Ω, Y 相同,Q, δ, λ 和 Q', δ', λ' 不相同。其同态映射是以系统 M 的状态集 Q 到系统 M' 状态集 Q' 的映射,并且满足转移函数的保存性和输出函数的保存性。即对于所有 $\omega \in \Omega, q \in Q$,有

$$\mathrm{Rel}_{dM,M'}[\delta(q,\omega)] = \delta'[\mathrm{Rel}_{dM,M'}(q),\omega] \tag{3-28}$$

$$\lambda(q) = \lambda'[\mathrm{Rel}_{dM,MX'}(q)] \tag{3-29}$$

其中 $\mathrm{Rel}_{dM,M'}$ 是系统 M 和 M' 之间的状态变量映射函数。

定义 3-3 对于多分辨率层次模型系,设 i 和 j 层是相邻的两个层次,且满足 $i < j$,即第 i 层为高分辨率层次,第 j 层为低分辨率层次。Q_{di} 和 Q_{dj} 分别为其层次模型的状态变量集合,$\mathrm{Rel}_{i,j}$ 为两个层次的映射关系集合。假设存在状态变量映射函数 $\mathrm{Rel}_{di,j} \in \mathrm{Rel}_{i,j}$,通过映射函数可以得到从 Q_{di} 聚集以后的状态变量集合 $Q_{dj'}$,即

$$Q_{dj'} = \mathrm{Rel}_{di,j}(Q_{di}) \tag{3-30}$$

若满足

$$Q_{dj} = Q_{dj'} \tag{3-31}$$

则认为 i 和 j 层模型状态聚集一致,反之则称为状态解聚一致。

定义 3-4　状态变量的聚集一致度为

$$D_{i,j} = \frac{\beta_{j,j'}}{\max\{Q_{dj}\}} \qquad (3\text{-}32)$$

其中 $\beta_{j,j'}$ 表示 $Q_{dj'}$ 和 Q_{dj} 中相同的状态变量的数值；$\max\{Q_{dj}\}$ 表示第 j 层状态变量集合中变量的最大个数。

在实际系统中，二者之间不可能存在完全的一致。其相近的程度就是不同分辨率模型在状态级别上的一致度。如果模型状态变量集合之间还满足解聚意义上的一致，则称此两层模型之间状态完全一致。

3.6.4　多分辨率层次模型结构一致

根据第 2 章讨论，多分辨率层次结构模型的结构等价问题的本质就是两个不同分辨率有向图之间的等价问题。根据离散数学图论理论，关于图同构的定义如下。

定义 3-5　设两个无向图(有向图) $G_1 = \{U_1, K_1\}$ 和 $G_2 = \{U_2, K_2\}$。如果存在映射 $f:U_1 \rightarrow U_2$，满足 $(a,b) \in K_1 (<a,b> \in K_1)$ 等价于 $(f(a), f(b)) \in K_2 (<f(a), f(b)> \in K_2)$，则称 G_1 和 G_2 同构，记为 $G_1 \cong G_2$。f 称为同构映射。

同构是指两个系统具有相同的状态结构，同构的系统必然同态，并且在这种同态中，两个系统之间的状态映射函数与状态是一一对应的。反之不成立。

定义 3-6　对于多分辨率层次模型系，设 i 和 j 层是相邻的两个层次，且满足 $i<j$，即第 i 层为高分辨率层次，第 j 层为低分辨率层次。Q_{li} 和 Q_{lj} 分别为其层次模型的结构变量集合，$\mathrm{Rel}_{i,j}$ 为两个层次的映射关系集合。假设存在状态变量映射函数 $\mathrm{Rel}_{li,j} \in \mathrm{Rel}_{i,j}$，通过映射函数可以得到从 Q_{li} 聚集以后的结构变量集合 $Q_{lj'}$，即

$$Q_{lj'} = \mathrm{Rel}_{li,j}(Q_{li}) \qquad (3\text{-}33)$$

若满足

$$Q_{lj} = Q_{lj'} \qquad (3\text{-}34)$$

则认为 i 和 j 层模型结构聚集一致，反之则称为结构解聚一致。

3.6.5　多分辨率层次模型描述一致

多分辨率层次模型属性集合 Q 包含三个部分：静态属性集合 Q_s、状态变量集合 Q_d 及结构变量集合 Q_l。前面讨论的状态一致指层次模型之间 Q_d 集合的一致度，结构一致指层次模型之间 Q_l 集合的一致度，本节讨论的属性一致度除了以上两个集合的一致外还包括静态属性集合 Q_s 的一致，是属于层次模型机理描述级的一致。

定义 3-7　对于多分辨率层次模型系，设 i 和 j 层是相邻的两个层次，且满足 $i<j$，即第 i 层为高分辨率层次，第 j 层为低分辨率层次。Q_{si} 和 Q_{sj} 分别为其层次

模型的静态属性集合,$\mathrm{Rel}_{i,j}$ 为两个层次的映射关系集合。假设存在静态属性集合映射函数 $\mathrm{Rel}_{si,j} \in \mathrm{Rel}_{i,j}$,通过映射函数可以得到从 Q_{si} 聚集以后的状态变量集合 $Q_{sj'}$,即

$$Q_{sj'} = \mathrm{Rel}_{si,j}(Q_{si}) \tag{3-35}$$

若满足

$$Q_{sj} = Q_{sj'} \tag{3-36}$$

则认为 i 和 j 层静态属性聚集一致,反之则称为静态属性解聚一致。

定义 3-8　静态属性集合的聚集一致度为

$$S_{i,j} = \frac{\gamma_{j,j'}}{\max\{Q_{sj}\}} \tag{3-37}$$

其中 $\gamma_{j,j'}$ 表示 $Q_{sj'}$ 和 Q_{sj} 中相同的静态属性的数值;$\max\{Q_{sj}\}$ 表示第 j 层静态属性集合中成员参数的最大个数。如果模型静态属性集合之间还满足解聚意义上的一致,则称此两层模型之间静态属性完全一致。

定义 3-9　同时满足静态属性集合 Q_s、状态变量参数集合 Q_d 及实体对象间关联关系集合 Q_l 一致的模型称为描述级(解析)一致。

对于上述不同级别的一致性定义可以看出高级别的一致性可以自动得到低级别的一致性,反之不成立。比如属性一致性模型自然是同态、同构及 I/O 一致模型,反之不成立。

3.7　多分辨率层次模型的准确性

3.7.1　传统模型的准确性

通常意义上的模型检验指模型 VVA,研究大多集中在仿真及软件工程等领域。IEEE 计算机协会于 1998 年 7 月发表了关于 DIS VV&A 的标准 IEEE Std 1278.4,2002 年秋对其进行了修订并被推荐为 IEEE 标准,在此标准中给出了模型 VVA 的基本定义:①模型校核指确定仿真模型和有关数据准确代表开发者的概念描述和技术要求的过程,验证是否建立了正确的概念模型;②模型验证指从模型的应用目的出发,确定模型和有关数据代表真实世界正确程度的过程,验证是否正确地建立了模型;③模型确认指专家鉴定一个模型及其仿真软件,配置有关数据,验证模型是否可以使用,如图 3-13 所示。

目前仿真模型的校核和验证方法主要有非正规法、静态法、动态法和正规法等。非正规法包括自行审查、桌面检查、走查、代码审查、复查、数据检查等,受各种主观因素的影响较大,因而所得的结论常常缺乏必要的可信性。正规法有符号分析(符号执行、路径分析、因果图示、分区分析)、约束分析(断言检查、归纳断言、边界分析)和正规证明(正确性证明、Lambda 计算、谓语计算、谓语变换、推理、逻辑

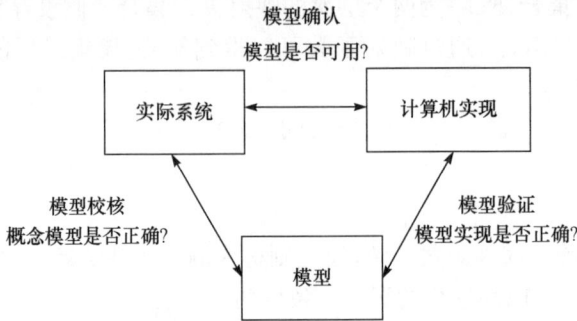

图 3-13　模型 VVA

演绎、归纳)等,理论性强,但对于复杂系统实施起来困难较大。静态分析和动态测
试法主要有数理统计法、时频分析法及可视化技术、经验分析、灵敏度分析、简化验
证法、比较法等方法。各种方法由于自身的适用性和局限性,其实用效果也是大不
相同的,在具体的应用中应根据模型验证要求选用多种方法进行综合验证。

3.7.2　多分辨率层次模型的准确度

按 VVA 的思想,本节所述的模型准确度指从模型的应用出发,验证模型有关
数据代表真实世界的准确程度。多分辨率层次模型的验证是在各个层次上分别验
证层次模型与实际系统的一致程度,如图 3-14 所示。

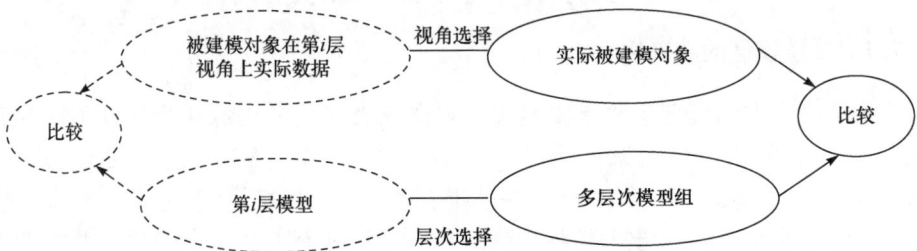

图 3-14　多层次模型验证示意图

定义 3-10　对于多分辨率层次模型系第 i 层模型$(i=1,2,\cdots,n)$,

如果式(3-39)成立,则称第 i 层模型 I/O 准确;

如果式(3-41)成立,则称第 i 层模型状态准确;

如果式(3-42)成立,则称第 i 层模型结构准确;

如果式(3-40)～式(3-42)同时成立,则称第 i 层模型解析准确;

如果对任意层模型 $M_i,i=1,2,\cdots,n$,式(3-39)～式(3-42)同时成立,则称多
分辨率层次模型系为整体解析准确的模型。

$$X_i = X_i(\text{real}), \quad Y_i = Y_i(\text{real}) \tag{3-38}$$

$$Q_{si} = Q_{si}(\text{real}) \tag{3-39}$$

$$Q_{di} = Q_{di}(\text{real}) \tag{3-40}$$

$$Q_{li} = Q_{li}(\text{real}) \tag{3-41}$$

其中 $Q_{si}(\text{real})$，$Q_{di}(\text{real})$，$Q_{li}(\text{real})$，$X_i(\text{real})$ 及 $Y_i(\text{real})$ 分别表示被建模对象在第 i 层视角上实际的静态属性集合、状态变量参数集合、关联集合、输入和输出。

定义 3-11　对于多分辨率层次模型系第 i 层模型（$i=0,1,2,\cdots,n$），模型的解析准确度（相似度）$\mathrm{SIM}(i)$ 定义为

$$\mathrm{SIM}(i) = \frac{\gamma_{si} + \gamma_{di} + \gamma_{li}}{\max\{Q_{si}\} + \max\{Q_{di}\} + \max\{Q_{li}\}} \tag{3-42}$$

多分辨率层次模型系的整体解析准确度（相似度）定义为

$$\mathrm{SIM_{SYS}} = \sum_{i=1}^{n} \mathrm{Pr}i(i) \mathrm{SIM}(i) \tag{3-43}$$

其中 $\gamma_{\cdot i}$ 表示 $Q_{\cdot i}$ 和 $Q_{\cdot i}(\text{real})$ 相同项的个数；$\max\{Q_{\cdot i}\}$ 表示第 i 层静态属性、状态或结构集合中成员参数的最大个数；$\mathrm{Pr}i(i)$ 为各层次模型优先级的加权系数，一般取 $\mathrm{Pr}i(n) \geqslant \mathrm{Pr}i(n-1) \geqslant \cdots \geqslant \mathrm{Pr}i(0)$，即高层模型优先级较大。如企业层次模型中，最高层模型为财务模型，涉及的参数数量少，但重要性显著。

定理 3-1　对于多分辨率层次模型系，设 i 和 j 层是相邻的两个层次，且满足 $i<j$，即第 i 层为较低分辨率层次。如果 i 层模型解析准确，且 i 和 j 层模型聚合一致，则第 j 层也是解析准确的。

多分辨率层次模型本身解析一致，则只需在任一多分辨率层次验证模型的准确性。

3.8　多分辨率层次模型完备性

一致、准确得多分辨率层次模型，不一定完全满足模型应用的需求。根据定义 3-10，模型校核指确定（仿真）模型和有关数据准确代表开发者的概念描述和技术要求的过程，即检验模型符合应用需求的过程。本节提出完备性的概念和定义，它与建模目标和需求相对应，是模型校核结果的定量描述，也是研究模型可扩展性、可重用性的基础。

模型完备性包括信息完备性和可测量性两个级别，企业综合自动化领域，测量数据完备性是十分重要的研究和开发课题。

3.8.1　复杂系统模型的信息需求

企业模型通过 IT 技术（网络、数据库和计算机程序），为系统设计、系统监测、

系统分析、系统控制和系统优化等应用软件提供数据和信息服务。对这些服务的需求称为模型的应用需求,也简称为信息需求。

　　根据 ISA95 国际标准,流程工业企业的管理层次划分为单位层(装置层)、单元层(调度层)和区域层(计划统计层)等多个层次,模型按功能又可分为资源配置、生产调度、质量管理、过程管理、维护管理、生产跟踪、绩效分析等,模型的应用需求十分复杂。在企业信息系统研究领域,有许多系统化的方法,对模型功能需求进行分析,定义模型的功能需求。例如,生产装置的平稳率控制需要装置动态模型设计控制器、需要平稳率在线测量数据实现反馈控制;生产调度优化软件需要调度优化模型和调度周期内的装置生产能力、库存等统计数据。本书将应用软件的信息需求记为 INF,并进一步区分它们的时空多分辨率特性。

　　(1) 空间多分辨率特性:按照地域、组织机构定义不同分辨率,描述层次化的应用需求;

　　(2) 时间多分辨率特性:信息需求有时间粒度要求和时效性要求,前者指信息的采样周期,后者指数据从现场采集到供应用软件使用的滞后时间。

3.8.2　模型静态属性的完备性

　　关于模型的完备性,Peter 认为模型的完备性是与模型效率相对应的概念,一个企业模型的完备性相对于使用这个模型的生产过程而言,可以很好地满足生产过程功能需求。假设模型的应用需求是有限的,对于模型的信息完备性可以作以下定义。

　　定义 3-12　信息完备性指模型信息满足所有应用(软件)对模型信息需求的程度。

　　(1) 设 M 为系统模型,如果它满足了某一个应用的信息需求 INF_i,则称 M 对于 INF_i 是完备的。

　　(2) 如果 M 对于所有信息需求的合取 $INF = INF_1 \wedge INF_2 \wedge INF_3 \wedge \cdots \wedge INF_n$ 完备,n 为正整数,则称 M 是信息完备的。

　　推论,如果多分辨率层次模型系对于 INF 是信息完备的,则模型系的静态属性集合、状态变量参数集合、关联集合、输入和输出均满足了 INF 的层次需求。

　　多分辨率层次模型系的静态属性集合信息完备性可以如下定义。

　　定义 3-13　静态属性集合的信息完备性:

$$COM = \frac{\sum_{i=1}^{n} \delta_i}{\sum_{i=1}^{n} num\{Q_{si}(need)\}} \qquad (3-44)$$

其中 δ_i 表示 Q_{si} 和 $Q_{si}(need)$ 相匹配的静态属性的个数;$num\{Q_{si}(need)\}$ 表示第 i

层静态属性需求的个数。

静态属性集合的信息完备性是企业信息化和综合自动化系统的必要条件,在大量实际投用的综合自动化系统设计和开发过程中,往往定义并通过数据库技术提供比实际需求还要丰富的静态属性信息。

3.8.3　单层次模型状态可观测性

多分辨率层次模型的静态属性集合描述了被建模对象的固有物理属性,如生产企业中生产设备的加工能力、库区点容量等。多分辨率层次模型的输入、输出、状态和节点关联的动态信息,描述了建模对象的行为,是实现生产企业管理和控制的载体。

多分辨率层次模型中定义的动态数据,能够在指定时刻被测量并被利用的数据,称为实时可测量数据,能够在指定时刻之后有限延时内被测量并被利用的数据,称为延时可测量数据。显然,测量数据的完备性和及时性将决定生产企业管理和控制的效果。例如,化工生产过程的产品质量数据,往往需要离线化验分析,给化工产品质量的实时控制带来困难。为此,人们建立化工生产过程的动态模型,利用状态观测器、Kalman 滤波器实时估计产品质量,改善控制效果。线性系统理论的状态观测器原理表明,利用线性状态方程估计系统状态的能力,取决于状态方程的参数矩阵 A 和观测矩阵 C。

定义 3-14　对于前面定义的多节点结构模型 MNSM,假设其状态集合 Q_{dr} 满足了 r 层的应用需求 INF_r,则 r 层状态可观测度定义为

$$\text{Observ}(r) = \frac{\lambda_{Mr} + \lambda_{ESr}}{\text{num}\{Q_{dr}\}} \tag{3-45}$$

其中 $\text{num}\{Q_{dr}\}$ 表示第 r 层状态变量的个数;λ_{Mr} 表示第 r 层实时可测量状态变量的个数;λ_{ESr} 表示第 r 层不可实时测量状态变量中,可以实时估计的状态变量个数。

结构变量可观测性可以同理定义。

3.8.4　多层次模型状态可观测性

对于多层次模型,由于层次模型映射函数 $\text{Rel}_{i,j}$ 的存在,多层次关联为层次模型提供了新增的状态估计手段,因而增加了层次模型观测数据冗余性。

定义 3-15　对于多层次模型系,如果其中 r 层模型 M_r 的状态集合 Q_{dr} 满足了 r 层的应用需求 INF_r,则 r 层状态可观测度定义为

$$\text{Observ}'(r) = \frac{\lambda_{Mr} + \lambda'_{ESr}}{\text{num}\{Q_{dr}\}} \tag{3-46}$$

其中 $\text{num}\{Q_{dr}\}$ 表示第 r 层状态变量的个数;λ_{Mr} 表示第 r 层实时独立测量的状态变

量个数；λ'_{ESr} 表示第 r 层不可实时独立测量状态变量中，可以实时估计或利用层次模型映射函数实时估计得到的状态估计个数。

且该多层次模型组的状态可观测度：

$$\text{Observ}(M) = \sum_{r=0}^{n} \text{Observ}'(r) \qquad (3\text{-}47)$$

第4章　基于多层次工厂模型的 MES 设计

流程企业内部存在着复杂的资金流、信息流、物流及人力资源流,其中物流是企业流程中的重要组成部分,表现为原料进厂、生产加工、中间产品储存直至产品出厂的整个物流移动过程,是生产过程设备状态、公用工程、产品质量等重要数据的主要来源。通过建立企业物流模型对生产供应链中各环节物流之间内在关系的建模与描述,可以了解工厂的各层次物流数据的采集、处理、定义及驱动的复杂规律,从而识别、控制与协调生产过程的管控瓶颈。

另一方面,随着流程企业信息化应用的不断深入,在 ERP/MES/PCS 的三层框架结构中,生产执行系统 MES 除了作为连接企业管理层和生产控制层之间的信息与管理沟通桥梁外,还需要建立大量可以完成企业关键业务的功能模块,包括生产计划、生产调度、生产统计、操作管理、物料移动、能源管理等生产操作和管理系统。这些相互关联的功能必须依据业务和生产策略,通过物流模型实现彼此协同运作。所以建立流程企业的物流模型是实现企业建模的突破口。

流程企业综合自动化应用系统按其功能可以分为三类,一类为生产与工艺优化系统,需要建立计划优化、调度优化及装置优化等分析模型;第二类为物流跟踪与绩效监控系统,需要建立生产统计、物料平衡及装置产率等描述模型;第三类为流程模拟系统,需要建立生产过程供应链仿真、调度过程仿真和装置物流仿真模型。这些相互关联的自动化系统依据业务管理和控制策略,以生产物流为主要管理和控制对象,彼此协同运作,保证生产目标的完成。

传统的工厂物流建模通常只是针对特定视图或管理层次的业务需求。早期的研究主要集中在在线数据测量、基于规则、基于流程图等物流信息建模方法,建立了与统计数据相连的不同模型,解决工程应用中的故障诊断、设施的布置、生产线的调整等问题。Schmidt、Xue、Dominic、Dangelmaier 等对物流建模进行了深入的研究,建立了基于多设备、复杂组件的物流模型,并开展模型应用研究。但这些研究工作仅限于多阶段物流过程的单一阶段或单一工序,没有达到企业级的建模规模。另一方面,流程企业中虽然存在着周期性的生产计划与排产优化,但由于市场需求、原料供应、加工条件因素等存在不确定性的改变,以此为依据下达的调度指令将随即引起物流结构和状态的动态变化,主要包括原料多品种及混合、装置加工方案切换、物料异常变更等生产事件。工厂物流模型如何对物流结构和状态进行跟踪并自行重构也是一个难题。

本章以一个炼油石化企业的物流过程为研究对象,具体分析了企业管理和控

制对物流建模的层次化需求,提出了多分辨率层次化物流模型建模框架和形式化
描述方法,利用第 3 章多层次模型性能评价体系,分析了现有多层次模型建模方法
的不足,提出了两种层次物流模型建模策略,分别适合于模型重用和高效建模;利
用建模成本和状态可观测的概念,提出一种层次模型最大可观测度优化建模算法。

在此基础上以典型炼油石化企业的物流过程为研究对象,首先在设备层详细
给出了物流节点、节点关联的建模过程,给出了一种多节点物流形式化模型转化为
物流拓扑图的方法。通过逻辑物流节点的概念,很方便地将设备层的物流建模方
法用于计划统计层、调度层的具体建模。利用物流拓扑图,提出了一种层次物流模
型空间一致化映射的算法,结合时间同步推演策略,实现了多分辨率层次物流模型
的结构聚集一致化;然后,以生产执行系统 MES 层次物流模型为例,提出了多分
辨率物流层次模型静态属性一致化和状态一致化的建模方法。

本章提出的层次物流建模方法,既具有基于事件规则的物流动态建模的特点,
也具有类似 Petri 网模型并发性、异步性、分布式、并行性的处理能力,由于物流节点
模型描述了复杂的物流状态转移,即使在设备层物流模型中,也能避免出现 Petri 网
模型的状态空间的"指数爆炸"问题。

4.1　炼油生产过程及其建模需求

4.1.1　炼油生产物流过程

某炼油石化企业具有 500 万吨/年原油加工能力,产品主要有液化气、无铅汽
油、煤油、航空煤油、柴油、石脑油、沥青、商品重油、聚丙烯、苯类、溶剂油等 30 个品
种近 50 个牌号。拥有原油蒸馏、催化裂化、催化重整、加氢裂解、延迟焦化、汽油调
和、气体分离、石脑油脱硫、柴油加氢、脱丁烷、预热炉等 48 套生产加工装置,工艺
过程复杂。其核心工艺流程可分为原油罐区、一次加工区、二次加工区、中间罐区、
油品调和及成品罐区等部分,其物流加工示意图如图 4-1 所示。

1) 原油罐区

炼化企业加工的原料可分为原油和其他原料两大类。原油是炼化企业的主要
原料,目前在国内炼化企业中,原油的成本占到了总加工成本的 80% 左右,因此原
油的选择对企业效益的影响巨大。其他原料是在企业自身加工流程中不产生或者
产量不能满足要求的物料,需要通过外购得到,如调和高标号汽油用的组分 MT-
BE 等。

该企业加工四种典型的原油:阿曼油、胜利油、伊朗油及海洋油。由于原油的
性质会直接影响后续生产过程的加工方案,为了简化分析,假设四种原油分别具有
稳定的原油物性。

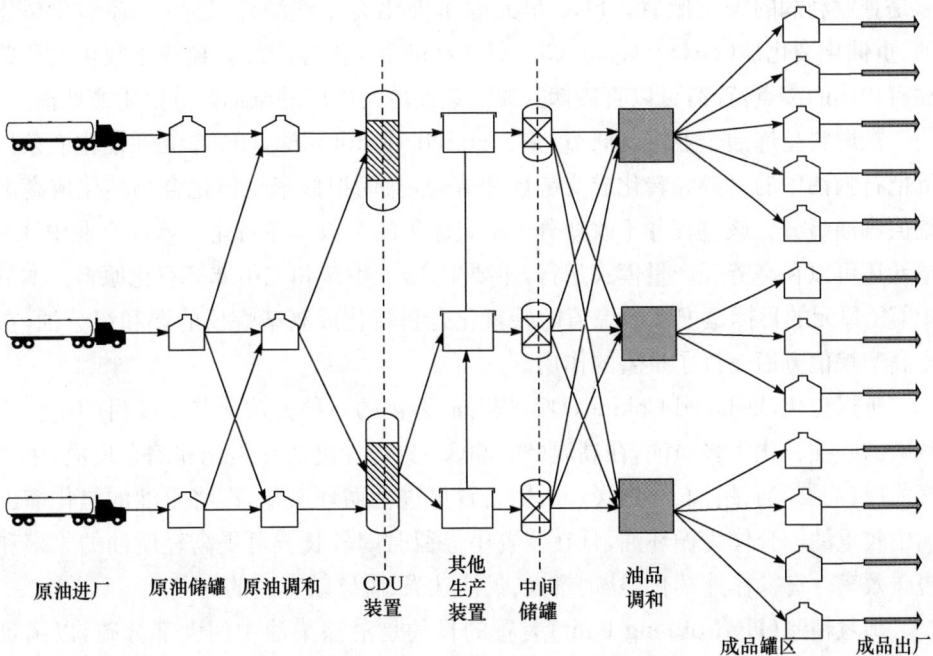

图 4-1　炼化企业物流供应链流程图

2) 一次加工装置

常减压生产装置(Crude oil Distillation Unit,CDU)是炼化企业生产流程的龙头装置,根据沸点范围不同,把原油分离成各种馏分。CDU 单元包括常压塔、减压塔、脱丁烷塔、再蒸馏单元、渣油溶剂抽提单元和石脑油分离器,核心部分是常压塔和减压塔。原油经过脱水、脱硫及热交换后进入常压塔,分离成顶端气体、石脑油及常压瓦斯油等侧线产品,从常压塔的侧取塔板取出,进入后续装置或各种中间罐。常压塔渣油从塔的底部抽出,作为减压塔的进料,在减压塔中进一步分离,得到轻减压瓦斯油、重减压瓦斯油、减压渣油、柴油等产品。

CDU 装置的加工方案的确定影响到原油加工的整体效益。一般而言,根据原油特性(种类)、CDU 装置加工特点、某些馏分段的特殊用途及后续加工装置对侧线产品的需要等多种因素来确定 CDU 的加工方案。

3) 二次加工

炼化企业的二次加工装置较为复杂,主要包括催化裂化、催化重整、延迟焦化、加氢精制等装置。

催化裂化(Fluidized Catalytic Cracking,FCC)是炼化企业最重要最复杂的过程之一。对很多炼化企业来说,FCC 单元提供了半数以上的汽油调和组分油,所以是企业利润的关键装置。FCC 单元除了催化裂化汽油外,还生产轻催化裂化油、重催化裂化油(Heavy Cycle Oil, HCO)和轻气体等产品。轻催化裂化油和柴油有相同的沸点范围,可以直接掺入原油蒸馏单元生产的柴油馏分以生产柴油。

在燃料型炼油企业中,催化重整(Catalytic Reforming,CR)单元在催化剂条件下把石脑油中的直链烃转化成支链烃和芳烃,从而把低辛烷值化合物转化成高辛烷值汽油组分。该过程并不改变分子中碳原子的个数。在石化型炼油企业中,CR单元还可以在高芳烃产量模式运行,主要生产苯、甲苯和二甲苯等石化原料。本节中 CR 单元的目标是把低辛烷值的碳氢化合物转化成高辛烷值的调和组分油,在提高辛烷值方面发挥了重要的作用。

延迟焦化(Delayed Coking,DC)是石油裂化的一种方法。其主要目的是将高残碳的残油转化为轻质油,在高温(约 500℃)进行深度的热裂化和缩合反应,生产气体、汽油、柴油、蜡油、和焦炭。所用装置可进行循环操作,即将重油的焦化馏出油中较重的馏分作为循环油,且在装置中停留时间较长。可提高轻质油的收率和脱碳效率。有操作连续化、处理量大、灵活性强、脱碳效率高的优点。

加氢精制(Hydrofining Unit)装置的目的是消除柴油中的大部分硫,以满足柴油产品的质量指标要求。该炼油企业生产的柴油由三个流组成,包括原油蒸馏单元常压塔侧线产品流、原油蒸馏单元再蒸馏柱顶部柴油及 FCC 单元主分馏塔的轻催化裂化油 LCO。加氢处理单元有三个产品流:柴油、石脑油和酸性气体。柴油流到储罐中,石脑油和原油蒸馏单元的轻石脑油馏分混合,酸性气体流入胺处理器进一步处理。

4) 中间罐区

该企业中间罐区根据存储物料命名(逻辑划分),包括重整料罐区、柴油半成品罐区、汽油半成品罐区、蜡油罐区、渣油罐区等。各罐区包括数量不等、容量不等的若干物理储罐,存放一次加工装置的部分侧线产品、二次加工装置的部分进出料及调和组分油中间物料。

5) 油品调和及成品油罐区

炼化企业的大部分产品是通过各种组分调和而成的,其中的一部分产品按照不同组分定量配比而成,称为比例调和,如燃料油、润滑油的调和,各种组分按照一定比例混合。另一部分产品的调和属于质量调和,要求调和产品的性质达到规定的指标,汽油、柴油、煤油。柴油调和装置主要产品有 0♯柴油、−10♯柴油、加氢柴油和商品燃料油等,调和好的柴油分别存放在成品柴油罐。汽油调和装置主要产品有 93♯汽油、90♯汽油、97♯汽油、化工轻油等,调和好的汽油分别存放在成品汽油油罐。其物流走向如表 4-1 所示。

表 4-1　油品调和装置物流示意图

油品调和装置	进料	侧线	去向
柴油调和装置	一常轻柴	0#柴油	0#柴油罐
	二常柴油	负 10#柴油	负 10#柴油罐
	一加氢柴	商品燃料油	商品燃料油罐
	渣油		
	蜡油		
	其他		
汽油调和装置	催化汽油	93#汽油	93#汽油罐
	溶剂油头油	90#汽油	90#汽油罐
	碳五	97#汽油	97#汽油罐
	重整汽油	化工轻油	化工轻油罐
	MTBE		
	重芳烃、混合苯		
	其他		

6) 产品定义信息

根据企业级建模标准,产品信息的定义决定了一个企业的生产及经营组织。产品信息包括此种产品的资源清单、物料信息和生产规则信息。

产品生产规则是用来指导如何生产一种产品的制造操作的信息,指特定产品实际生产中的详细定义信息,如配方、规范、工作指令等。炼油生产中主要表现为产品的生产方案信息,本文选取两种典型的生产方案,一种是柴油方案(缺省方案),另一种是石脑油方案。

物料清单是表明为生产某种产品所需要的全部物料及每种物料数量的列表。炼油生产中主要指典型的生产方案下,原油、辅料、能耗等的品种、数量和时效。

资源清单是表明为生产某种产品所需要的全部生产装置、工具、人员的数量和特性的列表。炼油生产中,资源清单主要指生产方案下加工原油所需的装置、罐区、人员及其依生产流程协同工作的关系。

本例中,该企业产品有汽油、柴油、燃料油、化工轻油等,这些产品种类项目可以逐层细分,如汽油项在调度管理层,就可以分为 93#汽油、90#汽油等,从计划调度层生产报表中可以清晰地表现企业产品信息。

4.1.2　物流模型层次需求分析

1. 管理和控制对物流模型的层次需求

建立层次物流模型,首先考虑物流模型的信息完备性,即根据需求设计模型。

根据 ISA-95 企业建模标准,炼化企业物流管理层次如图 4-2 所示,按照空间层次关系分为单位层、单元层和区域层,分别对应工厂的实际生产装置设备及根据调度统计需要组合成的逻辑装置设备,物流设备的空间粒度依次增大。对应到 MES 业务管理层次可分为装置层、调度层和计划层,物流管理时间粒度从秒、分增大到班、天及周、旬、月,分别完成厂区监控、操作管理到方案执行、物流跟踪及计划优化等 MES 功能。

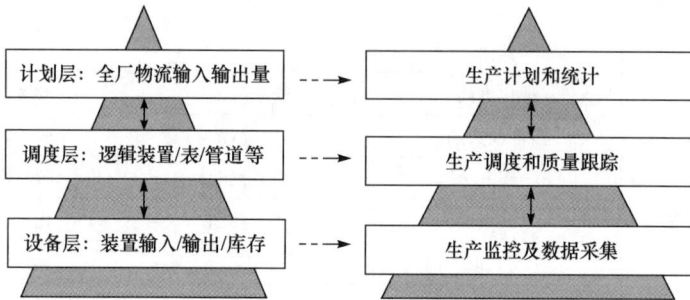

图 4-2　层次化管理和控制的物流数据需求

设备层通过描述生产过程中物料移动、存储、变更等主要物料移动操作事件,建立了装置与装置、装置与罐区、罐与罐之间的物料移动动态模型;在调度层次提取装置、罐区、仓库及进出厂等节点之间发生的物料移动关系和移动量,构成了全厂描述物料真实移动的物理模型;在计划层次依据计划统计需求,对物料的物理模型进行逻辑化归并和转化,形成基于管理需求的逻辑物料移动模型。分层的目的是将不同业务处理层次所关注的问题分隔在不同的层次中,以增强灵活性;另外通过引入层次间的映射规则库,实现各层次模型的一致。

2. 自动化应用系统对物流模型的层次化功能需求

企业综合自动化对炼厂物流模型的需求不仅具有层次性,还可以按功能分为三类,如图 4-3 所示。一类为物流跟踪与绩效监控功能,包括生产统计、物料平衡及装置数据校正等;第二类为流程模拟功能,包括生产过程供应链仿真、调度过程仿真和装置物流仿真等;第三类为生产与工艺优化功能,包括计划优化、调度优化及生产装置优化。不妨将此三类功能对物流模型的需求分别记为 INF_A、INF_B 及 INF_C。

信息完备性指模型信息满足所有应用(软件)对模型信息需求的程度。设 M 为系统物流模型,如果它满足了某一个应用的信息需求 $INF_i, i \in \{A, B, C\}$,则称 M 对于 INF_i 是完备的。如果 M 对于所有信息需求的合取 $INF = INF_A \wedge INF_B \wedge INF_C$ 完备,则称 M 是信息完备的。如果 M 是多分辨率层次模型系,且对于 INF

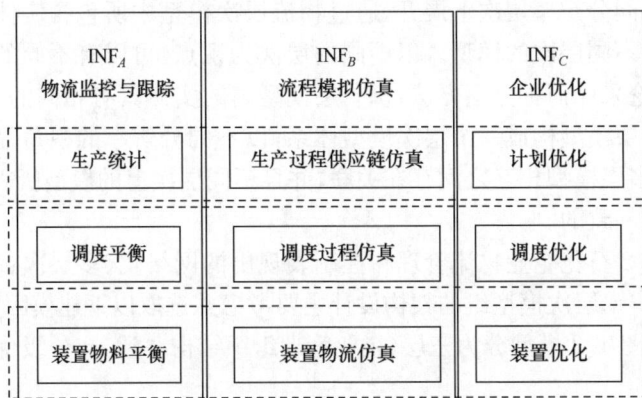

图 4-3　物流模型的层次和功能需求关系图

是信息完备的,则模型系的静态属性集合、状态变量参数集合、关联集合、输入和输出均满足了 INF 的层次需求。

用于物流监控和跟踪的功能需求 INF_A,是企业最基础的信息需求,用于描述企业生产过程实际发生的"物流-时间"变化场景,对于 INF_A 完备的层次物流模型,称为基础物流模型 M^A。

3. 自动化应用系统对物流模型需求的复杂度

根据多分辨率层次模型的形式化定义,模型信息需求,可以分为三大类信息,代表了物流信息的复杂程度。

(1) 模型静态特性信息,表现为物流基础数据、设备静态参数、工艺规范、设备物理连接关系等不随时间变化的模型信息。

(2) 输入/输出和过程状态变量,表现为过程接收的指令,加工方案指令;动态变化的状态变量,如设备存量变化、选用的加工方案、加工损失量、启用状态标识及操作参数等随时间动态变化的模型信息。

(3) 模型结构变量,描述物流模型对应实际生产方案的设备节点间的关联关系。

模型需求分析是选择层次模型框架和建模技术路线的重要依据,本节从物流模型需求的层次性、功能性和复杂性三个方面对炼化企业物流模型需求作了简要归纳,为下一步按需建立物流模型奠定了基础。

4.2　层次物流模型架构及形式化描述

多层次建模通过对被建模对象实体分辨率的层次化划分以适应不同的应用需

求。建模在不同分辨率层次上展开,通过物流层次模型中所包含实体的分辨率不同来体现多个不同层次的模型。以不同的层次为视点,可以有不同的模型层次结构。但是,无论采样何种分层方法,每一层模型内的实体具有相同的分辨率(或分辨率范围),多层模型构成一个层次模型体系,以不同分辨率的视角描述同一个物流对象,因而多层模型相互之间存在关联,并且不同层次上的模型所表现的物流运动规律必须是一致的。

针对图 4-2 石化企业物流管理和控制表现出的网络化、多层次、多功能、多周期需求,多分辨率层次模型组的架构设计主要考虑并选取以下建模因素:

(1) 依据图 4-2 模型分为三层,企业管理组织结构一致,与分级优化和监控的层次相匹配。

(2) 依据图 4-1 石化企业物流供应链的分布式、生产流程网式的特点,各层物流模型采用式(3-8)多节点结构模型的形式。

(3) 依据图 4-2,三层物流模型的时间基适应分层管理需求,计划层设为周或月,调度层设为班或日,设备层设为小时或分钟。

(4) 三层物流模型的复杂度,至少满足物流监控和跟踪的功能需求 INF_A。

即多分辨率层次物流模型组可以表示为

$$\mathrm{MF}=(R,\{M_r\},\{\mathrm{Rel}_{i,j}\}) \tag{4-1}$$

其中

R:图 4-2 物流模型的层次集合,$R=\{0,1,2\}$,分别表示设备层、调度层及计划层;

M_r:其中第 r 层的物流层次模型,$r\in R$,层次模型是模型组集合的子集;

$\mathrm{Rel}_{i,j}$:第 i,j 层物流模型之间的空间映射关系,通常 i 和 j 代表相邻层次,且 $i,j\in R$。进一步,式(4-1)中第 r 个层次模型 M_r 由第 r 层内的实体(物流设备)、实体间的关联及层次模型输入输出等六元组组成,可以表示为

$$M_r=(X_r,Y_r,T_r,\Omega_r,Q_r,U_r) \tag{4-2}$$

其中

X_r:第 r 层物流模型的输入集合,如从设备层边界输入的生产方案、操作指令的集合,表示外界环境对该层次模型的影响;

Y_r:第 r 层物流模型的输出集合,如设备层输出边界状态测量、对外请求或命令的集合,表示该层次模型对外界环境的影响;

T_r:第 r 层物流模型的时间基,如固定的时间分辨率尺度,通常为该层次的管控时间;

Ω_r:第 r 层物流模型的输入段集,表现为输入指令的时间序列,描述输入指令及其时间特征;

Q_r:第 r 层物流模型的属性集合,分别包括静态属性集合、状态变量集合和模

型结构变量集合：$Q_r=\{Q_{sr},Q_{dr},Q_{lr}\}$。静态属性集合 Q_{sr} 包括该层次物流模型中各节点的静态属性汇集及该层次静态的物流设备连接关系描述；状态变量集合 Q_{dr} 包括该层次物流模型中各节点状态属性汇集；模型结构变量 Q_{lr} 描述该层次物流模型对应实际生产方案的设备节点间的连接关系。如对于炼油型装置，其侧线投入、产出多种物料时需定义多种方案，每个加工方案必须对装置每一条侧线定义一种物料，而且只能定义一种物料。如表 4-2 所示的装置投入产出物料配置。

表 4-2　不同生产方案下装置投入产出物料配置

侧线名称	侧线物料名称		
	方案一	方案二	方案三
SI1	Mat1	Mat1	Mat4
SI2	Mat2	Mat2	Mat2
SI3	Mat5	Mat6	Mat3

根据表中所示，对于侧线 SI1，在方案一、二下物料为 Mat1，在方案三下则为 Mat4。其他侧线同样对应不同生产方案分别有不同的物料定义。也就是说在不同的生产方案下设备节点间的实际连接关系 Q_{lr} 是不同的，而生产过程实际的物流设备管道连接关系即静态的物流设备连接关系是不变的。

属性参数既可以直接在第 r 层建模定义，也可由其他层次模型的属性经过聚集或解聚运算推演得到。

U_r：第 r 层上实体对象的模型集合，$U_r=\{U_{r,v}\}$（$v=1,\cdots,n_r$），其中 n_r 表示此层上的物流设备实体的数量，根据不同分辨率层次，此处指的物流设备可以是实际的物流设备，也可以是经过聚集后的逻辑物流设备，如在设备层，就是指生产装置、罐等实际的物流设备，而在调度层则指逻辑罐等逻辑物流设备，一个逻辑罐对应若干个设备层的实际罐，如图 4-4 所示，Tank1，Tank2，Tank3 表示三个设备层的物理储罐，经过聚集后抽象成调度层的一个逻辑储罐 Tank4。

对于第 v 个实体，其模型 $U_{r,v}$ 可以表示为

$$U_{r,v}=(X_{r,v},Y_{r,v},\Omega_{r,v},Q_{r,v},T_{r,v},\delta_{r,v},\lambda_{r,v})$$

(4-3)

其中

$X_{r,v}$：实体 v 的输入集合，如输入指令（移动操作命令）集合；

$Y_{r,v}$：实体 v 的输出向量，如状态测量、对外请求或命令的集合；

$Q_{r,v}$：实体 v 在 T_r 时间尺度上的状态，包

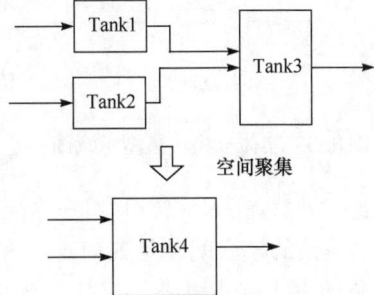

图 4-4　空间聚集的简单实例

括静态属性及状态变量集合。

$Q_{r,v}=\{Q_{sr,v},Q_{dr,v}\}$，实体的静态属性 $Q_{sr,v}$ 通常指设备标识、名称、类型等的描述，以及装置的几何、物理化学特性参数等，对于炼化企业，还包括装置生产能力（装置备选生产方案列表）及其他运行技术标准（如安全、质量）等静态数据。其中装置备选生产方案列表是生产过程重要的信息，是对该装置实体的可选投入产出模型的描述。如果一个产品有多个牌号，则在一个加工方案中可对该侧线定义多种物料，如表 4-3 所示，对于生产方案一，侧线 SI1 和 SI3 分别只对应一种物料，而侧线 SI2 则对应多达三种物料。状态变量集合 $Q_{dr,v}$ 包括设备中物料存量变化、加工方案标识、输入（出）侧线物料（组分）及其他工艺及操作变量（如安全、质量）等状态变量。

表 4-3　生产方案侧线定义实例

方案名称	侧线名称	侧线物料名称
方案一	SI1	Mat1
	SI2	Mat2
		Mat3
		Mat4
	SI3	Mat5

$\Omega_{r,v}$：输入段集，表现为输入指令的时间序列（如装置生产方案切换时间序列）；

$T_{r,v}$：时间基，如装置的采样时间或其他管控时间；

$\delta_{r,v}$：状态转移函数，如装置的各种物料平衡约束等；

$\lambda_{r,v}$：输出函数，如状态测量模型及根据输入和状态形成对外请求或命令的规则；

实体 v 的物流模型示意图如图 4-5 所示。

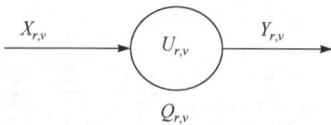

图 4-5　实体 v 物流模型示意图

由式（4-2）和式（4-3）构成的模型形式化描述是多层次物流模型的一般化表达，属性集合的具体化可构成各类企业应用模型。单层次物流模型上实体间的关联属性的定义和描述，即单个实体对象的模型如何关联起来，是物流模型核心的内容，也是形式化模型具体实现时关注的首要问题。显然，在 $R=\{0,1,2\}$ 三个层次上分别建模，就是传统的固定层物流模型，多层次建模的核心问题是如何定义和研究层次模型间的映射关系 $Rel_{i,j}$。层次模型 M_r 的建模任务是根据生产工艺流程和管网将 $U_{r,v}$ 模型关联起来，一般形式为物流设备的流程图。

4.3　炼厂物流模型的建模策略

由于不同层次模型是对同一对象系统不同分辨率特性的描述,所以不同层次模型的建模成本和难易程度是不同的,如高分辨率层次模型由于涉及实体节点粒度小、数量多,关联关系错综复杂,建模成本高。而低分辨率层次模型则相反。但由于建模需求,有时必须建高分辨率模型。如何建立既能满足建模需求,又尽量降低建模成本,即如何在多分辨率层次模型中选择合适的层次作为建模起始层,通过模型映射得到其他需要的分辨率层次模型,抑或同时建立多个不同分辨率层次模型,并使得整体建模成本最低,是一个非常重要的研究命题。

4.3.1　现有层次建模方法特点

传统的多分辨率建模方法有聚合解聚法、视点选择法、多分辨率实体法等,多分辨率层次建模比传统的建模方法带来了更多的挑战性。常见的建模策略有由底向上法、由上向下法、聚集解聚法及各层独立建模法等几种。

1.　由底向上法

由底向上法(BU,Buttom to Up)首先建立最底层高分辨率的模型,然后依次建立上层模型。根据式(4-2),首先建立第 0 层设备层模型 $M_0:M_0=(X_0,Y_0,T_0,\Omega_0,Q_0,U_0)$,然后根据应用需要从 M_0 利用映射函数聚集,分别建立调度层及计划层模型 M_1 和 M_2,由下而上定义物流设备和关联关系。由于所有低分辨率层次模型都是由同一个高分辨率模型聚集得到,所以层次模型之间的一致性能得到保证,即层次模型的一致度容易保障。但不足之处也十分明显:

(1) 复杂系统建立 M_0 成本非常高;

(2) 由于测量成本限制,最高分辨率 M_0 的可观测度不能满足应用需求,难以验证。

2.　由上向下法

由上向下法(Up to Buttom,UB)首先建立最低分辨率的计划层模型 M_2,然后通过不断添加模型细节,利用映射函数解聚,得到调度层及设备层模型。如由上而下定义生产方案、物料及产品的物流实现过程,满足模型层次应用需求。这种建模方法的优点是适用于搭建大规模层次化模型,能提高建模效率,支持高层次宏观问题的分析和决策。但 M_2 解聚过程不是唯一的操作,添加的高分辨率信息时容易遗漏重要物流细节,即层次模型难以实现解聚一致,特别是状态解聚。

3. 集成建模法

集成建模法(Integrated Modelling,IM)类似于传统的单层次建模方法,根据应用需要,在不同层次上各自建立物流模型,在系统集成、模型集成或数据库集成时,考虑层次模型的互操作和一致性。这种建模方法的优点是容易满足不同应用系统的层次模型需求;不足之处是建模成本高,层次模型之间的一致性难以得到保证。

鉴于现有建模策略的分析,不难发现式(4-1)和式(4-2)所述的层次物流模型,利用第 3 章提出的层次模型评估指标,具有很大的建模策略、建模路线的设计自由度,可以尝试以下介绍的两种建模策略。

4.3.2　需求扩展建模法

面向有限的物流描述应用需求,首先建立层次化的基础物流模型 M^A,然后扩展基础物流模型使它满足其他应用需求的建模方法。

具体建模步骤如下:

Step1　收集图 4-3 所示三类功能对物流模型的需求 INF_A、INF_B 及 INF_C;

Step2　针对需求 INF_A,运用 BM 法建立一致、完备、正确的基础物流模型 M^A。

Step3　需求 INF_A 扩展为 $INF_A+(INF_B+INF_C)$,分别在各层添加必要的模型属性,建立 M_0^{ABC},M_1^{ABC},M_2^{ABC},检验定义 3-12 是否成立? 若完备性成立,转到 Step4;若不成立,回到 Step3。

Step4　建立 M_0^{ABC},M_1^{ABC},M_2^{ABC} 之间的层次映射函数$Rel_{i,j}^{ABC}$,$i\neq j$,$i,j\in R$,检验"定义 3-9"是否成立? 若一致性成立,转到 Step5;若不成立,转到 Step4。

Step5　检验"定义 3-10"是否成立? 若准确性成立,转到 Step6;若不成立,转到 Step3。

Step6　输出层次物流模型 M^{ABC}。

需求扩展建模策略的特点是面向基本需求,首先考虑层次模型一致性,然后考虑模型完备性。需求扩展建模策略的难点在 Step4,即模型扩展之后如何保证一致性。理论上,需要研究层次映射函数$Rel_{i,j}^{ABC}$存在的条件。实际应用时,"定义 3-9"的要求一般难以满足,可以采用"定义 3-2"至"定义 3-8"的一个或几个条件进行判断,即得到完备、准确、有限一致的层次物流模型 M^{ABC}。工程应用中大量存在的,利用 BU、UB 和 IM 方法建立的层次物流模型,性能均难以达到 Step6 的标准,可以称为部分完备、部分准确、有限一致的层次物流模型。

4.3.3　中间层优先建模方法

根据物流模型的全部应用需求,选择多层物流模型的中间层为建模起始层,建立准确、完备的起始层模型,然后用 BU 法建立其上层的模型,用 UB 法建立其下层的模型。具体建模步骤如下：

Step1　收集图 4-3 所示三类功能对物流模型的需求 INF_A、INF_B 及 INF_C；

Step2　针对需求 $INF_A \wedge INF_B \wedge INF_C$，建立式(4-1)所示层次模型组中的调度层模型 M_1^{ABC}，并使其满足完备性和准确性。

Step3　以 M_1^{ABC} 为起点，采用 BU 法，建立调度层到统计层的映射函数 $Rel_{1,2}^{ABC}$，聚集生成统计层模型 M_2^{ABC}；采用 UB 法，建立调度层到统计层的映射函数 $Rel_{1,0}^{ABC}$ 细化生成设备层模型 M_0^{ABC}。

Step4　对于 $Rel_{1,2}^{ABC}$ 和 $Rel_{1,0}^{ABC}$，检验"定义 3-9"是否成立？若一致性成立，转到 Step5；若不成立，转到 Step3。

Step5　检验 M_2^{ABC} 和 M_0^{ABC} 是否满足"定义 3-12"？若完备性成立，转到 Step6；若不成立，转到 Step3。

Step6　检验 M_2^{ABC} 和 M_0^{ABC} 是否满足"定义 3-10"是否成立？若准确性成立，转到 Step7；若不成立，转到 Step3。

Step7　输出层次物流模型 M^{ABC}。

中间层优先建模方法的特点是面向总体需求，首先考虑中间层模型的完备性和准确性，然后用 BU 法保证中间层与上层模型的一致性，并且一致聚集映射函数 $Rel_{1,2}^{ABC}$ 保证了上层模型的准确性，即保证了计划、调度层物流模型的一致性和准确性，有利于中上层决策。

中间层模型往下，利用 UB 法或 IM 法，"定义 3-9"的要求一般难以满足，可以先关注底层模型的完备性和准确性，可以选用"定义 3-2"至"定义 3-7"的一个或几个条件进行判断，得到与调度层有限一致的设备物流模型。例如，在 MES-PCS 软件系统集成设计中，优先保证设备层各个物流节点的状态与调度层一致，但不一定需要花费大量建模成本，保证设备层物流节点的关联关系与调度层同构，因为物流节点(生产装置)内部的动态控制，不一定与上下游装置紧密关联。这个例子表明，多层次物流模型的建立(包括验证、实现、应用)，模型性能和模型成本的权衡，是建模工作者必须考虑的因素。

多层次建模策略着眼的是系统整体的信息利用率最高，而非仅仅针对某个技术层次的解决方案。通过基于关联信息最大化的方法，找到了一种多层次建模的优化方法，并通过概念模型的重用得到了针对需求变化的多层次模型建模策略。

4.4　以物流加工为主线的 MES 模型设计

炼油企业物流是企业生产中的重要组成部分，它包括原料进厂、生产加工、中间产品储存直至产品出厂的物流移动过程，并且是生产设备状态、公用工程数据、质量数据等关键生产数据的重要来源。物流过程由不同物料在物流设备中的转化、存储和移动形成,物流关系贯穿各类生产设备,在调度指令的作用下动态地反映不同生产方案下的石化生产过程。通过建立企业生产供应链中各环节物流的层次模型,可以满足工厂的各层次对物流数据的采集、处理、转换、集成和应用的需求。

4.4.1 设备层物流模型

物流模型描述物料在生产设备转化、存储和移动的过程,这个过程在层次物流模型的任一层,都被描述为物流节点及其关联关系网络,在设备层,物流网络是最为复杂、最接近实际物流移动状态的。在设备层作以下假设。

假设 1 设备层时间基为 T_0,为了简化问题表述,本例取 $T_0 = 1$ 小时,是设备层物流监控和获得物流测量值的周期,设备层内各节点的时间基统一为 T_0。

假设 2 设备层物流模型在时间基 T_0 尺度上是稳态的,且物流测量值为 T_0 尺度上的累计量,物流操作指令(如架构方案切换)仅在时间基 T_0 的整点时刻发生。

假设 3 侧线物料及收率。侧线在装置中接收或产出何种物料,取决于装置的加工方案。侧线在加工方案中的参考收率采用该侧线在该加工方案下的平均收率,或装置标定的收率。

假设 4 加工方案决定了装置产品与装置原料之间的构成关系,在一个加工方案内,一条侧线只能定义一种物料。

设备层模型表示为

$$M_0 = (X_0, Y_0, T_0, \Omega_0, Q_0, U_0) \tag{4-4}$$

属性集合 $Q_0 = [Q_{s0}, Q_{d0}, Q_{l0}]$,包括静态属性集合 Q_{s0}、状态变量属性集合 Q_{d0} 及模型结构变量集合 Q_{l0},其中

$Q_{s0} = [$层次中各个节点静态属性汇集的静态属性$]$;

$Q_{d0} = [$物理设备节点状态属性汇集集合$]$;

$Q_{l0} = [$对应实际生产方案的物理设备节点间连接关系$]$;

设备层输入、输出 $X_0, Y_0 = [$设备层边界输入的生产方案、操作指令的集合、设备层输出边界状态测量、对外请求或命令的集合$]$;

设备层时间基 $T_0 = [$小时$]$;

设备层输入段集 $\Omega_0 = [$输入指令的时间序列$]$;

设备层物流节点模型集合 $U_0 = [$生产设备、容器设备及管路设备$]$。

形式化的设备层物流模型的基本单元是第 0 层第 v 个模型 U_{0v} 描述的物流设备,本章将物流设备分为容积设备、生产设备和管道设备分别建模。

1. 容积设备模型

若第 v 个设备为容积设备(如油罐、油库、物料仓库、气柜等),其形式化表达为七元组 $U_{0,v} = (X_{0,v}, Y_{0,v}, \Omega_{0,v}, Q_{0,v}, T_{0,v}, \delta_{0,v}, \lambda_{0,v})$,其中 $Q_{0,v} = [Q_{s0,v}, Q_{d0,v}]$ 分别为

静态属性集合及状态集合：

（1）静态属性集合 $Q_{s0,v}$＝［标识、名称、父节点标识、类型描述；库容、形状，几何尺寸；可存物料形态，库容计量方法］。

（2）状态变量属性集合 $Q_{d0,v}$＝［库存期初值、库存期末值、库存物料的名称、库存物料的组分、损失量、启用状态标识、输入（出）侧线物料及其组分集合］。

（3）容积设备输入、输出 $X_{0,v}，Y_{0,v}$＝［输入指令（移动操作命令）集合、输出指令集合（对外物料移动请求或命令）］。

（4）容积设备的时间基 $T_{0,v}$＝［设备的采样时间、其他管控时间］。

（5）容积设备的输入段集 $\Omega_{0,v}$＝［输入指令（移动操作命令）的时间序列］。

（6）容积设备的状态变量转移函数 $\delta_{0,v}$＝［物料收付（流量）与库容的平衡约束、物料组分平衡约束］，其中物料（流量）平衡约束为时间周期 T_0 内入库量、出库量与库存量的稳态关系：

$$\sum_{i=1}^{l} g_{i0,v}(i) - \sum_{i=1}^{k} g_{o0,v}(i) = \Delta S_{0,v} \tag{4-5}$$

其中 $g_{i0,v}$ 表示容积设备的物料入库量；$g_{o0,v}$ 表示出库量；$\Delta S_{0,v}$ 表示库存变化量；l，k 分别表示入库管线和出库管线数量。同样还可以定义物料组分平衡约束。

（7）容积设备的输出函数 $\lambda_{0,v}$＝［状态测量模型；根据输入和状态形成对外物料移动请求或命令的规则］。

2. 生产设备物流模型

生产设备物流模型反映设备的生产负荷、加工方案和操作参数等信息。若第 v 个设备为生产设备，其形式化模型为七元组：

$$U_{0,v}＝(X_{0,v}，Y_{0,v}，\Omega_{0,v}，Q_{0,v}，T_{0,v}，\delta_{0,v}，\lambda_{0,v}) \tag{4-6}$$

其中 $Q_{0,v}$＝［$Q_{s0,v}$，$Q_{d0,v}$］分别为静态属性集合及状态集合。

（1）静态属性集合 $Q_{s0,v}$＝［标识、名称、父节点标识、类型；装置的几何、物理、化学特性参数；装置生产能力（各生产方案下的加工能力），其他装置运行技术标准（如安全、质量）］。

（2）状态集合 $Q_{d0,v}$＝［设备中物料存量变化、加工方案标识、加工损失量、启用状态标识、输入（出）侧线物料及其组分、其他工艺及操作变量（如安全、质量）］。

（3）生产设备输入、输出 $X_{0,v}，Y_{0,v}$＝［生产方案、操作指令的集合，状态测量、对外请求或命令的集合］。

（4）生产设备的时间基 $T_{0,v}$＝T_0。

（5）生产设备的输入段集 $\Omega_{0,v}$＝［输入指令的时间序列（如装置生产方案切换时间序列，加工量的变化）］。

（6）生产设备的状态转移函数 $\delta_{0,v}$＝［物料（流量）平衡约束、物料组分平衡约束和产率模型、装置的其他工艺或设备变量的约束］，其中物料（流量）平衡约束：

$$\sum_{i=1}^{l} g_{i0,v}(i) - \sum_{i=1}^{k} g_{o0,v}(i) = \Delta S_{0,v} \qquad (4-7)$$

其中 $g_{i0,v}$ 表示生产设备的物料输入流量；$g_{o0,v}$ 表示输出流量；$\Delta S_{0,v}$ 表示装置库存变化量；l,k 分别表示输入侧线和输出侧线数量。设当前生产方案下对应的出料转化率为 $b_j,(j=1,2,\cdots,k)$，$b_1+b_2+\cdots+b_k=1$，则有加工设备物流平衡方程

$$\sum_{i=1}^{l} g_{i\ 0v}(i) \times \begin{bmatrix} b_1 \\ b_2 \\ \vdots \\ b_k \end{bmatrix} = \begin{bmatrix} g_{o0v}(1) \\ g_{o0v}(2) \\ \vdots \\ g_{o0v}(k) \end{bmatrix} \qquad (4-8)$$

不同生产方案不仅影响出料转化率，而且影响出料组分和流向。因此，跟踪生产方案变化是建立层次物流网络模型的重要内容。

(7) 生产设备的输出函数 $\lambda_{0,v}$=[状态测量模型、根据输入和状态形成对外请求或命令的规则]。

例 4-1 常减压生产装置(CDU)是炼油企业典型一次加工生产装置，包括常压塔、减压塔、脱丁烷塔、再蒸馏单元、渣油溶剂抽提单元和石脑油分离器，核心部分是常压塔和减压塔。建立物流模型时，本例将这一系列生产设备抽象为图 4-6 所示物流装置，关注它的投入产出物流关系。

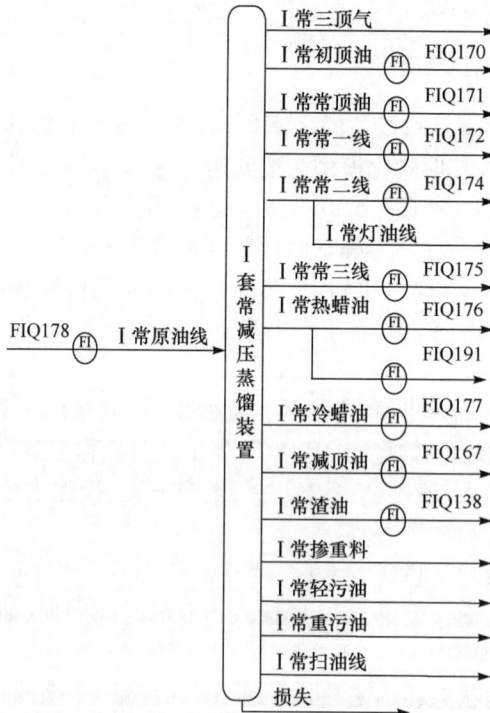

图 4-6 CDU 装置物流模型图

静态属性主要有[重整料柴油方案下,年加工能力 30 万吨;石脑油柴油方案下,年加工能力 28 万吨]。

CDU 的状态转移函数 $\delta_{0,v}$,即物料平衡方程(4-7)和产率方程(4-8)的参数由表 4-4 给定,其中,"重整料柴油方案"下,I 常初顶油、I 常常顶油的物料名称均为"重整料","石脑油柴油方案"下,I 常初顶油、I 常常顶油的物料名称均为"石脑油",其他侧线的物料名与"重整料柴油方案"相同。

表 4-4 CDU 装置物流模型

装置名称	加工方案	物理侧线名称	物料名称	产率
CDU 装置	重整料柴油方案	I 常原油线	原油	
		I 常三顶气	干气	0.001
		I 常初顶油	重整料	0.0184
		I 常常顶油	重整料	0.0514
		I 常常一线	柴油	0.0503
		I 常常二线	柴油	0.1614
		I 常灯油线	灯油	0
		I 常常三线	柴油	0.0673
		I 常热蜡油	热蜡油	0.1734
		I 常冷蜡油	冷蜡油	0.12
		I 常减顶油	减顶油	0.0004
		I 常渣油	渣油	0.3545
		I 常掺重料	掺重料	0
		I 常轻污油	轻污油	0
		I 常重污油	重污油	0
		I 常扫油线	扫线油	0
		I 常损失	损失	0.0019
CDU 装置	石脑油柴油方案	I 常初顶油	石脑油	0.0184
		I 常常顶油	石脑油	0.0514
		其他侧线收率同"重整料柴油方案"		

模型输入 $X_{0,v}$ 为生产方案、操作指令的集合,如"重整料柴油方案"加工原油 30 吨/小时。输入段集 $\Omega_{0,v}$ 是模型输入 $X_{0,v}$ 的时间序列,如{6:00~7:00,"重整料柴油方案"加工原油 20 吨/小时,7:00~8:00,"重整料柴油方案"加工原油 30 吨/小时;8:00~9:00,"石脑油柴油方案"加工原油 25 吨/小时}。

模型输出 $Y_{0,v}$ 包括:①状态测量,例如,状态经仪表测量成为模型输出的"I 常初顶油流量＝0.368吨/小时"。②对外请求或命令的集合,例如,对外请求$Q_1\{6{:}00\sim$ $7{:}00,\mathrm{I}$常初顶油侧线物料送重整料罐,输送量0.368吨/小时$\}$;$Q_2\{8{:}00\sim9{:}00,\mathrm{I}$常初顶油侧线物料送石脑油罐,输送量0.460吨/小时$\}$。

CDU的输出函数$\lambda_{0,v}$包括:①状态测量模型,即那些状态可以经仪表测量,例如,图4-6配有流量表的侧线,其物料状态可测;②根据输入和状态形成对外请求或命令的规则,例如,"根据输入段集给定的生产方案和加工量,对流量不为零的侧线,请求下游罐区接收该侧线对应的物料",Q_2就是应用这条规则的结果。

3. 管道设备物流模型

管道设备指液体管道、固体输送带或其他物料输送方式。若第v个设备为管道设备,其形式化表达为七元组$U_{0,v}=(X_{0,v},Y_{0,v},\Omega_{0,v},Q_{0,v},T_{0,v},\delta_{0,v},\lambda_{0,v})$,其中$Q_{0,v}=[Q_{s0,v},Q_{d0,v}]$分别为静态属性集合及状态集合。

(1) 静态属性集合$Q_{s0,v}=[$标识、名称、上级基类设备标识、类型、描述,输送能力,管容(管径,管长,形状),可输送物形态及设计参数$]$。

(2) 状态变量属性集合$Q_{d0,v}=[$输送损失量、启用状态标识、管容变化量、物料组分的分布、输入(出)物料及其组分集合$]$。

(3) 管道设备输入、输出$X_{0,v}$、$Y_{0,v}=[$输入指令(移动操作命令)集合、输出指令集合$]$。

(4) 管道设备的时间基$T_{0,v}=T_0$。

(5) 管道设备的输入段集$\Omega_{0,v}=[$输入指令(移动操作命令)的时间序列$]$。

(6) 管道设备的状态变量转移函数$\delta_{0,v}=[$物料(流量)平衡约束、物料组分平衡约束$]$,其中物料(流量)平衡约束:

$$g_{i0,v}-g_{o0,v}=\mathrm{ML}_{0,v} \tag{4-9}$$

(7) $g_{i0,v}$表示管道物料输入流量,$g_{o0,v}$表示输出流量,$\mathrm{ML}_{0,v}$表示物料损失量。

(8) 管道设备的输出函数$\lambda_{0,v}=[$状态测量模型、根据输入和状态形成对外请求或命令的规则$]$,其中状态测量模型描写通过安装在管线上的物理测量仪表进行流量测量的规则和约定。

例如,设I常初顶油管道为$U_{0,v}$,其输入流量和输出流量均用流量仪表FIQ170进行测量,管道无损失,则有测量方程

$$g_{i0,v}=g_{o0,v}=p_{0,v}(\mathrm{FIQ}170) \tag{4-10}$$

其中$p_{0,v}(\mathrm{FIQ}170)$为该管线的流量测量值。同理,设图4-6中I常热蜡油管道为$U_{0,v}$,其输入流量和输出流量均用流量仪表FIQ176和FIQ191进行测量,且管道无损失,则有测量方程:

$$g_{i0,v}=g_{o0,v}=p_{0,v}(\mathrm{FIQ}176)+p_{0,v}(\mathrm{FIQ}191) \tag{4-11}$$

这里,假设将I常热蜡油管道总管的两路分支视为与总管功能相同,去向相

同。如果两路分支去向不同,则需要将 I 常热蜡油总管及其两路分支看做是经过分叉点的三路管线;或将 I 常热蜡油总管看做是 CDU 的一部分,将两路分支分别定义为两条分离的"侧线"管道,命名为"I 常热蜡油线 A"和"I 常热蜡油线 B",但是,考虑表 4-4 所示产率模型,两条分离的"侧线"传送相同物料,与其他侧线的复杂度不一致。因此,图 4-6 中 I 常热蜡油管道侧线及分叉点的表达方式较好。

其他常用的测量规则和约定有"如果管道的两端分别设有测量仪表,选用精度较高的为管道测量值"等。

根据图 4-6 示意,如果将每一条侧线、分叉点都作为单一设备建模,则物流模型的节点数非常多,这类模型详细描述了管网、生产装置、库存相互关联的细节,称为物理管网模型。

4. 设备层物流节点的关联

设备层所有的物流节点和管道模型分别建成后,式(4-4)形式化模型将这些节点关联在一起,通过关联属性 Q_{t0} 的连接,形成设备层物流网络模型 $M_0 = (X_0,$ $Y_0, T_0, \Omega_0, Q_0, U_0)$,其中,$X_0, Y_0, T_0, \Omega_0, U_0, Q_{s0}$ 和 Q_{d0} 均由物流节点 $U_{0,v}$ 的对应项集合而成。

1) 关联属性 Q_{t0} 的建模

物流节点的关联关系,是由物流节点的输入和输出决定的。例如,图 4-7(a)设备物流流程图所示管道节点"管道 1",其流量测量值为 p_1,其输出指令:

$$\{Y_1 = 向"装置 4",以流量 p_1,输送物料\}$$

"装置 4"的输入端有两条输入指令:

$$\{X_{4,1} = 接收来自"管道 1",流量为 p_1 的物料\}$$
$$\{X_{4,2} = 接收来自"管道 2",流量为 p_2 的物料\}$$

Q_{t0} 记录了"管道 1"到"装置 4"的网络内部节点之间的物流连接关系,对图 4-7(a),内部连接关系为

$$Q_{t0} = \{(Y_5 \rightarrow X_1), (Y_1 \rightarrow X_{4,1}), (Y_2 \rightarrow X_{4,2}), (Y_4 \rightarrow X_3)\} \tag{4-12}$$

Q_{t0} 还要记录物流系统外部输入输出与内部节点之间的物流连接关系。

式(4-11)表达的物流连接关系,从管道网络设备的角度看,表示"管道 1"与"装置 4"的"入口 1"有物理相连,这种关联是静态的;从物料输送角度看,表示某种流量为 p1 的物料,在 T_0 时段上,通过"管道 1"与"装置 4"连接的"入口 1"进入装置。前者涉及管道网络设备的物理特性,可用于管道设备维护等,后者关注管道网络的功能特性,是本章描述物流供应链的视角。

2) 物流拓扑图

利用管线测量方程,将层次模型 M_0 表示为由节点和弧组成的拓扑图,拓扑图的节点表示生产设备、容积设备和管线汇流点,弧表示关联节点的管线测量变量。

物流设备的流程图转化为拓扑图的过程如图 4-7 所示。形式化模型中，"油罐 5"通过"管道 1"将流量为 p_1 物料送入"装置 4"的"入口 1"的物流描述，在拓扑图中，表示为节点"油罐 5"通过弧 p_1 连接节点"装置 4"。节点"装置 4"两路输入管线、一路输出管线直接用其输入输出的测量变量来表示，假设装置内无存量变化，则"装置 4"物流平衡方程为

$$p_1 + p_2 - p_3 = 0 \tag{4-13}$$

"油罐 5"的库存用于"装置 4"进料，"油罐 5"物流平衡方程为

$$-p_1 = \Delta S_5 \tag{4-14}$$

拓扑图可用关联矩阵 $W_{N \times L}$ 来表达，每行对应一个节点的平衡方程，以"+1"表示物流流入该节点，以"−1"表示物流流出该节点，以"0"表示物流与该节点无关。弧表示节点的输入输出物流管线流量，用 L 维测量向量 P_L 表示。满足物流平衡关系的层次物料平衡可表示为

$$W_{N \times L} \times P_L = \Delta S_N \tag{4-15}$$

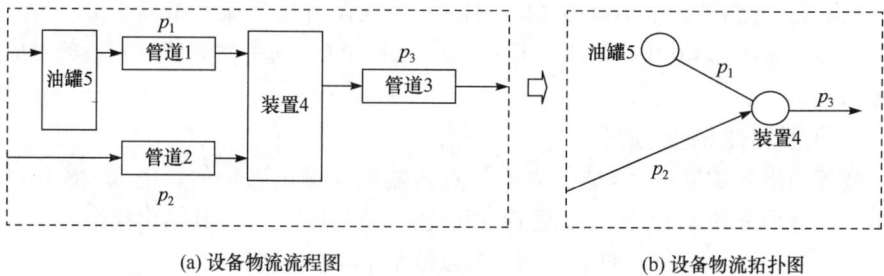

(a) 设备物流流程图　　　　　　　　　　　(b) 设备物流拓扑图

图 4-7

关联矩阵 $W_{N \times L}$ 表示了在 T_0 时间尺度上设备层 N 个物流节点的稳态关联。例如，图 4-7(b) 设备物流拓扑图的关联矩阵

$$W_{N \times L} = \begin{bmatrix} 1,1,-1 \\ -1,0,0 \end{bmatrix}, \quad P_L = \begin{bmatrix} p_1 \\ p_2 \\ p_3 \end{bmatrix}, \quad \Delta S_N = \begin{bmatrix} \Delta S_4 \\ \Delta S_5 \end{bmatrix} \tag{4-16}$$

注意到 p_2 是来自系统外部的物流输入，关联矩阵 $W_{N \times L}$ 可以同时表示系统内部结构关联、输入边界结构及输出边界结构。

再次考虑例 4-1，将 CDU 装置上下游物流图简化为图 4-8 所示，6:00～9:00 共发生 3 次的加工方案变化，如表 4-5 所示。6:00～7:00，采用"重整料柴油方案"，侧线物流 FIQ170 和 FIQ171 均进入重整料罐 U1，关联矩阵 W 和物流平衡方程如式 (4-14)、式 (4-16)；7:00～8:00 关联矩阵 W 和物流平衡方程同样是式 (4-14) 和式 (4-16)，但测量值不同。8:00～9:00，采用"石脑油柴油方案"，侧线物流 FIQ170 和 FIQ171 均进入石脑油罐 U2，关联矩阵 W 和物流平衡方程如式 (4-14) 及式 (4-17)。

式(4-16)和式(4-17)中关联矩阵明显不同,说明了关联矩阵的时变性。

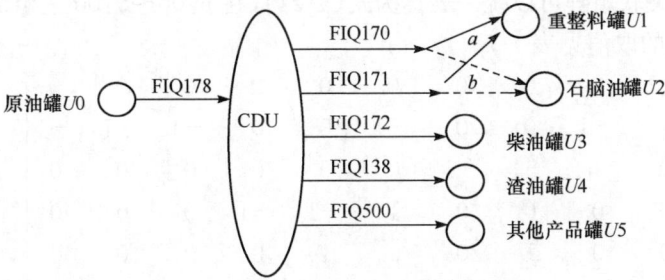

图 4-8　CDU 装置上下游物流拓扑图

$$W=\begin{bmatrix} -1 & 0 & 0 & 0 & 0 & 0 \\ 1 & -1 & -1 & -1 & -1 & -1 \\ 0 & 1 & 1 & 0 & 0 & 0 \\ 0 & 0 & 0 & 0 & 0 & 0 \\ 0 & 0 & 0 & 1 & 0 & 0 \\ 0 & 0 & 0 & 0 & 1 & 0 \\ 0 & 0 & 0 & 0 & 0 & 1 \end{bmatrix},\ P=\begin{bmatrix} FIQ178 \\ FIQ170 \\ FIQ171 \\ FIQ172 \\ FIQ138 \\ FIQ500 \end{bmatrix},\ \Delta S=\begin{bmatrix} \Delta S_{U0} \\ 0 \\ \Delta S_{U1} \\ \Delta S_{U2} \\ \Delta S_{U3} \\ \Delta S_{U4} \\ \Delta S_{U5} \end{bmatrix}$$

$$(4\text{-}17)$$

$$W=\begin{bmatrix} -1 & 0 & 0 & 0 & 0 & 0 \\ 1 & -1 & -1 & -1 & -1 & -1 \\ 0 & 0 & 0 & 0 & 0 & 0 \\ 0 & 1 & 1 & 0 & 0 & 0 \\ 0 & 0 & 0 & 1 & 0 & 0 \\ 0 & 0 & 0 & 0 & 1 & 0 \\ 0 & 0 & 0 & 0 & 0 & 1 \end{bmatrix},\ P=\begin{bmatrix} FIQ178 \\ FIQ170 \\ FIQ171 \\ FIQ172 \\ FIQ138 \\ FIQ500 \end{bmatrix},\ \Delta S=\begin{bmatrix} \Delta S_{U0} \\ 0 \\ \Delta S_{U1} \\ \Delta S_{U2} \\ \Delta S_{U3} \\ \Delta S_{U4} \\ \Delta S_{U5} \end{bmatrix}$$

$$(4\text{-}18)$$

由于 FIQ170 在不同生产方案下输送了不同的物料,无法定义该仪表唯一的测量介质,需要定义管道分叉点。图 4-8 中,将 FIQ170 所在管道分叉为实线所示的 a 管和虚线所示的 b 管,分别配有仪表 FIQ170A 和 FIQ170B,有 FIQ170 管道分叉点平衡方程

$$FIQ170-FIQ170A-FIQ170B=0 \qquad (4\text{-}19)$$

同样有管道分叉点平衡方程:

$$FIQ171-FIQ171A-FIQ171B=0 \qquad (4\text{-}20)$$

仪表 FIQ170A 和 FIQ171A 定义了唯一的测量介质"重整料",仪表 FIQ170B

和 FIQ171B 定义了唯一的测量介质"石脑油",有利于物料跟踪,而且,两种生产方案下的物流关联矩阵可以统一表达为式(4-21),在 6:00~9:00 三个周期内,管线测量向量 P 的取值见表 4-5。

$$W = \begin{bmatrix} -1 & 0 & 0 & 0 & 0 & 0 & 0 & 0 & 0 & 0 \\ 1 & -1 & 0 & 0 & -1 & 0 & 0 & -1 & -1 & -1 \\ 0 & 1 & -1 & -1 & 0 & 0 & 0 & 0 & 0 & 0 \\ 0 & 0 & 0 & 0 & 1 & -1 & -1 & 0 & 0 & 0 \\ 0 & 0 & 1 & 0 & 0 & 1 & 0 & 0 & 0 & 0 \\ 0 & 0 & 0 & 1 & 0 & 0 & 1 & 0 & 0 & 0 \\ 0 & 0 & 0 & 0 & 0 & 0 & 0 & 1 & 0 & 0 \\ 0 & 0 & 0 & 0 & 0 & 0 & 0 & 0 & 1 & 0 \\ 0 & 0 & 0 & 0 & 0 & 0 & 0 & 0 & 0 & 1 \end{bmatrix},$$

$$P = \begin{bmatrix} \text{FIQ178} \\ \text{FIQ170} \\ \text{FIQ170}A \\ \text{FIQ170}B \\ \text{FIQ171} \\ \text{FIQ171}A \\ \text{FIQ171}B \\ \text{FIQ172} \\ \text{FIQ138} \\ \text{FIQ500} \end{bmatrix}, \quad \Delta S = \begin{bmatrix} \Delta S_{U0} \\ 0 \\ 0 \\ 0 \\ \Delta S_{U1} \\ \Delta S_{U2} \\ \Delta S_{U3} \\ \Delta S_{U4} \\ \Delta S_{U5} \end{bmatrix} \quad (4\text{-}21)$$

表 4-5　CDU 装置物流过程简化模型

时间段	对应仪表	6:00~7:00	7:00~8:00	8:00~9:00
加工方案	(吨/小时)	重整料柴油	重整料柴油	石脑油柴油
原油加工量	FIQ178	20	30	25
I 常初顶油	FIQ170	0.368	0.552	0.460
I 常常顶油	FIQ171	1.028	1.542	1.285
I 常常一线	FIQ171	1.006	1.509	1.258
I 常渣油	FIQ138	7.09	10.635	8.863
其他产品	FIQ500	10.508	15.762	13.135
I 常初顶油分线 A	FIQ170A	0.368	0.552	0
I 常初顶油分线 B	FIQ170B	0	0	0.460
I 常常顶油分线 A	FIQ171A	1.028	1.542	0
I 常常顶油分线 B	FIQ171B	0	0	1.285

由于增加了四块仪表和四条管线,物流关系的跟踪和描述更加清晰和细致。但是,企业物流管网的分支十分复杂:①不可能每条支线安装仪表,产生大量未测变量;②企业复杂生产需求下生产方案多变,穷举全部物流关系十分困难,且使关联矩阵巨大。因此,M. Roza 等研究了跟踪事件驱动物流拓扑图的方法,是本章设备层物流形式化模型的应用。

可见,物流关联矩阵是形式化模型关联属性的一种简化表达,物流拓扑图是物流形式化模型的可视化表达,类似于工艺流程图,有利于进行物流监测、物流平衡计算和测量网络设计。

4.4.2　生产计划统计层物流模型

计划统计层的职能是:根据企业的生产能力、库存容量、原料和产品市场预测,决定长周期生产计划,实现经济效益最优化。

计划统计层物流模型 $M_2 = (X_2, Y_2, T_2, \Omega_2, Q_2, U_2)$,是产品定义、计划优化、生产统计对物流描述需求的汇总。关于计划统计层物流模型作以下假设。

假设 1　计划层时间基 $T_2 = 1$ 月,是计划层物流加工计划下达和生产计划执行过程统计分析、原料和库存测量、盘点的周期。

假设 2　计划层物流模型在时间基 T_2 尺度上是稳态的,且物流测量值为 T_2 尺度上的累计量。

假设 3　逻辑生产装置侧线是逻辑侧线,其物料是原料、产品和中间产品的统计大类,类别是固定的。侧线收率取决于计划的装置加工方案,是 T_2 尺度上的平均值。逻辑罐与物料统计大类完全对应。

假设 4　逻辑生产装置侧线的逻辑侧线、统计大类定义的物料、逻辑罐之间的关联关系是固定的。

以 4.1.1 节描述的炼油生产过程为例,该生产过程加工四种原油。其生产装置按照大类可分为一次加工装置和二次加工装置。油罐分为原油罐区、中间产品罐区和成品油罐区,分别由对应物料统计大类的逻辑罐组成,分别定义为逻辑物流节点。

计划统计层属性集合包括静态属性集合、状态变量集合及节点关联属性集合,$Q_2 = [Q_{S2}, Q_{d2}, Q_{l2}]$,其中

静态属性集合 $Q_{S2} = [$一次加工装置、二次加工装置、原油罐、中间产品罐和成品油罐静态属性$]$;

状态变量集合 $Q_{d2} = [$逻辑物流节点侧线的物料类别和流量,逻辑罐起初、期末量$]$;

节点关联属性集合 $Q_{l2} = [$逻辑物流节点之间固定的连接关系$]$;

计划统计层输入 $X_2 = [$原油加工种类、数量的指令;全厂生产方案的指令$]$;

计划统计层输出 Y_2＝[成品油罐按品种、数量向外运送的指令]；

计划统计层时间基 T_2＝[月]；

计划统计层输入段集 Ω_2＝[输入指令的时间序列]；

计划统计层实体对象的模型集合 U_2＝[逻辑生产设备、逻辑油罐及逻辑管道设备]。

4.4.3　调度层物流模型

调度层的职能是：根据实际的装置生产能力、库存能力、物料进出厂能力，将生产月计划分解为可操作的日生产操作指令，监控操作指令执行的情况，并在各种能力短缺时采取应急措施保证生产过程平稳。

在计划-调度-生产三层次物流模型中，调度层物流模型有三个作用：支持调度优化计算得到最佳调度指令；进行调度仿真以观察调度指令的效果；调度指令设备层执行后，跟踪和记录调度指令执行后的物流状态。

调度层物流模型 M_1＝$(X_1,Y_1,T_1,\Omega_1,Q_1,U_1)$，是调度优化、调度仿真、物流跟踪对物流描述需求的汇总，本节主要讨论物流跟踪需求如何满足，调度优化和仿真不在此展开。

关于调度层物流模型作以下假设。

假设 1　调度层时间基 T_1＝天，是调度层下达操作指令、执行测量和监控的时间周期。

假设 2　调度层物流模型在时间基 T_1 尺度上是稳态的，且物流测量值为 T_1 尺度上的累计量。

假设 3　生产装置的逻辑侧线按物料种类定义，对应按物料种类定义的逻辑罐。

调度层 M_1＝$(X_1,Y_1,T_1,\Omega_1,Q_1,U_1)$ 模型属性集合包括静态属性集合、状态变量集合及模型结构变量集合，Q_1＝$[Q_{s1},Q_{d1},Q_{l1}]$，其中

静态属性集合 Q_{s1}＝[各个调度逻辑节点静态属性的集合]；

状态变量集合 Q_{d1}＝[调度逻辑设备节点状态集合]；

模型结构变量集合 Q_{l1}＝[对应实际生产方案的调度逻辑设备节点连接关系]；

调度层输入、输出 X_1,Y_1＝[调度层边界输入的指令、调度层边界输出的指令]；

调度层时间基 T_1＝[天]；

调度层输入段集 Ω_1＝[输入指令的时间序列]；

调度层物流节点模型集合 U_1＝[调度层逻辑生产设备、逻辑罐及管路设备]。

调度层逻辑生产装置通常采用与设备层生产装置相同的空间粒度，逻辑侧线按物料种类定义，生产装置的产率模型由调度层时间基内设备层产率模型聚集得到。逻辑罐按物料种类定义，由设备层物理罐聚集而成，根据生产流程物理区域和

管理区域的需要,同种物料可以定义多个逻辑罐。管路设备直接定义为物料移动量,作为调度层物流拓扑图的弧。

4.5　层次模型的一致化映射

4.4 节分别定义和建立了设备层、调度层、计划层三个层次的物流形式化模型及其物流拓扑图,本节采用 BU 建模方法,分别建立设备层到调度层、调度层到计划层的静态属性、状态和关联结构一致化映射;采用 UB 建模方法,建立计划层到调度层、调度层到设备层的 I/O 一致化映射;采用 BU 建模方法,提出了一种物流拓扑图状态测量值与拓扑结构的一致化映射方法。

4.5.1　模型的时间聚集

层次模型的时间聚集指将高时间分辨率的模型映射成相应的低时间分辨率模型的过程。其反向过程称为时间解聚。时间聚集可以使设备层模型同步到调度层,调度层模型同步到计划层。

本章设定计划层 $T_2 = 30$ 天,调度层 $T_1 = 1$ 天,装置层 $T_0 = 1$ 小时。首先考虑设备层模型同步到调度层。

1) 形式化模型时间聚集算法

设备层形式化模型 $M_0 = (X_0, Y_0, T_0, \Omega_0, Q_0, U_0)$ 经过时间聚集得到与 T_1 同步的模型,即对 $M_0(T_1) = (X_0(T_1), Y_0(T_1), T_1, \Omega_0(T_1), Q_0(T_1), U_0(T_1))$ 七元组中各元进行时间聚集运算,数字量进行累计运算,集合变量作合取运算。

$X_0(T_1) = \{X_0(T_0), X_0(2T_0), \cdots, X_0(24T_0)\}$ 称为设备层以 T_1 为步长的输入段集;

$Y_0(T_1) = \{Y_0(T_0), Y_0(2T_0), \cdots, Y_0(24T_0)\}$ 称为设备层以 T_1 为步长的输出集合;

$$Q_{s0}(T_1) = Q_{s0}(T_0) \tag{4-22}$$

$$Q_{d0}(T_1) = \sum_{i=1}^{24} Q_{d0}(iT_0) \tag{4-23}$$

$$Q_{l0}(T_1) = \bigcap_{i=1}^{24} Q_{l0}(iT_0) \tag{4-24}$$

同理,可以将调度层形式化模型 M_1 时间聚集为 $M_1(T_2)$,并将 $M_0(T_1)$ 聚集为 $M_0(T_2)$。

2) 物流拓扑图模型的时间聚集算法

假设调度层物流拓扑图结构在 T_2 时间尺度上不变,设备层物流拓扑图结构在 T_1 时间尺度上不变。4.4 节定义的调度层模型满足此假设;设备层模型采用生产方案枚举法建立关联矩阵时，如式(4-24)，满足此假设。则设备层关联矩阵在调度时间尺度 T_1 上不变，调度层关联矩阵在统计时间尺度 T_2 上不变，弧的测量值进行累计，物流节点的库存变化量进行累计：

$$W_{N_0 \times L_0}(T_1) = W_{N_0 \times L_0}(T_0), W_{N_1 \times L_1}(T_2) = W_{N_1 \times L_1}(T_1) \tag{4-25}$$

$$\boldsymbol{P}_{L_o}(T_1) = \sum_{i=1}^{24} \boldsymbol{P}_{L_o}(iT_0), \boldsymbol{P}_{L_1}(T_2) = \sum_{i=1}^{30} \boldsymbol{P}_{L_1}(iT_1) \tag{4-26}$$

$$\Delta \boldsymbol{S}_{N_0}(T_1) = \sum_{i=1}^{24} \Delta \boldsymbol{S}_{N_0}(iT_0), \Delta \boldsymbol{S}_{N_1}(T_2) = \sum_{i=1}^{30} \Delta \boldsymbol{S}_{N_1}(iT_1) \tag{4-27}$$

如果设备层物流拓扑图随生产方案切换变化，如式(4-16)和式(4-17)所示，则关联矩阵的时间聚集为

$$W_{N_0 \times L_0}(T_1) = \bigcap_{i=1}^{24} W_{N_0 \times L_0}(iT_0) \tag{4-28}$$

表示将 24 个小时的关联矩阵进行"与"的操作，将 24 幅物流拓扑图投影到相同平面，各节点库存变化量按时间累计，相同弧的测量值按时间累计。

4.5.2　层次模型的空间映射

三层物流模型的时间尺度统一为 T_2 或 T_1 之后，层次模型间的映射就转化为层次模型的空间映射。本节讨论如何实现模型 I/O、物流节点静态属性、物流节点状态、节点关联关系的一致映射。

1) 物流节点静态属性一致化

综合考虑生产装置、仓储、管道三类物流节点特点，设备的静态属性集合：

$Q_{s0,v}$=[标识、名称、父节点标识、类型；节点的几何、物理、化学特性参数；节点生产能力、库存容量或输送能力；节点运行的其他技术标准(如安全、质量)]
其中，父节点标识=调度层逻辑节点标识。它是设备层到调度层物流节点静态属性聚集的索引，即若干设备层物流节点组合为一个调度层逻辑节点。

映射规则 $\text{Rel}_{s0,1}$：

(1) 设备层物流节点的聚集规则：设备层同品种物料储罐聚集为调度层逻辑罐；设备层生产装置按照区域或管理机构聚集为调度层逻辑装置。

(2) 静态属性聚集的规则：实数型数据，如生产能力、库存容量或输送能力，通过算术累加进行聚集；逻辑型数据、枚举型数据，通过逻辑"与"运算进行聚集。

调度层物流节点静态属性集合：

$Q_{s1,v}$=[标识、名称、父节点标识、类型；节点的几何、物理、化学特性参数；节点生产能力、库存容量或输送能力；节点运行的其他技术标准(如安全、质量)]
其中，父节点标识=计划层逻辑节点标识。它是调度层到计划层物流节点静态

属性聚集的索引。计划层物流节点,在本章具体分为一次加工装置、二次加工装置、原油罐、中间产品罐和成品油罐五个大类。

映射规则 $\text{Rel}_{s1,2}$:

(1) 调度层物流节点的聚集规则:调度层同大类物料储罐聚集为计划层逻辑罐;调度层生产装置按照区域或管理机构聚集为统计层逻辑装置。

(2) 静态属性聚集的规则:实数型数据,如生产能力、库存容量或输送能力,通过算术累加进行聚集;逻辑型数据、枚举型数据,通过逻辑"与"运算进行聚集。

由于采用 BU 法建立上层节点,静态属性一致性得到保证。如果工厂进行装置设备改造或新增设备时,设备的静态属性集合 $Q_{s0,v}$ 发生变化,则需要利用映射规则,进行层次模型静态属性集合升级即可。

2) 层次模型输入输出的一致化

根据多层次物流模型的定义,在每个层次,系统外部输入 X_r 和内部节点 $X_{r,v}$ 输入构成该层次模型的输入指令子集,可以分别称为计划指令集、调度指令集和操作指令集,构成递阶的指令树。通常,UB 方法是建立一致化指令树的有效方法。

以 4.1.1 节生产过程为例,假设计划层物流模型的系统外部输入:

$X_2=$[1 月;全厂;加工原油 20880 吨,生产汽油 5880 吨,生产柴油 7200 吨,生产燃料油 3100 吨,生产化工轻油 1100 吨,生产蜡油 2126 吨,……]

假设统计层内部节点的输入为:

$X_{2,1}=$[1 月;一次加工装置;加工阿曼油 2940 吨、胜利油 7500 吨、海洋油 5800 吨、伊朗油 4640 吨;采用"重整料柴油加工方案"和"石脑油柴油加工方案";生产柴油 5826 吨,蜡油 6126 吨,生产石脑油 729 吨,生产重整料 729 吨,……]

由于计划指令集是企业供应链优化和生产计划优化的结果,计划层物流模型的输入,需要逐日分解,成为每一天的调度指令。

例如,全厂计划指令"1 月;全厂;加工原油 20880 吨"被分解为全厂调度指令"1 月 1 日;全厂;加工原油 696 吨"。

一次加工装置计划指令"1 月;一次加工装置;加工阿曼油 2940 吨、胜利油 7500 吨……;采用'重整料柴油加工方案'和'石脑油柴油加工方案'……"被分解为计划层一次加工装置的子节点 Ⅰ 套常减压装置的调度指令"1 月 1 日;Ⅰ 套常减压装置;加工阿曼油 348 吨;采用'重整料柴油加工方案'和'石脑油柴油加工方案'……"。

进一步,调度层 Ⅰ 套常减压逻辑装置的调度指令,时间尺度需要分解为每小时,空间上需要分解为 Ⅰ 套常减压物理设备的操作指令,如{6:00~7:00,"重整料柴油方案"加工阿曼油 20 吨/小时,7:00~8:00,"重整料柴油方案"加工阿曼油 30 吨/小时;8:00~9:00,"石脑油柴油方案"加工阿曼油 25 吨/小时}。

模型输出指令的层次分解与输入指令类似,不再赘述。

调度指令集与操作指令集的关系如图 4-9 所示,形成指令树。显然,指令层层分解,保持其一致性不难,但是,如何保证各层次指令集是可执行且优化,是递阶生产管理和优化的重要任务。

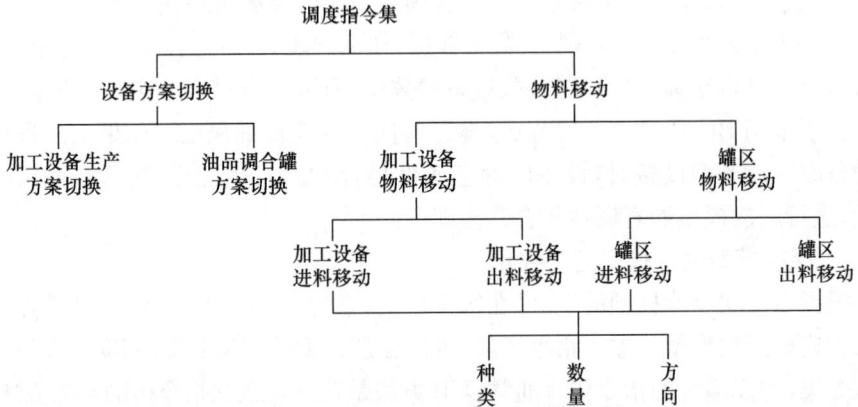

图 4-9　调度指令集与操作指令集的关系

3) 同态映射-生产装置产率模型聚集

层次物流模型随时间变化的状态变量由生产装置投入产出物料和库存物料的种类和数量组成。在各个层次的指令集中,需要按照不同的粒度明确定义石化企业物料的种类,也间接定义了各层次状态变量。计划层按原料和产品大类定义统计意义上的物流状态和库存,调度层按原料和产品品种定义逻辑物流和库存状态,设备层则定义不同物料在物理节点间的移动状态和物理库存状态。

状态变量的定义和层次关系确定之后,模型输入段集和不同加工方案下的生产装置产率模型决定了物流状态的动态演变规律。根据层次模型同态的定义,各层次产率模型的一致化映射,是层次模型物料移动量同态的前提。

假设设备层物流节点 $U_{0,1}$ 和 $U_{0,2}$ 出料转化率模型为式(4-28),其中 b 表示装置某一输出侧线的出料转化率,调度层物流节点 $U_{1,1}$ 由 $U_{0,1}$ 和 $U_{0,2}$ 聚集而成,其出料转化率模型为式(4-29),其中 l,k 分别为节点流入和流出物料流股数。

$$\sum_{i=1}^{l_{0,1}} g_{i0,1}(i) \times \begin{bmatrix} b_{0,1}(1) \\ b_{0,1}(2) \\ \vdots \\ b_{0,1}(k_{0,1}) \end{bmatrix} = \begin{bmatrix} g_{o0,1}(1) \\ g_{o0,1}(2) \\ \vdots \\ g_{o0,1}(k_{0,1}) \end{bmatrix},$$

$$\sum_{i=1}^{l_{0,2}} g_{i0,2}(i) \times \begin{bmatrix} b_{0,2}(1) \\ b_{0,2}(2) \\ \vdots \\ b_{0,2}(k_{0,1}) \end{bmatrix} = \begin{bmatrix} g_{o0,2}(1) \\ g_{o0,2}(2) \\ \vdots \\ g_{o\,0,2}(k_{0,2}) \end{bmatrix} \quad (4\text{-}29)$$

$$\sum_{i=1}^{l_{1,1}} g_{i1,1}(i) \times \begin{bmatrix} b_{1,1}(1) \\ b_{1,1}(2) \\ \vdots \\ b_{1,1}(k_{1,1}) \end{bmatrix} = \begin{bmatrix} g_{o1,1}(1) \\ g_{o1,1}(2) \\ \vdots \\ g_{o1,1}(k_{1,1}) \end{bmatrix} \quad (4\text{-}30)$$

则有生产装置产率模型的空间一致化聚集算法：

Step1　将 $U_{0,1}$ 和 $U_{0,2}$ 的 $l_{0,1} + l_{0,2}$ 股输入物流，聚集为 $U_{1,1}$ 的 $l_{1,1}$ 股输入物流。$l_{1,1}$ 股输入物流代表不同的调度层输入物料类，称为物料父类。根据调度层和设备层物料的层次分类规则，属于同一物料父类的设备层输入物流，均标识为调度层该股物流的子物流。

Step2　将 $U_{0,1}$ 和 $U_{0,2}$ 的 $k_{0,1} + k_{0,2}$ 股输出物流，聚集为 $U_{1,1}$ 的 $k_{1,1}$ 股输出物流。$k_{1,1}$ 股输出物流代表了 $k_{1,1}$ 个不同的调度层输出物料类，作为 $k_{1,1}$ 物料父类。根据调度层和设备层物料的层次分类规则，属于同一物料父类的设备层输出物流，均标识为该股调度层物流的子物流。

Step3　调度层物流的每股流量为其全部子物流流量之和。

Step4　调度层物流的每股输出物流定义的出料转化率，为其全部子物流出料转化率之和，再除以 2（一般为子节点的个数）。

该算法的一致性容易验证。

4.6　层次物流模型在组件化 MES 中的应用

针对本书第 3 章定义的层次模型不同的一致性水平，本节提出了一系列一致化映射方法，它们在层次物流模型建立、实现和应用的不同阶段发挥不同的作用，表 4-6 对它们各自的特点作了简要归纳。在企业综合自动化的实际应用中，企业的管理和控制功能的实现，表现为层次模型一致化的过程。例如，生产计划、生产调度和生产操作三级组织机构，通过制度、规章、信息化和软件工具，保证生产指令的层层下达、执行和监督，这一过程，抽象为层次物流模型输入指令 UB 法一致化；而各层生产指令执行的结果，首先在设备层，从各个生产装置、库存（罐），汇总成设备层全局物流，然后自下向上层层汇总，实现（物流）生产过程的监控、跟踪和统计，这一过程，抽象为层次物流模型物流状态的聚集。

表 4-6　层次物流模型一致化映射方法

本书的映射方法		映射方法涉及的层次物流模型元素					应用性能
		静态属性	输入输出指令	物流状态	状态转移函数	结构属性	
时间	形式化模型一致聚集	√	√	√	√	√	通用,不便
	拓扑图模型一致聚集	×	隐含	√	√	√	便于在线应用
空间	静态属性一致化	√	×	×	×	×	双向、规则化
	输入输出一致化	×	√	×	×	×	双向、规则化
	产率模型聚集	×	×	√	√	×	便利
	物流拓扑图一致聚集	×	隐含	√	√	√	便利,在线

本节介绍形式化的多层次物流模型在某大型石化流程企业 MES 系统的工厂物流模型设计和实施中的重要作用。

4.6.1　MES 对多层次物流模型的需求

某石化 MES 以生产物流管理为核心,围绕生产操作管理、生产物料平衡、物耗能耗管理等业务,与计划优化、调度优化、调和优化集成,为各层次管理提供实时的生产综合信息和分析数据,实现企业 ERP/MES/PCS 的有效集成。

传统的过程监控主要关注生产装置的平稳操作,在调度岗位、统计岗位对生产物流监控在近年才得到重视,这其中产生了全厂物流平衡的管理思路,即在装置、调度、统计三个层次上,综合检验工厂模型与测量数据的一致性和准确性。石化 MES 的物料平衡子系统就是为实现这一目标设计的,如图 4-10 所示。

通过定义和描述石化企业生产活动中所有物料移动、存储、变更等主要物料移动操作事件,建立了装置与装置、装置与罐区、罐与罐之间的物料移动动态模型,在调度层次提取装置、罐区、仓库及进出厂等节点之间发生的物料移动关系和移动量,构成了全厂描述物料真实移动的物理模型;在统计层次依据计划统计需求,对物料的物理模型进行逻辑化归并和转化,形成基于管理需求的逻辑物料移动模型。

由图可见 MES 三层物料平衡的工程需求注重物流描述和跟踪。对应的三层物流平衡模型为单装置物料平衡模型、调度层物料平衡模型和统计层物料平衡模型。三层物流平衡模型对应了各层次物流设备的状态转移函数 $\delta_{r,v}$,如装置的各种物料平衡约束等,和层次结构变量 Q_{lr}。

4.6.2　石化 MES 工厂模型的设计和实现

工厂模型包括工厂各层次的基本实体和实体间的关系,以及跨层次模型间的映射规则和将生产信息关联起来的共性规则和约束,支持实现连贯的、实时的生产

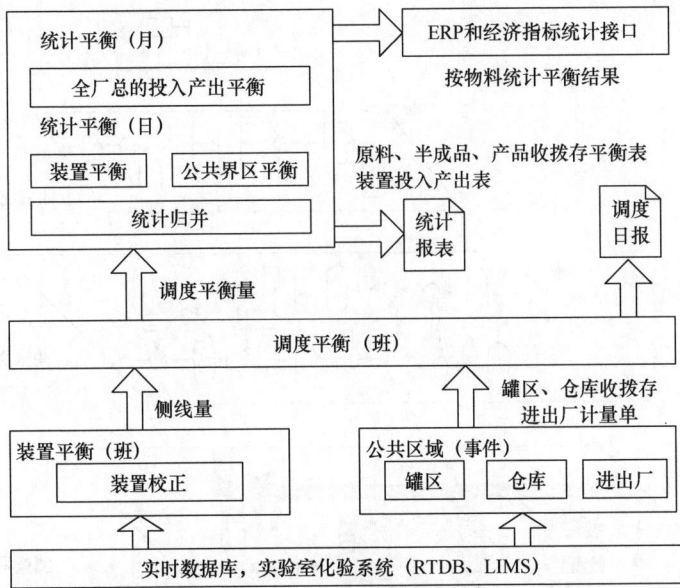

图 4-10　三层物料平衡示意图

信息处理和存储。

石化 MES 主要围绕多层递阶物料平衡流程建立工厂模型,实现从车间操作,到调度平衡、统计平衡和 ERP 支撑的各层间模型的一致性,支持层次间的映射和不同粒度的数据整合。另外,工厂模型还需要具备适应性和可扩展性,既能满足具体实施企业不同工厂场景的抽象,又支持能够在不破坏原有架构的基础上进行扩展。

石化 MES 以多层递阶物料平衡为主线,按数据处理的层次将工厂模型分为测量网络层、生产操作层、计划统计层和 ERP 支撑层,如图 4-11 所示。分层的目的是将不同业务处理层次所关注的问题分隔在不同的层次中,以增强灵活性;另外通过引入层次间的映射规则库,实现各层次模型的一致性。

1) 测量网络层

企业的测量网络层主要描述仪表计量方式等,包括真实的物理仪表及第三方接口定义的虚拟仪表。仪表计量方式不仅映射到生产操作层,也按照层次模型时间基,直接映射到计划统计层和 ERP 支撑层,描述物流状态的输出测量规则。

2) 生产操作层

石化 MES 生产操作层主要对应生产操作和调度管理层面,采用节点模型的方式描述 MES 物流移动中的节点要素与节点间的连接关系。相当于式(4-1)的设备层模型。

3) 计划统计层

计划统计层,描述按统计层面进行抽象的 MES 间的物流的逻辑连接关系。建模技术上对应于式(4-1)的调度层模型。

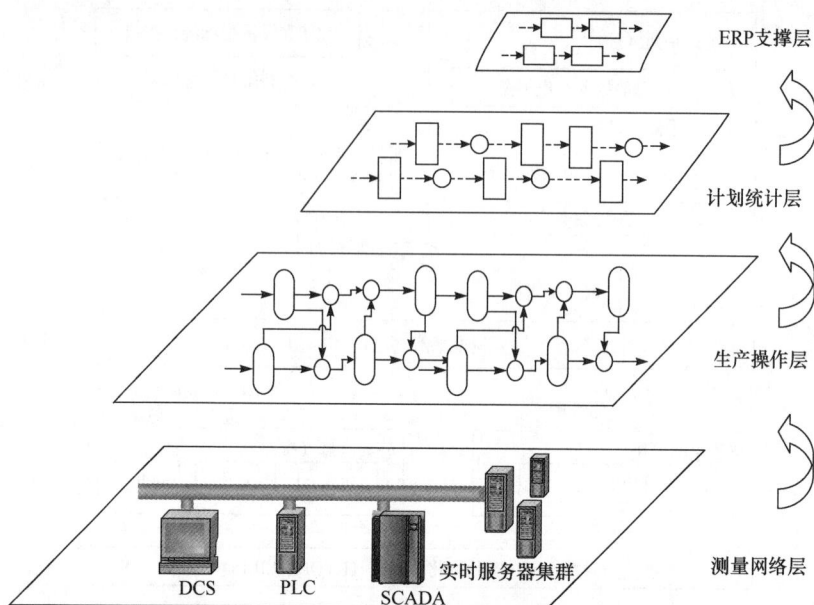

图 4-11　工厂模型层次图

4) ERP 支撑层

ERP 支撑层面向的是统计层面 ERP 支撑的处理,按 ERP 层面的成本角度描述企业生产加工的逻辑关系。建模技术上对应于式(4-1)的统计层模型。

同时,建立了测量网络层到生产操作层、计划统计层的映射规则;生产操作层到计划统计层映射的映射规则;计划统计层到 ERP 支撑层映射的映射规则,构成式(4-1)层次物流模型,模型层次间的一致化映射,采用各类映射规则,通过操作数据库实现。

工厂模型软件实现时,在数据库定义了工厂的基本实体和实体间的关系,如表 4-7 所示。工厂模型的描述的关键要素包括:元模型、属性、元数据、模型、规则。

表 4-7　元模型列表

模型	层次	元模型
工厂模型	测量网络层	仪表(包括衡器和槽车计量:如汽车衡、轨道衡等)
	生产操作层	装置、侧线、罐、进出厂点、装卸点、汇流点、互供点、装置界区节点、计量节点、库位、料仓、管线、泵、换热器、阀门、物料、物理移动
	计划统计层	装置、装卸台、逻辑罐、互供点、进厂源点、出厂目的点、物料、逻辑移动
	ERP 支撑层	ERP 装置、ERP 装置侧线、ERP 库存、ERP 库存地

（1）元模型：作为工厂模型的描述，必须要将各层次的建模要素进行统一的分类，并提供了简单、一致、通用的描述和规则性定义。元模型是定义描述模型的计算机语言。工厂模型中任何一个组成元素都是元模型的实例，例如，如果罐是元模型，那么 101♯罐是实例。在以层次物料平衡为主线的石化 MES 工厂模型中，元模型定义不同层次物流节点的类。反之，元模型是式（4-3）物流节点模型 $U_{r,v}$ 按类的软件实现。

（2）元数据：石化 MES 工厂模型定义的元数据主要是起数据字典的作用，被定义为在工厂模型中的公共域对象。如：罐类型影响罐的业务处理规则。

（3）规则：规则主要是映射规则，描述不同层次间进行数据映射的规则。

在石化 MES 软件中，针对元模型设计了图形化建模工具，建立物流节点及其连接，并提供物流拓扑图的图形化人机操作界面。

第 5 章　组件化 MES 设计

5.1　问题的提出

随着社会经济的发展,流程企业生产呈现出大型化、集约化、一体化、清洁化、差异化、敏捷化等发展趋势,要达到低物耗、低能耗、低污染、低排放的生产管理目标,其操作难度和管理难度是非常大的。建设企业生产管理信息系统是支撑企业生产高效运行、管理持续改善的有效途径之一。

然而,不同行业的生产企业,其生产管理具有显著的行业特征,同一行业的不同企业,也有着明显的自身特点。另外,企业生产还面临市场、产品、管理目标、组织架构多变等挑战。可以说,流程企业的生产管理是非常复杂、多样的。在这样的背景下,信息化解决方案供应商大多数是通过高度定制开发的方式,为生产企业提供信息化系统。

定制化开发的系统在应用的早期表现出了良好的适用性,但随着管理和应用的深入,其功能单一固定、应用扩展难、管理适应性差等问题日益凸显,逐渐成为企业生产管理中的"鸡肋"。

企业信息化管理系统既能以生产管理业务为核心,又能保障应用的灵活性、IT 资产复用,对信息化系统的设计、架构、应用提出了新的要求。组件化 MES 的核心思想就是将行业特征、生产控制过程、业务管理过程及应用软件的构成,进行体系分解,也即组件化,然后再通过组件的不同组合,装配出满足企业多样性需求的应用软件。

组件化 MES 系统架构如图 5-1 所示。将 MES 组件进行分类定义,分为公共组件、通用组件、行业组件三大类进行管理,以便于 MES 组件的重用和灵活配置。例如,我们面对石化行业生产统计应用需求时,首先通过 MES 组件配置工具,调用配置石化行业组件中的生产统计组件,统计组件需要通用组件中的报表组件和可视化组件支撑,同时进一步关联到公共组件中的 UI 组件、日志组件、数据服务组件,从而建立起了生产统计应用模块。这种通过类似搭积木的方式快速构建应用模块,大大提高了项目实施的效率和 IT 资产的复用度。

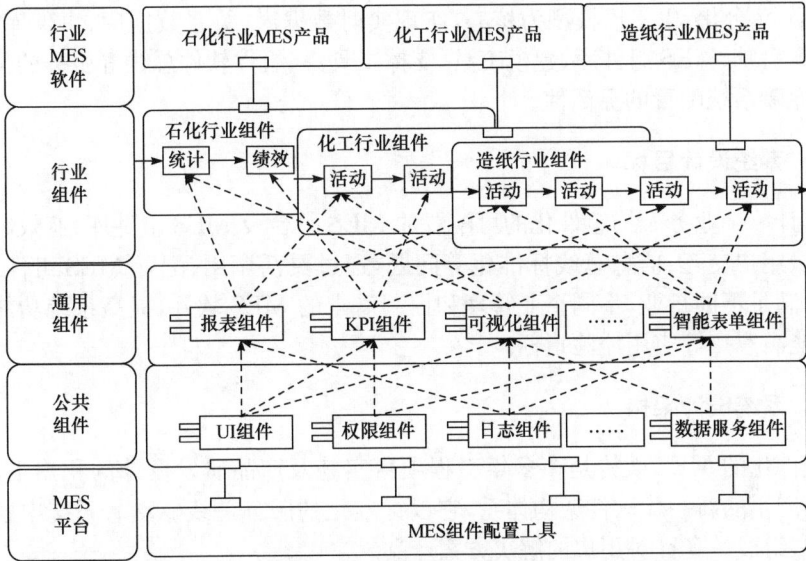

图 5-1　组件化 MES 层次架构

5.2　组件化 MES 架构设计

5.2.1　系统设计理念

系统设计遵从相关国际标准、多分辨率建模理论体系,充分考虑行业特色、生产管理的专家知识,将生产管理业务逻辑与 IT 技术支撑分离,将业务应用功能与工厂模型分离,设计可配置的组件化平台、可扩展的工厂模型、MES 组件库及通用工具集,降低 MES 实施的成本、门槛及风险,使用户能够按需配置和扩展企业应用系统,从而使用户的 IT 资产保值增值,使企业的信息化建设能够真正以业务为核心,支撑企业管理的持续改进。

5.2.2　系统设计原则

组件化 MES 设计遵循如下原则:

(1) 标准化:系统设计遵从 ISO 20140、ISO 20140-2、IEC/ISO 62264、GB/T 25485-2010、GB/T 20720.3 等标准,设计模块化的 MES 组件和标准化接口,实现 MES 组件的共享与服务,保障系统的可集成性与扩展性。

(2) 层次化:依据生产管理多分辨率建模理论体系及软件开发层次架构,用分层次模型设计功能组件,包括公共组件、通用组件以及行业组件等。

(3) 实用化:坚持通用组件,效率优先;个性组件,价值优先的实用性设计原则,企业新的业务组件可根据需要以随时添加,保障系统能根据不同的管理层次和业务领域进行合理部署。

（4）平台化：以工厂模型为核心，实现实时数据库、关系数据库、事件库、规则库、计算引擎、MES 组件库、建模工具、支撑工具集、组件软件总线等服务的平台化应用，保障系统配置的灵活性。

5.2.3　系统设计目标

设计一个业务架构组件化的可配置的 MES 平台及 MES 组件库，有效解决数据集成、用户交互、信息总线标准化等问题，通过灵活调用、配置 MES 组件，可以搭建出满足不同行业、不同企业管理和控制需求的 MES 软件，提高系统功能满足率、性能满意率等应用体验指标。

5.2.4　系统设计架构

组件化的 MES 架构是在多年工程项目实施及产品研发设计的积累中，不断实践而产生的新一代软件架构体系，它以标准化的服务总线驱动着系统中各类业务组件，组成一套针对用户的解决方案产品。

为了适合企业业务扩展，减少工程难度，提高系统业务的可复制性，组件化MES 应该包含如下主要模块及组件簇：系统支撑工具、数据服务组件、IT 基础组件、业务应用组件、业务处理总线、工厂主数据模型接口、系统应用框架。

通过层次架构的搭建及系统总线的挂接，使得这些工具及组件能够很好地串接在一起，由应用框架进行整体集成，形成企业自身的信息化解决方案。组件化生产执行系统的功能架构，如图 5-2 所示。

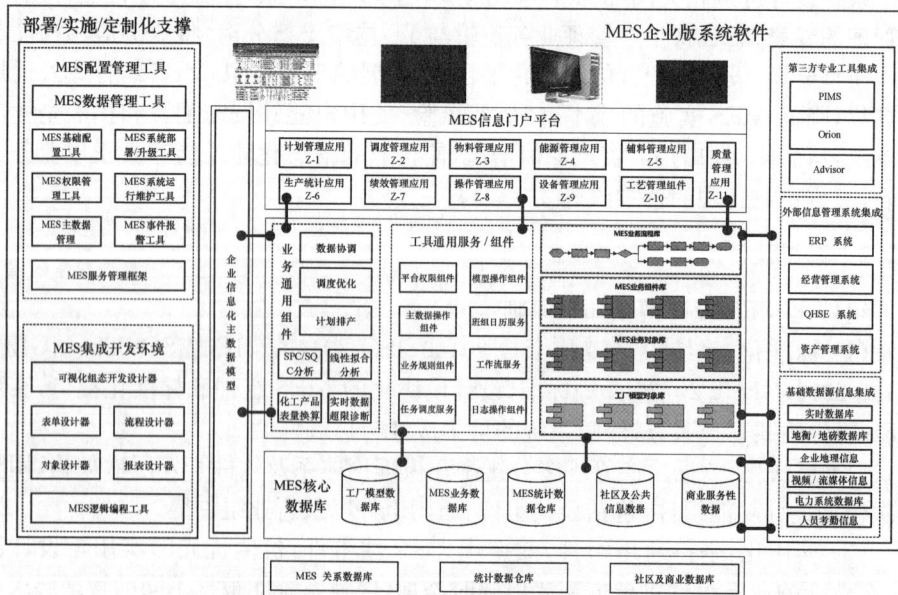

图 5-2　组件化 MES 功能架构

5.2.5　MES 组件定义

1. 数据服务组件

数据服务组件主要对企业中已经存在的数据信息进行统一处理。通常在处理企业信息时,会发现企业中已经存在着大量的基础信息和业务信息,其中包含着静态的描述性信息,如企业结构、组织、物料、设备等,参见图 5-4 生产管理模型;也包含着大量的业务信息,如采购、销售、成本、库存等信息。

在进行信息整合的过程中,都可能需要对这些信息进行加工和处理。那么这时系统一般将会采用两种方式进行整合。

(1) 采用业务总线的方式进行整合:对于业务过程清晰,变动量不大的情况,可以直接整合业务过程信息,将业务处理环节也集成到系统中。一般采用业务中间件,或者基于业务接口定制中间件的过程进行整合。主要的业务发生在标准的采购、销售、库存、成本、设备等模块中。

(2) 采用数据采集处理的方式进行整合:在特殊业务环节,或系统无法通过中间件方式有效集成现有流程及应用时,可以直接采用数据处理的方式进行集成。这样的方式在技术上通常比较容易实现,并对上层的业务又不会造成太多影响。目前,所提出的数据服务组件主要就是完成数据处理及整合工作的服务组件。

数据服务组件将企业中现有的数据(一般是指关系数据库、实时数据库、excel、txt、xml 等结构化数据)进行重新整合,并存储到 MES 数据库中。在存储的过程中,根据对象定义的结构方式进一步对数据对象进行描述,产生对象关系映射 ORM,从而可以使得业务组件等可以调用并操作数据对象。

2. IT 组件

IT 组件是组件化 MES 的基础组件,包括权限、验证、日志、消息、流程、任务调度、UI 框架等基础功能,任何信息化系统都离不开 IT 功能的基础保证。通过这些功能的串接,系统可以实现用户对具体业务功能的交互和调用。

搭建一个业务过程面临着两个问题:

(1) 业务过程的信息如何操作? 在上一节中,介绍了数据服务组件提供了对数据信息处理的服务组件。通过服务组件,系统能够对业务过程信息进行标准的读写操作,也就是意味着,当业务过程完成对业务过程执行的结果,系统可以直接通过调用数据服务组件完成对信息的操作过程;

(2) 业务过程如何提供给用户进行交互式操作? IT 组件主要提供用户交互式业务应用场景的必要组件,如搭建完交互式界面之后,相关的资源、权限信息被传递到交互式界面中,交互式界面判断用户对于业务处理的权限级别、交互式界面记录用户每次操作的过程、对某些系统级操作和处理进行任务执行及流程执行。

这些场景都是通过 IT 组件完成执行过程。

3. 业务应用组件

业务应用组件是组件化 MES 的核心组件之一。业务组件完成对企业生产过程中特定业务的处理过程,如企业生产能耗与物耗的基础核算、工艺技术统计过程、生产计划排产方案、生产成本分摊平衡、生产指令分解下达等过程。由于业务过程中包含常规典型业务场景,也包含具有企业自身业务特点的业务过程,因此业务应用组件往往伴随着标准业务过程组件及定制化业务组件同时产生。

标准业务过程组件往往在企业生产活动和管理过程中具备一定的标准性,如计量、统计、核算过程。虽然,各生产企业由于生产装置、技术工艺、企业组织机构等存在差异,但是在这些标准的业务环节中还是具备一定的通用性,标准化组件往往在实际应用过程中效果较明显,且实施成本相对低廉。

定制化业务组件适用于企业业务活动多变的情况,或企业业务活动具有自身特点的情况。标准业务过程往往很难满足企业的特定业务需求,这就需要定制业务活动组件,完成对业务活动的信息处理定义和描述,并最终进行组件化封装形成对外接口。

组件化 MES 中的业务应用组件并不是一个仅仅只能提供业务处理能力的服务组件,它也可以对组件进行扩展和自定义逻辑描述。通过工程人员或开发人员组态和逻辑化处理,形成可以完成企业特定需求的业务组件,这些组件即可以作为企业解决方案中的应用组件,也可以根据应用需求积累到供应商的组件库中变成标准化组件,在其他项目中得以复用。

4. 业务服务总线

业务服务总线首先将业务处理内容定义成标准的接口元对象,分别通过对象、时间、地点、处理要求、参数来描述业务活动过程中对应的 5W1H 叙述方法“(何因Why)、对象(何事 What)、地点(何地 Where)、时间(何时 When)、人员(何人Who)、方法(何法 How)”。同时,进一步将业务过程在业务行为过程段中进行描述,最后返回处理结果。总线通过标准的接口解析适配器对业务行为进行调用,因此,在具体业务场景中当运行应用到某一个业务组件时,即可以通过已经实例化之后的业务组件进行运算,从而反馈处理结果进行上层信息呈现。另外,业务处理总线还集成了之前章节所描述的 IT 组件和数据组件。这些组件都是为了在业务处理过程中提供业务过程段通用的数据处理方法和 IT 工具方法。而这些组件在整个系统中是唯一且不可任意扩展的,具体如图 5-3 所示。

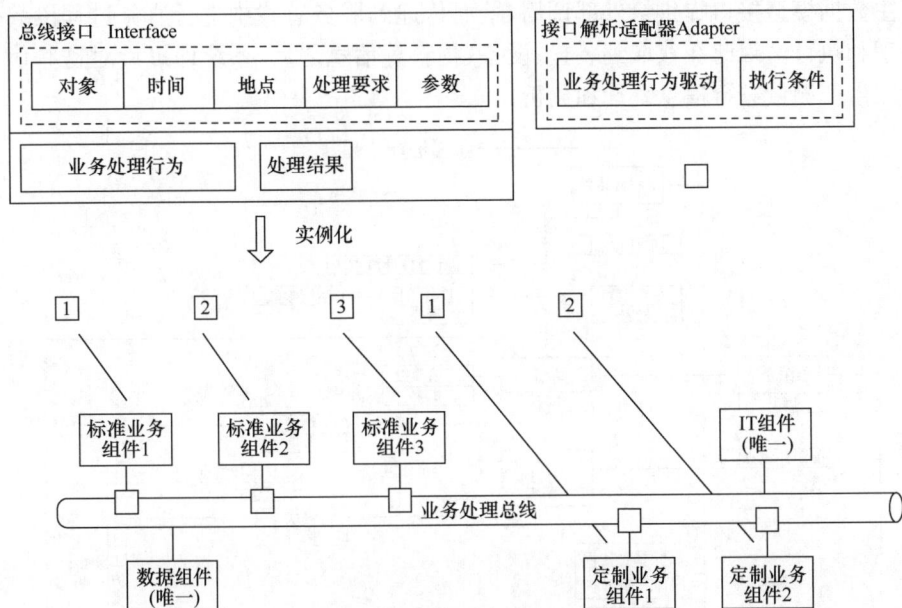

图 5-3　业务服务总线接口

5. 工厂主数据模型接口

　　在上节讲到了业务处理组件的具体接口是通过对象、时间、地点、处理要求、参数来描述业务活动过程的,而这些信息就是通过工厂的主数据接口来提供的。组件化的 MES 要能够真正运行,离不开对工厂生产能力的基础数据组态工作,如图 5-4 所示。

　　通过对人、机、料、测、法这 5 个维度对工厂的生产能力进行模型化描述,组件化 MES 的基础支撑即为工厂主数据模型。工厂主数据模型接口即为访问模型对象的标准主键。通过模型接口对象中的接口分类即可找到对相关工厂对象的基本定义和能力定义。如定义物料的时候,可将与该物料产生关系的相关信息一并找寻出来(汽油:哪些装置生产汽油、哪些装置消耗汽油、汽油生产的测量点有哪些、汽油化验点有哪些、汽油基本物性如何、与汽油生产相关的部门、岗位有哪些等),如定义到设施、设备的时候,即可将与该设施设备产生关系的信息一并找寻出来(加热炉装置:哪些车间有加热炉装置、加热炉装置投入物料和产出物料有哪些,这些物料加工的测量点有哪些,加热炉关键控制参数有哪些,加热炉中的关键设备有哪些,设备运行参数有哪些,加热炉对应生产运行维护的部门和岗位有哪些等)。任何工厂模型的对象都包含生产设备、生产物料、生产测量点、生产相关组织机构、生产工艺参数等相关信息。这些信息作为业务处理活动中重要的描述性参数由工厂主数据模型接口提供给外部调用,继而传递到服务总线中进行业务过程段数据处理和执行。因此在获取到装置、设备、物料等信息之后,系统即可针对这些信息对应生产测量进行信息统计和分析。

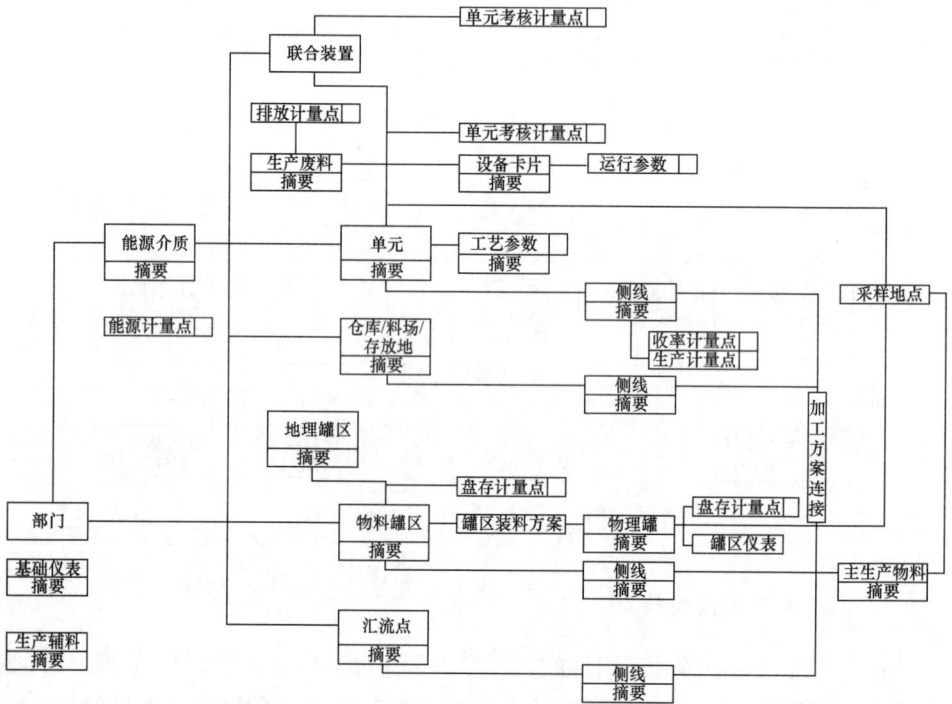

图 5-4　MES主数据模型结构

6. 编程框架组件

编程框架提供了统一的开发集成环境,在该环境中开发者完成数据对象设计,工作流程设计,应用表单设计,并调用业务总线服务,再通过代码生成工具,生成工程源代码,进行编译,最终生成可执行的程序文件,完成整个开发过程。

数据服务组件、IT组件、业务应用组件、业务处理总线、工厂主数据模型接口都是在业务运作的过程中所需调用的组件及接口内容,并由一套整体的业务处理总线进行整合。

如图 5-5 所示,编程框架组件提供对业务服务调用的编程框架,采用可视化编程工具及开发人员交互业务模块,完成对用户的人机界面的组织。

5.2.6　组件化MES平台功能设计

组件化MES是由组件化MES平台针对项目的行业特点及业务特点配置完

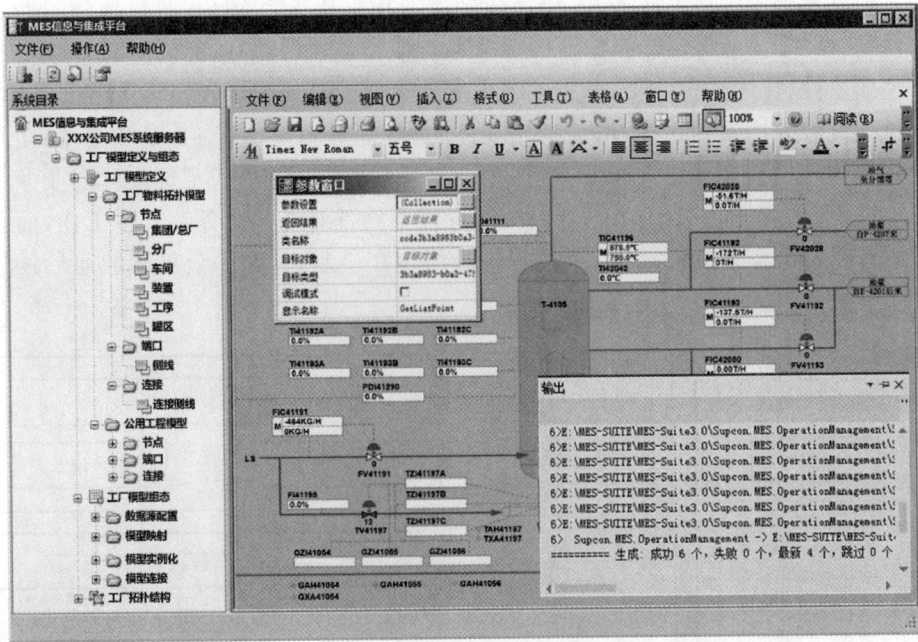

图 5-5　可视化编程组态框架

成,主要包含基础数据集成、工厂模型、组件集合、人机交互四部分组成。

　　基础数据集成,是利用基础数据对象描述企业已经存在的或行业标准化的信息对象,完成在数据层面的结构定义和关系定义,就是一般意义上传统 MIS 中的数据库设计工作。但 MES 中所涉及的数据除了传统的关系数据库设计之外,还包含了生产实时数据、报警及事件数据、第三方系统接口数据及平面结构化数据。在数据对象描述的过程中不但描述数据对象的结构,还要描述数据对象的来源,以确保数据对象能够被上层组件或服务所调用。

　　工厂模型将企业生产活动中所运作的基础对象模型化,并建立生产活动中典型的活动运行描述,如 S003 号设备在 ST02 工艺条件下,将 M04 物料加工成为 M14 物料,并经过 L504 管线将 M14 产品输送到下游 S104 装置/库区。类似这样的表述描述出生产活动的中物料生产、能源消耗、设备运转、仓库作业等生产活动。在定义模型的过程中又进一步将模型细分为人(组织机构)、机(设备设施)、料(原料、产品、辅料)、法(预案、规程、指令)、测(产耗、能源、质量、安环测定)5 个环节进行分类描述。这些类别之间又存在着相互之间的关系。这样的模型及业务定义即将企业生产活动结构化为可表达和展开的对象描述,提供给业务组件和业务服务对各类工厂信息在规定的规程、指令下经过可测量的信息描述,并呈现给各级用户。

要在系统中完成一次 MES 生产活动离不开业务及功能性组件的支撑。业务组件是进一步将业务活动根据业务标准和行业特点进行描述,并将业务活动中所产生的事件、行为进行定义,形成各级规范性组件。而功能组件则将 IT 的外围功能进行有效的抽象和封装,形成通用功能,对各业务组件进行 IT 支撑工作,在图 5-6 中可以看到,业务组件和 IT 组件通过业务总线的衔接形成了标准化的业务服务。组件作为服务中的一个基础部件本身并不具备对外部服务的支撑工作,而业务服务将各类业务组件及 IT 组件有机的组合在一起,针对一个具体的业务场景

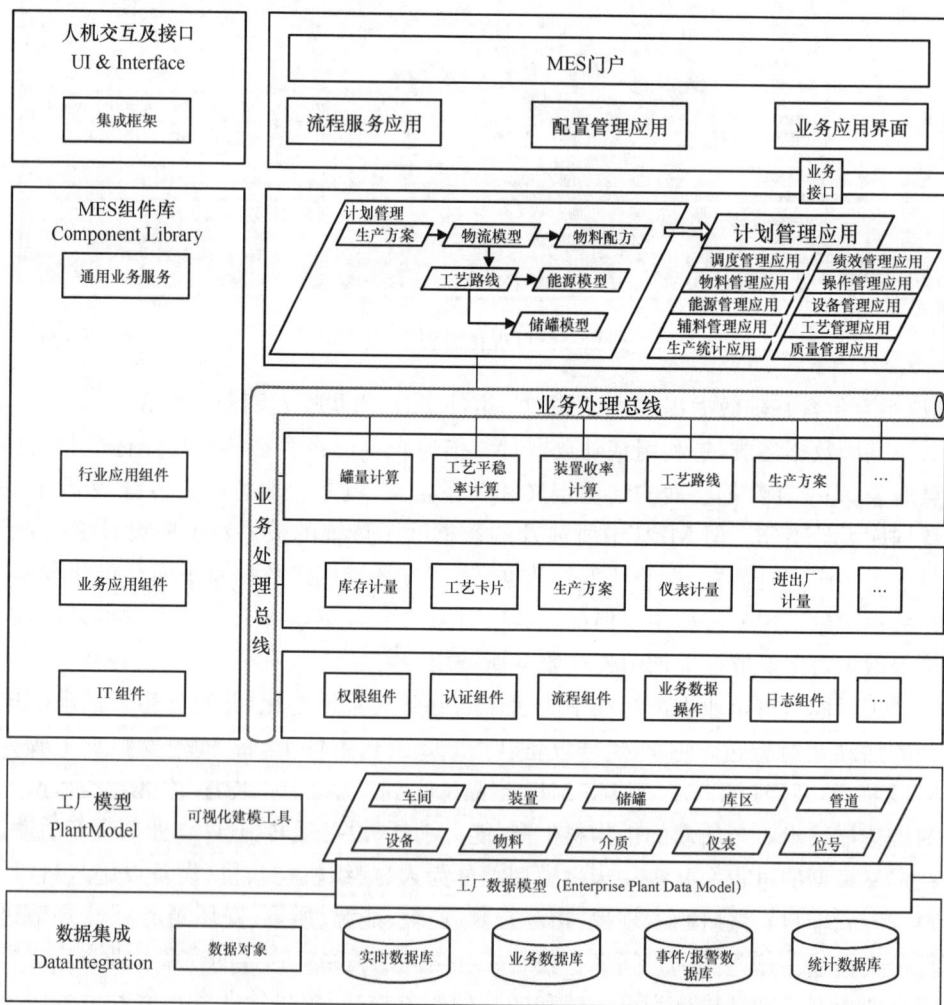

图 5-6　组件化 MES 平台技术架构

进行业务描述形,成业务服务。而这样的业务服务即为提供给外部调用的标准接口。通常意义上一个业务服务是通过多个组件顺序搭建而成,但如果业务过程比较简单,如班次操作纪事、生产调度纪事等相对独立的业务活动,可能通过其针对性的业务组件即可完成业务服务,但即便如此,系统还是需要对这些业务服务进行业务组件的封装,提供外部进行调用。根据对 MES 业务的理解,系统又将 MES 业务过程细分成 11 个标准业务子系统服务,并提供给上层人机交互模块进行操作和执行。它们分别是:计划管理、调度管理、物料管理、能源管理、辅料管理、生产统计、绩效管理、操作管理、设备管理、工艺管理、质量管理。

　　人机交互界面是 MES 面向用户的第一平台,也是用户对 MES 了解、认知的第一场景,通过在人机交互系统中的操作,用户能够根据自身岗位和职能完成自身所需的系统操作及信息浏览工作。人机交互也会根据组态的内容对不同的用户推送、呈现不同的业务信息。人机交互通过 MES 门户有效地将各类 MES 应用进行集成,然后通过各业务应用界面与业务服务的对接,完成对 MES 的操作执行,并及时调用相关服务及组件完成 MES 的计算、存储、分析功能。

　　组件化 MES 平台是一个开放的系统设计平台,它包含了作者多年来对 MES 业务理解而固化的 MES 业务应用模块。同时也具备可扩展性(数据对象定义的扩展性和组件组织搭建的便利性),不断强化业务及人机交互的范围,以满足用户对 MES 的需求。

1. 数据对象层

　　在大型企业中,由于生产自动化进程的阶段性,一般都存在基于多种数据库管理系统(DBMS)的应用程序系统,如基于 Microsoft Access 的底层生产过程控制系统、基于 Oracle 或者 SQL Server 的高层企业资源计划系统(ERP)等,这些系统的数据库一般都只在本系统内部存取,而不能被其他系统访问。这种状况导致企业不同层次信息孤岛的出现,严重影响信息传递的实时性、加大信息维护的成本。也就是说,企业进行的每一次局部的信息技术应用都可能与以前的应用不配套,也可能与以后的"更高级"的应用不兼容。因此在企业的信息化建设过程中,产生了许多孤立的信息来源,称之为"数据孤岛"。

　　从产业发展的角度来看,"数据孤岛"的产生有着一定的必然性,但由于其无法通过简单的方法与其他"数据孤岛"进行通信、共享等操作,为了能够有效利用这些数据资源,通常企业采用手工编码的方式来集成这些"数据孤岛"。

　　数据集成可以描述为模块化、可重复使用、定义明确、业务相关的服务,它利用已确立的技术标准,在整个企业内部,实现企业数据的访问和集成。数据集成服务技术在数据源和数据消费者之间提供一个提取层,如图 5-7 所示。

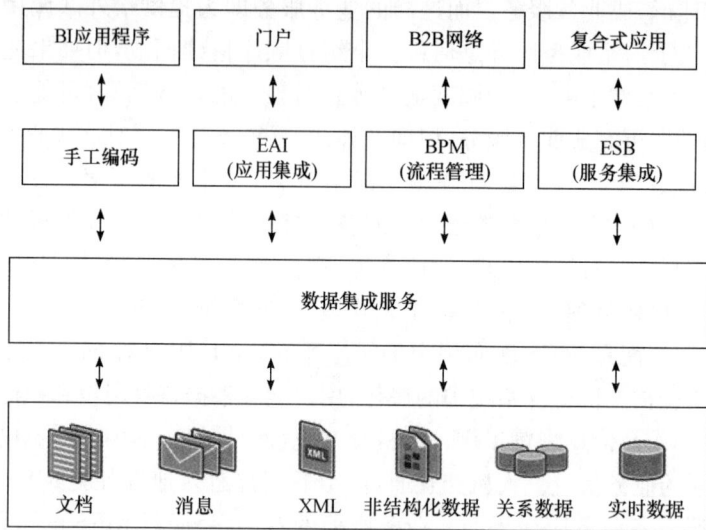

图 5-7　数据集成服务方案

数据集成是需要生成并提供完整、准确和及时信息的企业理想解决方案。数据集成可以：

（1）通过使数据消费者不受基础数据源的影响来降低复杂性；

（2）通过使应用程序不受数据源影响来加快新功能的上市时间；

（3）通过在数据源上提供提取层来降低脆弱性和减少维护；

（4）通过使用基于标准的接口简化对数据源的访问来提高可扩展性；

（5）使 IT 组织能够节约成本地重复使用多个项目内的数据集成逻辑；

（6）使 IT 组织从数据集成任务中解脱出来，从而更多地关注增值方案。

综上所述，理想的数据集成架构应该是：

（1）可作为企业数据集成的基础设施；

（2）支持可扩展数据流的快速开发和部署；

（3）通过数据集成服务，实现信息的最大商业价值。

图 5-8 为数据集成架构。

通过简化数据访问和降低复杂性，企业可以明显缩短进行数据集成所花费的时间，重点关注开发和提供增值业务逻辑、应用程序和服务。通过数据集成服务内在的面向服务的能力，实现数据集成逻辑的可重复使用性，简化并加速可扩展性以及新数据源和消费者的整合。

2. 工厂模型组件

在网络化制造中，不同的业务活动、不同的生命周期阶段、丰富多样的合作形

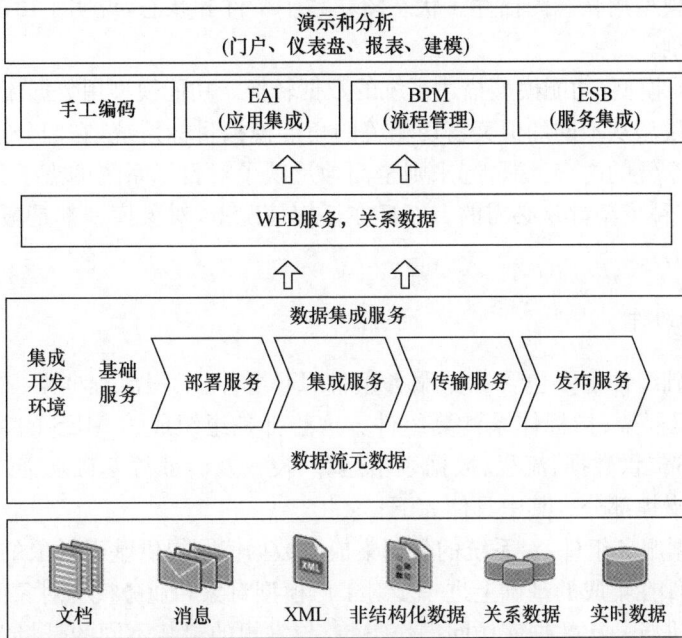

图 5-8　数据集成服务架构

式,导致资源建模形式呈现多样化趋势,因此如何对形式各异的制造资源进行建模和描述是网络化制造环境下制造资源快速配置中的关键问题之一。

　　企业在信息化建设中,要结合实际。作为企业信息化建设的第一步,构造适合企业的资源模型是当务之急。基于此,结合当前的现状,采用先进的计算机软件开发方法——面向对象的建模技术(Object-Oriented Modeling Technique,OMT)。

　　OMT 是一种面向对象的软件开发方法,这种方法对实际应用的对象进行建模并利用这个模型去构造一种围绕那些对象且与程序语言无关的设计。对象建模技术采用一组面向对象的概念和与程序语言无关的图形符号来统一表达软件开发人员在分析、设计直到实现的整个软件开发过程中的活动。这样,软件开发人员不必像采用其他方法那样,需要在每个开发阶段将一个阶段的表示符号转换成另一个阶段的符号。

　　OMT 采用三种模型来描述一个系统,这三种模型是:对象模型、动态模型和功能模型。

　　(1) 对象模型:对象模型是通过描述系统中的对象、对象间的关系和每个对象类的属性和操作来表示系统的静态数据结构。对象模型用对象图来表示。对象模型是三种模型中最重要的一种模型。

　　(2) 动态模型:动态模型描述了系统中与时间和变化有关的内容,它说明何时发生。动态模型用状态图描述。状态图联系了事件和状态,说明了由事件序列引起的状态序列。

(3) 功能模型:功能模型描述系统的数据转换。功能模型用数据流图来表示。

这三种模型从不同的但又密切相关的角度模拟目标系统,它们分别从不同的侧面反映了系统的内容,综合起来则全面地反映了对目标系统的需求。对任何大系统而言,三种模型都是必需的。而且在任何情况下,对象模型都是最重要、最基本、最核心的。

3. 基础组件

系统基础组件主要包含数据服务组件、IT 组件、工程流程框架、报表服务组件、数据流程框架、指标体系计算组件。这些都是组织成为 MES 的基础支撑组件。为 MES 提供数据、流程、数据表格运算、授权及验证等基础功能。可以理解成系统基础支撑部分。其中具体如下:

(1) 数据服务组件:对系统的数据集成及数据读写提供基于对象的基础操作。数据服务组件在集成的基础上进一步对工厂模型对象和业务模型对象面向数据库的读写操作进行一次数据库访问操作封装,与常规的封装不同的是将对象常规数据操作进行了一次抽象,抽象了基础操作的几种方式。数据读写操作是采用 NHibernate 的框架进行调用操作。NHibernate 是一个面向. NET 环境的对象/关系数据库映射工具。对象关系映射(O/R Mapping,Object Relational Mapping)表示一种技术,用来把对象模型表示的对象映射到基于 SQL 的关系模型数据结构中去。NHibernate 不仅仅管理. NET 类到数据库表的映射(包括. NET 数据类型到 SQL 数据类型的映射),还提供数据查询和获取数据的方法,大幅度减少开发时人工使用 SQL 和 ADO. NET 处理数据的时间。NHibernate 的目标是对于开发者通常的数据持久化相关的编程任务,提升其中的 95% 编程效率。

(2) IT 组件:MES 应用过程中常常会使用到一些与 IT 技术相关的功能和服务,这些功能服务会在整个系统中被长期调用,为了简化调用步骤系统将这些与 IT 技术相关的功能和服务统一抽象封装成为 IT 工具组件。技术工具类层主要对 MES 的 IT 技术可能涉及的一些功能操作进行封装,目前主要封装了如下类库:

① 字符校验类(CharacterCheckManagement);

② 静态常量配置类(ConstantManagment);

③ 日志操作记录类(LogManagement);

④ 实时数据库接口类(RealTimeDataManagement);

⑤ 用户资源访问类(SystemResourceManagement);

⑥ 权限功能访问类(RoleManagement);

⑦ 系统路径访问类(SystemPathManagement);

⑧ 表现层基类(BasePageManagement);

⑨ 基础数据过滤操作类(DataFilterManagement)。

IT 工具组件提供专业级的业务技术和 IT 技术保证,同时又不与业务发生强耦合关系。工具组件基本的作用就是被调用,而不引用其他的组件,就连最基础的实体对象层也尽量不引用。工具对象层对其他层次所传递的对象都由工具对象层进行生成,在调用层进行对象转换,依此保证工具对象层的独立性。因此该组件具有较高的独立性和抽象性。

(3) 工作流框架:在企业业务活动过程中处理传统的信息填报和提交之外,还夹杂着大量的数据流程和信息流程传递环节,大多通过人工干预的方式进行处理,然后继续向下投递到下游环节,如采购、质检、计划制定、作业指派等。在 MES 中希望通过流程的方式将业务环节中所涉及的岗位、人员与业务过程进行关联,将业务流程的过程有序地在系统中进行传递,同时通过流程的监控了解到企业在生产管理活动中可能存在的问题和瓶颈,并针对问题和瓶颈提供有效解决方案。

工作流框架主要包含流程活动、流程引擎和流程设计器。

流程活动: 是流程框架程序中的基本执行单元;工作流程序则是流程运行时执行的活动树。流程框架包含是一套全面的活动集,包含超过 35 个活动,能够用于为流程建模或创建新的活动。其中一些活动控制如何执行其他活动的语义(例SEQUENCE、FLOWCHART、PARALLEL 和 FOREACH),称为复合活动。其他活动则用于执行单个原子任务(WRITELINE、INVOKEMETHOD 等)。

流程引擎: 工作流引擎提供工作流的执行环境。工作流并不是在应用程序中直接执行的,而是通过引擎来创建工作流实例,再启动这个实例。每个工作流在其生命周期中都会在多种执行状态之间转换。例如,所有工作流都从创建状态开始,当开始执行时移动到运行状态。工作流还可以转换到诸如暂停、终止或完成等状态。与工作流相关联的其他事件还包括空闲、持久化、加载或卸载等。工作流引擎会通过这些状态来管理工作流的"生老病死"。

流程设计器: 主要用于搭建工作流、数据流、程序流三种流程的流程模板(一种微软定义的标准化的流程存储格式),通过加载自定义流程活动,调用设计器提供的功能,结合活动自身配置页面,通过组合,完成预期模板的快速搭建,用户通过设计器的测试工具对模板进行仿真测试,通过后即可发布到流程服务器端。

流程设计器提供了一个图形化的使用环境,使其在流程配置上脱离了 Visual Studio,并在功能上得到了简化封装、扩展,通过简单的页面配置方式,对流程各环节所需的操作进行设定,达到原本需在 Visual Studio 上复杂配置的功能。

(4) 指标体系计算组件:通过 MES 业务模块的运行和处理,完成了生产环节中各部门信息的汇总和收集。在 MES 的模型设计中包含对生产环节的各项指标的描述和统计,即当完成工厂主数据对象的组态工作时,随即也完成了对工厂生产指标信息的创建。这些指标根据分类的不同又可以划分成产量、能耗、质量、工艺运行、安全、环保、设备运行、经济综合等几个维度。而这些指标的信息甚至比报表更能够直观地反映出企业的实际生产情况。指标体系计算组件就是通过针对指标模型中定义的指标分类及计算方法进行自动运算,然后将指标的运算结果存储到指标数据库中。指标体系计算组件所计算出的结果又进一步在 MES 的综合平台及 MES 其他终端(如桌面终端、移动终端、安灯系统终端)进行直观显示。

4. 业务组件

本书将企业中的实际业务分为两个维度:一个是根据所处的行业进行划分,如炼油行业、石化行业、氯碱行业、煤化工行业、化肥行业等。这些行业对于特定的业务具有自身的特点,因此需要对行业性的业务进行封装,如炼油行业的计划排产、油品调和、统计推量业务;石化行业的物料平衡、进出厂核算;煤化工行业的配煤管理、焦炭跟踪等。一个是根据业务自身的特点进行划分,如流程企业的产耗管理过程、能源计量过程、罐区检尺过程、工艺操作管理过程。这些过程并没有太多的行业区分,具有跨行业的通用性。

有了这些组件之后系统就可以将业务组件和系统基础组件有效地衔接起来,通过调动开发框架中的业务服务总线对业务组件进行组合,完成对业务模块中业务组件的要求。

本节将以操作指令结合产量收率分析、质量分析及能耗分析滚动调整业务为例,讲解业务应用组件如何根据业务过程进行组织并提供业务模块调用。

例如,芳烃厂芳烃分离装置中操作指令下达业务过程如图 5-9 所示。

如表 5-1 所示,一个根据生产指令而运作的生产管理业务活动,可以通过业务设计器和业务服务总线对主要的业务活动进行组态。

第一步:先对活动过程中所有的基础业务活动进行过程段组态。如获得当前生产指令、收率计算、操作参数异常排查、设备运行状态检查、统计工艺参数运行情况、提交内操异常、外操隐患排查确认等。在组态这些活动过程时,需要对活动过程本身描述进行组态,如图 5-10 所示。

可以看到业务过程活动在组件的运行过程中按照标准的接口方式进行叙述和执行。而每条指令在执行之后的结果又可以作为后续指令的输入参数进行继续计算。

第二步:在业务服务总线中组态判断逻辑,并可以根据判断结果信息推送业务信息或执行其他业务组件事件,如图 5-11 所示。

第三步:在业务服务总线中根据业务需要增加过程执行段,或者新增业务组件执行过程段,来匹配现场实际的业务需求,如图 5-12 所示。

通过业务服务总线驱动业务组件的方式,将各个业务运作场景封装成业务服务提供给人机交互界面进行调用。这样就完成了对业务组件的应用过程。

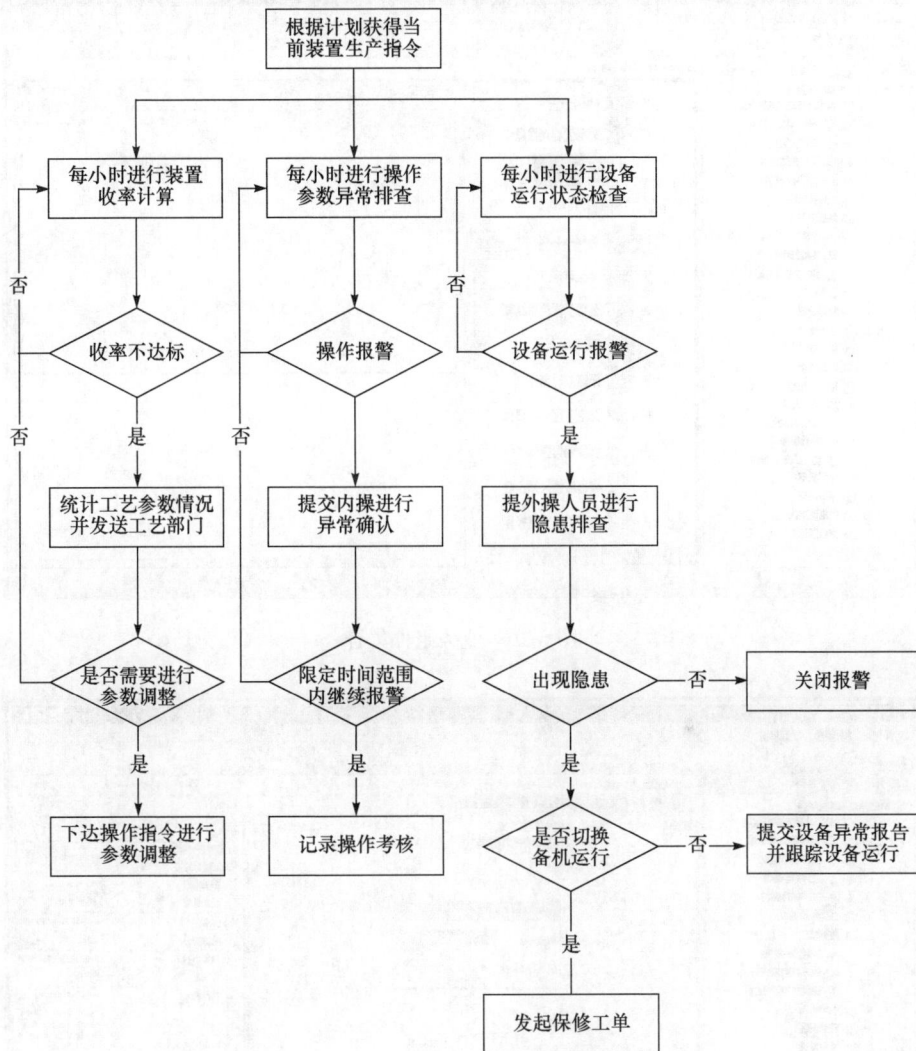

图 5-9　生产指令下达业务流程

表 5-1　生产指令组态表

业务活动	对象	时间	地点	处理要求	参数	返回
获得当前生产指令	生产指令	当前时间	××××装置	无	无	生产指令集
收率计算	装置收率	当前时间	××××装置	一小时	生产指令集	收率结果
操作参数异常排查	操作参数	当前时间	××××装置	一小时	生产指令集	异常集合
设备运行状态检查	设备	当前时间	××××装置	一小时	生产指令集	异常集合

图 5-10　业务组件集合

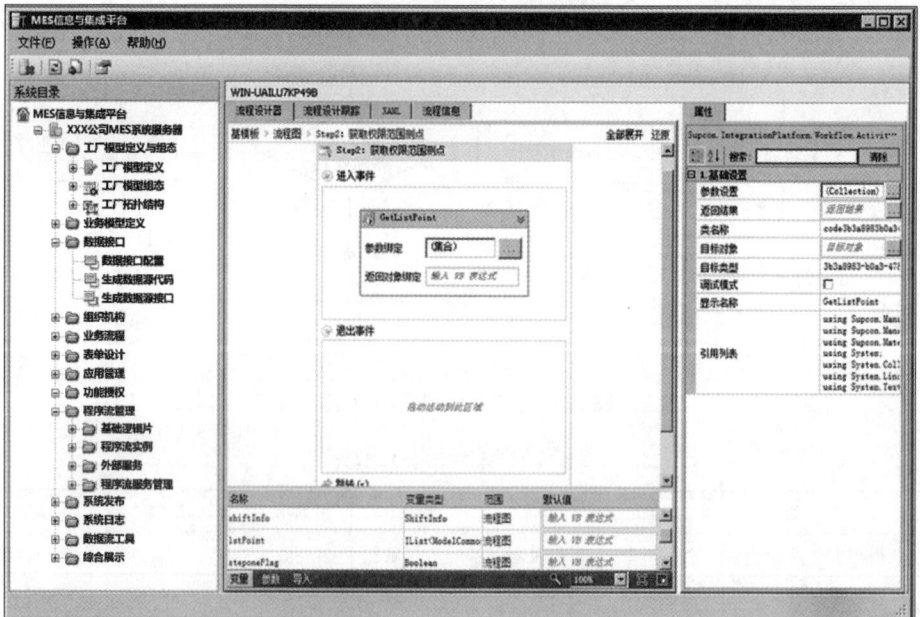

图 5-11　业务组件配置过程

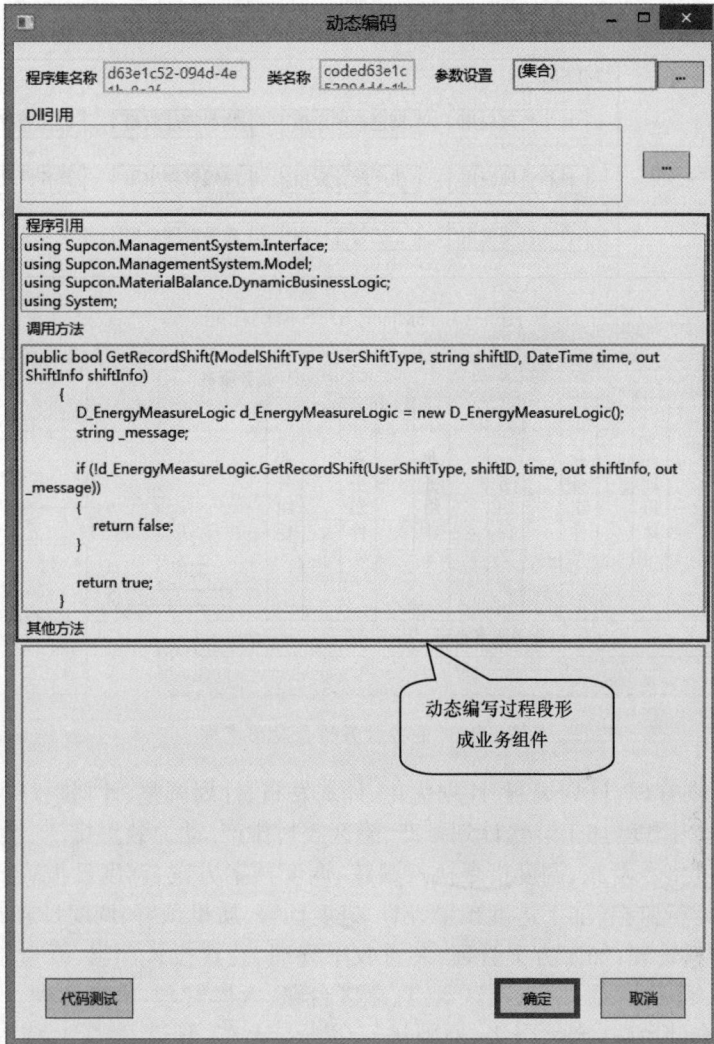

图 5-12　业务逻辑动态编码

5. 标准化 MES 模块

如图 5-13 所示，MES 标准业务模块包含 11 个子系统，而这 11 个子系统都是采用业务组件与业务服务总线集成，然后与集成开发环境所开发的业务模块进行整合而完成的。

如图 5-14 所示，在业务服务总线根据业务需要进行业务组件挂接，然后封装成为业务服务，由集成开发环境进行业务模块人机交互界面的设计和开发，然后通过调用业务服务完成业务模块的设计开发过程，最后将人机交互界面发布到 MES 门户中形成业务模块。其中标准化 MES 业务模块中的每个子系统应用是有一组功能组件构成。

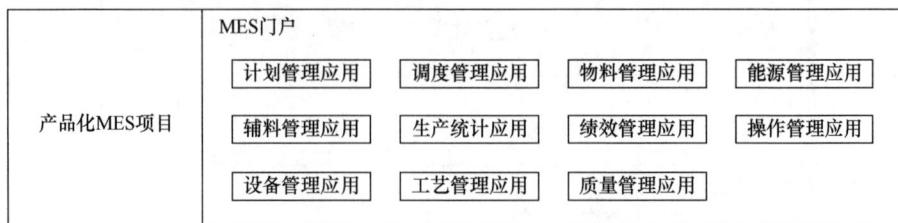

产品化MES项目	MES门户			
	计划管理应用	调度管理应用	物料管理应用	能源管理应用
	辅料管理应用	生产统计应用	绩效管理应用	操作管理应用
	设备管理应用	工艺管理应用	质量管理应用	

图 5-13　标准化 MES 模块功能

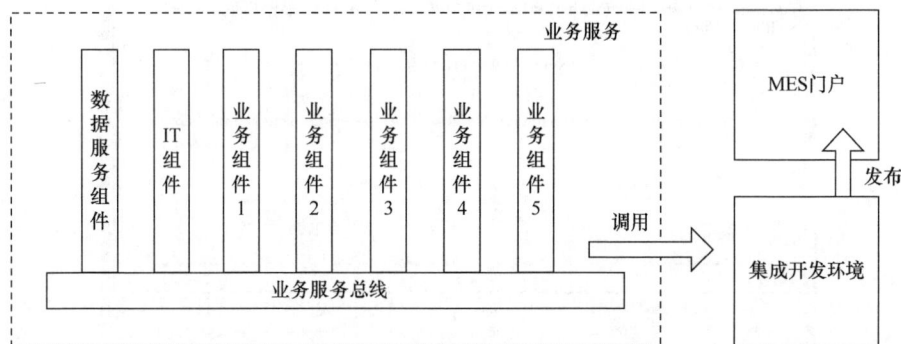

图 5-14　业务服务整合发布流程

（1）计划管理：计划编制、计划优化、计划发布、计划调整、计划跟踪等；

（2）生产调度：加工装置计划排产、罐区收付排产、动力装置排产、生产调度指令制定、调度指令发布、调度指令执行跟踪、调度预案方案、调度日报表、装置运行监控、质量运行监控、加工进度预警、出厂进度预警、质量预警、调度日志等；

（3）物料管理：加工方案管理、装置收率管理、装置投入产出、罐量检尺、罐收付、交退库、罐切水、罐改名、罐区盘点、罐区台账、入库管理、出库管理、移库管理、库存盘点、仓储台账、产品降级、原料进厂（汽运、火车、管道、船等）、成品出厂（汽运、火车、管道、船等）、计量台账、装置平衡、调度平衡、统计平衡等；

（4）能源管理：供能装置管理、用能装置管理、能源介质实物量、能源介质折标量、能源介质折当量、水平衡、电平衡、蒸汽平衡、燃料气平衡、燃料油平衡、压缩空气平衡、能源馆网模拟、能源指标计算、能源产存转耗统计、能源优化调度、综合能源消耗、能源单耗分析、能源报表等；

（5）辅料管理：辅料消耗定额管理、辅料质量控制、工艺用剂管理、公用工程用剂管理、设备运行用剂管理、辅料入库管理、辅料出库管理、辅料库存盘点、辅料库存台账、辅料平衡管理、辅料消耗统计、辅料分析指标计算等；

（6）生产统计：原料进厂量统计、原料加工量统计、原料库存量统计、原料收付存平衡、原料损耗统计、产品产量统计、产品出厂量统计、产品库存量统计、产品产销存平衡、半成品库存量统计、半成品收付存平衡、投入产出统计、装置收率统计、产品单耗统计、加工损失统计、技经指标定义、技经指标计算、技经指标报告等；

(7) 生产绩效管理：KPI 指标体系定义与维护、指标数据源定义与维护、KPI 指标维度定义与维护、生产运行绩效跟踪、能源运行绩效跟踪、质量运行绩效跟踪、操作绩效跟踪、成本绩效跟踪、KPI 指标计算、KPI 指标审核、KPI 指标发布、考核积分卡定义、考核积分卡评分、可视化绩效展示等；

(8) 操作管理：操作指令下达、操作工单管理、操作结果反馈、操作规程管理、报警信息管理、工艺指标监控、异常事件分析、偏差原因跟踪、交接班日志、操作台账、工艺平稳率绩效、质量合格率绩效、装置收率绩效、自控投用率绩效、单位消耗绩效、班组成本绩效、巡检准时覆盖率绩效、员工行为绩效等；

(9) 设备管理：设备保养管理、设备健康监测、设备缺陷管理、检维修计划编制、维修工单管理、备品备件管理、静设备管理、动设备管理、关键机组管理、电气设备管理、仪表设备管理、计量器具管理、设备主数据管理、设备文档管理、设备台账与资产管理、设备运行绩效管理、设备报表管理、设备运转率统计、设备运行监控等；

(10) 工艺管理：工艺卡片维护、工艺卡片发布、工艺规程管理、工艺台账、工艺技术报表、装置达标管理、工艺变更管理等；

(11) 质量管理：质量保证体系维护、产品质量标准、化验分析标准、工艺运行质量、工艺运行质量控制、产品质量控制、原料质量控制、产品运输质量控制、化验采样操作管理、化验分析操作管理、质量风险识别管理、质量事故管理、质量改进管理等。

每个子系统的功能模块，又有多个更小的功能组件构成，如物料管理、操作管理、质量管理三个业务应用组件，其功能组件构成及详细功能描述如表 5-2～表 5-4 所示。

表 5-2　物料管理功能组件构成及功能详细描述

模块功能	功能单元	功能描述
生产装置管理	加工方案管理	系统应提供装置加工方案维护功能，包括装置投入产出的物料信息和侧线参考收率数据；提供加工方案切换操作功能，记录加工方案的原料、产品方案的切换信息，包括加工方案标识、切换时间等
	装置收率管理	系统应提供装置投入产出数据的自动采集或人工录入、审核和提报功能；提供基于装置模型的数据校正功能；提供误差侦破和超差警示功能
	装置收付	系统应提供装置侧线物料流向的收付信息的采集或录入功能；提供装置收付信息完整性检查功能。按班次提供满足物料移动模型标准的基于装置收付的物料移动数据和侧线量数据

续表

模块功能	功能单元	功能描述
罐区管理	罐量检尺	系统应提供液体储罐的检尺、密度、罐温等计量数据的自动采集或人工录入、审核和提报功能;提供基于罐计量国家标准的罐量自动计算功能;提供罐量数据的完整性检查功能
	储罐收付	系统应提供储罐物料流向收付信息的自动采集或人工录入功能;提供储罐收付信息完整性检查功能
	库存盘点	系统应提供罐区库存的盘点功能,按照管理周期要求,提供期末库存的盘点检尺操作,记录库存盘点数据;提供盘点数据的审核、提交和封账功能;提供盘点数据完整性检查功能
	罐区台账	系统应提供罐区操作台账功能,包括罐区收付关系和收付计量台账,罐区库存台账等。按班次提供满足物料移动模型标准的基于罐区台账的物料移动数据和储罐库存数据
仓储管理	入库管理	系统应提供固体产品仓库入库功能,在产品下线进入仓库储存时,建立入库单凭证,记录入库产品的品种、规格、批次、质量等级及入库数量、堆放库位、入库类型等信息;入库类型应包括生产入库、寄存入库、退货入库等业务类型;提供入库数据的审核、提报功能
	出库管理	系统应提供固体产品仓库出库功能,在产品自仓库出厂发货时,建立出库单凭证,记录跑库产品的品种、规格、批次、质量等级及出库数量、出库库位、出库类型等信息;出库类型应包括销售出库、自用出库、寄存出库、预售出库等业务类型;提供出库数据的审核、提报功能
	移库管理	系统应提供固体产品移库功能,在产品在库存期间,变更堆放库位时,建立移库单凭证,记录产品的堆放库位变动信息;提供移库数据的审核、提报功能
	库存盘点	系统应提供仓库物料的库存盘点功能,按照管理周期要求,执行期末库存的盘点操作,按物料品种、规格、质量等级和堆放库位,记录库存盘点数据;提供盘点数据的审核、提报和封账功能;提供盘点数据完整性检查功能
	仓储台账	系统应提供仓储操作台账功能,包括按产品品种、规格、质量等级的入库、出库、移库记录及随记录滚动的结余账存;按日提供满足基于仓储台账的物料移动模型标准的物料移动数据和库位库存数据

续表

模块功能	功能单元	功能描述
进出厂管理	原料进厂管理	系统应提供原料进厂贸易级计量功能,根据进厂批次建立进厂计量单凭证,记录进厂原料品种、进厂方式、进厂收付双方数量及收付双方起止地点;进厂方式应支持管输、铁运、汽运及船运等;提供计量单相关的衡器计量明细信息
	成品出厂管理	系统应提供成品出厂的贸易级计量功能,根据出厂批次建立出厂计量单凭证,记录出厂成品品种、出厂方式、出厂收付双方数量及收付双方起止地点;出厂方式应支持管输、铁运、汽运及船运等;提供计量单相关的衡器计量明细信息
	计量台账管理	系统应提供进出厂计量台账功能,包括进出厂批次的物料品种、收付双方起止地点、起止时间和收付双方计量数据及收付计量差异等;提供进出厂各批次的按班次记录的班次量数据;提供按班次的满足物料移动模型标准的基于进出厂计量台账的物料移动数据和储罐库存数据
物料平衡	物料平衡计算	系统应提供物料平衡模型自动求解功能,实现按班次基于物料平衡模型数据,根据石化生产业务规则,采用数学规划方法,对装置投入产出数据和全厂物料移动数据,进行平衡计算,获取达到误差最小的平衡数据;对平衡结果的平衡超差点提供警示信息;提供对平衡数据的审核和锁定功能
	物料平衡展示	系统应提供物料平衡模型可视化展示功能,在平衡计算前,提供移动数据的完整性检查功能和节点量数据的大误差侦破功能;在平衡计算后,提供物料平衡模型的可视化检查功能,显示平衡前后数据的差异度
	平衡模型生成	系统应提供物料平衡模型自动生成功能,实现按班次基于装置投入产出台账、罐区台账、仓储台账和进出厂台账,提供满足物料移动模型标准的物料移动数据以及装置、罐区、仓储、进出厂的节点量数据,形成每个班次的物料平衡模型

表 5-3　操作管理功能组件构成及功能详细描述

模块功能	功能单元	功能描述
操作指令执行	操作指令下达	提供操作指令生成、下达、审核、执行和反馈闭环管理功能,操作指令下达功能,为生产操作人员提供接收各类操作指令的功能,操作指令包括生产调度指令、工艺指令、规程例行指令、质量运行指令、把 HSE 运行指令、设备运行指令等
	操作工单管理	操作工单管理功能,基于所接收的操作指令,生成执行操作指令所规定的操作工单,为操作人员分解和审核指令执行步骤提供操作指导,记录操作信息,规范工单管理提供支撑。操作工单信息包括:操作指令信息(发布时间、内容、发布人、接收人等)、操作分解信息(各步骤执行内容、执行顺序、注意事项等)、指令审核信息(审核意见、审核人)、指令执行记录信息等
	操作结果反馈	操作结果反馈功能,基于执行操作指令的操作工单,在指令执行之前,反馈执行指令的操作步骤信息,在指令执行完成时,反馈执行指令的结果信息,包括:执行顺序、执行内容、执行时间、执行结果状态等
操作指导	操作规程管理	操作规程管理功能,提供装置操作规程在线化支撑,实现操作规程发布、编辑、审核、检索和使用的信息化,实现操作规程与操作指导的无缝关联
	报警信息管理	提供对 DCS 系统报警信号的数据采集、真伪辨识、风险预警及消警指导,为生产设施安全运行提供支撑
操作监控	工艺指标监控	提供工艺指标监控功能,基于工艺管理下达的工艺卡片等操作指令,对指定的工艺参数进行运行状态(如温度、压力、流量、质量等),以规定的上下限,进行超限事件和超限度的实时监控,为生产操作人员提高操作平稳率提供支撑
	异常事件侦破	异常事件侦破功能,对工艺监控对象的超限事件,基于预定的异常事件触发规则,分析该参数运行的超限率或超限度自动生成超限事件,记录超限信息,提供超限警示
	偏差原因跟踪	偏差原因跟踪功能,对于所发生的异常事件,提示记录产生偏差超限的原因及针对超限事件的处理措施等,为工艺运行的风险防范提供支撑
操作日志	交接班日志	交接班日志功能,为生产操作人员提供交接班信息的记录、编辑和提交等功能,日志内容包括:接班状态和未竟事宜、本班记事、交班状态和未竟事宜等。为生产管理人员提供交接班日志的查询、检索功能
	操作台账	操作台账功能,为生产操作人员提供工艺台账所需的工艺与设备运行相关的信息自动采集功能和并完成操作台账的编辑、提交功能

续表

模块功能	功能单元	功能描述
操作绩效	工艺平稳率绩效	工艺平稳率绩效功能,基于操作绩效考核纳入的工艺参数对象,以指标监控功能提供的工艺参数监控数据,进行工艺考核对象的平稳率绩效分析,为操作绩效考核提供支撑
	质量合格率绩效	质量合格率绩效功能,基于操作绩效考核纳入的质量监控对象,以指标监控功能提供的质量监控数据,进行质量考核对象的合格率绩效分析,为操作绩效考核提供支撑
	装置收率绩效	装置收率绩效功能,基于操作绩效考核纳入的装置加工量、产品产量等监控对象,以装置投入产出功能提供的装置收率数据,进行加工量、产品收率、加工损失率等绩效分析,为操作绩效考核提供支撑
	自控投用率绩效	自控投用率绩效管理,采集装置自控回路的"自动/手动"组态的切换事件信息,实现对自控回路的自动状态使用时间和使用率的监控,对发挥自控系统应用效果,提高生产装置运行平稳率提供支撑
	单位消耗绩效	单位消耗绩效功能,基于操作绩效考核纳入的装置原料消耗、能源消耗、辅料消耗等监控对象,以装置投入产出及能源管理、辅料管理等功能提供的装置消耗数据,进行原料单耗、能源单耗、辅料单耗等绩效分析,为操作绩效考核提供支撑
	班组成本绩效	班组成本绩效功能,基于操作绩效考核纳入的班组成本要素监控对象,以装置投入产出功能提供的装置原料、能源和辅料的投入数据,进行装置可比成本等绩效分析,为操作绩效考核提供支撑
	员工行为绩效	员工行为绩效功能,基于操作绩效考核纳入的员工行为约束规范,以员工行为的评估数据,进行行为绩效分析,为操作绩效考核提供支撑

表 5-4　质量管理功能组件构成及功能详细描述

功能模块	功能组件	组件功能描述
质量保证体系管理	质量保证体系维护	提供有关质量法规的文档管理和质量管理活动的宣传,包括国家质量法规和企业质量管理体系文件的编辑、存档、检索等功能
	产品质量标准	产品质量标准功能,提供有关企业生产的所有产品的质量标准文档的存储、维护和在线查阅功能
	化验分析标准	化验分析标准功能,提供有关企业质量检验所需的化验分析方法标准文档的存储、维护和在线查阅功能
	工艺运行质量标准	工艺运行质量标准功能,提供有关企业生产运行的原料、辅料及半成品的质量控制标准文档的存储、维护和在线查阅功能

功能模块	功能组件	组件功能描述
质量控制指标管理	工艺运行质量控制	工艺运行质量控制功能,依据装置馏出口半成品质量控制标准,提供对半成品质量控制指标的审定、发布、监控和考核管理
	产品质量控制	产品质量控制功能,依据产品质量标准规定的控制指标,以产品批次提供对产成品质量的合格率、优质率、次品率、废品率等控制与管理
	原料质量控制	原料质量控制功能,依据原料、辅料质量控制标准,以批次提供对采购进厂的原料/原料的质量指标数据的采集和存储,按储罐提供对罐存原料的质量指标数据的采集和存储
	产品运输质量控制	产品运输质量控制功能,依据产品装运容器的质量控制标准,以运输批次提供装运容器质量检查合格证以及所装产品质量合格证数据的录入、维护、提交和分析、检索功能
化验分析操作管理	化验采样操作管理	化验采样操作管理功能,依据采样操作规范,对所有化验采样点的操作,提供采样时间、样本标签、样本留存等相关信息的采集、维护、提交和检索功能,提供化验采样操作的及时率、样本合格率等评价分析功能
	化验分析操作管理	化验分析操作管理功能,依据化验分析操作规程,对化验操作的控制指标,提供化验分析的差错率和及时率等操作管理相关数据的采集、维护、提交和分析、检索功能
质量风险管理	质量风险识别管理	质量风险识别管理,对引起质量风险事故的关键因素提供状态监测、风险识别和风险预警功能
	质量事故管理	质量事故管理,依据质量事故管理规程以及质量事故应急预案,对因质量问题导致严重经济损失的事故,提供基于事件的事故报告、事故调查、事故处理、事故分析、事故鉴定、事故结论、事故整改等管理信息的录入、维护、提交和分析、检索功能
	质量改进管理	质量改进管理,对质量风险管理和质量事故管理形成的质量改进措施,提供改进措施的信息采集、审核、评估功能,为提升质量风险的防范能力提供支撑

6. 开发框架

开发框架提供了组件化 MES 对外接口及人机交互系统的应用,并提供业务服务总线与业务组件和业务服务进行衔接,达到服务支撑的目的。它主要包括MES 门户、业务服务总线、集成开发环境、工厂主数据模型接口 4 部分。

(1) MES 门户:组件化 MES 采用的是通用框架性组织结构,通过通用的应用框架挂接各类应用模块,然后调用业务服务完成业务操作过程,因此一个通用的应用组织框架就非常重要。

　　MES 门户保留了传统门户对于授权、验证、信息展示的功能,但增加了与业务模块的对接,可以直接通过与业务模块的服务对接共享平台中用户门户的相关信息,如组织结构、岗位、角色、权限、资源、用户喜好等信息,而业务模块通过这些信息进一步与业务服务总线进行参数传递,结合业务模型形成针对用户的业务过程信息。

　　同时,MES 门户又接收到业务服务总线中对业务办理的各类业务实例,继而在 MES 门户中的代办办理中进行流程提示、信息分发、消息推送等功能。

　　MES 门户根据不同的载入终端又分成了几种不同的应用形式,如现场处理终端(要求数据操作高效、快捷的操作模式,采用 C/S 桌面客户端方式)、办公管理终端(要求业务处理及时、信息共享方便的操作模式、采用 B/S 桌面浏览器方式)、移动决策终端(要求信息关联呈现、数据可视分析操作模式、采用针对移动终端的独立 APP 应用方式)、安灯看板终端(要求针对现场大屏及看板指标性信息实时呈现,采用部件化独立运行应用方式)。

　　(2) 业务服务总线:在上面的章节都详细讲述了业务服务总线的功能和作用,业务服务总线在组件化 MES 中起到了业务模块处理承上启下的作用。它通过对外的服务应用接收人机界面/系统任务给予的业务操作指令,并将业务指令移交给业务服务模块,根据业务服务模块中所组态的业务组件的组合关系进行运算和处理,完成业务处理活动,并最终将结果信息反馈到人机界面中提交用户。

　　(3) 集成开发环境:为开发者提供了从设计、开发、测试、打包等过程的综合工作环境,集成开发环境中包括多种设计器,数据对象设计器、应用表单设计器。这些设计器设计出的内容是各自的元数据,代码生成器通过解析元数据就可以自动产生出相应的模块源代码。通过元数据生成相关代码加快了开发,使平台上的开发者只需要关注业务逻辑,让业务与技术分离,加快业务模块的开发过程。在该环境中开发者完成数据对象设计,应用表单设计,再通过代码生成工具,生成工程源代码,进行编译,最终生成可执行的程序文件,完成整个开发过程。其中集成开发环境又主要包含对象设计器和表单设计器两大功能模块:

　　① 数据对象设计器:提供基于 UML 的、可视化的设计环境,定义了数据对象的属性及对象之间的关系。数据对象设计器中定义的元素包括实体对象、对象关系、枚举、接口、注释等类型;对象元素的关系包括:组合、关联、聚合、继承、实现。数据对象定义设计器将数据对象信息保存为对象元数据,通过配置工具,自动创建数据库中的数据表等数据库对象,完成数据存储结构的创建,如图 5-15 所示。

　　② 表单设计器:一个应用可视化设计的表单人机交互设计组件。包含系统设计器、表单控件、规则引擎、代码生成器、工作流接口。无需编程经验,它可以快速设计自定义样式的表单,收集企业数据信息,结合建模、工作流,用于零编码构建业务系统的数据信息、表单、工作流业务系统,如图 5-16 所示。

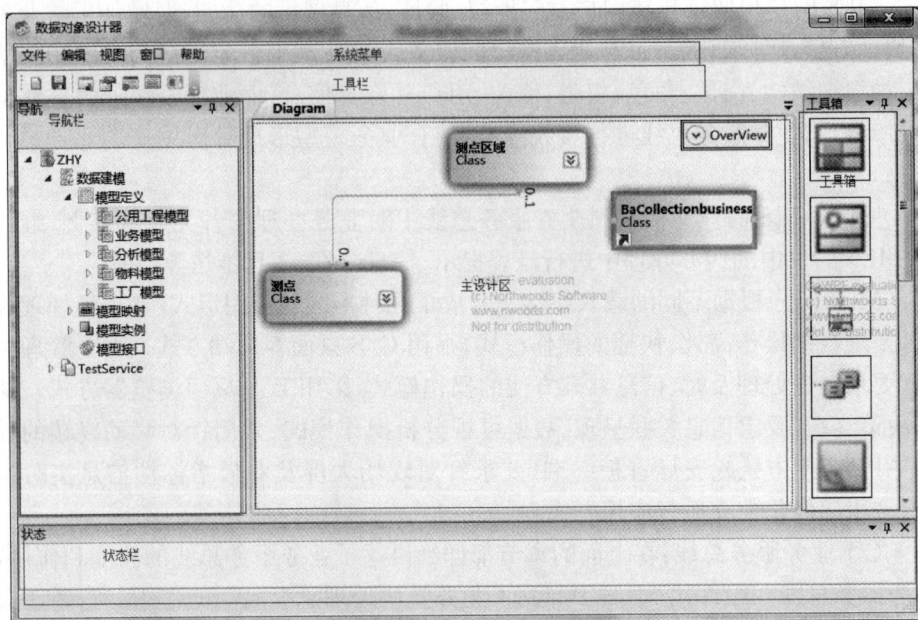

图 5-15　工厂数据建模设计器

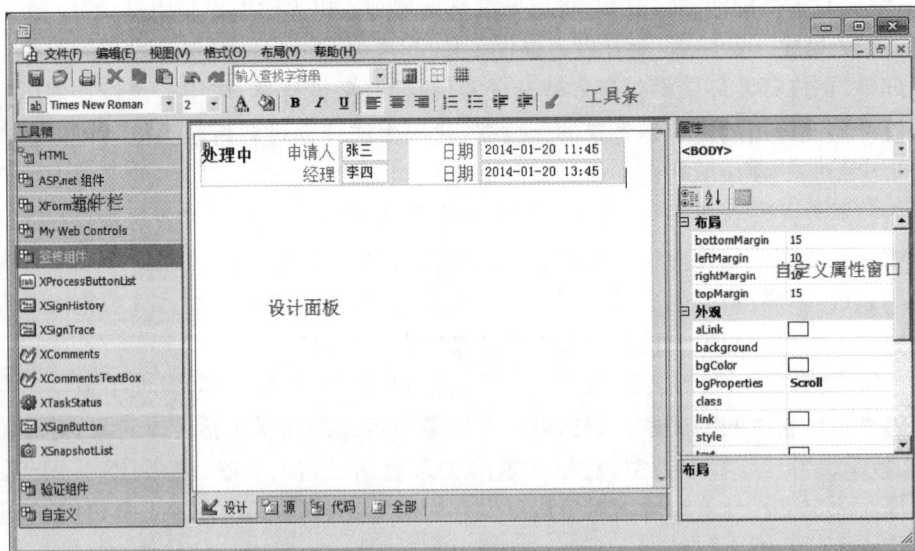

图 5-16　交互式表单设计器

5.3　组件化 MES 应用场景搭建

根据组件化 MES 平台的业务组件和系统总线的应用以及工程人员对流程企业业务的了解，可以快速搭建出符合企业业务需求的标准系统模块。本系统在推出组件化 MES 平台的同时，也结合多年来对炼油、石化、化工行业的业务积累，完成了上述行业的标准业务模块以满足这些企业的信息化需求。

如图 5-17 所示，可以看到组件化的 MES 平台所提供的数据集成、工厂模型、各类型组件和集成框架为标准化 MES 解决方案提供了数据、模型、业务、交互的基础平台。而标准化 MES 是在组件化 MES 平台上进行产品化定制组态研发而产生的解决方案。

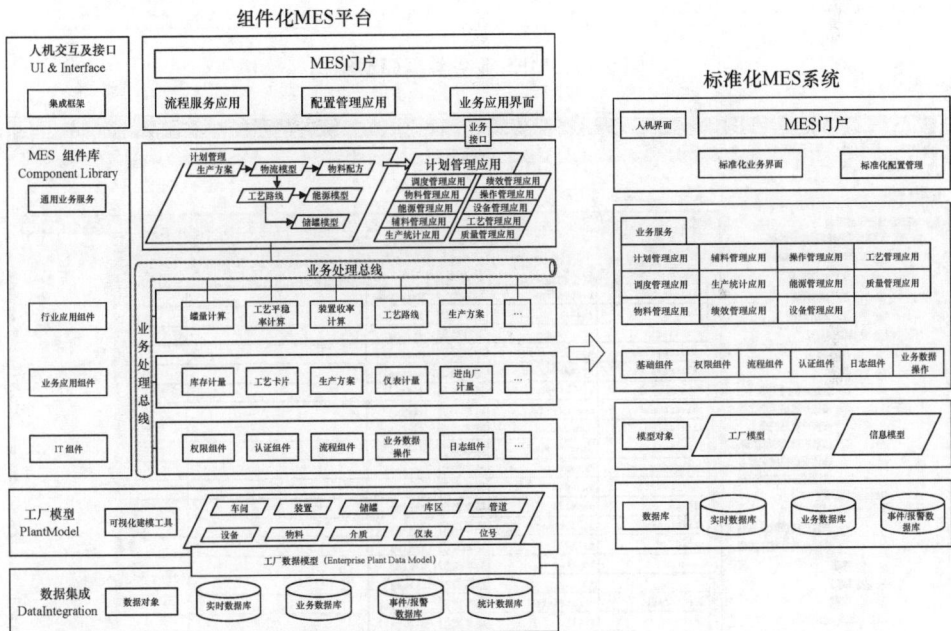

图 5-17　标准化 MES 构建过程

在数据集成层面，通过实时数据库对底层 DCS、PLC、智能仪表所提供的 OPC、DDE、modbus 等接口的数据采集，完成对现场实时信号的集成工作，并通过对 DCS、PLC 等系统中 A\\E 模块的采集，完成对现场控制事件及位号报警等信息的集成工作。同时利用可视化建模工具对业务对象进行模型定义和关系描述，如图 5-18 所示。产生业务对象结构信息从而实现对标准 MES 基础数据的描述和集成工作，如图 5-19 所示。

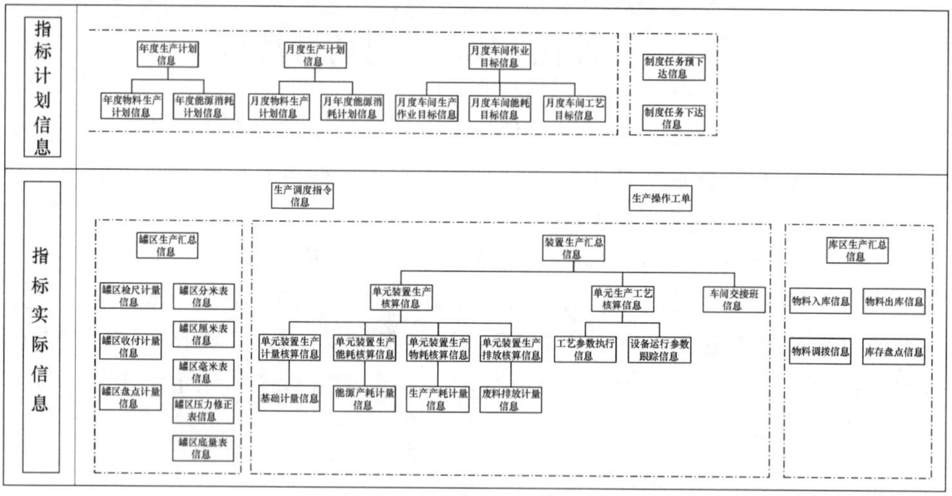

图 5-18　MES 业务数据模型结构

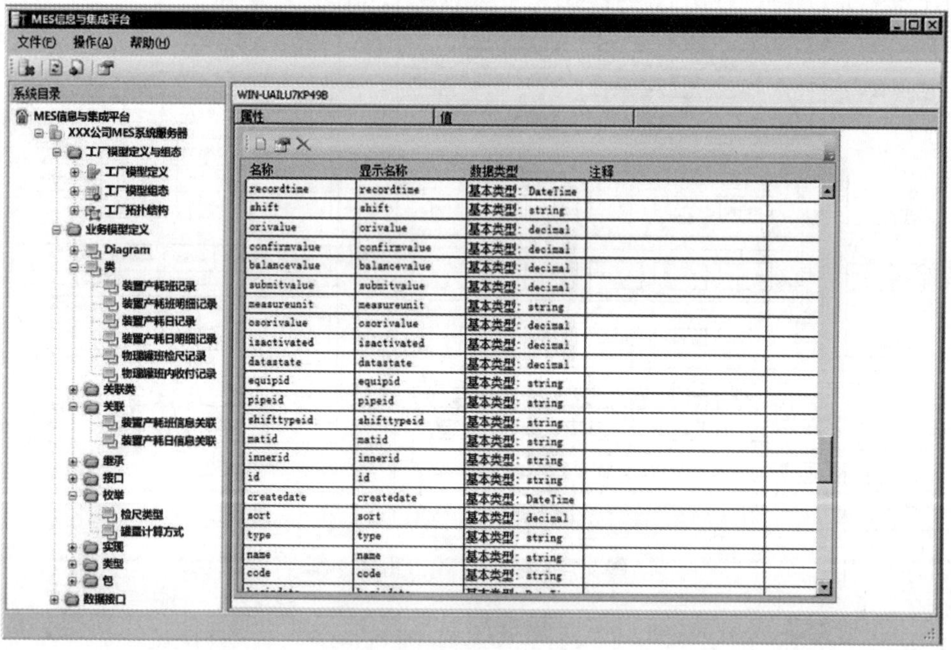

图 5-19　业务对象建模

在工厂模型层面,通过使用工厂模型定义及组态软件对生产环节中的人(组织机构)、机(设备设施)、料(原料、产品、辅料)、法(预案、规程、指令)、测(产耗、能源、质量、安环测定)进行定义和描述,将企业生产过程结构及能力情况进行适应性描述。根据业务对于工厂各节点的需求进行对应的设置和描述。如图 5-18 所示,对于储罐主要管理的环节是储罐的计量、盘点、收付业务过程。而这些业务过程所涉及的信息包含对储罐自身的静态信息和动态信息,静态信息包括罐高、罐各级表载体积量、罐检测量程、罐体积膨胀系数等,动态信息包括罐收付调节阀状态、罐收付流量计位号、罐动态液位、罐动态温度、罐动态压力、罐内物料、罐内物料密度、罐物料体积压力修正系数等。根据这些业务需求在储罐模型中进行信息定义。而储罐还包含安全等级、消防水阀门状态、转换阀状态、罐外气体检测等其他信息,但由于在标准业务系统中并不使用这些信息,因此在模型中即不进行定义组态工作。但如果在特殊工程项目中应用,也可以根据应用业务需求在工厂模型中补充相应的能力描述信息。

工厂模型除了能够描述工厂各环节的生产能力信息外,还能有效地将这些不同维度的能力主体进行衔接形成工厂生产拓扑结构。这个拓扑结构包括了生产物流能力拓扑结构和公用工程产耗等级拓扑结构。

生产物流能力拓扑结构将原料从进厂入库到产品出库过程中全工序流转过程进行描述。它能够对应炼油及石化企业多种原料(不同的原油品种)对应多种产品(多种成品油及化工产物)、也可以对应冶金企业单一原料(铁矿石、废钢)对应多种产品(不同规格型材、板材、线材等)、还可以对应装配业多种原料(各类零部件材料)对应一种产品(成品器材)等。在图 5-20 可以看到对应石化企业中的物流流程在各装置中的加工与产出过程。其中就包含着模型中装置、管线、物料、仪表、储罐等各个模型,但是通过物流的过程将这些模型之间有效的衔接起来,形成生产的流程网络。

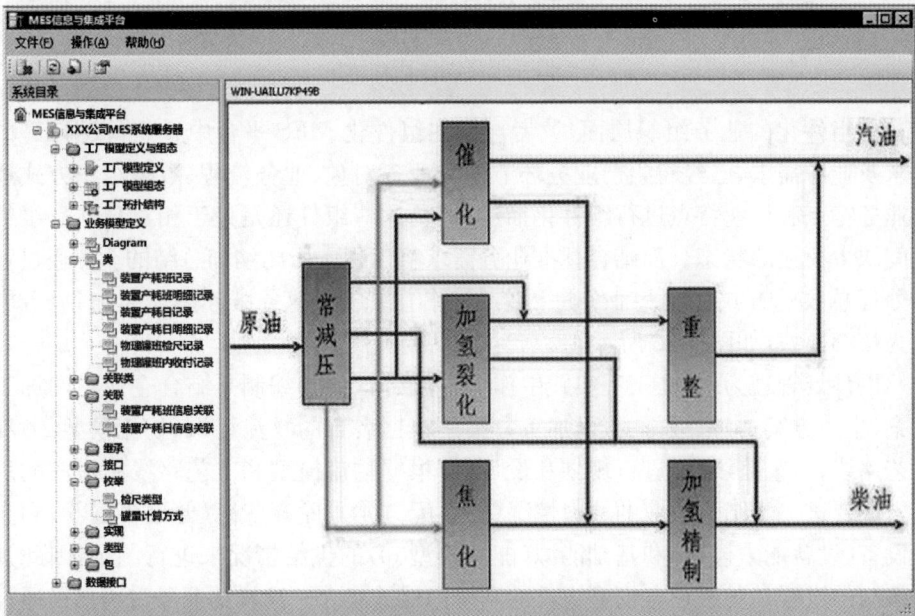

图 5-20　工厂生产物流建模

　　公用工程的拓扑网络也类似于生产拓扑网络一样，但是它对公用工程（水、电、气、风）中的产能和耗能装置进行区分，并在耗能环节进一步根据企业的管理要求划分成为厂级（一级）、车间（二级）、工序（三级）、设备（四级），并由此对这些产能和耗能单元进行分级描述，如图 5-21 所示。

电表名称	位置	表级	上级表	单元装置	供电区域/设备	负荷
北福左线10KVⅠ段 CS11计量表1号线	CS11	2级			预加氢、重整、PSA、热工、重整公用工程、再生	
北福右线10KVⅡ段 CS11计量表2号线	CS11	2级			预加氢、重整、PSA、热工、重整公用工程、再生	
2级表合计：						
CS11Ⅰ段10KV电动机K101A CS1107A	CS11	3级		预加氢	预加氢循环氢压缩机	10kV
CS11Ⅰ段10KV电动机K203A CS1104A	CS11	3级		重整	氢制冷压缩机	10kV
CS11Ⅰ段10KV电动机K203C CS1105A	CS11	3级		重整	氢制冷压缩机	10kV
CS11Ⅰ段10KV电动机K902 CS1101A	CS11	3级		催化再生	再生气循环压缩机	10kV
CS11Ⅰ段10KV电动机K901B CS1108A	CS11	3级		PSA	解吸气压缩机	10kV
CS11Ⅰ段10KV电动机P101A CS1106A	CS11	3级		预加氢	预加氢进料泵	10kV
CS11Ⅰ段10KV电动机P201A CS1102A	CS11	3级		重整	重整产物分离罐底泵	10kV
CS11Ⅰ段10KV电动机P202A CS1103A	CS11	3级		重整	液化气吸收塔底泵	10kV
CS11Ⅰ段10KV电动机P2502A CS1110A	CS11	3级		热工	锅炉给水泵	10kV
CS11Ⅰ段10KV电动机P901A CS1109A	CS11	3级		PSA	抽真空泵（280kW）	10kV
CS11Ⅰ段1号变压器主二次 CS1112A	CS11	3级		预加氢/PS	预加氢、PSA、公用工程装置380V所有设备总计量表1	380V
CS11Ⅰ段4号变压器主二次 CS1114A	CS11	3级		重整	连续重整装置380V总计量表1	380V
CS11Ⅰ段5号变压器主二次 CS1116A	CS11	3级		催化再生	催化剂再生装置380V总计量表1	380V
CS11Ⅰ段7号变压器主二次 CS1118A	CS11	3级		照明	照明检修柜计量表	380V
CS11Ⅰ段合计						
CS11Ⅰ段损耗						
CS11Ⅰ段损耗率						
CS11Ⅱ段10KV电动机K101B CS1105B	CS11	3级		预加氢	预加氢循环氢压缩机	10kV
CS11Ⅱ段10KV电动机K203B CS1103B	CS11	3级		重整	氢制冷压缩机	10kV
CS11Ⅱ段10KV电动机K901A CS1106B	CS11	3级		PSA	解吸气压缩机	10kV
CS11Ⅱ段10KV电动机K901C CS1107B	CS11	3级		PSA	解吸气压缩机	10kV
CS11Ⅱ段10KV电动机P101B CS1104B	CS11	3级		预加氢	预加氢进料泵	10kV
CS11Ⅱ段10KV电动机P201B CS1101B	CS11	3级		重整	重整产物分离罐底泵	10kV
CS11Ⅱ段10KV电动机P202B CS1102B	CS11	3级		重整	液化气吸收塔底泵	10kV
CS11Ⅱ段10KV电动机P2502B CS1110B	CS11	3级		热工	锅炉给水泵	10kV
CS11Ⅱ段10KV电动机P901B CS1108B	CS11	3级		PSA	抽真空泵（280kW）	10kV
CS11Ⅱ段10KV电动机P901C CS1109B	CS11	3级		PSA	抽真空泵（280kW）	10kV
CS11Ⅱ段2号变压器主二次 CS1113B	CS11	3级		预加氢/PS	预加氢、PSA、公用工程装置380V所有设备总计量表2	380V
CS11Ⅱ段6号变压器主二次 CS11114B	CS11	3级		重整	连续重整装置380V总计量表2	380V
CS11Ⅱ段8号变压器主二次 CS11116B	CS11	3级		催化再生	催化剂再生装置380V总计量表2	380V
CS11Ⅱ段合计						
CS11Ⅱ段损耗						
CS11Ⅱ段损耗率						
3级合计：						
2级表损耗差异						
2级损耗率						
四公司生活用电	CS11	4级		外单位		390V
河南特防1	CS11	4级		外单位	河南省特种防腐有限公司	380V
检修照明柜W011 CS1119A	CS11	4级	CS111	照明		380V
检修照明柜W012 CS1120A	CS11	4级	CS111	照明		380V
检修照明柜W013 CS1121A	CS11	4级	CS111	照明		380V
检修照明柜W014 CS1122A	CS11	4级	CS111	照明		380V
检修照明柜W015 CS1123A	CS11	4级	CS111	照明		380V
检修照明柜W016 CS1124A	CS11	4级	CS111	照明		380V
检修照明柜W017 CS1125A	CS11	4级	CS111	照明		380V
照明柜 CS1126A	CS11	4级	CS111	照明		380V

图 5-21　工厂能源产耗清单

　　在组件化的业务组织层面，读者可以在组件化 MES 平台中看到，根据 IT 的需求及业务需求，已经将生产业务环节中的业务对象、业务流程、数据组织方式通过业务特点和行业特点进行组件化描述，但是这些组件还是处于相对独立且组件之间缺少衔接的状态。而结合标准业务需求将工程中所归纳和总结的业务通过业务处理总线的方式将这些业务进行结合，并组织成为业务服务是标准化 MES 中最为核心模块，如图 5-22 所示。

　　以计划管理为例，在工程实践中作者了解到计划的编制是结合企业生产加工方案（生产方案①）来进行的、而加工方案是根据装置的物流结果（物流模型②）和工艺路线（工艺路线③）进行规划和设计的，根据物流模型和工艺路线所形成的加工方案要进一步结合企业的原料情况（物料配方④）、库存状况（储罐模型⑤）和企业设备（设备能力模型）和基础能源（能源模型⑥）的供给情况来进行制定，因此计划编制的过程是各级业务模型组件的系统串接的集合。这样的业务过程仅仅通过单一组件明显无法完成业务需求，而通过业务总线将所包含的各级业务要求进行串接后完成一整串业务过程,最终形成计划内容才是业务模块所应该提供的服务。而作者就是通过组件化 MES 平台对这一整个业务环节进行组态工作,最终形成计划管理中计划编制的业务服务以满足对应的需求,如图 5-23 所示。

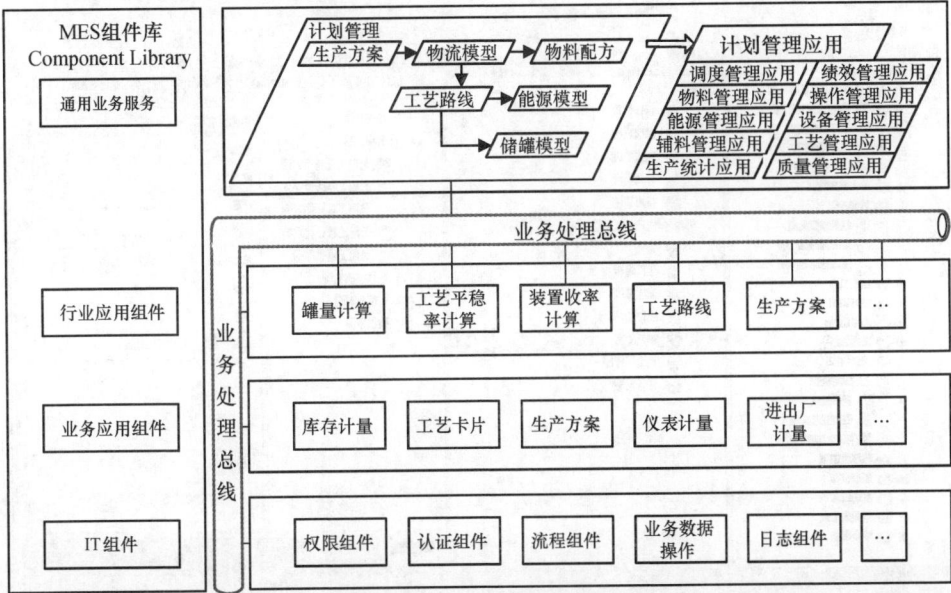

图 5-22 MES组件库结构

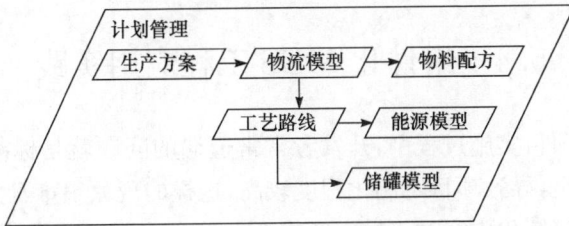

图 5-23 计划管理组件结构

当组件服务根据标准业务需求提供服务之后,剩下的工作就是在统一的集成门户平台中通过便捷、灵活的前端界面呈现对应的业务模块交互应用。而组件化 MES 平台中的 MES 门户及集成开发平台所提供系统应用框架和可视化表单交互设计器就解决了这一问题。

通过 MES 门户平台将系统中组织机构、用户、应用模块、权限、功能、流程设计有效地结合在一个框架下,实现在流程环节中解决组织机构下用户处理某个应用模块的功能授权问题。并将可视化表单交互设计器所设计完成的界面,在上层应用模块中的功能进行有效衔接,在下层与组件服务进行服务接口的通信,有效地将应用前端与平台框架进行嵌入式整合,并衔接后台服务形成面向服务的人机交互应用系统,如图 5-24 所示。

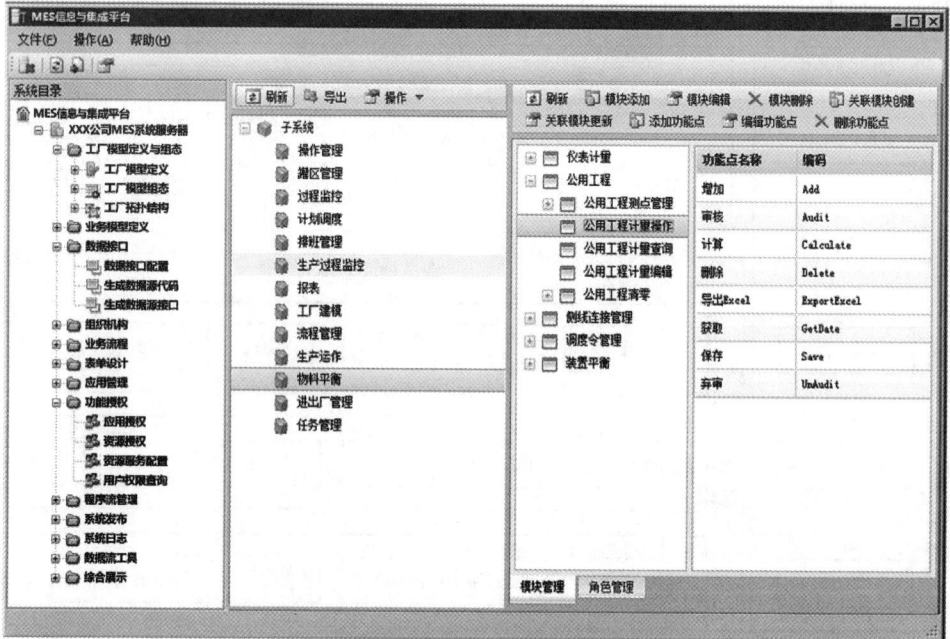

图 5-24　MES 应用集成

5.4　组件化 MES 工程应用实践

在一个具体项目实施过程中,开发者常常遭遇的问题就是标准化产品对于应用需求的覆盖不足,导致项目定制化程度较高,这样的现象很难避免。通过组件化的方式可以降低定制化内容对于供应商或企业信息化部门人员的硬性要求,同时又可通过相对灵活的方法对定制化过程中各个组态或编程环境进行控制,以降低项目的技术风险和实施风险。

图 5-25,是在实施某石化企业 MES 项目的时候,根据业主对系统的功能要求及项目组的实际调研之后整理出的应用需求框架。经过分析,其业务需求有 70%左右是可以通过标准产品的功能进行覆盖,但在这些标准功能覆盖过程中还有部分需求需要进行业务流程或界面的调整工作。计划管理和调度管理模块用户提出的需求与标准产品中对应的解决方案存在较大不同,功能覆盖率比较低。面对这样的一个状况,本书通过组件化 MES 平台提出了定制化解决方案,如图 5-26所示。

某石化MES项目		
客户需求	需求特点	解决方案
MES 门户	统一权限认证、单点登录现有系统	产品覆盖
计划管理	根据定额完成日生产计划并分配能源计划	定制化配置
调度管理	进行指令下达和生产反馈滚动跟踪	定制化配置
物料管理	进行班次、日装置产耗、能耗计量统计	产品覆盖
操作管理	进行班内操作监控、纪事、运行监控	产品覆盖
生产监控	进行生产信息流程图、趋势图监控	产品覆盖
生产绩效	进行班组、车间生产指标管理并进行考核	产品覆盖
实时数据库	采集DCS、PLC、仪表过程数据	产品覆盖

图 5-25 MES工程项目用户需求表

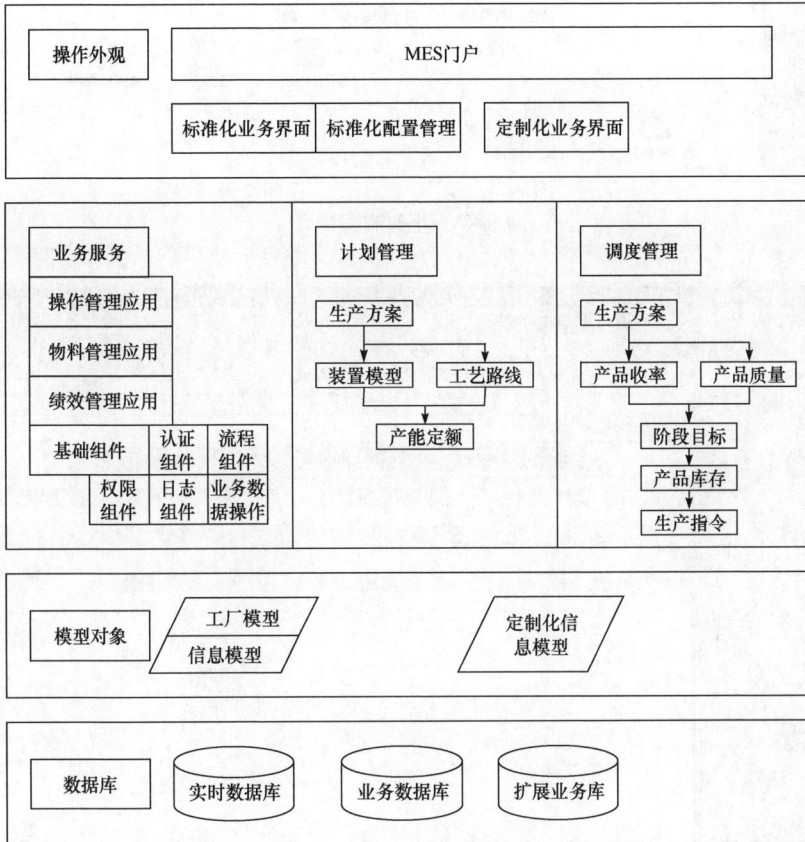

图 5-26 定制化 MES 解决方案结构

在与标准 MES 产品一致的系统架构模式下,本书将系统中覆盖需求的模块进行抽取,并对这些模块的业务流程及前端界面进行适应性调整,而这个调整过程是通过集成开发环境来进行的,上文中说到集成开发环境具有对业务流程的整合和前端界面快速搭建的功能。因此,可以利用集成开发环境中的表单设计和流程设计模块,对业务流程及软件界面进行适应性调整,见图 5-27 和图 5-28。

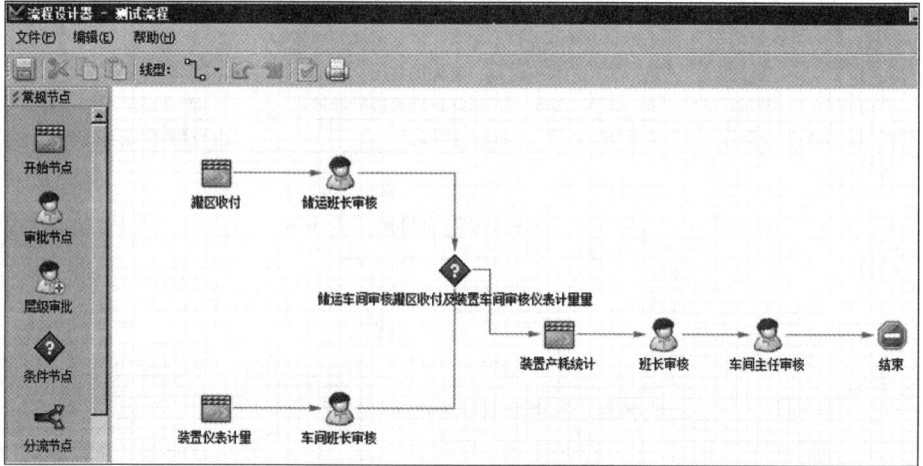

图 5-27　业务流程设计

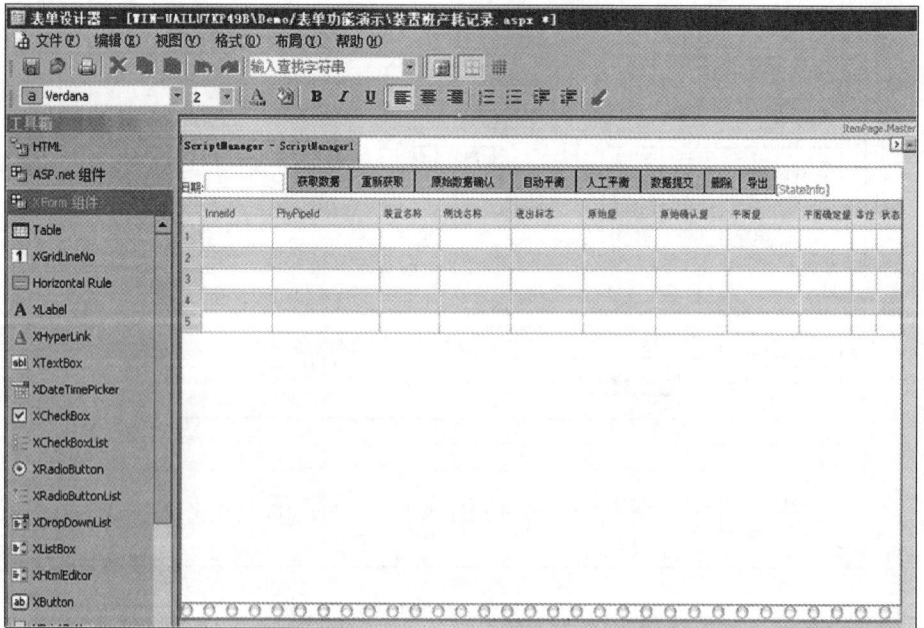

图 5-28　交互表单设计

对应定制化程度较高的计划管理和调度管理模块,如图 5-29 所示,就需要在对象设计、模型定义、业务组件组织、业务服务封装和界面定制化各个环节通过组件化的 MES 平台进行定制组态过程。虽然是定制化组态过程,但是和传统有意义说的定制化还是有所区别,可以根据组态套路模式按步骤进行组态工作。

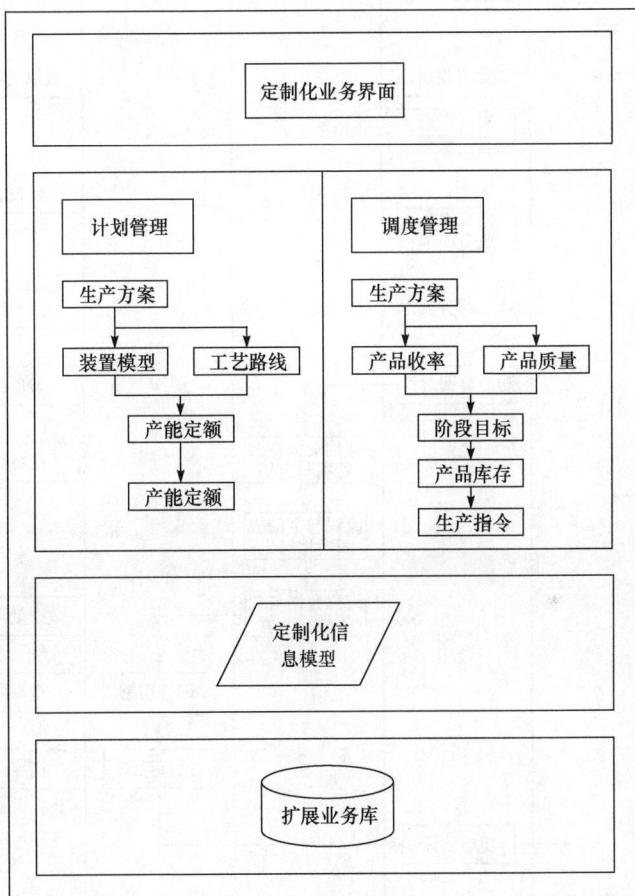

图 5-29   业务服务定制化

本书将定制化的工作由底层业务对象创建、工厂模型附加定义开始,完成对数据结构及数据关系的描述,也就是通常意义上的库表结构设计和定义,然后根据用户的业务流程绘制业务流程环节,并调用用户前端对于数据的信息需求,同步绘制前端界面,上述步骤都是由工程人员完成。当完成前端界面之后,用户页面功能性数据视图也随即产生,那么在这个时候,通过业务组件及服务总线将业务流程及业务过程的组件进行衔接,完成对业务服务的封装过程。而这个环节是有开发人员进行完成。最后系统通过服务引擎自动衔接已经配置完成的服务组件并进行发布。

这样即完成了对定制化业务模块的组态过程。整体定制化实施步骤如图 5-30 所示。

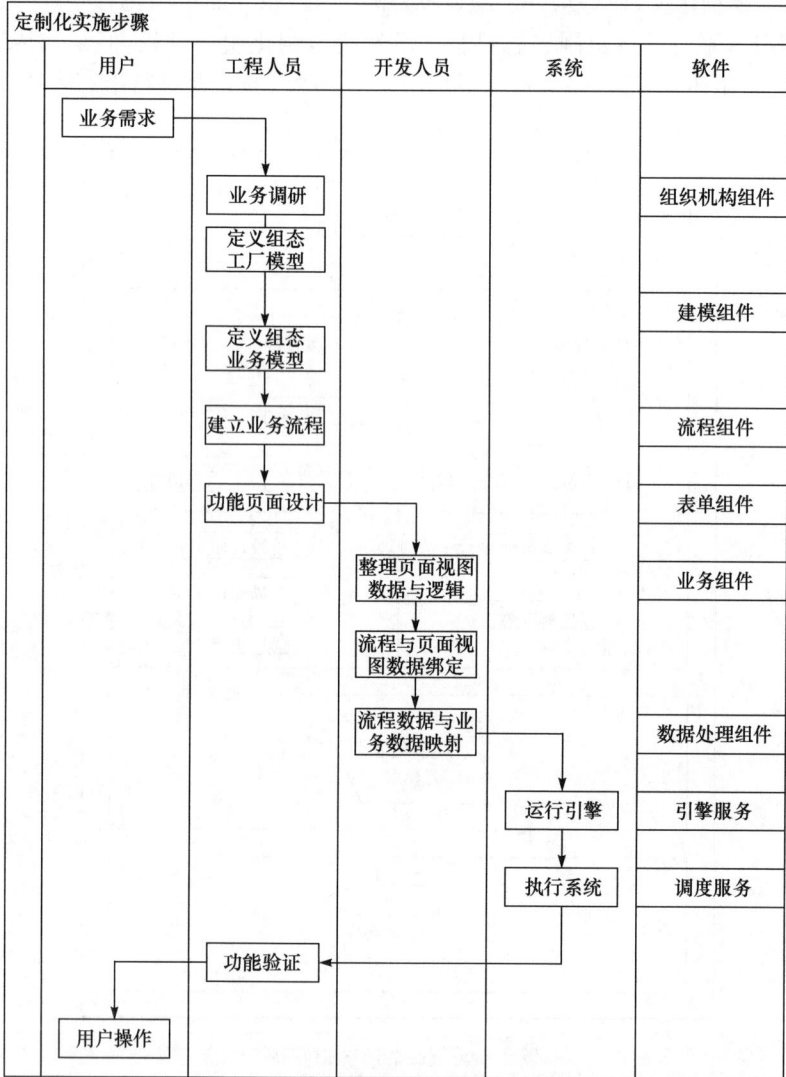

图 5-30　整体定制化实施步骤

　　通过上述步骤环节，用户定制化的业务功能通过组态开发完成，由于上述过程开发环节所涉及仅仅是将业务组件和服务总线进行映射匹配，同时对定制化的业务过程进行组件化封装。这样完成的业务服务既能够为项目服务，也可以作为组件服务中的一部分完善产品对业务需求的支撑。同时由于业务服务的最细粒度为业务组件，因此当有业务发生变化时，可以更换其中的变化的业务组件环节，而无需变更整个业务服务，使得系统的灵活度大大提高。从而达到业务组件化的目标。

第 6 章　MES 质量跟踪与管理

6.1　质量跟踪和管理的研究现状

质量是企业产品或服务满足明确或隐含需要能力的特征以及特性的总和,是企业客户对其产品和相关满意程度的衡量。在石化企业 MES 管理中,企业的产品如汽油、柴油等都会受到经营和工程操作加工活动的诸多影响。为了保证并持续提高产品质量,必须对整个企业影响质量的各种因素进行系统、全面、有效的管理。

石化企业的质量管理水平对我国的国民经济和生态环境有着重要的影响。随着改革开放后我国国民经济的快速发展,汽车保有量正逐年增加,在给人们生活带来便捷的同时,机动车的尾气排放也成了城市大气污染之首,对人类的健康、生存和发展都构成了较为严重的威胁。为了满足日益严格的环保要求,世界各国和地区都对机动车尾气排放制定了一系列的标准。为了综合治理汽车尾气造成的污染问题,除了改进汽车发动机设计、改善燃烧过程、安装尾气转化器等外,提高燃料的质量也是非常关键的措施。相应地,国家政府相关部门对车用燃料也制定了一系列的质量指标。而石化企业为了给汽车行业提供环境友好的清洁燃料,生产清洁低污染的油品已成为当今石化企业的重要主题。

传统的质量管理方法主要有:①全面质量管理 TQM (Total Quality Management),最早是在 20 世纪 60 年代初由美国著名专家菲根堡姆提出的,它指在全社会推动下,企业里所有部门、组织、人员都以产品质量为核心目标,综合运用管理技术、专业技术、数理统计技术等现代科学和管理技术成果,从而建立一套科学、严密、高效的质量保证体系,并控制影响产品质量的全过程和各因素,最终以优质的工作和最经济的方法提供能满足用户需要的产品的系统管理活动。②六西格玛质量管理方法(Six Sigma),6σ 的引申义为做一百万个件产品中,只有三四件是有瑕疵的,即达到 99.9997% 合格率,这个绩效对客户需求而言是近乎完美的。Six Sigma 的概念最初是由摩托罗拉公司的比尔史密斯于 1986 年率先开发提出的,其目的是设置一个可量化的目标,在生产过程中降低产品以及流程的缺陷次数,防止变异,提高产品品质。除此之外还包括 ISO9000 系列标准和 PDCA 循环方法。

在整个石化企业当中,质量跟踪和管理又是跨越 ERP/MES/PCS 三层的管理活动。在 ERP 的企业级资源管理和供应链优化当中,不仅仅需要考虑如何满足市场对产品的需求,同时也需要考虑企业对采购原料的优化,运输过程中产品的质量控制。随着国际原油的劣质化趋势愈发明显,石化企业需要在供应链 ERP 的源头选择合适的原油进行调配加工,以适应供应市场的不断变化。反过来,由于国内市场对清洁燃料要求的提高,随着汽柴油新的国家标准的执行,石化企业的质量管理水平也势必要进一步提高。

石化企业 MES 的质量跟踪管理是整个企业生产管理的核心部分,由于 MES 在企业信息系统集成过程中的"信息集线器"的地位和作用,MES 的质量跟踪和管理组件连接了企业上层的 ERP、SSM、SCM 等业务经营计划系统的质量指标,并且能够下达质量指标到具体的过程控制系统。不同于离散行业的 MES 质量管理过程,流程行业或者说石化企业的 MES 质量跟踪具有产品复杂多变,物料性质难以跟踪控制,化验监测滞后性强,装置控制操作复杂,不同物料之间具有相对的耦合关系等特征。一个部分的质量约束没有得到合理控制就对整个工厂的生产产生影响,从而直接对下游产品的质量产生波动。因此,MES 的质量跟踪管理需要对每一个装置每一种物料进行跟踪监测,从全厂的硫含量跟踪,到成品油的辛烷值等指标,并为下层操作给出详细的指令和指标。

此外,随着市场竞争的不断加剧,供应链和市场对石化企业提出了更高的要求。企业要想求得生存、赢得竞争,就要不断地对产品质量提出更高的要求,从而增强企业的竞争力。长期以来,石化企业各个装置的各个班组的质量管理部门希望工厂各个装置的产率、物性、能耗、操作条件,产品质量持续保持在最佳状态,并且能够对加工过程产生的质量问题能及时发现、处理、反馈。这就需要在 MES 的信息系统的质量跟踪和管理组件中,及时反馈生产过程产生的质量信息,并且无缝嵌入到 MES 当中,并且通过相应的计划、调度、安全控制等管理手段和模块,对 MES 操作进行调整。从而避免产生加工质量损失,并且使得整个工厂能够在局部装置和整体 MES 业务流程实时跟踪关键的组分、物性和操作条件,能够从各个环节保证最后汽柴油等相关化工产品质量的稳定性。

过程控制系统(PCS)是石化企业的底层操作过程,决定着工厂装置的具体操作方案和指令的执行,通过控制温度、液位、压力等相应的操作变量来控制物料的产率以及相关的质量指标,从而满足质量管理的要求。相应的,PCS 的各种仪表和检测装置也搜集数据并反馈至质量管理模块,根据实时信息和历史检验数据,相关工作人员和决策者可以根据该模块的信息进行调整,使得质量管理能够得到执行和实施,从而保证整个生产流程的产品质量。

6.2　质量跟踪和管理的工作流

MES 质量跟踪和管理的工作流如图 6-1 所示。质量跟踪和管理按功能划分为以下几个功能模块:质量计划优化计算模块;质量计划仿真模块;质量跟踪模块;

质量事件分析模块。

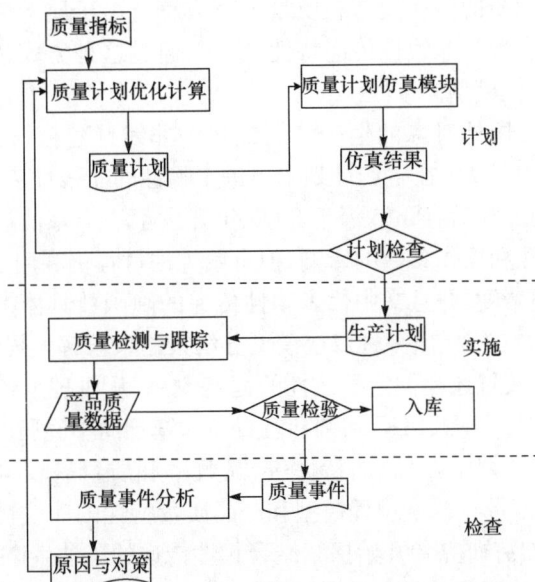

图 6-1　MES 质量跟踪和管理功能模块

质量计划优化模块负责从 ERP 中接受质量指标和长周期生产计划指标,进行计划优化计算分解,产生包含有质量约束的调度层生产计划。质量计划仿真模块对产生的计划进行仿真,所得仿真结果数据将用于计划合理性和有效性检查,如果所得计划不合理,需修改优化模块输入数据约束,重新进行计划优化计算。如果计划有效,将转化为实际生产计划,进行排产。在生产过程中,质量检测与追踪模块将负责从原油到产品整个供应链环节的质量问题检测,借助于各种检测手段和追踪工具,该模块将及时生成质量异常事件。如果发生了质量异常事件,如质量超标或者质量富余,立即进行事件追溯和原因定位,并依据该结果对生产计划进行修订。

MES 质量管理从逻辑层次上进行划分,涵盖了计划到实施到检查的全过程。综上,MES 质量跟踪和管理模块承上能够有效地消化含有质量要求的生产请求,转化为生产计划,又能及时地收集实时生产数据,进行质量检测与跟踪,为质量管理提供决策辅助。

6.3　质量跟踪和管理的方法和应用

6.3.1　支持质量计划决策的优化

为了更准确地预测炼厂的生产能力和操作条件,同时也为了保证在满足产品质量前提下挖掘低品位原油的效益,需要建立一个更为精确的炼油生产计划优化模型,即加入物料性质的传递模型和质量约束方程。由于质量传递的过程非常复杂,绝大多数物性表现为非线性传递特性,因而,通过这种方式建立的生产计划优化模型通常是非线性模型。

从理论研究看,国外对炼油生产计划优化的非线性建模研究始于近十几年。最早是 Moro 等于 1998 年在生产计划中引进了物性的非线性传递,并在其柴油生产计划案例中应用。随后,Pinto 等于 2000 年开发了一个炼油过程非线性计划模型,考虑了进料物性和操作参数的影响,但有些炼油过程仍利用了简单的线性关系影响到了模型预测精度,并且文中代表物性传递的隐函数具体参数在现场较难获取。Zhang 等于 2001 年提出一种双层模型分解策略来求解大规模炼油优化问题,但对 CDU、FCC 等装置还是假定了线性的固定收率,从机理上还有优化空间可挖掘。2005 年,Li 等对 CDU、FCC 和调和装置建立基于简单经验的非线性过程模型并融合进炼油生产计划中,对原油特性、产品收率和质量有较深入的探讨。2008年,Alhajri 等建立了带有严格过程模型和产品质量特性的非线性生产计划优化模型。总体而言,虽然有研究者开始探索结合物性传递的炼油生产计划建模问题,但在如何针对不同原油质量特性制定不同的炼油生产计划、如何建立关键物性跟踪及分布模型,以及如何求解带有高度非线性约束方程等问题上,相关研究成果还比较有限。

从工业现场应用看,为了增强业绩评估,挖掘企业生产潜力,目前国内石化企业普遍从国外引进过程工业模型系统(Process Industry Modeling System,PIMS)来优化生产经营方案并指导生产。PIMS 中有较为完善的原油数据库和常减压切割模型、物料性质与产品收率之间的关联、全厂硫传递和硫分布模型等。虽然有 Delta-Base 线性编程技术对二次装置的进料性质与产品收率关联,但 PIMS 模型是线性规划模型,所有模型方程必须是线性的;PIMS 虽然能将部分非线性问题进行线性化处理,但并不是所有质量约束都适合处理成线性方程,因而,PIMS 的线性建模方式决定了其并不擅长处理结合质量跟踪与约束的生产计划优化模型。

6.3.2　支持质量计划决策的模拟仿真

化工流程模拟技术着眼于工艺过程的机理模型,采用数学建模的方法来描述典型化工过程,通过计算机辅助手段,来进行过程物料平衡、热平衡、设备尺寸估算和能耗等的计算和分析。应用化工流程模拟技术可以省去大量通过试验探索最优工艺条件的人力和物力投入,通过对流程机理的剖析,可以分析和预测生产中的深层次问题,从而对优化产品质量起到指导作用。目前,国内主要的化工流程模拟软件有美国 SimSci-Esscor 公司的 PRO/II,美国 AspenTech 公司的 Aspen Plus,Hysys,美国 Chemstations 公司 ChemCAD 等。其中,Aspen Plus 是一种广泛应

用于化工过程的研究开发、设计、生产过程的控制、优化及技术改造等方面的性能
优良的软件。它采用严格的机理计算方法,计算非常精确,数据库建设也非常完
善,在化工领域的表现尤佳。PRO/II 流程模拟程序被广泛地应用于化学过程的
严格的质量和能量平衡。一般认为,PRO/II 在炼油工业应用更为有效,因其数据
库中有不少经验数据。ChemCAD 是一个用于对化学和石油工业、油气加工、炼油
等领域中的工艺过程进行计算机模拟的应用软件,是工程技术人员用来对连续操
作单元进行物料平衡和能量平衡核算的有力工具。Hyprotech 出品的 Hysys 是一
个化工流程模拟动态仿真软件,是一款环境模拟设计软件,允许设计者通过概念上
的设计而简化制作过程来完成项目工作。Hysys 主要用于炼油,动态模拟是它的
优势。

此外,人工智能也被引进到化学工程学科,产生新兴的智能过程工程
(Intelligent Process Engineering),这使得化工过程的设计、分析、建模、优化的方
法更为丰富多样化。通常,这种方法不进行严格机理建模,而是引入神经网络、遗
传算法、基因拓扑关系等概念,利用炼油厂加工装置的大批量现场数据,训练网络
结构的数据模型,从而优化或预报汽、柴油等油品的关键物性指标。

6.3.3　支持质量检测标识的工具

在油品质量测定中,传统的标准方法具有设备昂贵、所需样品量大、耗时长、操
作复杂、环境噪声大等缺点,越来越难满足常规生产和实验的要求。近些年来,也
涌现了许多新兴的油品质量测定方法,如气相色谱法、近红外光谱法、传感器法、核
磁共振波谱法、喇曼光谱法等。

条形码(Barcode)是将宽度不等的若干个黑色"条"和白色"空",按照一定的编
码规则进行排列,用来表达一组信息的图形标识符。条形码中隐含着字母信息、数
字信息、符号信息、标志信息等,主要表示了商品或货物的名称、价格、类别、生产日
期、制造厂家、生产国等具体信息。条形码的识别原理主要根据黑色条和白色空对
光线的反射率不同,从而产生不同的反射接收效果,进一步转换成不同的电脉冲信
号。条形码具有可靠性强、效率高、成本低、易于制作和操作、灵活实用等优越性,
是目前最为经济实用的自动识别技术,广泛应用在食品安全、零售、制造、仓储、运
输、医疗等众多行业和领域。

RFID 是 Radio Frequency Identification 的缩写,即无线射频识别,又俗称电
子标签。射频识别技术是一种非接触式的自动识别技术,它利用射频信号通过空
间耦合(交变磁场或电磁场)实现信息传递并通过所传递的信息达到自动识别目标
对象的目的。RFID 的基本组成部分为标签(Tag)、阅读器(Reader)和天线
(Antenna)。RFID 的分类可按应用频率不同分为低频、高频、超高频、微波;亦可
按能源的供给方式分为无源、有源、半有源。RFID 技术的适用领域非常广泛,有

物流和供应管理、快运包裹行李处理、图书馆身份识别、道路自动收费、文档追踪等。

6.3.4　支持质量管理的信息化系统

ERP 中的质量管理模块将质量检验与采购、生产、销售集成,存在的问题是,理论和实际上提供的信息有差异,部分客户、库存、仓库和运输信息记录有缺失。

实验室信息管理系统(Laboratory Information Management System, LIMS)采用科学的管理思想和先进的数据库技术,实现以实验室为核心的整体环境的全方位管理。它集样品管理、资源管理、事务管理、网络管理、数据管理(采集、传输、处理、输出、发布)、报表管理等诸多模块为一体,组成一套完整的实验室综合管理和产品质量监控体系。用户可以根据批号、检验时间等信息查到产品详细质量信息和各项指标。通过 LIMS 用户可以得到合格证、质检单,包括批号、检验时间、单位、国标、质量指标等。MES 中的 LIMS 以质量检验为核心,收集了全部的检验分析数据;实际应用中,由于与 ERP 采用不同系统,数据未充分实现衔接和共享。

6.4　石化企业油品质量跟踪模型

6.4.1　过程单元的质量传递模型

石油和化工制造业为了提高综合竞争力,应将企业的生产过程放到整个供应链中去,从而使企业的原料供应→原料运送→原料仓储→生产制造→产品仓储→产品运输→终端客户等环节形成一个紧密关联的系统(如图 6-2 所示),并最终将产品准时、保质、保量地运送到顾客手中。石化企业作为典型的流程企业,其核心增值业务包括从原油采购进厂到装置的一次加工、二次加工、油品调和最后直到成品油出厂销售。

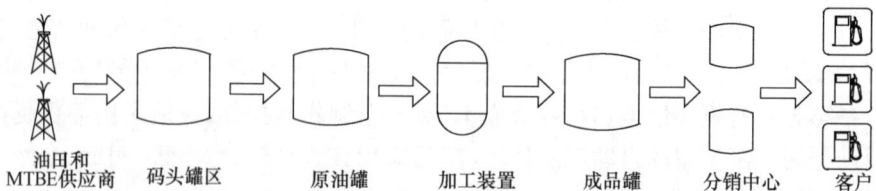

图 6-2　石化企业通用的供应链网络示意图

作为石油工业的一个重要组成部分,石油炼制工业将原油通过石油炼制过程转化为各种石油产品,包含石油炼厂、石油炼制的研究和设计机构等。石油炼厂中主要的生产加工装置有:原油蒸馏(常、减压蒸馏)、催化裂化、热裂化、加氢裂化、催化重整、石油焦化以及炼厂气加工、石油产品精制等。生产的石油产品主要有汽油、柴油、煤油、喷气燃料、燃料油、润滑油、石油沥青、石油蜡、石油焦和各种石油化工原料。

　　从供应链环节的角度,无论是炼厂的加工设备还是仓储/运输等环节,无论在该环节中发生了复杂或简单的物理/化学反应,都可以将这些环节抽象为一个节点,而这个节点的建模方式可以参考通用的过程单元建模,如图 6-3 所示。质量传递建模的难点在于如何恰当反映装置生产产品的收率及物性与装置进料物性及装置工艺参数间的关系。一般而言,这种关系是非线性关系,一个严格的机理模型尽管会带来计算上的准确性,然而无疑会增加优化模型求解的难度,因此需要在模型准确度、复杂度及求解难度之间进行权衡。图 6-3 显示的是同一装置在不同方案下的特征,该模型可用如下数学关系进行描述:

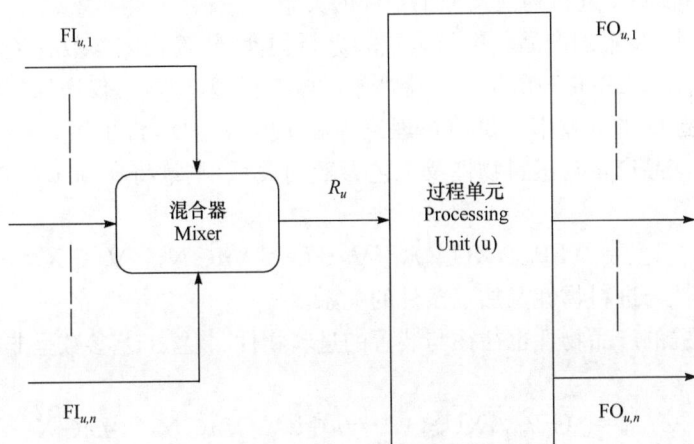

图 6-3　通用的过程单元图

过程单元的处理负荷:
$$R_u = \sum_{n\in N}\mathrm{FI}_{u,n}, \quad \forall u\in U, \quad \forall n\in N \tag{6-1}$$
$$R_u^{\mathrm{low}} \leqslant R_u \leqslant R_u^{\mathrm{up}}, \quad \forall u\in U \tag{6-2}$$

　　每一个节点的处理能力都是有范围约束的,不管是加工装置、仓库、交通运输工具。式(6-1)表明过程单元的加工负荷等于所有进料侧线流量的总和。式(6-2)保证其加工量满足所规定的最大与最小能力要求。

　　1) 进料物性计算与控制

　　过程单元通常对进料物性有一定要求,这种要求可能源自过程单元的操作能力,也可能源自过程单元出料产品需符合的质量特性,因此,要对过程单元的进料物性进行计算和控制。过程单元的进料物性可表示为各进料侧线流量及进料侧线物性的函数,如式(6-3)所示。如果物性满足线性加权关系,则可以直接用式(6-4)表示;如果为非线性物性,则可先转化为可线性加和的物性指数,然后再利用式

(6-4)进行计算。式(6-5)用来确保装置进料物性满足生产要求。

$$FP_{u,p} = f(FI_{u,n}, PV_{u,n,p}), \quad \forall u \in U, \quad \forall n \in N \tag{6-3}$$

$$FP_{u,p} = \sum_{n \in N}(FI_{u,n} * PV_{u,n,p})/R_u, \quad \forall u \in U, \forall n \in N \tag{6-4}$$

$$FP_{u,p}^{low} \leqslant FP_{u,p} \leqslant FP_{u,p}^{up}, \quad \forall u \in U, \quad \forall n \in N \tag{6-5}$$

2) 出料产品的产量

过程单元各出料侧线的产品流量等于装置的总加工量乘以该出料产品的收率,如下所示:

$$FO_{u,n} = R_u \times y_{u,n}, \quad \forall u \in U, \forall n \in N \tag{6-6}$$

3) 产品收率与进料物性及加工条件的关系

一般而言,装置的产品收率与装置的进料物性、装置工艺参数有关,并且往往呈非线性关系,如式(6-7)所示。一个严格的收率机理模型,不仅增加建模成本,而且会影响模型的求解效率。目前在理论界和工业应用界,常采用 delta-base 模型来近似模拟产品产量与进料物性及工艺参数的关系,本章将在 6.4.3 节详述其原理和实现。

$$y_{u,n} = f(FP_{u,p}, XU_{u,x}), \quad \forall u \in U, \quad \forall n \in N, \quad \forall x \in X \tag{6-7}$$

产品物性与进料物性及加工条件的关系。

加工装置的产品物性也往往与装置的进料物性、装置工艺参数呈非线性关系,如下所示:

$$Z_{u,n,p} = f(FP_{u,p}, XU_{u,x}), \quad \forall u \in U, \quad \forall n \in N, \quad \forall x \in X \tag{6-8}$$

6.4.2　原油调和和原油的物性传递

石油是一种主要由碳氢化合物组成的复杂混合物,一般很难对各纯组分进行详细分析。世界不同油区所产的石油在外观和性质上都有不同程度的差异。虽然石油的组成极其复杂,但基本上是由碳、氢、硫、氮、氧这五种元素所组成的。此外,在石油中还发现微量金属元素和非金属元素,这些微量元素含量极低,但对石油加工过程尤其是催化加工过程影响很大。

当原油的含水量大于 0.5% 时,需先进行脱水处理。原油经脱水后,进行一般性质分析。具体地,包括相对密度、黏度、凝点或倾点、含硫量、含氮量、含蜡量、胶质、沥青质、残炭、含盐量、水分、灰分、机械杂质、元素分析、微量金属、馏程、闪点及原油的基属等性质。其中,比重指数 API 和含硫量是影响原油价值的两个最主要因素,同时也是国际市场原油的计价标准。API 值越大,原油密度越小(原油越轻),原油价格越高;含硫量越低,原油价格越高。

原油的实沸点蒸馏是考察原油馏分组成的重要实验方法。该实验在标准的蒸馏设备中进行,通常设置多层塔盘(分离能力相当于 15～17 块理论塔板)和高回流比(控制在 5∶1 左右)。原油在实沸点蒸馏设备内渐次汽化,被分割成许多窄馏分,通常按每馏出 3% 或每隔 10℃ 切取一个窄馏分,计算每个馏分的收率和总收率。该分馏方法有较高的精确度,柱顶气相的馏出温度接近馏出物的沸点。一个典型的原油(吉拉索)实沸点蒸馏性质数据如表 6-1 所示。实沸点蒸馏曲线则是以气相馏出温度为纵坐标,以馏出总收率(重量或体积百分数,目前国内常用质量百分数)为横坐标,用所得数据绘制作图,又称 TBP(True Boiling Point)曲线。

表 6-1　吉拉索原油 10℃ 馏分的质量总收率性质数据

十分度/℃ 百分度/℃	0	10	20	30	40	50	60	70	80	90
0								1.49	2.24	3.4
100	4.55	5.6	6.65	7.96	9.27	10.5	11.73	13.01	14.36	15.53
200	16.7	18.01	19.32	21.04	22.75	26.53	28.46	30.39	32.05	33.46
300	34.87	36.94	39.01	41.53	44.06	46.58	47.1	47.63	48.15	48.68
400	50.1	52.42	54.73	57.04	59.34	61.64	63.51	65.38	67.58	69.79
500	71.99	73.52	75.05							

原油评价的实沸点收率建模可采用多项式逐步回归分析,这是一种重要的数理统计方法,主要任务是通过试验或者观测数据来寻找变量间的统计关系。这里,可以采用 K 次多项式来拟合切割温度 T 与实沸点收率 Y 间的关系,即 $Y = a_0 + a_1 T + a_2 T^2 + \cdots + a_k T^k$,$k$ 的大小选取应根据散点图中估计的曲线形状复杂程度与拟合方程的精度来定。k 的值取得大时,通过拟合精度可以提高,但计算量也随之增大,为了综合考虑拟合的精度保证在误差范围内,同时兼顾整个模型的求解复杂度,本模型选取 $k=3$,从而非线性模型表达式为 $Y = a_0 + a_1 T + a_2 T^2 + a_3 T^3$。

原油的性质随产地的不同,差别会很大,具体表现在其馏分组成和杂质含量等。相同类型的原油因有诸多相似之处,在原油加工过程中可采用相近的加工方案和流程。为了掌握原油的性质,并制定合理的加工方案,需要采用能够表明原油特性的科学合理的原油分类方法,将世界各地所产的原油进行分类。

通常,可以按照原油的主要物理性质或其化学组成进行分类,其中工业分类(商业)法和化学分类法是被广泛采用的。工业分类法的具体分类标准在世界各地有所差异,国际上较为流行的分类方式是按照相对质量密度(API)和含硫量进行划分的。按相对质量密度可将原油分为轻质原油、中质原油、重质原油和超重质原油。按含硫量可将原油分为低硫原油、含硫原油和高硫原油。这两种分类方式虽然能反映原油的共性,但属于较为粗糙的分类方法。原油的化学分类法则是以其化学组成为基础的,国内采用较多的是关键馏分法和特性因数分类法。

此外,有相关研究人员尝试用模糊聚类分析,以相似度为唯一的评判标准,将反映待加工原油性质的密度、酸值、黏度、凝点、残炭、硫含量等6～9项性质指标按进行分类处理,并按不同截值进行分类,确定原油的加工方案。由于原油的基本性质繁多,这样分类后的结果往往容易产生组合爆炸,且通过该方法分类后归为同类的原油也很难保证相同加工方案下有一致的常减压侧线收率。

考虑到常减压装置作为炼油厂的一次加工装置,对二次装置以及后续生产都有直接的影响,而实沸点蒸馏又是常减压切割和方案制定的根本依据,因此,本章尝试将来自不同产地的原油依照实沸点蒸馏曲线来进行分类,同类中的原油将采用相同的常减压切割方案。为此,我们提出了"一次原油"和"二次原油"的概念。一次原油是按不同产地进行区分的原油,二次原油则是对同类的一次原油的 TBP曲线进行聚类,并将聚类中心作为原油划分依据和常减压切割的基础。

为将具有相近实沸点曲线的原油进行归类,可以采用了数据挖掘中的 K-means聚类算法。此算法是一种基于样本间相似性度量的间接聚类方法,把 j个对象分为 m 个簇($j>m$),聚类后使簇内样本具有较高的相似度,而且簇间尽可能分开,相似度较低。相似度的计算则是根据一个簇中对象的平均值来进行。计算机工作过程大致为:

(1) 在实沸点曲线上取若干个典型温度点,视为原油的性质项,同时也作为聚类的特征指标组,并将每种原油在对应温度下的馏出总收率数据存放在数据库表中;

(2) 读取数据库表中的对象矩阵,随机选取 γ 组点系列作为初始聚类中心矩阵;

(3) 计算每组待分类对象到各个聚类中心的平方差距离,并将其归到距离最近的类中,将每类的重心作为新的聚类中心,不断迭代逼近,直到各类中心点距离基本不变。

聚类后,每个类中的原油其实沸点蒸馏曲线相近,可以以该聚类中心的实沸点蒸馏曲线来代表。因而,同类二次原油中的一次原油将采用该种二次原油的实沸点曲线进行相同的常减压切割方案。

应用实例:按照以上算法,对图 6-4 中的 8 种来自不同产地的一次原油进行聚类,并调整二次原油的种类值到比较理想的情况,就可得到分类情况为:(1),(2 3 4),(5),(6 7),(8)。这个分类结果和图上的直观观察也是比较相符的。根据这个计算结果,二次原油可定为 5 类,每类的 TBP 曲线取子集中各元素的平均值,这个计算过程是相对简单的。归纳来讲,即通过对一次原油进行聚类分析得到二次原油的类别以及具体的 TBP 值。

随着我国用油量的剧增,进口原油的品种、数目逐年增加,不同产地的原油混炼已是大势所趋。一个炼油厂在原油品种选择上,既要兼顾产品的需求情况,也要

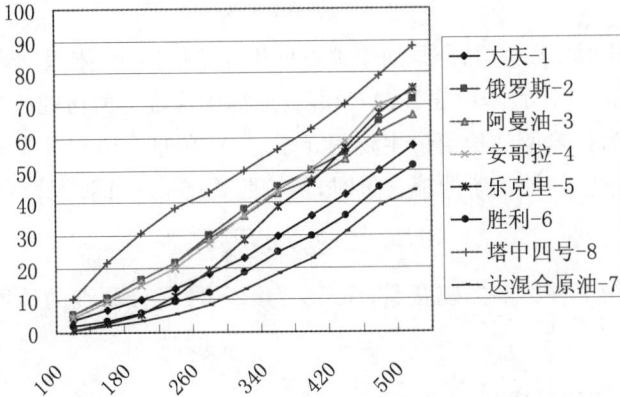

图 6-4　来自不同产地的一次原油 TBP 聚类分析

受到设备加工能力的制约,因而,合理选用不同的原油,并进行恰当的调和优化,能有效降低采购成本,提高利润空间,并同时保证客户对产品质量的要求。

混炼两种或两种以上原油时,需要满足一定的物性约束,如 API 度、混合原油的硫含量、酸值、金属成分等。根据生产实际情况和装置设备现状,对原油调和建立以下原则和物性约束。

(1) 假设原油两两以整数比调和。从实际工厂的原油调和情况看,这样的假设是合理的,整数比的设置不仅方便调和的具体操作,也符合实际现场的操作习惯,同时仍有一定的选择和优化空间。

(2) 混合后的原油含硫量不大于 1.2%,对于具体某套 CDU 装置,还有相关约束。

(3) 混合后的原油含酸量小于 1.0mgKOH/g。

(4) 混合后的原油含镍量、含钒量小于催化蜡油进料物性约束。

原油在进行调和后,物性会发生变化,这些变化会直接影响后续的加工方案和产品质量,因而,对混合原油性质的准确估算是十分有意义的。原油作为一种复杂的混合物,在实际的调和过程中,物性的传递多为非线性关系。虽然商业化流程模拟软件能计算混合原油的性质,但往往价格昂贵、操作复杂;而学术研究中建立的系统模型虽然实验结果较为理想,但计算过程也比较复杂。因此,本章采用的混合原油性质估算方法假设原油为理想混合,并兼顾复杂度和精度的要求。总体而言,这是一种简单的估算手段,特点是方便快捷,能够满足科研实践和日常生产中快速估算混合原油性质的要求。

混合原油 TBP 曲线的计算方法如下。一般地,来自不同产地的原油评价报告可从炼油厂获取,故我们假设已知原油 j 的 TBP-体积曲线,则混合原油的 TBP-体积曲线计算如下所示:

$$\phi_{rT} = \sum_j \phi_{jT} \times \theta_j \qquad\qquad (6\text{-}9)$$

式中, j 为原油种类; ϕ_{rT} 为混合原油中沸点低于 T 的组分的体积分数; ϕ_{jT} 为原油 j 中沸点低于 T 的组分的体积分数; θ_j 为混合原油中原油 j 所占的体积分数。

硫含量作为影响原油价值最主要的元素之一,在原油调和过程中,对其跟踪亦有重要意义。在已知原油 j 的硫含量时,可按照式(6-10)计算混合原油的硫含量

$$\mathrm{SUL}_r = \sum_j \theta_j \rho_j \mathrm{SUL}_j \qquad\qquad (6\text{-}10)$$

式中,SUL_j 为第 j 种原油的硫含量;SUL_r 为第 r 种混合原油的硫含量;ρ_j 为第 j 种原油的密度。

6.4.3　常减压切割原理和模型

原油常减压蒸馏是石油加工的第一道工序,即原油的一次加工。该工艺流程通过依次采用常压蒸馏和减压蒸馏的方法,将原油按照沸程范围切割成汽油、煤油、柴油、润滑油原料、裂化原料和渣油等;这些馏分或作为油品直接出厂,或作为下游二次加工装置或化工装置的原料。由于常减压装置承担着将原油进行初步分离的任务,是石油化工企业的龙头装置,在炼油厂加工总流程中有重要作用,因而,其收率、能耗和分离精确度对全厂和下游加工装置的影响很大。

从常减压蒸馏装置分离出来的馏分产品,其产品规格一般以简单的恩氏蒸馏(也叫 ASTM 蒸馏)试验为依据。恩氏蒸馏通常在标准的蒸馏烧瓶中进行,是一种常用的测定石油产品馏分组成的条件性方法,其本质为渐次汽化,此处记馏出第一滴馏出液的气相温度为初馏点,蒸馏终时达到的最高温度为终馏点。一般地,常减压馏分的恩氏蒸馏范围可从炼油厂设计部或者相关文献上得到,本章所采用的馏分其恩氏蒸馏初馏点和终馏点范围如表 6-2 所示。

表 6-2　典型原油馏分油的沸程范围

馏分名称	沸程范围		
	ASTM/℉	ASTM/℃	TBP/℃
直馏汽油	90~220	32.2~104.4	10.2~114.1
石脑油	180~400	82.2~204.4	56.6~220.7
煤油	330~540	165.5~282.2	134.4~309.8
轻瓦斯油	420~640	215.2~337.8	180.7~380.8
常压瓦斯油	550~830	287.8~443.3	253.2~490.4
减压瓦斯油	750~1050	398.8~565.6	398.7~614.5
减压渣油	1000	537.8	574.6

　　常减压馏分的出料量等于原油进料量乘以该馏分在进料中的体积分数。如果已知某馏分的初沸点(IBP)和终沸点(EBP)，就可以在进料原油的 TBP-体积曲线上得到该馏分的体积分数，即通过式(6-11)计算如下：

$$y_n = Y_{n,\text{EBP}} - Y_{n,\text{IBP}} \tag{6-11}$$

式中，$Y_{n,\text{IBP}}$ 为侧线 n 在初沸点下对应实沸点收率；$Y_{n,\text{EBP}}$ 为侧线 n 在终沸点下对应实沸点收率。

　　然而，常减压馏分的实沸点蒸馏范围通常并不能直接从设计手册上得到，而是需要先将常减压侧线馏分的恩氏蒸馏范围转化成实沸点蒸馏范围，然后才能计算某一馏分的质量转化率。汽油、柴油、煤油等馏分的实沸点范围通常有较大部分的相互重叠，如图 6-5 所示，这一重叠区域也是进行切割优化方案的事实依据。由于切割点可以在适当范围内摆动的，因此能将固定收率的方案转化为可变收率区间达到优化目的。本章建立的生产计划优化模型中，常减压装置采用了悬摆温度切割和可变收率范围的方式(Swing-Cut)来确定方案，具体实现过程如下：

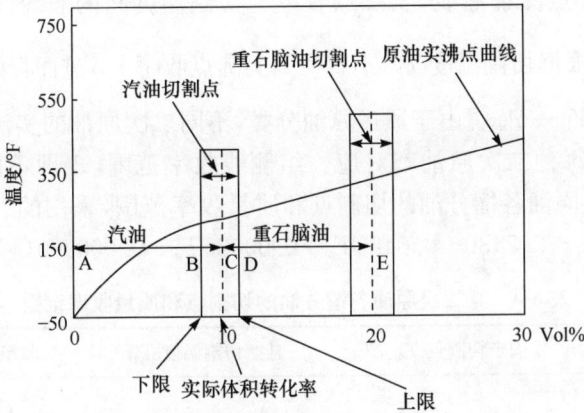

图 6-5　常减压装置馏分的实沸点重叠

　　(1) 将侧线的恩氏蒸馏数据转换为实沸点蒸馏数据。首先，将已知的恩氏蒸馏温度 T_F 转化成摄氏温度 T_C，两者的关系式为 $T_C = \frac{5}{9}(T_F - 32)$。若恩氏蒸馏数据的温度高于 246℃，则需要先进行裂化校正，$T_C' = 10^\wedge(0.00852T_C - 1.691) + T_C$，其中 T_C' 是校正后的摄氏温度。标准的 ASTM-TBP 转化公式采用兰氏绝对温标，故需要将恩氏蒸馏温度变为兰氏温度，转换后，还需将实沸点温度转回摄氏温度。兰氏温度 Tr 与摄氏温度 T_C 间的转化关系为 $Tr = (T_C + 273.15) \times 1.8$。ASTM-TBP 数据转化关系为 $T = ai \cdot (Tr^\wedge bi) \cdot ci$，其中 T 是实沸点温度，Tr 为恩氏蒸馏数据；ai, bi 是系数，不同收率点的系数如表 6-3 所示;ci 是校正因子,对 100% 点的校正因子是 1.016,其他点的校正因子是 1。最终换算后各侧线的实沸点蒸馏摄氏温度数据范围如表 6-2 所示,并将第 n 条侧线的初馏点记为 $T_{n,\text{IBP}}$,终馏点记为 $T_{n,\text{EBP}}$。

表 6-3　ASTM-TBP 数据转化关系的系数取值

收率/%	0	10	30	50	70	90	100
ai	0.9167	0.5277	0.7429	0.8920	0.8705	0.9490	0.8008
bi	1.0019	1.0900	1.0425	1.0176	1.0226	1.0110	1.0355

(2)确定常减压悬摆切割温度范围。一般固定切割点可表示为轻馏分终馏点与重馏分的初馏点的中间点,即 $T_{n,c}=1/2(T_{n,\text{IBP}}+T_{n-1,\text{EBP}})$。然后在固定切割点附近建立一个较小的馏分段(实际切割温度上下不超过 15℃),以便根据市场情况适当调整产品产量。由此,悬摆切割温度 $T_n\in[T_{n,c}-15,T_{n,c}+15]$。

(3)确定常减压各馏分的质量收率。6.4.2 节中,利用 3 次多项式来回归拟合二次原油的实沸点蒸馏曲线,实沸点收率与切割温度间的非线性模型表达式为 $Y_n=\sum_{k=0}^{3}a_kT_n^k$;根据切割温度 T_n,不难得到实沸点收率 Y_n,进而得到第 n 条侧线的质量收率 $y_n=Y_n-Y_{n-1}$。由于通过原油分类,不同二次原油的实沸点蒸馏曲线有较大的差异,故每种二次原油都对应一组侧线收率范围,也即不同的生产方案。表 6-4 为某二次原油各馏分油的切割点和质量收率范围,采用的二次原油实沸点收率函数为 $Y_n=-2.7430+0.0483T_n+0.00025T_n^2-0.00000014T_n^3$。

表 6-4　某二次原油各馏分油的切割点和质量收率范围

馏分名称	固定切割点 $T_{n,c}$/℃	悬摆切割温度 T_n/℃	收率范围 y_n/%（W）
直馏汽油			1.8～4.5
石脑油	85.4	70.4～100.4	6.6～12.9
煤油	177.6	162.6～192.6	5.1～13.2
轻瓦斯油	245.3	230.3～260.3	6.5～15.8
常压瓦斯油	317.0	302.0～332.0	17.3～27.9
减压瓦斯油	444.6	429.6～459.6	23.3～34.8
减压渣油	594.6	579.6～609.6	12.1～18.0

随着原油劣质化日趋严重,硫含量超标问题也日渐受到关注,因而,对一次加工装置馏分含硫量的分布追踪就具有重要意义。一般地,各馏分的含硫百分数是原油产地特性、原油含硫百分数以及馏分切割温度的非线性函数,且馏分切割温度越

高,含硫量越大。可记一次原油的含硫量为 SUL_j,馏分切割温度为 T_n,则某馏分含硫百分数 $SUL_{n,j} = f(SUL_j, T_n)$。通过对文献或工程化验数据的回归,来估算该函数关系式。此处仍采用三次多项式来拟合,馏分含硫百分数可表示为:$SUL_{n,j} = \sum_{k=0}^{3} b_{k,j} T_{n,j}^k$,图 6-6 表示了三种含硫量分别为 1‰、1.5‰、2‰ 的中东原油,其直馏产品的含硫百分数拟合情况。馏分油若直接出厂,则含硫量约束应参考产品具体规格要求;若作为中间产品,则依次往后续二次加工装置进行硫传递。本炼油生产计划优化模型中,允许同类二次原油中的几种一次原油进行调和加工,因其 TBP 曲线相近,调和后的常减压切割方案保持不变,而直馏产品的含硫量则按照单种一次原油在常减压加工分布情况后的线性叠加计算,这样即使采购适量高硫原油也能进行处理,从而提高炼厂经济效益。

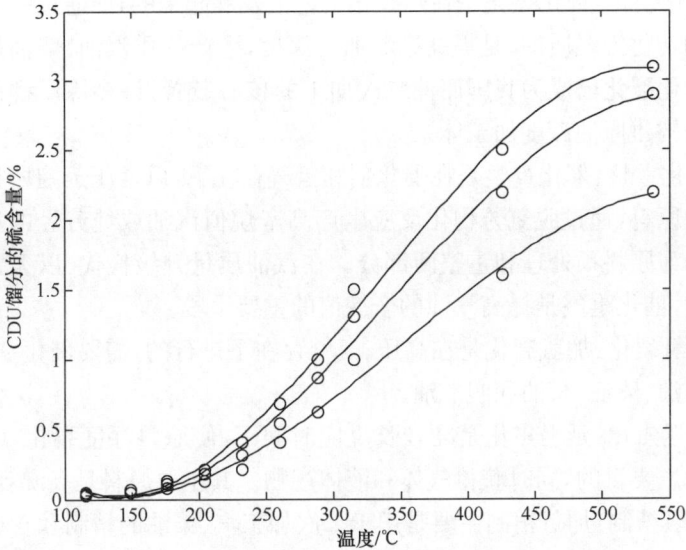

图 6-6　三种中东原油直馏产品的硫含量分布情况

常减压侧线其他性质的跟踪选取,一般考虑两类情况:①对于直接参与调和的侧线,考虑调和所需要的性质;②作为重整、催化、加氢、焦化等装置进料的侧线,考虑对这些装置的进料性质控制。由于炼油厂产品复杂,各种产品的质量要求各异,同种产品还需同时满足多项质量约束条件,如果考虑全部细节,必然会使生产计划优化模型的规模剧增,计算的复杂度影响到求解效率。为兼顾模型复杂度和质量约束的目标,本章生产计划模型中仅对常减压关键馏分的关键物性进行跟踪和约束,如直接进入调和装置的直馏汽油选取辛烷值指标进行估算,可根据经验数据给出的大庆汽油辛烷值与质量收率的关系曲线,可拟合得二次多项式关系 $ON_j = \sum_{k=0}^{2} c_k Y_j^k$。又如,常减压馏分的 API 值,可表示为中馏分收率的多项式函数关系 $API_{u,n,m}^{k} = \sum_{k=0}^{4} d_k MidV_{u,n,m}^k$,$u \in CDU, n \in N, m \in M$。其中 $MidV_{u,n,m}^k$ 为两个侧线体积收率的中间值,d_k 为相应的系数。显然,当馏分切割点变化时,相应物性也会跟着发生变化,进而影响最终产品的质量。

6.4.4　二次加工装置的工艺原理

炼油厂的二次加工装置是在常减压装置的基础上,提高加工深度,使汽柴油产品质量逐步提升,产品结构进一步优化。二次加工装置的主要工艺简介如下。

(1) 催化裂化:催化裂化是在热裂化工艺上发展起来的,能通过一系列裂化反应将重质油转化为轻质油,是提高原油加工深度,生产优质汽油、柴油最重要的工艺操作。催化裂化已成为我国原油二次加工的核心装置,许多炼厂都是以催化裂化为主体来构建原油深度加工体系的。

(2) 催化重整:催化重整是在催化剂和氢气存在下,以常压蒸馏所得的轻汽油(石脑油)为原料,通过脱氢芳构化反应生产高辛烷值汽油或纯芳烃的过程。其工艺过程可分为原料预处理和重整两部分。在汽油质量升级换代、以无铅汽油取代含铅的时代,催化重整是提高汽油的辛烷值的重要手段。

(3) 加氢裂化:加氢裂化是在高压、氢气存在下进行的,需要催化剂,把重质原料转化成汽油、柴油、煤油和润滑油。

(4) 延迟焦化:延迟焦化是在较长反应时间下,使原料深度裂化,以生产固体石油焦炭为主要目的,同时获得气体和液体产物。其主要原料是高沸点的渣油。

(5) 加氢精制:加氢精制主要是用于二次加工汽、柴油的精制和含硫原油其直馏产品的脱硫。在该工艺条件下进行的化学反应主要有加氢脱硫、加氢脱氮、加氢脱氧、烯烃饱和和芳烃的部分加氢饱和、加氢脱金属五种。由于原油日益重质化、劣质化的发展趋势,同时油品的含硫量也要求不断降低,加氢精制装置将得到更加广泛的应用。

6.4.5　催化裂化装置的物性传递模型

通常,二次装置种类繁多,机理各不相同,操作条件也会影响到产品物性,很难建立统一的严格机理质量传递模型。由于催化裂化是原油二次加工中最重要的加工过程,在炼油厂中占有举足轻重的地位,目前国外对二次装置产率和质量传递的深入研究集中在 FCC 装置,而对其他二次加工装置并未开展全面、系统研究。最早是 1953 年 Blanding 等开发了基于动力速率表达的 FCC 数学模型。随后 Jacob

等于 1976 年提出采用集总族概念的更为严格的模型,这些动力学模型能够从反应温度、进料组分、催化剂/油的比例等操作参数计算 FCC 的转化率,但是嵌入计划优化模型中会非常复杂并且计算缓慢。之后,Al-Enezi 等于 1999 年提出了控制催化裂化产品收率和物性的线性及非线性回归模型,进料物性和转化率为其中的相关参数,模型参数在炼油厂测试并修正。最近,Li 等于 2005 年提出了预测 FCC 收率的非线性关系,该模型中并不考虑物性关联。本章采用的 FCC 模型是基于 Al-Enezi 等的建模思想。

催化裂化一般以减压馏分油和焦化蜡油为原料,是生产液化石油气、汽油、煤油和柴油的主要手段。FCC 装置的各种产品可表示为进料物性和体积转化分数的函数关系。进料物性则主要包含进料的硫含量的百分数、进料 API 值和进料的兰氏特征因数 K^L。其中,API 和标准比重的关系如式(6-12)所示。

$$\text{API}=\frac{141.5}{d_4^{20}}-131.5 \tag{6-12}$$

其中 d_4^{20} 为相对密度,是物料在60℉下的密度与水在同温度下的密度比。

特性因数 K^L 根据 Watson 和 Nelson 在 1933 年的定义可表示为式(6-13):

$$K^L=\frac{(T_{\text{mabp}})^{1/3}}{d_4^{20}} \tag{6-13}$$

其中 T_{mabp} 为馏分以兰氏温度表示的中平均沸点(Mean Average Boiling Point),对窄馏分可用平均沸点代替。

为简化讨论,令:

X_1＝催化裂化的进料特性因数　　X_2＝催化裂化的液体体积转化百分数

X_3＝催化裂化的进料 API　　X_4＝催化裂化的进料硫含量

同时令 y_i 代表产品 i 的产率,Z_{ip} 代表产品 i 的物性 p。每个因变量 y_i(或 Z_{ip})假设为四个独立自变量的线性加权函数关系,如式(6-14)所示:

$$y_i=A_i+B_iX_1+C_iX_2+D_iX_3+E_iX_4 \tag{6-14}$$

6.4.6　其他二次加工装置的物性建模

目前国内炼油厂在制订生产计划时通常忽略原料性质对装置收率的影响,采用的方法是将二次加工装置的模型按照固定收率(某个时段收率的平均值)来描述,这样会导致生产计划偏离实际生产状况,是较为粗糙的建模方式。这是由于,二次加工装置的进料往往有多个不同性质的流股混合而成,其进料性质很难固定,一般可以在一定的范围内变化,例如催化重整装置的原料由多种原油切割出来的石脑油汇流到一起,而常减压装置所加工的原油性质及工艺操作条件又不尽相同,导致二次加工装置的进料性质的变化。而二次加工装置进料性质的变化又会对产品的收率和性质产生很大的影响。

为了改进二次加工装置的质量传递模型,可以将二次加工装置的产品产量与进料的主要物性关联起来,即当原料性质变化时,产品收率也随原料性质的改变而自动变化,从而改善二次装置的优化结果,并能有效提高质量传递模型的精度。具体地,可以用 Delta-Base 技术来实现。Delta-Base 的基本思路是将高度非线性的物性传递关系近似线性化处理,适用于当二次加工装置的收率和性质是加工进料性质和/或操作条件的线性函数,从而用来预测二次加工装置产品的收率及其产品的性质。该方法首先确定进料某性质在某基准(Base)条件下的基本收率,然后以该基准为基础,给出偏离基本一个性质单位下的目标产品收率的变化量,此变化量即当前条件下该产品对该性质的 Delta 值。即依据式(6-15)计算目标产品的实际收率:

$$实际收率 = base\ 收率 + Delta\ 收率(实际性质 - base\ 性质) \qquad (6\text{-}15)$$

上述 Delta-Base 公式中,需要注意四点:①基准收率的准确性要求较高;②物性的变化区间不宜太大,否则其收率变化会是非线性的,由此方法计算二次加工装置的收率会出现较大的偏差;③该方法忽略加工装置操作条件对产品物性的影响或假设操作条件基本固定;④Delta-Base 的数据可以依靠经验数据或操作数据回归得到进料性质对产品收率的影响关系式,也可以通过利用过程模拟软件(如 Aspen Plus 机理模型软件)的模拟得到该关系,后者更为快捷简便。

当影响装置收率的主要性质有多个时,Delta-Base 的产品产率与进料性质间的数学关联式可描述如下:

$$y_i = y_{ia} + \sum_{p=1}^{g} \frac{(y_{ipb} - y_{ia})(Z_{ipb} - Z_{ipa})}{Z_{ipb} - Z_{ipa}} \qquad (6\text{-}16)$$

式中,y_i 为二次装置某产品 i 的实际收率;y_{ia} 为基准收率,该产品的基准收率所对应的某个性质为 Z_{ipa},当该性质单位变化为 Z_{ipb} 时,其相应的收率为 y_{ipb}(其中 $i \in$ 二次装置的 $1 \sim n$ 个产品,$p \in$ 影响装置收率的 $1 \sim g$ 个主要物性)。

6.4.7　油品调和的质量跟踪与物性传递模型

石油在经过蒸馏、精馏和其他二次加工装置后生产出来的一次产品油,除少数产品可作为商品直接出厂外,绝大部分中间产品(组分)一般还不能达到产品的所有质量要求,这就需要石油加工的最后一道工序——油品调和来完成。所谓油品调和,就是将几种同类中间组分以及某种添加剂(如 MTBE 等)按照一定比例混合均匀,从而生产出全面符合质量指标要求的石油产品(商品)的生产过程。油品调和对炼厂生产计划的经济性是非常重要的一环,其重要性与工艺操作和原油选择等同。调合配方的经济优化在西方炼厂作为一宗很普遍的实践方式也已经有五十多年的历史。

汽油的主要性能有蒸发性能、抗爆性和安定性。其中,汽油蒸发性能由其馏程和饱和气压指标来评定。汽油抗爆性的指标为辛烷值(Octane Number,ON),汽油的辛烷值越高,抗爆性越好;辛烷值的测定方法主要有马达法和研究法,所测得的辛烷值分别称为马达法辛烷值(MON)和研究法辛烷值(RON)。辛烷值是汽油最重要的性能指标,代表了汽油的质量水平,我国车用汽油的牌号就是按其 RON 的大小来划分,例如,90 号汽油即为汽油的 RON＝90,其辛烷值应不低于 90 个单位。目前我国按国家标准(GB17930—1999)生产 90 号、93 号及 95 号汽油。而评价汽油安定性的两个重要指标则为实际胶质和诱导期;诱导期越短,则安定性越差,可储存的时间也越短。

柴油的主要性能有流动性、雾化和蒸发特性和抗爆性。柴油的流动性中,凝点是指试样在实验规定条件下,冷却至液面不移动时的最高温度。由于柴油的低温性能与使用较为密切,所以凝点是柴油质量中的一个重要指标,轻柴油的牌号就是依据凝点划分的。柴油的抗爆性(燃烧的稳定性)通常用十六烷值表示。一般十六烷值高的柴油,抗爆性能好,燃烧均匀,不易发生爆震现象。目前我国的柴油分为轻柴油和重柴油。轻柴油按凝点划分为 10 号、5 号、0 号、－10 号、－25 号、－35 号和－50 号共七个牌号(0 号柴油代表其凝点不高于 0℃,依次类推)。重柴油按其 50℃运动黏度(mm^2/s)划分为 10 号、20 号、30 号共三个牌号。

产品调和模型主要包括两个部分内容:第一部分是对物流的数学描述,这个可以用基本的物料和质量平衡方程来实现;第二部分是对调合后的产品性质加以约束和控制。这里主要阐述石油产品(主要是汽油和柴油)的性质约束方程。

如果调和油品的性质等于各组分的性质按比例的加和值,则这种调和为线性调和,亦具有加和性;如果调和油品的性质不等于各组分性质按比例的加和值,则称非线性调和,即不具有加和性。由于油品为复杂的混合物,其大部分物性不具有加和性。具有质量加和性的油品性质有硫含量、酸值、灰分、残炭等;具有体积加和性的油品性质有馏程(初馏点和干点物加和性)、密度、酸度、胶质等。无加和性的质量指标主要包括辛烷值、黏度、凝点、闪点、倾点、蒸汽压和十六烷值等。

对于这两种炼油厂的核心产品,本章分别选取汽油的辛烷值和含硫量以及柴油的凝点和含硫量作为调和的质量指标,具体约束依产品牌号要求而定。其中,汽油调和的辛烷值传递过程可近似线性化为公式(6-17),即调和汽油的辛烷值等于个组分辛烷值乘以该组分在产品中的体积百分数之和。柴油的凝点不具有线性调和特性,但是可以通过一些经验指数换算公式成对应的线性化指数,即凝点指数,该指数下可进行质量线性化调合,如公式(6-18)所示。汽、柴油的含硫量传递过程是线性的,产品的含硫量等于各组分含硫量乘以该组分在产品中的体积百分数之和,其计算及约束可统一表示为公式(6-19)。

$$\mathrm{ON}_{\mathrm{blend},d}^{k} = \frac{\sum_{n} \mathrm{FI}_{\mathrm{blend},n,d}^{k} \times \mathrm{ON}_{n,d}^{k}}{\sum \mathrm{FI}_{\mathrm{blend},n,d}^{k}} \geqslant 95, \quad \forall u \in \mathrm{blend}, \ \forall n \in N, \ \forall m \in M \qquad (6\text{-}17)$$

$$\mathrm{PP}_{\mathrm{blend},d}^{k} = \frac{\sum_{n} \mathrm{FI}_{\mathrm{blend},n,d}^{k} \times \mathrm{PP}_{n,d}^{k}}{\sum \mathrm{FI}_{\mathrm{blend},n,d}^{k}} \leqslant 1.51, \quad \forall u \in \mathrm{blend}, \ \forall n \in N, \ \forall m \in M$$

$$(6\text{-}18)$$

$$\mathrm{SUL}_{i,m}^{k} = \frac{\sum_{n \in N} (\mathrm{FI}_{u,n,m}^{k} \times \mathrm{SUL}_{u,n,m}^{k})}{\sum_{n \in N} \mathrm{FI}_{u,n,m}^{k}} \leqslant \mathrm{SULD}_{i}, \quad \forall u \in \mathrm{blend}, \ \forall n \in N, \ \forall m \in M$$

$$(6\text{-}19)$$

6.5 石化企业 MES 质量跟踪和管理组件

上述石化企业的 MES 质量跟踪和管理模块属于 MES 组件中的质量保证体系。该组件发送并且接受相关的质量跟踪和管理数据,提供质量运行指标绩效的实时跟踪功能,使绩效考核与质量管控目标保持紧密结合。

MES 的质量跟踪管理组件主要有以下几个部分组成:质量保证体系管理、质量控制指标管理、化验分析操作管理、质量风险管理。分别从工艺运行,产品质量,原料质量,运输质量等几个环节进行质量控制。通过提高化验分析的准确度进一步提高控制精度,并在风险管理当中预防和及时跟踪处理相应的安全事故。

在组件化 MES 平台中针对质量跟踪和管理的业务特点实现相应的功能,同样需要利用基础数据集成、工厂模型、组件集合、人机交互等几部分组件。通过和组件化 MES 平台中的工厂模型可获取相应装置、储罐、管线、仪表的质量数据,并对这些数据进行集成和筛选。进一步从质量保证体系当中获取质量约束目标,包括相应的物性限制,产品质量标准等。依据工厂基础模型库及质量跟踪和管理组件得到的质量数据和相应约束,生产计划优化组件可生成含有质量约束的炼油生产计划。

炼油生产计划的编制既是整体信息化解决方案三层架构 ERP/MES/PCS 中潜在利润空间最大的环节,同时也规定了炼油生产调度需完成的任务,是石化企业经营决策的关键。一个理想的生产计划优化模型,需要在有限的原材料及产品市场供需环境和工厂生产设备能力约束下,最大化炼油企业的效益。通常,基本优化模型是以物料平衡、装置能力、生产方案、原油供应以及成品油的需求情况为约束,以利润最大或加工成本最小为目标,建立一个线性规划模型,通过优化求解软件决定企业原油采购的种类和数量、生产产品的种类和数量,以及具体的生产方案等信息。

炼油过程中绝大部分物性约束表现为非线性,因而,通过以上方式建立的生产计划优化模型通常是非线性模型。各种优化工具对于复杂非线性方程的处理能力都是有限的,或者求解时间漫长,或者容易陷入局部最优值。因此,除了选择合适的优化软件外,对高度非线性的质量传递过程做近似简化处理亦非常关键,从而在求解精度和求解速度间得到适当平衡。

通常,由于求解工具的限制和求解速度的要求,不可能在优化软件中建立非常细致的质量传递模型,此时,作为质量计划的辅助决策手段,建立石化企业 MES 质量传递仿真模型就显得极为重要。利用 MES 组件化工具和优化平台,可以迅速生成仿真程序。

在质量传递仿真模型中,由于不需要像在优化模型中寻找变量在可变区间内的最优解,只要确定模型的初始输入和中间明确的等式传递关系,即可据此计算模型的输出。质量仿真模型不管中间的质量传递关系有多复杂,只要方程可解析,就能够运算出相应的解。据此,可以设计的质量传递仿真平台中模型的复杂度、建模的粒度超过质量优化平台,这是由于:①质量仿真平台模型建设得相对复杂并不明显影响求解速度;②相对简单的质量优化模型需要有一个相对复杂的质量仿真模型来辅助验证和决策。

具体的 MES 质量管理和跟踪管理组件的业务流程如图 6-7 所示,包括采集原油样本,进行原油物性分析,集成原油和产品的市场数据,生产计划优化计算,在实际生产前,对计划进行仿真分析,检验合格则下放生产,如果不理想则重新进行计划优化。在生产过程中,对物料和产品物性进行全流程的质量检测和跟踪,及时发现质量问题,上报 MES 统计部门,进行排查,或者发现质量富余情况,出于经济性目的,对计划进行调整。同时,对生产数据按日、周、月等周期进行统计,上报 ERP 系统。

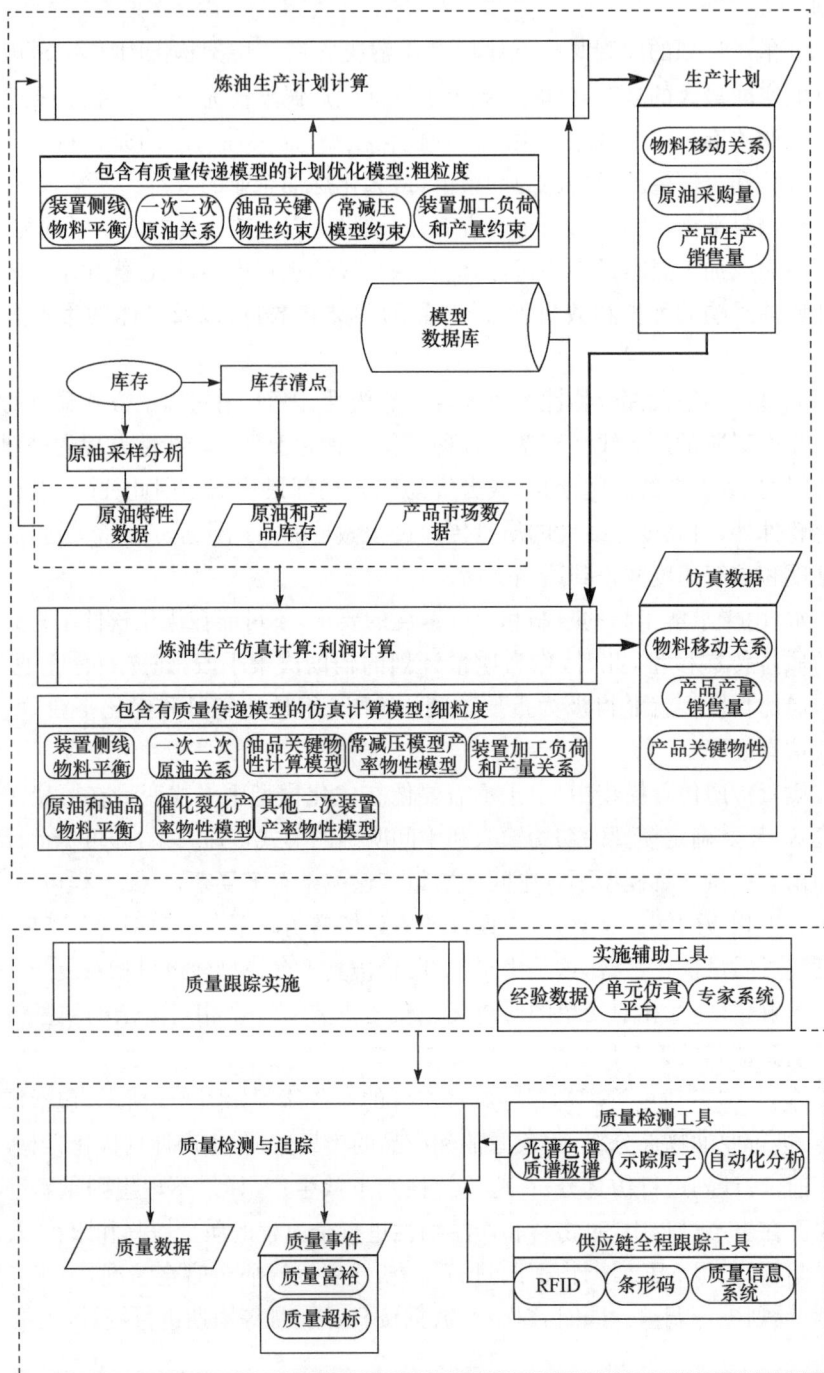

图 6-7 MES 质量管理和跟踪管理组件的业务流程

6.5.1　组件功能设计

根据需求,石化企业生产计划优化平台具有以下目标和功能设计。

(1) 建立基础模型库,用户可依据特定生产流程利用基础模型搭建所需工厂模型。

(2) 可选择性实现约束目标。在满足同样的产品质量约束情况下,进行以下对照方案:A. 固定常减压切割点优化排产;B. 悬摆常减压切割点优化排产;在满足同样的悬摆切割温度范围情况下,进行以下对照方案:B. 约束条件中包含产品质量约束;C. 约束条件中不包含产品质量约束。

(3) 支持 K-means 聚类算法,将来自不同产地的原油按照实沸点蒸馏曲线(TBP)进行分类。

(4) 支持下层(生产调度层)的优化。生产计划优化所得到的结果可通过指令分解成调度层的优化目标,从而实现计划层和调度层之间的数据传递和无缝衔接(由于本软件为石化企业多层次物流仿真平台的一部分,因此本功能要配合其他软件协调运行)。

根据需求,石化企业供应链的质量传递仿真平台具有以下目标和功能设计。

(1) 建立基础模型库,用户可依据特定生产流程利用基础模型搭建所需工厂模型。

(2) 辅助和验证生产计划优化决策。结合质量跟踪与约束的炼油生产计划优化模型求解后得到的最优解,可以作为质量传递仿真模型的输入,实现这两个系统的联调。通过比较两个平台下产品输出的产量和质量的差异,若差异在一定可接受范围内,则证明优化模型的有效性。

(3) 仿真测试各种不同物性的原油以及操作条件下对油品质量的影响,从而对原油采购以及单元装置的生产操作指令下达起到指导作用。

6.5.2　优化组件的设计和开发

石化企业生产计划优化组件采用 Matlab 的 M 语言和 Lingo 语言编写,并与数据库相连。整个系统分为 Matlab 的 .m 文件、计划优化主程序和数据交互三个部分,如图 6-8 所示。Matlab 的 .m 文件负责将一次原油依据其实沸点蒸馏曲线分成二次原油,同时拟合二次原油在常减压装置的硫含量传递关系;主程序负责层次模型的优化;数据库中保存基础模型参数数据和驱动数据以及结果数据。优化平台的运行流程如下:Matlab 从原油数据库中进行原油特性数据(实沸点蒸馏曲线、含硫量)的装载,通过 K-means 聚类算法将一次原油分类,通过 polyfit 函数进行二次原油在常减压装置的硫含量传递关系的多项式拟合,并将结果写入数据库;计划优化程序从数据库进行模型数据的装载,得到优化结果后保存到数据库中,最终得到生产计划所需的长周期优化指令,用于工厂生产的参考信息。

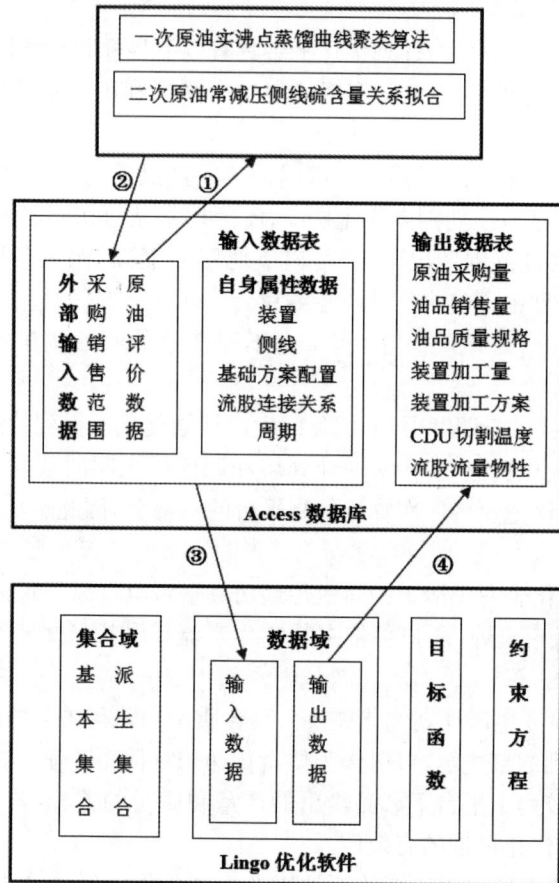

图 6-8　优化系统的总体结构示意图

基于优化的特殊性,面向对象的设计以及数据的交互与保存,选定设计开发软件如表 6-5 所示。

表 6-5　优化系统的开发软件列表

开发软件类型	软件名称和型号
原油特性辅助运算软件	Matlab R2007b
优化程序开发软件	Lingo 8.0
数据库软件	Access

6.6　带质量约束的生产计划组件设计和实现

6.6.1　生产计划优化模型设计

在本模型中,假设一定生产计划周期内不同原油及油品的质量、价格、供需情况已知(或可预测),一个周期内可采购多种来自不同产地的原油,同时对炼油生产环节建立较为细致的非线性质量传递模型,并以最大化经济效益为目标函数,建立如下生产计划优化模型(见本章末符号说明)。相比传统的线性生产计划优化模型,本模型中增加了原油的分类加工、关键组分的物性跟踪及约束,对常减压装置则建立了基于实沸点切割的方案收率及馏分物性模型。

目标函数

$$\max P^k = \sum_i D_i^k s_i^k - \sum_j Q_j^k v_j^k - \sum_{u \in U} R_u^k C, \quad \forall u \in U \tag{6-20}$$

式(6-20)为目标函数,表明企业以利润最大为目标。具体地,收益来自成品油的销售收入,成本包括原油采购成本及装置加工费用。装置实际的加工费用往往与操作条件和进料性质相关并呈现高度非线性,本模型为适当简化运算,仅考虑生产周期内装置的平均加工费用,即把装置单位加工成本作为常数 C 处理。

约束方程

(1) 市场供需约束

$$Q_j^{\text{low}} \leqslant Q_j^k \leqslant Q_j^{\text{up}} \tag{6-21}$$

$$D_i^{\text{low}} \leqslant D_i^k \leqslant D_i^{\text{up}} \tag{6-22}$$

式(6-21)表明一次原油的采购量必须满足市场原料供应的上下限范围,式(6-22)表明油品的销售量必须满足市场对产品需求的上下限范围。

(2) 原油和油品的库存约束

$$B_j^k = B_j^{k-1} + Q_j^k - \sum_{u \in \text{CDU}} \text{FI}_{u,j}^k, \quad \forall u \in \text{CDU} \tag{6-23}$$

$$B_j^{\text{low}} \leqslant B_j^k \leqslant B_j^{\text{up}} \tag{6-24}$$

$$I_i^k = I_i^{k-1} + \sum_{u \in \text{blend}} \text{FO}_{u,i}^k - D_i^k, \quad \forall u \in \text{blend} \tag{6-25}$$

$$I_i^{\text{low}} \leqslant I_i^k \leqslant I_i^{\text{up}} \tag{6-26}$$

式(6-23)表明原油罐内库存等于该罐在上期末的库存加上在本期的采购量减去本期走向常减压装置的流出量;式(6-24)用来确保原油库存满足罐的存储能力范围;式(6-25)表明油品罐内库存等于该罐在上期末的库存加上本期来自调和装置的流入量减去油品销售量;式(6-26)用来确保油品库存满足罐的存储能力范围。

(3) 装置侧线的物料平衡

$$\mathrm{FI}_{u,n,m}^{k} = \sum_{(u',n',m)\in\mathrm{COMM}_{u,n,m}} \mathrm{FO}_{u',n',m,u,n,m}^{k}, \quad \forall u\in U, \quad \forall n\in N, \quad \forall m\in M$$

$$(6\text{-}27)$$

$$\mathrm{FO}_{u,n,m}^{k} = \sum_{(u',n',m)\in\mathrm{COMM}_{u,n,m}} \mathrm{FI}_{u,n,m,u',n',m}^{k}, \quad \forall u\in U, \quad \forall n\in N, \quad \forall m\in M$$

$$(6\text{-}28)$$

式(6-27)为进料侧线的物料平衡,表明装置在每一方案下,其侧线总流量等于该方案下流入该侧线的所有流股流量之和,式中$(u',n',m)\in\mathrm{COMM}_{u,n,m}$是对物料来源的约束,表明只有允许向处于方案$m$的装置$u$的侧线$n$输送物料的来源装置侧线,其才有可能输送相应物料。式(6-28)为出料侧线的物料平衡,原理同式(6-27)。

(4) 一次原油和二次原油的关系

$$\mathrm{FI}_{u,n,m}^{k} = \sum_{j\in m} \mathrm{FI}_{u,n,j}^{k}, \quad \forall u\in U, \quad \forall n\in N \tag{6-29}$$

式(6-29)表明一次原油和二次原油流股流量关系,属于同类二次原油的一次原油采用相同的加工方案,故二次原油流股流量可表示为属于该类的一次原油流股流量加和。

(5) 生产装置加工负荷和产品产量

$$R_{u,m}^{k} = \sum_{n\in N} \mathrm{FI}_{n,u,m}^{k}, \quad \forall u\in U, \quad \forall n\in N, \quad \forall m\in M \tag{6-30}$$

$$R_{u}^{\mathrm{low}} \leqslant \sum_{m\in M} R_{u,m}^{k} \leqslant R_{u}^{\mathrm{up}}, \quad \forall u\in U, \quad \forall m\in M \tag{6-31}$$

$$\mathrm{FO}_{u,n,m}^{k} = R_{u,m}^{k} \times y_{u,n,m}^{k}, \quad \forall u\in U, \quad \forall n\in N, \quad \forall m\in M \tag{6-32}$$

式(6-30)表明生产装置在某个方案下的加工量等于在该方案下所有进料侧线流量总和。式(6-31)保证在多种方案运行的情况下,其总的加工量应满足装置所规定的最大与最小能力要求。式(6-32)为产品产量的计算,装置各出料侧线的产品流量等于装置在该方案下的加工量乘以其侧线收率。

(6) 常减压装置模型

$$\sum_{n'\leqslant n} y_{u,n',m}^{k} = \sum_{r=0}^{3} a_{r,m} \times T_{n,m}, \quad \forall u\in\mathrm{CDU}, \quad \forall n\in N, \quad \forall m\in M \tag{6-33}$$

$$y_{u,n,m}^{\mathrm{low}} \leqslant y_{u,n,m}^{k} \leqslant y_{u,n,m}^{\mathrm{up}}, \quad \forall u\in\mathrm{CDU}, \quad \forall n\in N, \quad \forall m\in M \tag{6-34}$$

$$\sum_{j\in m} \left(\mathrm{FI}_{u,n,j}^{k} \times \left(\sum_{r=0}^{3} b_{r,j} \times T_{n,j}^{r} \right) \right) = \mathrm{FI}_{u,n,m}^{k} \times \mathrm{SUL}_{u,n,m}^{k}, \quad \forall u\in\mathrm{CDU},$$

$$\forall n\in N, \quad \forall m\in M \tag{6-35}$$

$$\mathrm{ON}_{u,j}^{k} = \sum_{r=0}^{2} c_{r,j} \times y_{u,j}^{r}, \quad \forall u\in\mathrm{CDU} \tag{6-36}$$

式(6-33)表明常减压切割温度和侧线收率间的关系,等式右侧为多项式拟合的二次原油实沸点蒸馏曲线,得到某切割温度下的实沸点收率,而该实沸点收率又等同于切割温度范围之内的几条侧线收率加和,即等式左侧;式(6-34)代表每种二次原油对应一组的常减压侧线收率范围,因不同种二次原油的实沸点蒸馏曲线有明显差异;式(6-35)为常减压侧线含硫百分数与一次原油含硫性质、切割温度的关系,一次原油的常减压侧线含硫百分数可拟合为该侧线切割温度的三次多项式关系,而属于同种二次原油的一次原油采用同种常减压加工方案,故某加工方案下直馏产品的含硫量按单种一次原油的在常减压侧线含硫分布的加权运算;式(6-36)为常减压汽油侧线的辛烷值与馏分质量收率拟合的二次多项式关系。

（7）油品关键物性计算及约束

$$\mathrm{ON}_{u,m}^{k} = \frac{\sum\limits_{n \in N}(\mathrm{FI}_{u,n,m}^{k} \times \mathrm{ON}_{u,n,m}^{k})}{\sum\limits_{n \in N}\mathrm{FI}_{u,n,m}^{k}} \geqslant 93, \quad \forall u \in \mathrm{blend}, \quad \forall n \in N, \quad \forall m \in M$$

$$(6\text{-}37)$$

$$\mathrm{PP}_{u,m}^{k} = \frac{\sum\limits_{n \in N}(\mathrm{FI}_{u,n,m}^{k} \times \mathrm{PP}_{u,n,m}^{k})}{\sum\limits_{n \in N}\mathrm{FI}_{u,n,m}^{k}} \leqslant 1.51, \quad \forall u \in \mathrm{blend}, \quad \forall n \in N, \quad \forall m \in M$$

$$(6\text{-}38)$$

$$\mathrm{SUL}_{i,m}^{k} = \frac{\sum\limits_{n \in N}(\mathrm{FI}_{u,n,m}^{k} \times \mathrm{SUL}_{u,n,m}^{k})}{\sum\limits_{n \in N}\mathrm{FI}_{u,n,m}^{k}} \leqslant \mathrm{SULD}_{i}, \quad \forall u \in \mathrm{blend}, \quad \forall n \in N,$$

$$\forall m \in M \tag{6-39}$$

式(6-37)为汽油调合的辛烷值计算及约束;式(6-38)为柴油调合的凝点换算因子计算及约束;式(6-39)表示产品硫含量的计算及约束。产品的线性物性等于各组分性质乘以该组分在产品中的质量百分数之和,产品的质量约束按照产品标准规格要求。柴油的凝点为非线性物性,故先转化成凝点换算因子后,采用加权运算。

6.6.2　运算功能模块设计及实现

在给出的数学基础上,根据工厂实际情况合工艺流程,还要制定一些符合实际的生产方面的约束使模块可用,下面逐一进行介绍。

1）一次原油聚类算法模块

一次原油聚类算法模块对应 Matlab 环境下的 cskmeans.m 文件,其主要功能是将来自不同产地的一次原油根据实沸点蒸馏曲线进行 K-平均聚类,并将聚类中心作为二次原油。具体实现方式是:

（1）用 connA 函数连接到 Access 数据库中的 crudeTBP 表，并读出所有待分类一次原油其常减压馏出温度 T 和对应馏出质量百分数，作为数据对象；

（2）设定合适的聚类中心数目（假定 $K=3$），任选 K 个对象作为初始聚类中心，对于剩下的其他对象，依据它们与这些聚类中心的相似度进行分配，不断重复迭代这一过程直到标准测度函数开始收敛为止；

（3）各个聚类中心即为二次原油的实沸点蒸馏曲线，并将用 polyfit 函数拟合的曲线常数写入 RP-quality. mdb 数据库中的 crudeb 表对应的 a0，a1，a2，a3 常数。

2）二次原油馏分硫含量关系模块

二次原油馏分硫含量关系模块对应 Matlab 环境下的 sulfurTempS. m 文件，其主要功能是拟合二次原油在常减压装置各馏分段含硫量分布与二次原油进料含硫量间的多项式关系。具体实现方式如下。

将来自不同产地的一次原油根据常减压馏分与原油含硫量以及馏分切割温度的工程化验数据拟合多项式关系：

（1）计算二次原油的硫含量，即为组成该二次原油的所有一次原油硫含量及其质量占比乘积的加和。

（2）基于工程化验数据和文献资料，用 Matlab 的 polyfit 函数来进行各馏分硫分布与进料二次原油硫含量的二次多项式拟合并用 plot 函数绘制相应拟合曲线；

（3）将拟合的关系式常数写入 RP-quality. mdb 数据库中的 crudea 表对应的 b0、b1、b2、b3 常数。

6.6.3　优化求解器

Lingo 是用来求解线性和非线性优化问题的简易工具。Lingo 内置了一种建立最优化模型的语言，可以简便地表达大规模问题，利用 Lingo 高效的求解器可快速求解并分析结果。

1）集合定义

Lingo 允许把这些相联系的对象聚合成集（Sets）。集是 Lingo 建模语言的基础，是程序设计最强有力的基本构件。借助于集，能够用一个单一的、长的、简明的复合公式表示一系列相似的约束，从而可以快速方便地表达规模较大的模型。

Lingo 有两种类型的集：原始集（Primitive Set）和派生集（Derived Set）。一个原始集是由一些最基本的对象组成的。一个派生集是用一个或多个其他集来定义的，也就是说，它的成员来自于其他已存在的集。Lingo 中，集合定义部分以关键词"sets"开始，以关键词"endsets"为结束。

本生产计划优化模型中，父集合和派生集合的定义如表 6-6 所示。

表 6-6　优化模型中的集合定义

集合类型	特征	各个集合的定义
父集合	最基础的对象	一次原油的基础配置 二次原油的基础配置 生产装置的基础配置 侧线的基础配置 方案的基础配置 出厂油品的基础配置
派生集合	基于最基础对象的 派生组合	生产装置的对应侧线定义 生产装置的对应方案定义 生产装置的对应侧线对应方案定义 物理管道连接定义 不同生产方案下的物流连接关系

2) 约束方程(表 6-7)

表 6-7　优化系统的数据模型设计

优化模型分类	文件名	约束方程描述
悬摆常减压切割 点的生产计划优化模 块	Refinery Planning-Quality-Swing Cut. lg4	原料和产品市场供需约束 储罐设备库存控制 装置加工负荷控制 流股的关键物性控制 常减压装置的悬摆切割温度范围
固定常减压切割 点的生产计划优化模 块	Refinery Planning-Quality-Fixed Cut. lg4	原料和产品市场供需约束 储罐设备库存控制 装置加工负荷控制 流股关键物性控制 常减压装置的固定切割温度点
不含产品质量约 束的生产计划优化模 块	Refinery Planning-Without Quality. lg4	原料和产品市场供需约束 储罐设备库存控制 装置加工负荷控制 常减压装置的悬摆切割温度范围

3) 数据定义

Lingo 中,数据定义的部分以关键词"data"开始,以关键词"enddata"为结束。在这里,可以指定集成员、集的属性。

@ODBC 函数与数据库连接,使用数据库之前,数据源需要在 ODBC 管理器注册,目前支持下列 DBMS:(如为其他数据库,则需自行安装驱动)ACCESS,DBASE, EXCEL, FOXPRO, ORACLE, PARADOX, SQL-SERVER, TEXE FILES。

4)目标函数

@min 和@max,返回指定的集成员的一个表达式的最小值或最大值。

6.6.4 Access 数据库模块

计划优化组件的原型开发时,本地数据库采用 Microsoft Access。它是一种关系式数据库,关系式数据库由一系列表组成,表又由一系列行和列组成,每一行是一个记录,每一列是一个字段,每个字段有一个字段名,字段名在一个表中不能重复。Access 数据库以文件形式保存,文件的扩展名是 MDB。

对于生产计划优化模型,它的数据是独立于数学工具的。如果要一个优化正常的运行,它所需要的数据包括外部输入数据、自身属性数据和输出数据三部分,具体如表 6-8 所示。

表 6-8 优化系统的数据模型设计

数据类型	数据属性	描述
外部输入数据	原油和产品的市场信息数据	原油种类,原油关键物性数据,可采购范围,原油初始库存和安全库存,价格
		产品种类,产品关键物性数据,产品需求范围,产品初始库存和安全库存,价格
自身属性数据	确定工厂个性的配置数据	装置名称,类型,装置加工量上下限,常减压装置的切割温度范围
		侧线名称,类型,移动连接关系
		装置名称,侧线名称,方案,时间,方案名称,装置初始加工量,关键物性,侧线产率
输出数据	优化的生产指令	装置名称,时间,方案名称,加工量
		移动关系,时间,移动量
		原油采购量、产品生产及销售量

数据库模块对应 RP-quality-optimization. mdb,其主要功能是和 Matlab、Lingo进行数据交互,保证之前几个模块的正常运行。该 Access 数据库中总共存放了 10 张表格,分别为:

(1) crudea(一次原油的类型、价格、初始库存、安全库存、可采购范围、含硫量

＋采购量、安全库存、进入 CDU 的一次原油加工量）；

（2）crudeb（二次原油的类型、TBP 拟合参数＋进入 CDU 的二次原油加工量）；

（3）crudeTBP（一次原油实沸点蒸馏曲线的基础数据）；

（4）product（产品初始库存、安全库存＋产品实际生产量、产品销售量）；

（5）unit（加工装置类型、装置加工能力上、下限＋装置实际加工量）；

（6）port（侧线类型、常减压固定切割点、悬摆切割温度上、下限）；

（7）movement（管道物流的连接关系）；

（8）UMODE（装置方案＋不同方案下装置的实际生产量）；

（9）OPPORT（不同方案下的装置侧线、二次加工装置收率、流入调合装置的流股辛烷值 & 凝点物性＋常减压装置切割温度、收率）；

（10）OPMOVEMENT（不同方案下流股的连接关系＋流股的流量大小）。

以上表中，"＋"左边为基础配置信息，Lingo 从数据库中读入这类信息；"＋"右边为决策变量的运算结果，Lingo 经优化运算将结果写入表中相应变量。

6.7　本章符号说明

T——温度

T'——校正后的温度

T_F——恩氏蒸馏温度

T_C——摄氏温度

Tr——兰氏温度

$T_{n,\text{IBP}}$——侧线 n 的初馏点

$T_{n,\text{EP}}$——侧线 n 的终馏点

$T_{n,c}$——侧线 n 的固定切割点

T_n——侧线 n 的悬摆切割温度

T_{mabp}——馏分的中平均沸点

SUL——物料的含硫量

SULD——组分的含硫量上限

Y——实沸点收率

y——油品的质量收率

y_{ia}——二次加工装置的基准收率

$Y_{n,\text{IBP}}$——侧线 n 初沸点对应实沸点收率

$Y_{n,\text{EBP}}$——侧线 n 终沸点对应实沸点收率

n——第 n 条侧线

c_i——ASTM-TBP 数据转化校正因子

ON——汽油辛烷值

PP——柴油凝点换算因子

K——拟合的多项式次数

ρ_j——第 j 种原油的密度

θ_j——混合原油中原油 j 所占比例

d_4^{20}——相对密度

K^L——兰氏特征因数

API——比重指数

Z_{ip}——产品 i 的性质 p

Z_{ipa}——产品 i 基准收率对应的性质 p

g——影响装置收率的 g 个主要性质

FI——装置进料侧线流量

FO——装置出料侧线流量

P——炼油企业季度利润

D——油品需求量

Q——原油采购量

v——原油采购价格

i——第 i 种产品

j——第 j 种一次原油

m——第 m 种二次原油,操作方案

r——第 r 种混合原油

a——实沸点曲线拟合常数

b——直馏产品含硫分布常数

c——直馏汽油含辛烷值常数

d- 直馏产品 API 值分布参数

ai——ASTM-TBP 数据转化系数

bi——ASTM-TBP 数据转化系数

k——计划周期数

blend——调合装置集合

$PV_{n,p}$——进料侧线 n 的性质 p

x——第 x 个装置操作参数

γ——待分类的 γ 组样本系列

V——侧线体积收率

s——油品销售价格

R——装置加工量

C——装置单位加工费用

low——下限

up——上限

B——原油库存量

I——油品库存量

U——所有加工装置的集合

u——第 u 个加工装置

N——所有装置侧线的集合

n——第 n 条装置侧线

p——侧线的第 p 种物性

g——侧线共有 g 个物性

X——所有装置操作条件的集合

ϕ_T——原油沸点低于 T 的体积分数

第7章 产率评估组件与生产计划优化组件的集成

7.1 生产计划优化和 MES 产率评估组件

7.1.1 石化企业的生产计划优化

石化企业的生产计划是企业运作和决策管理的重要组成部分。一般包括供应链的计划优化,企业生产过程计划优化,和部分结合工艺操作过程的计划优化。其中,供应链计划考虑的是在基础设施固定的前提下,一段短期或中期的时间内,从经济角度寻求生产、分销和仓储等资源的最佳使用方式来响应订单和需求预测。供应链计划一般都采用优化方法。企业生产的过程优化又称作 MES 的计划优化,通常衔接了供应链的计划优化和 MES 的生产调度,需要充分考虑到不同层次的物理模型和时间尺度,并且在满足供应链需求的情况下,进行指导生产。一般而言石化企业的生产计划具有计划时间尺度长,考虑的加工流程较长,拓扑结构复杂等特点。通过对企业内的生产装置的生产模式、库存状况、运输方式进行合理的安排,并且协同企业之间的供应、生产、分销等活动,往往可以最大化企业生产的利润,并且能够满足市场的需求和波动。合理的安排企业计划优化通常是企业的 ERP 管理层,MES 执行层所必须考虑的问题。

随着市场全球化和信息技术进步,流程企业运作模式正在逐步发生变化,作为企业中生产活动的组织和管理中心的计划调度系统出现了新特征。21 世纪的竞争将是供应链和供应链之间的竞争,为了增强市场快速响应能力,提高客户服务水平,越来越多流程企业与供应商、分销商、零售商和第三方物流商组成战略联盟,基于协同的供应、生产、分销和运输计划的建模与优化技术是实现这种企业战略的核心技术;同时在企业内部为了提高生产快速反应能力,降低生产成本,需要从整个企业生产优化观点出发,实现计划与调度的集成优化,以改变目前生产计划与调度排产分层进行而可能造成的相互脱节或反馈滞后问题。

流程工业由于其生产对象不仅有物理变化而且有化学反应,其生产过程具有非线性、随机性、不确定性等多种特性。计划优化问题在数学上成为大规模混合整数非线性问题,求解非常困难,同时由于流程工业生产物流的连续性,缓冲余地小,这就对其计划调度的实时性、协调性、可靠性提出了更高的要求。

7.1.2 MES 的生产计划优化

在 MES 中生产计划与调度系统是管理层与过程控制层之间的纽带。一方面,它对来自 ERP 的经营决策和产品信息在企业生产能力和外部资源约束下进行细化、分解,将产品计划转化为生产计划、调度作业计划并传递给过程控制层;另一方面,它整合过程基础数据,经过分析处理,与生产计划进行比对,控制生产作业计划的执行,将资源利用情况、库存情况准确及时地反馈给决策层。MES 为生产管理人员提供强大的监控、分析、与决策功能,帮助完成生产与库存、生产装置与生产装置间的生产协调、生产装置与公用工程的协调;监督生产指令执行,对生产作业计划执行情况进行检验、评估和调整。可见 MES 整体具有计划-执行-控制的功能。

目前流程工业的生产计划调度系统是一个层次化的系统,其上层是计划层,根据对企业生产发展、市场对产品需求和原料供应情况及预测,制定比较宏观的生产计划和生产调整方案。生产计划可以进一步分解为月计划、周计划,以便及时更新库存、生产能力及其相关需求信息,使得采购、生产、分销协调顺畅。其下层是调度层,根据工艺切换、生产设备的运转、原料的供应及储运、公共资源的波动等情况,把计划阶段所确定的生产计划分解为详细的日/小时级调度计划与操作指令,制定产品在处理设备上的加工顺序及相应的资源分配方案,以优化某些经济的或系统的性能指标。

MES 的生产计划中产率模型是对 MES 各个加工装置和生产节点的抽象表示,通过对装置的各个侧线的物料的进出料量进行统计和线性回归,就可以得到一个装置在一定的时间段内,比如一个班次或者一天内的物料分布比率。不同的装置在不同的操作加工条件下会呈现出不同的产率,也就是形成相应的产率模型。MES 的生产计划不仅仅能够决定装置的加工负荷、物料的存储和供应,也能够决策装置运行的产率,从而真正影响到工厂运行的条件,形成不同的最终产品。

考虑到产率是工厂生产装置在长时间内平稳加工运行的回归模型,因此没有非线性产率模型或者机理模型等刻画得那样细致。但是在长周期计划的层面,由于优化计算能力的限制和时间尺度的延展性,一般来说建立合适的产率计划优化模型是合理并且有效的。在 MES 层中,通常以产率模型为基础,通过考虑对产率的不确定性进行合理建模,或者对产率的真实情况进行数据校正和评估。在产率评估的基础上得到更准确的计划优化模型,指导石化企业的工厂进行生产。

7.1.3　MES 产率评估组件

组件化的 MES 平台提供了数据,模型,以及各类组件和集成框架,利用组件化的 MES 平台可以为计划优化的产率评估提供有效的支持。利用 MES 平台的数据集成组件,采集产率评估所需的生产实时数据、事件数据、第三方系统接口数据及平面结构化数据,利用组件化平台提供的数据来源和对象,分析历史的产率波动情况,产生历史回归的产率数据,反馈到数据集合中。利用组件化的实时数据库,MES 产率评估组件可以更好的及时反馈生产产率的波动情况,为计划优化的产率评估模型提供精确的数据。每一套产率评估的数据都再次反馈到数据库当中。此外也需要确保数据对象能够被其他组件或服务所调用。

在完成产率评估组件的数据层收集的基础上,产率评估组件利用工程模型迅速建立生产计划优化所需的装置、储罐、管道、物料的基础模型和节点,并且和工厂模型匹配,产率作为工厂装置模型的属性,形成业务模型的生产方案。通过 IT 组件的流程组件和业务操作组件建立符合业务逻辑和行业应用的产率评估模块。在产率评估模块当中,需要对当前的产率进行挖掘分析和校正。由于产率的不确定性,依据马尔可夫链的动态产率特性,刻画产率模型的波动状态,进行不确定性建模。生产优化调度模块接收产率数据,利用各个组件模块搭建计划优化模型,调用求解器进行求解。最终得到物料配方,产率方案,加工量,物料流向等一系列的生产加工指令和方案,根据此生产方案,相应的仿真业务模块会进行统计处理核算相应数据,反馈给质量管理和跟踪模块。仿真组件验证并且进一步修正相应的产率数据,最终核实并且将计划实施。

7.2 MES 生产优化的工作流

MES 生产计划从 ERP 接收宏观生产计划开始,对生产计划进行逐层、逐次分解和优化,最终转换为班次生产指令,下放 PCS 层进行生产。具体的步骤是对 ERP 计划进行月度分解,得到优化后的月生产计划,月计划进一步分解,分解为 4 个周计划,如图 7-1 只表述了 2 周计划过程。周计划生成后,将按照功能区进行分解,大致分为罐区、生产装置指标,进出厂点调度指标。此时,周计划将会被转为班次生产指令,下放到 PCS 层进行生产。同样的,一周生产计划实际上会产生 21 个生产班次生产指令(一天三班),出于简要考虑,图 7-1 只给出了 2 个生产班次的指令产生过程。值得注意的是,MES 计划层所制定的生产计划,下达的生产指令并不是一经制定就不能改变的,出于生产波动(如产率不确定)的考虑,每一个生产班次生产结束后,会及时进行班次数据统计,并对后续班次指标进行调整。同样的,周计划和月计划也是按照这种反馈调整的思想进行适时调整。

在 MES 生产计划制定过程中,产率模型将发挥重要的作用,参与了月计划、周计划以及各个班次的生产方案制定中。同时,MES 上报的各层统计数据也将及时地被收集,用于产率模型的及时调整和修正。

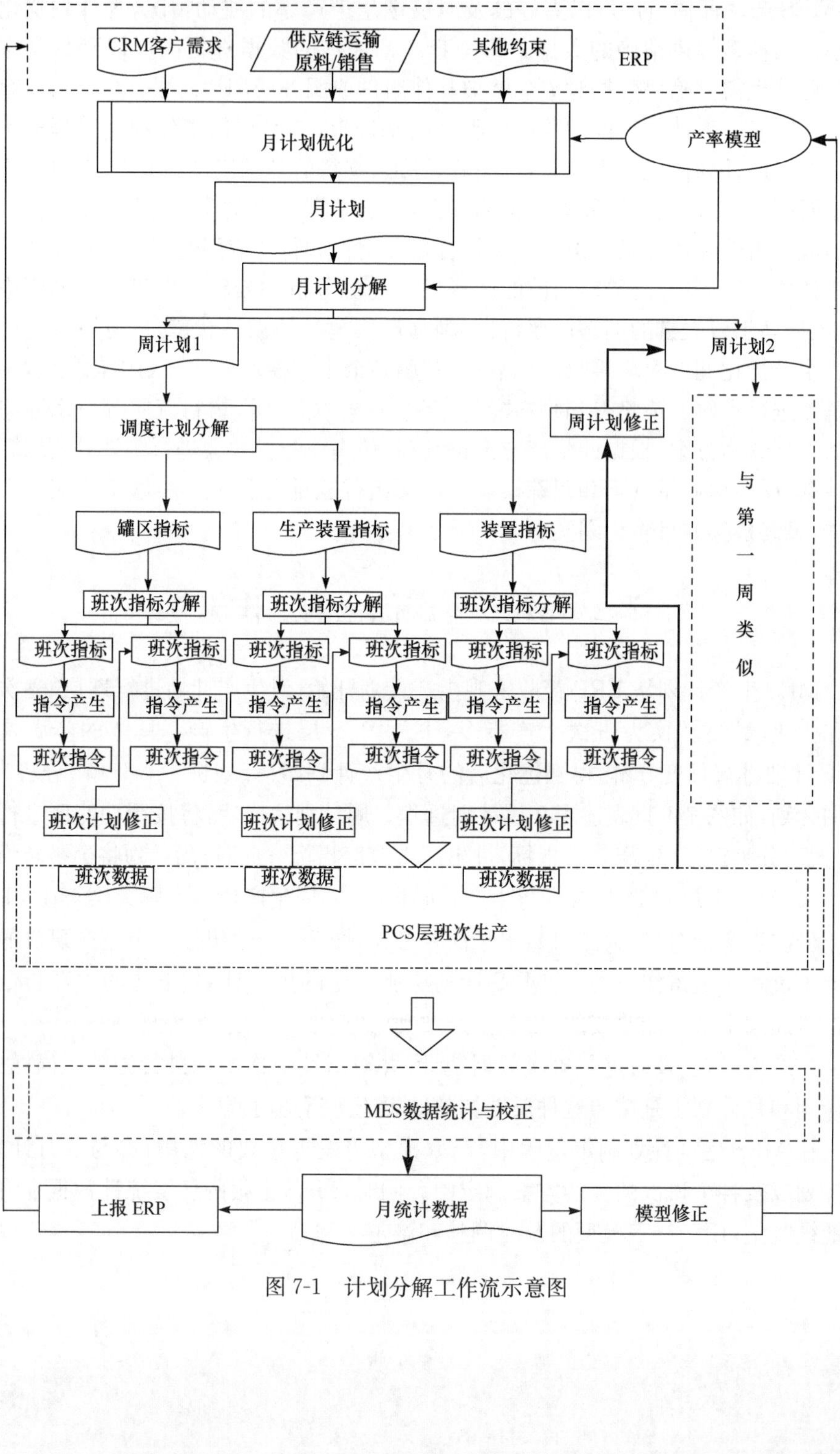

图 7-1　计划分解工作流示意图

7.3　结合产率评估的生产计划优化研究

7.3.1　产率评估的生产计划模型和调度模型

在需求不确定和产率不确定条件下研究鲁棒的供应链决策问题通常作以下假设：①每个生产方案下产品的产率已知；②每个生产方案下产品的标定产率已知且描述产率波动性的初始状态分布和状态转移矩阵已知。事实上这些信息都是要从生产中统计获得，且并非在所有的工业应用现场都能获取完整的信息。或者说在不同情况下，有些假设能成立，有些假设并不能成立。

在本节，将给出 MES 性能评估组件的一些基于数理统计的手段和方法，针对不同的情况评估产率及其波动性。用于评估产率的生产数据由调度仿真模型产生。在时间上，调度层比供应链层粒度更细；在空间上，生产部分的供应链是对生产调度模型的一种归并。在生产环节，供应链模型的相关参数是通过对调度模型相应参数的归并、聚集和统计实现的。

本章首先介绍用于产生评估数据的调度仿真模型，然后介绍在不同情况下需要的评估的项目和评估方法，最后通过实验说明这些评估过程。

图 7-2 的炼油厂是对生产设备做了大量归并后获得的在计划优化层的示意图。炼油厂的实际物理生产流程远比该图展示的复杂得多，而调度层的生产模型复杂度则介于实际物理生产流程和计划层生产流程之间。相对于物理层，调度层主要将操作单元按任务进行了归并，即只有一个个大的装置，而不展示其内部操作单元，并且对实际上纷繁复杂的大量管道进行了归并，相同流向的管道归并成了一根。需要指出的是，从业务流程的角度来讲，计划优化层生产模型的参数并不是从底层物理生产流程的动态数据统计出来的，而是从调度层的数据统计出来的。详细地说，有关产量和产率的数据是以班次为单位进行统计的，每个车间（一般对应一套装置）都会统计每个班次的投入产出数据，而罐的流入流出数据和罐存数据则由流量仪表动态数据累加或者通过罐检尺来获得，一般情况下，每个班次至少进行一次罐检尺。综合每个班次车间投入产出数据和罐的流入流出和罐存数据就能得到调度层生产模型所需要的物流数据。而计划层生产模型的数据则是基于对上面所描述的调度层生产模型物流数据的归并、统计和分析获得的。

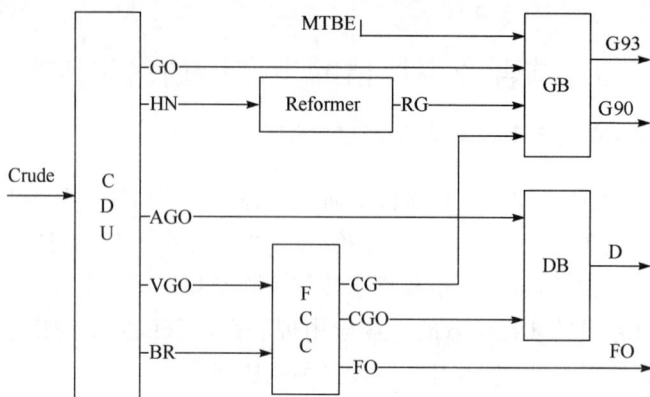

图 7-2　计划层炼油厂生产流程示意图

如图 7-3 所示是炼油厂的调度仿真模型示意图。图 7-2 和图 7-3 是在不同层次上对同一个工厂的展示和描述。在调度仿真模型中呈现的是实际物理装置数，即 2 套 CDU、3 套 FCC 和 1 套 Reformer。而在计划层则对相同装置进行了归并。调度层的生产模型相对于供应链层最大的区别是可容性罐的存在。由于生产的波动，装置与装置之间进行直供是不妥的，为了保证下游装置进料的稳定，在其前端通常设有中间罐，这些中间罐具备一定的存储能力，用于缓冲上游装置产量的波动。如果生产的统计和评估准确，并基于此做出合理的生产安排，每种物料的中间罐总库存应当比较稳定，从长期来看保持在一定值附近。正是由于这种性质，在计划优化层的模型中才可以忽略中间罐，即假设从较长的一段时期来看中间罐的库存接近于零变化。

7.3.2　调度仿真模型的建立

图 7-3 的调度仿真模型是由 2 套 CDU、3 套 FCC 和 1 套 Reformer 构成的。对于生产调度过程而言，罐的调度是很关键的内容，因此中间过程采用的是物理罐，以模仿实际调度过程。为了既不失代表性又不使流程太纷繁复杂，在中间生产过程一般每根出料侧线可以去若干个目的罐，每根进料侧线也可能接受若干个物理罐的进料，事实上继续增加这些物理罐不会影响仿真模型的实现过程，也不会影响后续的评估方法。在调度层，相比于直接统计每个班次的成品油在统计学上更有意义的是统计成品油成分罐的库存情况。原因是，成品油的调和并不完全是一个连续过程，而其事件特性更浓厚，举个极端的例子，可能两个班次所需要生产的成品油只需要在成品油出厂的那个班次调和完成，而前一个班次不做任何调和操作。因此，具体的成品油的产量在一个班次这样的粒度并没有很好的统计特性，而成品油组分罐的收入量则很好地刻画了每个班次的产出，它表征了这个班次的生

产能够调和出多少成品油的"能力",虽然这种"能力"不一定在当前班次完整兑现,但迟早会在某个时刻实现。本章对产品产率的评估就是基于对成品油组分罐收入量的评估。

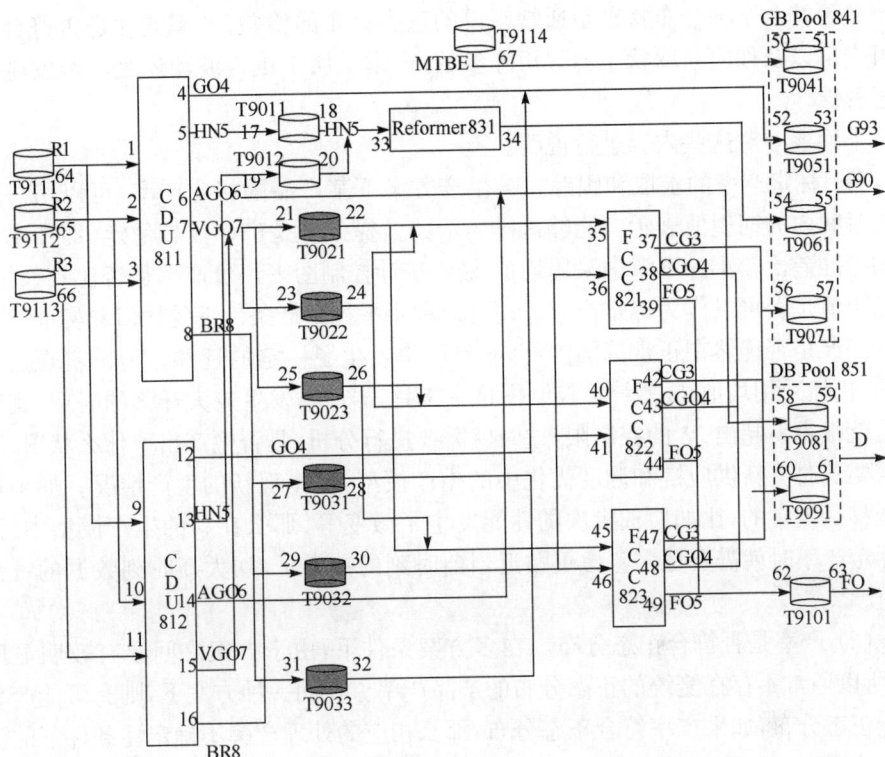

图 7-3　炼油厂调度仿真模型流程示意图

在实际生产中,当同一种物料可以去向不同的罐,或者可以从不同的罐接收同一种物料时,常常按照一定的经验规则进行选择。这些经验规则可以看成是仿真模型的控制器,在生产中可以根据状况自动选择操作方案。在现场,倒罐的规则可能有不少,这里的仿真模型采用的是以下几条规则:

(1) 最空余罐优先收料原则。该原则建议如果同一物料可以输往不同罐,应该优先输给当前接收能力最大的罐,也就是空余容量最大的罐。这一原则可以确保对于相同的流量尽量减少接收罐的数目,也就是减少管道流向切换。

(2) 最充足罐优先付料原则。该原则建议如果同一物料可以从不同的上游罐接收,应该优先选择当前库存量最大的罐。这一原则同样可以确保对于相同的流量尽量减少付料罐的数目,也就是减少管道流向切换,保持稳定供应。

每个装置在各个仿真周期的加工量和进料比例都是预先给定的,通常是调度优化模型的解。而每个装置每条输出侧线的产率会模仿生产中情况设置随机性,并以此检验产率评估方法。

7.3.3　产率及其波动性的评估方法

下面将给出一系列的讨论或评估内容：产品(或成品油组分)标定产率的评估；产率是否符合某种分布特别是通常假设的正态分布的检验；产率波动是否符合马尔可夫链以及如何获取状态转移矩阵参数；产率是属于正常波动还是已经发生基数迁移。

下面逐一对这些内容进行说明。

(1) 标定产率的求取和跟踪。某生产方案下某产品的标定产率，可以用一段较长时间内的期望值表示。能够这样表示的前提条件是产率比较稳定，即产率波动的标准差比较小。本章中采用均值-极差统计控制图来评价产率是否比较稳定，其期望值是否可以作为标定产率。还可以利用平稳生产条件下的均值和标准差来跟踪生产是否仍然在正常范围内，抑或是产率发生了一定的迁移。为了实现这一目的，仍然采用均值-极差统计控制图这一工具，当产率发生较大迁移的时候，其产率值就很容易超出 3δ 的控制限，这时就需要进行分析，是否生产出了什么状况，同时需要及时更新供应链和调度优化中的生产模型，以体现新的生产情况。如果这种迁移是正常的，比如原油批次的性能发生了微变等，那么在新的生产模型中，计算标定产率时就需要更多考虑更贴近当前时刻的数据了，加大新时刻数据的统计权值。

(2) 产率是否符合正态分布。在多方案条件下，由于方案之间会有较明显区别，所以通常不存在笼统的正态分布的产品产率。在同一种方案下，则有可能产率符合正态分布，如果产率符合正态分布，那么相应的处理产率不确定性条件下的优化方法还可以简化。在这里可以把正态分布的产率看成之前所描述的马尔可夫链的一种特殊形式，即初始概率分布向量等于马尔可夫链的极限分布(或者称为稳定分布)，状态转移矩阵的每一行相等且都等于马尔可夫链的极限分布，这个极限分布就相当于产率的正态分布。此处可以采用 χ^2 拟合检验法来检验单方案下产率是否符合正态分布。

(3) 产率波动的马尔可夫链参数求取及检验。首先可以根据仿真结果求出某种生产方案下某产品的马尔可夫链状态转移矩阵和刚发生方案切入时某产品的初始概率分布向量。接下来的问题是根据一次仿真结果求出的马尔可夫链状态转移矩阵和初始概率分布向量是否具有普适性。为了验证产率波动服从马尔可夫链的假设和求取参数的有效性，可以多次仿真，从第一组仿真获得分布参数，对其他几组仿真按该分布进行 χ^2 拟合检验，如果在显著性水平下接受假设，那么就可以对波动的产率采用第 3 章中所述方法进行供应链鲁棒决策。

在检验关于分布的假设的有效性时，多次用到了 χ^2 拟合检验法，下面将对这个方法进行说明。这是在总体的分布未知时，根据样本 $X_1, X_2, \cdots, X_n$ 来检验关于总体分布的假设：

$$H_0: 总体\ X\ 的分布函数为\ F(x) \tag{7-1}$$

$$H_1: 总体\ X\ 的分布函数不是\ F(x)\ 的一种方法$$

若总体 X 为离散型，则式(7-1)中的 H_0 应该描述成

$$H_0: 总体\ X\ 的分布律为\ \Pr\{X=a_r\}=p_r, r=1,2,\cdots \tag{7-2}$$

若总体 X 为连续型，则式(7-1)中的 H_0 应该描述成

$$H_0: 总体\ X\ 的概率密度为\ f(x) \tag{7-3}$$

先假设 H_0 中所假设的 X 的分布函数 $F(x)$ 不含未知参数。将在 H_0 下，X 可能取值的全体 Ω 分成 k 个两两不相交的子集 $A_1,A_2,\cdots,A_\Upsilon$。用 f_r 表示样本观察值 $x_1,x_2,\cdots,x_n$ 中落在子集 A_r 的个数，那么 f_r/n 则表示在 n 次试验中事件 A_r 发生的频率。另一方面，当 H_0 为真时，可以根据 H_0 所假设的 X 的分布函数来计算事件 A_r 的概率，得到 $p_r=P(A_r)$。频率 f_r/n 与概率 p_r 会有差异，但一般来说，若 H_0 为真，且试验次数又足够多时，这种差异不应太大，因此 $\left(\dfrac{f_r}{n}-p_r\right)^2$ 不应太大。

在统计学上则采用

$$\chi^2 = \sum_{r=1}^{\Upsilon} h_r\left(\frac{f_r}{n}-p_r\right)^2 = \sum_{r=1}^{\Upsilon} \frac{n}{p_r}\left(\frac{f_r}{n}-p_r\right)^2 = \sum_{r=1}^{\Upsilon} \frac{f_r^2}{np_r}-n \tag{7-4}$$

作为检验统计量，式(7-4)中 h_r 项的加入是为了使得统计量具有下述引理中的重要性质。

当 H_0 中所假设的 X 的分布函数 $F(x)$ 含有未知参数时，需先利用样本求出未知参数的极大似然估计(在 H_0 下)，以估计值作为参数值，然后根据 H_0 中所假设的分布函数，求出 p_r 的估计值 $\hat{p}_r=\hat{P}(A_r)$，在式(7-4)中以 $\hat{P}_r$ 取代 P_r，采用

$$\chi^2 = \sum_{r=1}^{\Upsilon} \frac{f_r^2}{n\hat{p}_r}-n \tag{7-5}$$

作为检验统计量。

定理 7-1　若 n 充分大($n\geqslant50$)，则当 H_0 为真时，统计量(7-4)近似地服从 $\chi^2(\Upsilon-1)$ 分布；而统计量(7-5)近似地服从 $\chi^2(\Upsilon-Ne-1)$ 分布，其中 Ne 是被估计参数个数。

据以上的论述，当 H_0 为真时式(7-4)所示的 χ^2 不应太大，如果过分大就拒绝 H_0，因而拒绝域的形式为

$$\chi^2\geqslant L(L\ 为正常数)$$

对于给定的显著性水平 α，确定 L 使

$$\Pr\{当\ H_0\ 为真却拒绝\ H_0\}=P_{H_0}\{\chi^2\geqslant L\}=\alpha$$

由上述定理得 $L=\chi_\alpha^2(\Upsilon-Ne-1)$(当 H_0 所假设的分布函数不含未知参数时

$Ne=0$),于是得拒绝域为

$$\chi^2 = \chi_\alpha^2(\Upsilon-Ne-1) \tag{7-6}$$

即当样本观察值使式(7-4)或式(7-5)的 χ^2 值满足式(7-6),就在显著性水平 α 下拒绝 H_0,否则就接受 H_0。这就是 χ^2 拟和检验法。

现在,可以清楚地表示在验证产率是否符合正态分布时将采用的是含有未知参数的 χ^2 拟和检验,而通过多次仿真检验马尔可夫链分布假设时采用的其实是不含未知参数的 χ^2 拟和检验。

7.3.4　调度仿真系统的配置

整个调度仿真系统的流程图如图 7-3 所示,包括侧线流向和连接关系等完全按照该图构建。两个生产方案下各装置(CDU,FCC,Reformer)的进料端的配料比例和出料端的侧线产率的标定配置如表 7-1 所示,其中第一列的端口号在流程图上的位置见图 7-3。需要指出的是,表 7-1 中所给出的进料比例或产品产率是标定配置,在实际生产时由于进料比例是可以通过流量控制系统实现按计划稳定执行的,因此标定比例即仿真时实际进料比例,而实际生产时产品产率并不能完全控制,会有波动,因此在仿真时实际产率是标定产率和随机量的综合结果,这些随机量是人为按一定的分布加入的。装置的加工能力和罐的库存能力是受约束的,其能力约束见表 7-2。原料罐和成品油组分罐由于是仿真模型的边界条件,只出不入或者只入不出,因此只考虑它们的每个周期的付出或接收量,而不考虑其实际库存变化,因此不是实际物理罐,不用考虑其库存能力。

表 7-1　调度仿真系统标定生产方案配置表

端口	端口说明	方案名	比例/产率	方案名	比例/产率
1	CDU1 进料	1	0.5	2	0.3
2	CDU1 进料	1	0.2	2	0.4
3	CDU1 进料	1	0.3	2	0.4
4	CDU1 出料	1	0.1	2	0.08
5	CDU1 出料	1	0.2	2	0.2
6	CDU1 出料	1	0.2	2	0.25
7	CDU1 出料	1	0.24	2	0.18
8	CDU1 出料	1	0.24	2	0.27
9	CDU2 进料	1	0.5	2	0.3
10	CDU2 进料	1	0.2	2	0.4
11	CDU2 进料	1	0.3	2	0.4
12	CDU2 出料	1	0.1	2	0.08

端口	端口说明	方案名	比例/产率	方案名	比例/产率
13	CDU2 出料	1	0.2	2	0.2
14	CDU2 出料	1	0.2	2	0.25
15	CDU2 出料	1	0.24	2	0.18
16	CDU2 出料	1	0.24	2	0.27
33	重整进料	1	1	2	1
34	重整出料	1	0.95	2	0.95
35	FCC1 进料	1	0.5	2	0.4
36	FCC1 进料	1	0.5	2	0.6
37	FCC1 出料	1	0.3	2	0.4
38	FCC1 出料	1	0.3	2	0.2
39	FCC1 出料	1	0.4	2	0.4
40	FCC2 进料	1	0.5	2	0.4
41	FCC2 进料	1	0.5	2	0.6
42	FCC2 出料	1	0.3	2	0.4
43	FCC2 出料	1	0.3	2	0.2
44	FCC2 出料	1	0.4	2	0.4
45	FCC3 进料	1	0.5	2	0.4
46	FCC3 进料	1	0.5	2	0.6
47	FCC3 出料	1	0.3	2	0.4
48	FCC3 出料	1	0.3	2	0.2
49	FCC3 出料	1	0.4	2	0.4

表 7-2　装置加工能力上下限和中间物理罐存储能力上下限

设备编号	设备说明	能力上限（吨/天）	安全下限（吨/天）
811,812	CDU 装置	1300	800
831	重整装置	1300	800
821,822,823	FCC 装置	360	260
T9011,T9012	HN 罐	1000	50
T9021～T9023	VGO 罐	800	50
T9031～T9033	BR 罐	1200	50

　　在进行仿真前,除了配置流程、标定生产方案和罐上下限,还需要给定生产安排,也就是各个周期的生产方案和各装置的加工量。然后仿真系统就可以根据前

面所述的最空余罐优先收料和最充足罐优先付料原则自动进行滚动仿真。而生产安排的给定是根据下面不同的实验目的来设计的。

7.3.5 实验案例

实验 1　标定产率的评估和跟踪

正常情况下标定产率的评估比较容易。例如,期望评估方案 1 下各成品油组分的标定产率,那么不妨设计表 7-3 的实验。

表 7-3　仿真实验中的生产安排

调度周期	方案	装置类别及编码					
		CDU811	CDU812	Reformer831	FCC821	FCC822	FCC823
1～100	1	1000	1000	400	300	320	340
101～500	1	1100	900	400	330	310	320

整个炼油过程的成品油组分很多,不妨以 AGO 为例进行说明。对 500 个仿真周期值进行统计,得到 AGO 产率的均值 $\mu = 20.005$,标准差 $\delta = 0.8467$,采用均值-极差统计控制图来观察产率是否平稳,取 $(\mu - 3\delta, \mu + 3\delta)$ 作为控制限,见图 7-4。这里,注意到 500 个仿真值全部位于控制限内,说明 AGO 产率在不同的周期很平稳,因此可以将 μ 定为 AGO 标定产率。

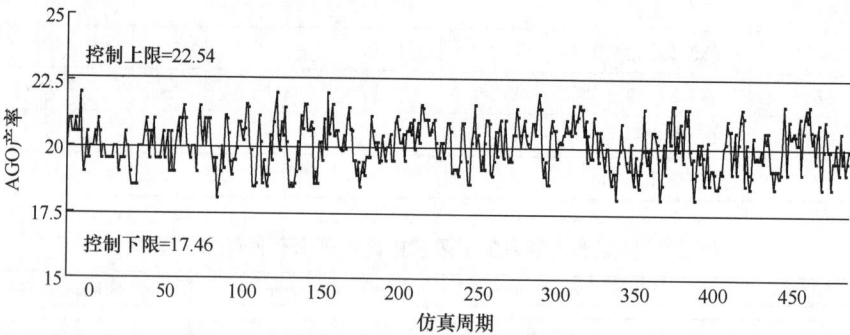

图 7-4　正常情况下仿真中 AGO 产率的均值-极差统计控制图

但是,如前文所述随着生产设备的折旧或者原油批次的属性微变,产品产率可能会发生结构性的变化。因此需要比较及时地跟踪产率的变化,分析原因并且调整供应链和调度优化模型中的生产模型,以反映最新的生产状况。假定认可了刚才的数据为正常状态下的数据,那么就可以用它来监控和跟踪产率的变化了。在下面的实验中,基本采用上面的实验条件,只是从第 480 个仿真周期开始,将 AGO 的产率中心值提高到 22.5%。对新的仿真结果绘制均值-极差统计控制图,见

图 7-5,可以明显地看到在第 480 个周期后 AGO 产率频繁越过控制上限,这说明采用均值-极差统计控制图可以跟踪和发现标定产率的迁移。

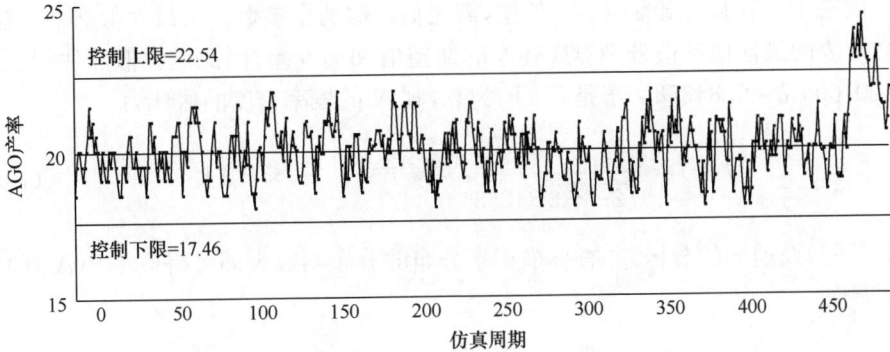

图 7-5　末 20 个仿真周期 AGO 产率发生迁移时的均值-极差统计控制图

实验 2　验证产率波动是否符合正态分布

本实验期望判断某个生产方案下某产品的产率是否符合正态分布,如果是,求其正态分布参数。下面以生产方案 1 下 AGO 产率分布为例,同样的,按照表 7-3 给定仿真的生产安排。经过仿真,所得的 500 个 AGO 产率数据分布在的区间内,均值接近 20,而且小于 18.5 和大于 21.5 的数据个数均小于 5 个,因此把整个区间分成以下 7 个小区间:$(-\infty, 18.75]$ $(18.75, 19.25]$, $(19.25, 19.75]$, $(19.75, 20.25]$, $(20.25, 20.75]$, $(20.75, 21.25]$, $(21.25, \infty)$。落在每个小区间 i 的频数 f_i 见表 7-4,根据频数画出的直方图如图 7-6 所示,直觉上这样的分布比较接近于正态分布。现在做 χ^2 拟合检验如下。要检验 AGO 产率是否符合正态分布,即需检验假设:

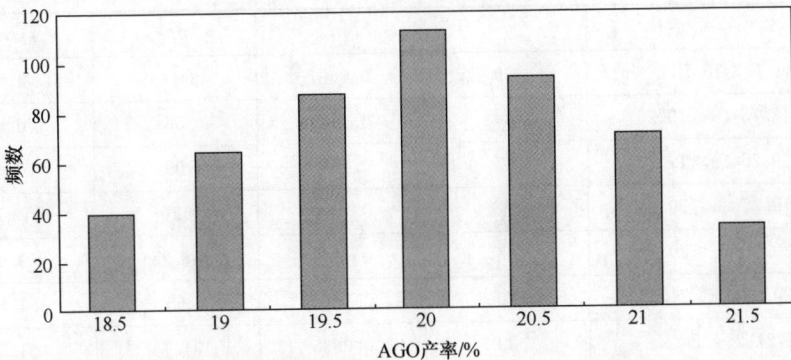

图 7-6　AGO 产率在各区间分布直方图(500 个周期仿真值)

$$H_0:X \text{ 的概率密度为 } f(x)=\frac{1}{\sqrt{2\pi}\delta}e^{-\frac{(x-\mu)^2}{2\delta^2}}, \quad -\infty<x<\infty \tag{7-7}$$

因在 H_0 中未给出参数 μ,δ 的值,需先估计这两个参数。由最大似然估计法,参数 μ,δ 的最佳估计值分别对应样本的期望值和标准差,因此最大似然估计值为 $\hat{\mu}=20.005,\delta=0.84258$。于是若 H_0 为真,则 X 的概率密度的估计为

$$f(x)=\frac{1}{\sqrt{2\pi}\times0.84258}e^{-\frac{(x-20.005)^2}{2\times0.7099}}, \quad -\infty<x<\infty \tag{7-8}$$

按式(7-8)及前面的分区,并查标准正态分布的分布函数表即可得概率 $P(A_r)$ 的估计。例如

$$\hat{p}_2=\hat{P}(A_2)=\hat{P}r\{18.75<X\leqslant19.25\}$$
$$=\Phi\left(\frac{19.25-20.005}{0.84258}\right)-\Phi\left(\frac{18.75-20.005}{0.84258}\right)$$
$$=\Phi(-0.8961)-\Phi(-1.4895)=0.116$$

采用类似的计算方法将结果列于表 7-4。现在 $\chi^2=504.76-500=4.76$,取 $\alpha=0.05$,$\chi^2_{0.05}(\Upsilon-Ne-1)=\chi^2_{0.05}(7-2-1)=9.488$,由于 $4.76<9.488$,因此在水平 $\alpha=0.05$ 下接受 H_0,即这 500 个 AGO 产率仿真值服从正态分布。

根据在 7.3.3 的分析,通常刚发生切换的几个周期生产波动会比较剧烈,上面的检验相当于验证了在连续长时间执行同一生产方案下 AGO 产率服从正态分布,下面需要检验在频繁切换生产方案的情况下,同样是生产方案 1 的 AGO 产率是否仍然服从上面的分布。为此设计了下面的实验,以表 7-5 的生产安排作为输入,其中 $\mathrm{mod}(t,10)$ 是取模函数,意思是每隔 5 个周期进行一次方案切换。

表 7-4　检验 AGO 产率是否服从正态分布的 χ^2 检验计算表

A_r	f_r	$\hat{p}_r$	$n\hat{p}_r$	$f_r^2/n\hat{p}_r$
$A_1:x\leqslant18.75$	39	0.0681	34.05	44.67
$A_2:18.75<x\leqslant19.25$	64	0.1160	58	70.62
$A_3:19.25<x\leqslant19.75$	87	0.1980	99	76.45
$A_4:19.75<x\leqslant20.25$	113	0.2320	116	110.08
$A_5:20.25<x\leqslant20.75$	94	0.1965	98.25	89.93
$A_6:20.75<x\leqslant21.25$	70	0.1200	60	81.67
$A_7:21.25<x<\infty$	33	0.0695	34.75	31.34
合计				504.76

表 7-5　生产方案频繁切换的生产安排

调度周期	方案	装置类别及编码					
		CDU 811	CDU 812	Reformer 831	FCC 821	FCC 822	FCC 823
$mod(t,10)=1\sim5$	2	900	1100	400	320	310	270
$mod(t,10)=6\sim9,0$	1	1100	900	400	300	320	340

同样可以从这个实验中获取 500 个生产方案 1 下的 AGO 产率数据,以同样的方法切割区间并画出直方图如图 7-7 所示,直观地来看,这一分布是不符合正态分布的,经过 χ^2 检验也的确如此。因此频繁切换下的产率分布和长期稳定生产有时是有出入的,需要分别验证。

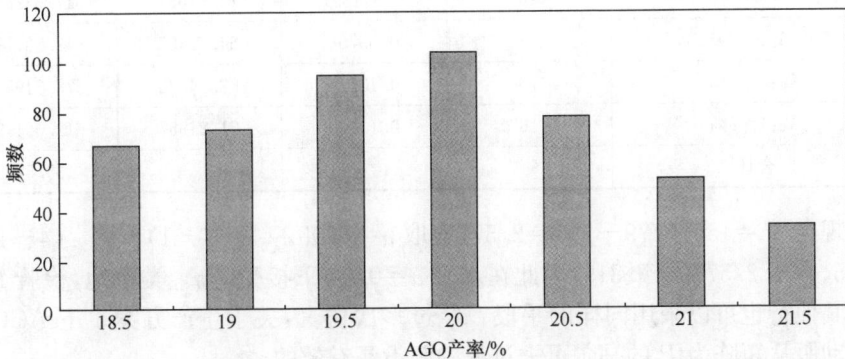

图 7-7　生产方案频繁切换情况下 AGO 在方案 1 下的产率分布直方图

实验 3　评估和验证产率波动的马尔可夫链特性

下面来评估和检测产率波动的马尔可夫链特性,仍然采用表 7-3 的生产安排作为仿真输入,并且仍以 AGO 产率作为考察对象。根据实验 1 的结果,知道产率的波动范围在[18%,22%],标定产率约为 20%,因此取概率波动的马尔可夫的状态空间为 $\Omega=[-2\%,-1\%,0,1\%,2\%]$。某个周期仿真值减去标定产率的值与哪个波动状态相接近,就取该状态作为这个周期 AGO 产率波动的马尔可夫状态,例如,19.7% 的产率就落于状态 0,而 19.4% 就落于状态 -1%。在进行了一次仿真后,求得在生产方案 1 下 AGO 产率的一步状态转移概率矩阵如下:

$$P=\begin{bmatrix} 0.090909 & 0.81818 & 0.90909 & 0 & 0 \\ 0.060345 & 0.41379 & 0.4569 & 0.068996 & 0 \\ 0.014925 & 0.22388 & 0.46766 & 0.27861 & 0.014925 \\ 0 & 0.094891 & 0.35766 & 0.40876 & 0.13869 \\ 0 & 0 & 0.14706 & 0.5 & 0.35294 \end{bmatrix}$$

为了检验 AGO 产率转移是否符合一步转移矩阵为 P 的马尔可夫过程,可以进行多次仿真来检验。可以按行检验 P 矩阵的有效性,下面以检验 P 矩阵的第四行为例,即从状态 $\lambda=1\%$ 转移到所有状态的概率,即需检验假设:

H_0:从状态 $\lambda=1\%$ 转移到所有状态的概率服从 $[0,0.094891,0.35766,0.40876,0.13869]$。

在同样输入条件下进行了第二次仿真,从状态 $\lambda=1\%$ 转移到所有状态的频数统计见表 7-6 中的 f_r 列,计算结果列于表 7-4。需要指出的是,根据 χ^2 分布拟合检验的理论,当某事件 A_r 发生的频数小于 5 时应当与相邻事件合并,因此对 $\lambda=-2\%$ 和 $\lambda=-1\%$ 进行了合并。

表 7-6　检验状态转移概率的 χ^2 检验计算表

A_r	f_r	$\hat{p}_r$	$n\hat{p}_r$	$f_r^2/n\hat{p}_r$
$A_1:\lambda=-2\%$或-1%	16	0.094891	14.51832	17.63289
$A_2:\lambda=0$	51	0.35766	54.72198	47.53117
$A_3:\lambda=1\%$	70	0.40876	62.54028	78.34951
$A_4:\lambda=2\%$	16	0.13869	21.21957	12.06433
合计				155.5779

现在 $\chi^2=155.5779-153=2.5779$,取 $\alpha=0.05$,$\chi^2_{0.05}(\Upsilon-1)=\chi^2_{0.05}(4-1)=7.815$,由于 $2.5779<7.815$,因此在水平 $\alpha=0.05$ 下接受 H_0。类似地,检验 P 矩阵的其他行也可以采用同样的手段。经过多次仿真,关于生产方案 1 下 AGO 产率波动服从矩阵为 P 的马尔可夫过程的假设是有效的。

接下来评估和检验方案切换时产率波动状态的初始分布概率。为了获得足够的数据,需要在仿真中频繁切换生产方案,因此同样给定表 7-5 的生产安排作为输入。

进行第一次仿真后求得,从方案 2 切换到方案 1 时 AGO 产率波动值分布于 Ω 中各个状态的概率向量为 $[0.31,0.18,0.19,0.21,0.11]$,然后用多次仿真来检验这个分布,即需检验假设:

H_0:当方案从 2 切换到 1 时,AGO 产率波动状态的初始分布概率服从 $[0.31,0.18,0.19,0.21,0.11]$。

将第二次仿真的数据和检验计算结果列于表 7-7。现在 $\chi^2=101.0403-100=1.0403$,取 $\alpha=0.05$,$\chi^2_{0.05}(\Upsilon-1)=\chi^2_{0.05}(5-1)=9.488$,由于 $1.0403<9.488$,因此在水平 $\alpha=0.05$ 下接受 H_0。

表 7-7　检验方案切换时初始状态分布概率的 χ^2 检验计算表

A_r	f_r	$\hat{p}_r$	$n\hat{p}_r$	$f_r^2/(n\hat{p}_r)$
$A_1:\lambda=-2\%$	29	0.31	31	27.12903
$A_1:\lambda=-1\%$	21	0.18	18	24.5

A_r	f_r	$\hat{p}_r$	$n\hat{p}_r$	$f_r^2/(n\hat{p}_r)$
$A_2:\lambda=0$	19	0.19	19	19
$A_3:\lambda=1\%$	22	0.21	21	23.04762
$A_4:\lambda=2\%$	9	0.11	11	7.36364
合计				101.0403

在建立炼油厂调度仿真模型的基础上,通过设计不同的仿真条件对其所产生的大量生产数据分析的基础上,评估了上层供应链优化层所需生产模型的参数。文中利用均值-极差统计控制图来判断标定产率是否平稳,并且还用它来跟踪标定产率的迁移,实验表明简单的均值-极差统计控制图能够很好地完成这一功能,对于产率的异常波动能够迅速捕捉到。本书还给出了对产率波动概率分布假设的参数求取和检验假设的方法,只有通过 χ^2 拟合检验的对产率不确定性进行描述的概率分布模型才能被用于上层的计划模型的随机规划中。

7.4　利用 MES 产率评估组件的生产计划优化

7.4.1　产率评估的需求分析

炼油厂计划的研究是一个与实际应用紧密相连的课题,由于在现实中不确定性广泛存在于供应链的各个环节,如采购、生产、运输、需求、价格等,因此研究产率不确定性条件下的计划优化问题和产率评估的方法具有十分重要的理论和现实意义。

为了从根源上抑制产率不确定性,本章的理论部分中给出了一套标定产率的评估方法,并采用均值-极差统计控制图跟踪和监控标定产率的迁移。对于产率波动的分布假设给出了分布参数的评估方法及确认该分布假设是否成立的检验方法。使得 MES 产率评估更具可靠性。

由于真实生产过程的复杂性,如加工装置的产品收率与进料物性和工艺参数非线性相关、调和产品物性与调和组分物性呈非线性关系、物流调度存在灵活多样的操作规则等,在进行优化决策时,往往会采用不同的建模和求解策略。如装置收率是采用固定值、工程简化的 delta-base 模型、还是严格的机理模型? 采用哪些变量来描述模型? 采用何种启发式规则安排装置生产和物料移动路径? 由于缺少统一的验证平台,当优化模型采用不同建模策略时,其产生的决策对生产的不同影响,往往难以评估。另外,当计划与调度决策采用规则库进行智能决策时,要评估不同规则在真实生产过程中的运行效果,也需要产率评估验证平台来支撑。而

MES组件化平台所提供的产率评估组件和计划优化仿真平台通过不同手段近似再现真实的生产过程,恰恰能为模型评估和策略分析提供验证支持。

7.4.2 产率评估组件的应用

MES的产率评估组件在7.1.2节中进行了介绍,利用该组件可以向生产计划优化提供更加精确的产率数据,并且将上述的不确定性的理论方法以及其他的校正方法模块化,利用IT组件进行封装,帮助计划优化的专家和现场的计划调度专员进行决策。

产率评估组件主要能够为生产优化提供相应的数据支持和验证,并且将属性传递给工厂模型。产率评估组件可以根据计划优化的时间粒度提供不同种类和数量的产率模型,并且给出每一种产率的波动范围和马尔可夫链的相应参数。如果计划优化的时间尺度较长,那么生产的产率模型可以用较粗的粒度,较少的模型数量,但是会有更大的产率波动情况,而且一般和工艺方案不进行匹配。如果计划优化的时间尺度短或者说粒度较细,产率评估组件则会根据历史数据调用不同的统计模块,生产相应的不确定性或者确定性模型。这些模型之间的差别较小,但是会提供更多的物料的侧线数据,有助于将生产计划的结果进一步细分并且和生产操作进行结合。

产率评估组件可以和非线性模型、机理模型、神经网络模型进行结合,用于校准产率,并且可以和工艺方案进行集成,也可以用于质量跟踪管理,仿真等组件。在一般的工业优化软件和理论研究算法中,集成机理模型和非线性模型一直是生产优化的一大难题。考虑到更准确产率机理模型能够为生产计划提供更加准确的决策指令和操作变量,使得生产计划能够更多地应用于实际生产当中并具有实施的效率,克服生产波动所带来的干扰。基于组件化MES平台的产率评估模块,为其他优化模型提供了相应的数据结构和模型接口,通过关系数据库进行交互和集成,并且能够利用实时数据库快速获得来自现场的最新消息。组件化的产率模块无疑为企业生产决策提供了更多的优化选项。

如上所述,计划人员可以根据自己的需要选择合适的方式来回归产率,拟合模型,关联所需操作变量,平衡计算时间,模型精度,经济效率,能源消耗等各项指标。生产计划优化模型的鲁棒性也能够得到提高。企业的研究及应用人员可以根据评估效果,在建模成本、模型求解难易程度、及模型运行效果好坏之间作出权衡。譬如,目前炼油企业进行计划系统实施时,Aspen-tech公司往往推荐企业购买他们的机理模型,这种机理模型价格昂贵,开发周期长,而且只有真正的化工专家才能用好。而且采用这种机理建模得到的模型,其优化结果是否比采用一般的 delta-base 模型结果好很多,其结果很难判定,而产率评估的功能将为这种不同建模策略的评估提供强有力的支撑。

另一方面通过 MES 组件化计划优化和仿真平台的反馈结果,建模人员可以修改和调整原有模型参数,或模型凭借自身具有的学习功能调整参数,使得模型不断逼近真实生产过程。例如,Mendez 等提出了一种基于迭代的混合整数线性规划模型,在混合整数线性规划模型中对非线性的物性进行线性化,同时引入物性计算的误差变量,该变量的值为物性线性近似计算与严格非线性计算的差值,通过迭代不断更新误差变量的值,该模型不仅为产品调和调度提供最优或次优的调度方案,而且保证物性的线性近似值离真实值不会有太大的偏差。通过智能工厂仿真平台,能提供生产过程的近似模拟,为类似算法提供支持。

由于计划与调度的复杂性,单纯的数学规划往往是大规模的混合整数非线性规划模型,求解困难,因此有些计划与调度模型引入启发式规则或现场经验进行生产决策。有些学者选择了如下启发式规则减少调度决策的计算量:没有产品产量要求时装置以最大加工量和最低成本方案进行生产;装置生产方案切换时间忽略;两套装置使用相同原料生产时,在保证高成本装置最低加工量生产的条件下,低成本装置使用剩余原料。通过组件化的 MES,能对这些不同的调度规则进行评估,研究人员和计划人员能根据评估结果,选择最好的操作策略。

另外,产率评估组件和 MES 平台可以轻易对来自需求、生产和运输过程中的大量不确定因素,如环境动态变化,输入信息中的噪声、干扰与误差,生产频繁切换、产量和质量的波动、价格的跌涨,设备故障、加工时间、成本和需求变化等进行模拟。以此可支撑不确定条件下计划与调度算法的研究,并可检验不同建模策略在不确定条件下的鲁棒特性。

MES 平台的产率评估组件对计划优化研究可以用图 7-8 表示。通过 MES 平台的数据集成模块收集真实的生产过程,统计所需信息数据,进行产率评估和方案模型的选择。之后可以用仿真模块来近似真实的生产过程,使得企业各级生产系统接收计划与调度模型所生成的决策信息,来反映真实生产过程运行的结果。将实时现场数据采集信息,仿真结果与计划调度决策模型的结果进行对比,一方面可以对计划决策模型所采用的策略进行评估,另一方面也可以对产率评估组件的产率模型和结果进行修正。

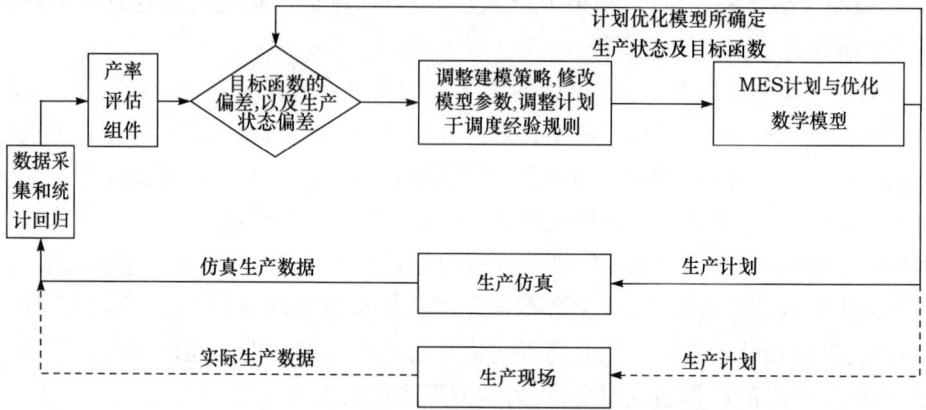

图 7-8　MES平台的产率评估组件示意图

第8章 流程工业信息可视化组件

信息可视化是可视化的一项延伸,因此,我们首先应当从可视化本身的涵义开始研究。可视化(Visualization)通常被定义为通过使用由计算机支持的、交互式的可视数据呈现方式来加强认知的过程。可视化通过将人类与计算机联系在一起,使两者能够在协同解决问题的过程中充分发挥各自的优势,尤其是帮助人类观察、操纵、研究、理解大规模数据,并通过与数据进行交互从而挖掘出隐藏在数据内部的各种信息。可视化理论和技术从诞生之日起就不断地为人类认识客观世界提供高效的工具。

信息可视化(Information Visualization)通常被定义为通过使用由计算机支持的、交互式的且可视的抽象数据呈现方式来加强认知的过程。"信息可视化"这个术语第一次出现在 Robertson、Card 和 Mackinlay 在 1989 年发表的论文《用于交互性用户界面的认知协处理器》中。这篇文章中介绍了利用硬件系统的图形性能和速度使用户通过与图形界面进行交互来探索 3D 和动画的新思路。在利用这些硬件系统的同时,也需要新的软件结构进行配套支持。这些软件应当支持复杂的异步交互智能体(多智能体问题)和流畅的交互动画(动画问题)。信息可视化领域在当时的发展阶段对这两个问题的解决有非常迫切的需求,因此将该项研究在该领域中进行试验,利用 2D 和 3D 的动画方式来呈现数据的结构并揭示隐藏的信息。这项研究在不断取得进展的同时,也促使信息可视化作为一个学科逐渐成长起来,并陆续出现大量的经典文献。对信息可视化领域的研究人员而言,人们更加关心的不是传统可视化领域所重视的图形和图像的呈现质量,而是人类对研究对象的认知能力提高的方式。交互性和动画成了这些系统更为重要的特征。信息可视化作为一门新兴的交叉学科,结合了可视化、人机交互、计算机图形学、认知科学等诸多学科的理论和方法,其目标是将待处理数据中的特征和模式传达给用户,辅助用户进行实验验证、经验发现和获得知识。这种以人类为中心的活动强调了人类与外部环境进行交互的各项行为作为一个整体的重要性。

如今的信息量比以往任何时候都要多。在多媒体技术和信息数字化处理手段出现之后,各种类型的大量数据都以极低的成本提供给用户,而且大多数都是没有几何属性的抽象数据。利用信息可视化技术,人们可以利用天生的视觉优势来处理这些信息。大脑在处理信息的可视化呈现时有可能更多地利用感知系统,而不是完全依靠认知系统。从这个意义上说,信息可视化利用了人的感知系统天生就能迅速理解的基本特征:颜色、大小、形状、运动和邻近度等。由于人类能够轻松地理解这些特征,加上每种特征可用来表示数据的不同属性,所以优秀的可视化技术不仅使我们更容易地感知信息,还可以一次感知更多信息。我们可以迅速识别出表明趋势的数据模式、识别聚类、识别数据差异、准确找到最小值和最大值以及发现数据中的孤立点等。信息可视化技术使我们可以更好地理解复杂的抽象高维数据,提高与数据交互时的决策能力,并从数据中挖掘出有价值的规则和知识。

在可视化领域中存在着信息可视化、科学计算可视化以及数据可视化等概念,这些概念的涵义以及它们彼此之间的区别和联系也在此进行初步的阐述。

可视化从概念上可以划分为两大类,即科学计算可视化(如医学信息可视化、气象信息可视化等)和信息可视化(如软件工程可视化、信息检索可视化、互联网可视化等)。科学计算可视化在显示和展示事务和概念时,继承被可视化的对象在其本体中的固有结构,而信息可视化则可能不再保留这种固有结构或是对这些结构进行重组以满足提高认知能力的需求。从涉及的数据对象来说,科学计算可视化主要是指空间数据的可视化,而信息可视化则是指非空间数据的可视化。

数据可视化(Data Visualization)技术指的是运用计算机图形学和图像处理技术,以图形或图像的方式显示数据,并通过显示界面进行交互处理的理论、方法和技术。数据可视化概念来源于科学计算可视化(Visualization in Scientific Computing),然而随着计算机技术的发展,这一概念已大大扩展和延伸,不仅包括科学计算数据的可视化,也包括工程数据和测量数据的可视化。这种空间数据的可视化又常被称为体视化(Volume Visualization)技术。如果被呈现的对象是抽象的非空间数据,则又从数据可视化中衍生出信息可视化研究领域。

8.1　信息可视化主要理论和技术成果

8.1.1　数据向可视化形式的映射

可视化是一种从数据到可视化形式再到人的感知系统的可调节的映射。如图 8-1所示是信息可视化领域的基本参考模型,该模型指导了很多信息可视化开发工具或原型系统的实现。在该图中,箭头从左边的原始数据指向右边的人类,表示了一系列的数据变换。反之从右边的人类指向各种变换的箭头,则表示人为控制对这些变换的调整,具体形式是对相关过程参数的设置。数据变换把原始数据映射为数据表,在数据表中提供了数据之间的相关性描述;可视化映射负责把数据表转换为可视化结构,其中结合了空间基、标记和图形属性;视图变换负责通过定义各类图形参数创建可视化结构的视图;用户则通过交互来控制变换参数。上述可视化过程及其中各阶段的模型控制需要与用户的实际任务进行紧密结合。

参考模型的核心就是数据表到可视化结构之间的映射。数据表反映了数据中的数学关系,可视化结构则基于可由人类视觉高效处理的图形属性。尽管原始数据可以直接被可视化,然而当该数据是抽象数据且没有直接的空间结构时,数据表则是一个相当重要的过渡过程,并为各种复杂的信息呈现技术打下基础。

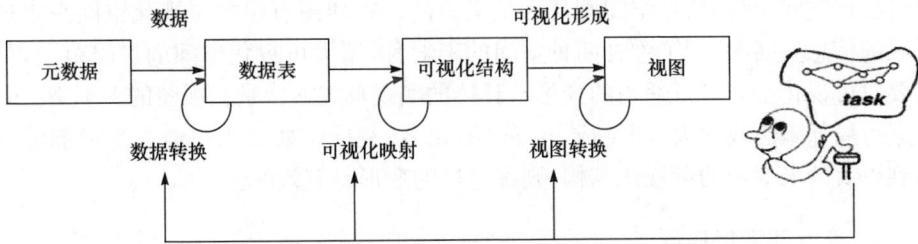

图 8-1　信息可视化参考模型

8.1.2　可视化结构组成

可视化结构通常由三个基本部分组成,即空间基、标记、标记的图形属性。在数据表被映射为可视化结构的过程中,可视化结构在一个空间基中用标记和图形属性对信息进行编码。对于一个好的可视化结构而言,这个映射应当能够保持数据的原有信息。数据表常常以多种形式被映射为可视化呈现。当数据表中的所有数据且仅仅是这些数据由可视化结构来表示时,则认为这个映射是具有表现力的。在可视化结构中很容易出现不必要的数据来干扰具有表现力的映射的获取。同时映射又必须是能够很容易被人类所感知的,并且在人类的理解过程中该映射能够表达更多的差别,或者能够产生更少的错误,这样才是一个更为有效的映射。

8.1.3　视图变换

视图变换的目的是建立可视化结构的视图,并为数据的静态呈现引入时间属性。视图变换帮助用户利用时间属性从可视化中获得比静态呈现时更多的信息。有三种常见的视图变换,即位置探针、视点控制和变形,分别介绍如下。

1) 位置探针

位置探针是利用一个可视化结构中的位置揭示附加的数据表信息的视图变换。探针也可以用来增强可视化结构,例如科学计算可视化就使用切面探针来访问三维物体的内部。

2) 视点控制

视点控制通常利用仿射变换移动(Zoom)、摇动(Pan)和裁减(Clip)视点来进行视图变换,并通过放大可视化结构或改变视点来提升细节的可见性。另一种视点控制技术则同时使用被称为 overview 和 detail 的两个窗口,overview 窗口提供 detail 视图的上下文关系,同时提供改变 detail 视图的控制功能,detail 窗口则用于对选定区域进行放大或聚焦。

3) 变形

在信息可视化技术的实际应用中,可视化空间的物理范围往往受到局限,相对于可视化空间而言,信息空间则几乎是无限的。在使用有限的可视化空间来表达无限的信息空间时,为了弥补两种空间的不对称,增大可视化空间的逻辑范围,就需要对可视化空间进行适当的变形。具体的实现形式通常是在视图的上下文关系中进行局部聚焦或放大,即生成 focus＋context 视图。如果用户通过变形能够感知到更大的未变形的可视化结构,则称这样的变形是有效的。

8.1.4　交互和变换控制

用户的交互动作是信息可视化参考模型中不可或缺的组成部分,用户通过交互来控制从数据向可视化形式映射过程中的各项可视化参数,从而使参考模型成为一个具有控制回路的完整闭环反馈系统,用户可以根据可视化形式的实际效果对参数进行调整并获得优化后的结果。常见的交互方式是通过鼠标等输入设备与可视化界面(同时也是交互界面)中的对象进行直接交互,例如对双曲线树中的节点进行拖拽,或者单击某节点后由算法将其自动移至显示中心。

8.2　信息可视化的研究热点和发展现状

信息可视化作为一个新兴的研究领域,大部分研究成果还处于提出和完善理论模型的阶段,也有部分开源软件项目和少数较为成熟的商业软件。总体而言该领域主要的研究成果和实用工具是与各种类型数据的可视化直接相关的,并在此基础上发展出该领域的若干分支。下面分别对信息可视化领域常见数据类型的可视化以及信息可视化评估进行讨论。

常见的数据类型主要包括一维、二维、三维、多维数据,以及具有层次结构、时间属性或网络信息的数据。这些类型数据的可视化任务是信息可视化领域的核心内容,基于这些内容开发的工具在面向不同行业的具体应用时起到了认知增强的作用,为行业用户了解研究对象提供了不同于常规手段的新型工具。

1) 一维数据可视化

一维数据包括文本或数字表格,也就是简单的线性数据。最常见的一维数据就是文本数据,文本数据在通常情况下是不需要可视化的。然而在数据量较为庞大的情况下,可以利用信息可视化技术对文本数据进行重新组织,增强一维数据文本的效用。例如乔治亚理工学院的"信息壁画"计划就利用不同量值的颜色、点和线在有限空间内表示大量数据,提高了用户查找数据的效率。

2）二维数据可视化

二维数据可视化的对象主要是由在空间体现的两种主要属性构成的数据，例如物体在 X 轴和 Y 轴上的位置可以用来表示其空间方位。该原理推广之后可以得到标明城市位置的地图、建筑物的楼层平面图等二维数据可视化实例。最常见的二维数据可视化就是地理信息系统（GIS）。GIS 技术把地图这种独特的可视化效果及地理分析功能与数据库操作进行集成，大型的商业化 GIS 系统历来用于地区规划、交通规划与管理、气象预测及地图绘制，为解释事件、预测结果、规划战略等应用提供了较高的实用价值。

二维数据集里的数据可能具有两个以上的数据属性，但该数据将由两种主要属性进行描述，其他属性则作为次要属性，对数据的可视化效果影响较小。

3）三维数据可视化

三维数据可视化是在二维数据的基础上引入高度属性，从而将信息呈现的界面从平面拓展到了空间。许多科学计算可视化的应用都属于三维信息可视化，从数据属性的角度来看，科学计算可视化的主要目的就是呈现具有几何属性的空间数据。近年来，三维信息可视化被广泛地应用于建筑和医学等领域。虚拟现实技术是一种当前被广泛应用的实现三维信息可视化的途径，其主要作用在于系统仿真、技能培训、成果展示等方面。石化企业的虚拟现实平台就是一个三维信息可视化的实例，以最接近物理世界的方式来描述工厂研究对象，其效果如图 8-2 所示。

图 8-2　石化企业虚拟现实仿真系统界面示意图

4) 多维数据可视化

在信息可视化环境中,多维数据是描述有三种以上属性的对象的数据,每一种属性的地位大体相同。相对于二维或三维数据而言,多维数据的维度更高,数据结构更为复杂,不易在平面或空间中同时表达出数据的所有属性信息。哥伦比亚大学计算机系的 Steven Feiner 和 Clifford Beshers 提出的基于坐标嵌套的多维可视化结构 worlds within worlds 以及 Xerox Palo Alto 研究中心的用户界面研究组的 Rao 和 Card 提出的用于可视化和理解大型数据表的 table lens 技术都是具有代表性的多维数据可视化技术,但同时也有相当的局限性。

5) 层次结构数据可视化

在层次结构数据中,除根节点外每个节点都有父节点,节点分为兄弟节点(拥有同一个父节点的节点)和子节点(从属于某个父节点的节点)两大类。层次结构数据在各类行业的实际应用中相当常见,如各种组织中存在的上下级关系等。层次结构数据的可视化也很常见,Windows 操作系统中的资源管理器就是典型实例。然而这种简单的文件树形式具有明显的不足,当结构的层次增多或者节点增多时,该结构需要占据大量的可视化空间。目前随着计算机处理能力、网络速度以及数据存储量的指数增长,数据集中的数据量也在大量增长,然而计算机的屏幕尺寸和分辨率却没有以相应的速度增大和提高,且人类的感知能力基本保持不变。在这种情况下,改进层次结构数据可视化的方式就变得极为必要。

另一种可以在有限空间内呈现层次结构数据并对数据进行整体缩放的技术是由 Stuart K. Card 等提出的 DOITree 技术。DOITree 是一种具有动画变换效果的可交互的树,可将被呈现数据显示在具有边界的空间区域内,其布局的改变依赖于用户根据对不同层次数据的兴趣进行的动态交互行为。相对于传统的树结构呈现方式,DOITree 提供了更多关于界面布局优化、节点选择性呈现等方面的特征。

在呈现层次结构数据时,每个节点的大小和内容可能都是隐藏的。尽管知道某个节点在整体结构中的位置,但从总体上来看各节点之间的差异并不明显。比较常见的层次结构图如树形图(treemap),采用嵌套矩形来表示数据层次,所有矩形都放在一个最大的矩形内部,每个矩形都表示一个节点,并可以通过嵌套矩形来表达父节点和子节点之间的关系。除此之外,树形图还能在同一视图内显示单个节点的具体信息。每个矩形的大小表示了它在整个层次结构中的相对位置,其他属性由颜色等方式来辅助表达。

6) 具有时间属性的数据可视化

在不同的研究领域中,时间属性经常作为一个重要的数据维度出现,因此要求信息可视化技术能够对具有时间属性的数据提供分析和可视化,从而探索在时变数据中隐藏的趋势、模式和关系等。事物本身是按照时间顺序发生的,因此按照时序来呈现研究对象是一种非常普遍的信息可视化方法。时间线(Timeline)作为一种呈现具有时间属性数据的方式已普遍出现在诸多商业软件当中,如 Macromedia 的 Director 和 Flash。此外,对于具有时间属性的数据而言,粒度是一个非常重要的概念,它描述了从时间值向更大或更小的概念单元的映射,如将连续的 60 秒映射为一分钟。混合不同的时间粒度就可以产生类似日历中的层次结构。图 8-3 中展示了一个具有多粒度的离散时间域实例,其中最小的单元为"天",而"周"和"双周"的概念则在此基础上定义。

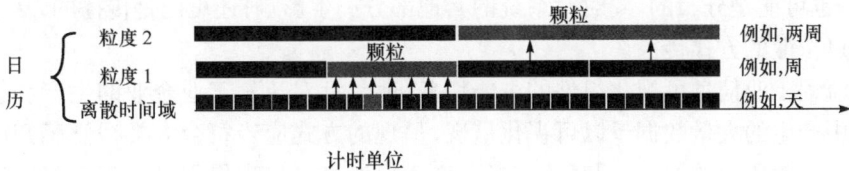

图 8-3　具有多粒度的离散时间域概念图

7)网络数据可视化

网络数据是指任意数量的节点以及这些节点之间的连接关系,两个节点之间可以有多种联系,节点以及节点间的关系可以有多个属性。网络数据对于信息可视化领域而言是一个挑战,因为其节点和连线的布局具有复杂的属性,而且往往与用户提出的各类任务相耦合。近年来在线社交网络服务日益盛行,上百万人之间的社交关系需要进行更为直观地呈现和分析,因此需要相应的可视化系统来帮助终端用户对大规模在线社交网络进行探索和导航。Jeffrey Heer 等开发的 Vizster 系统基于节点连接网络布局,提供了相关技术来探索大型图结构中的连接关系,支持可视化的搜索和分析,以及自动辨识和呈现社区的结构。

8.3　可视化任务的分类

流程工业信息复杂性通常源于其组织结构、控制模式和信息结构的复杂性。车间局部和全局信息的组织方式、内外部信息的结构、信息的表达、载体、层次等方面的不同等都是造成信息复杂的原因。

例如,决策者对当前决策状态可能只具有局部的知识,造成决策信息的不完全等状况。再如,复杂信息在表达上可以包括模糊信息、粗糙信息、不对称信息等。

从信息的内容而言,MES 制造执行系统中复杂信息的类型就更多了,例如:

(1)与工件相关的信息,例如工件随机到达、工件加工时间不确定、交货期变化、动态优先级和订单变化;

(2)与机器相关的信息,例如机器损坏、负载有限、机器阻塞和死锁、生产能力冲突等;

（3）与工序相关的信息，工序延误、质量问题和产量不稳定；

（4）其他各种不确定信息，如操作人员不在场、原材料延期到达、原材料有缺陷、动态加工路线等。

在过程方面，由于难于掌握和控制信息的运动规律，信息的复杂伴随着系统运行的整个过程而产生。车间某些决策需要的信息、信息之间的可能依赖关系、信息的实际流向和传播方式等都可能是不确定的。例如，信息的传播可能是局限于局部的；也可能是分布的，同时对系统的其他部分产生影响；还可能是传播的，从一个局部以扩散的方式传播。

流程工业信息可视化组件的主要任务，就是针对流程工业企业的生产和管理过程中产生的大量数据予以可视化呈现，呈现的方式应当符合人类视觉感知的规律以及行业用户的习惯，同时还应当允许用户通过与呈现界面进行交互来发现数据中隐藏的信息和知识。然而真实的生产和管理数据类型繁多，具有相当的复杂性，用户通过与平台进行交互所希望达到的目标也不尽相同，因此不可能通过单一的呈现方式来完成所有的可视化任务。同时，流程工业综合自动化技术又具有层次结构，即最底层的过程控制系统注重生产过程的控制，实时监控生产设备的运行状况；中间层的制造执行系统着眼于生产过程的管理，考虑生产过程的整体平衡，注重产品和批次，以时、分为单位跟踪产品的制造过程；最上层的经营管理系统以产品的生产和销售为处理对象，重点在于订货交货、成本控制和客户关系管理等，以月、周、日为单位。为了帮助用户更好地解决生产决策和管理决策问题，提出了以是否与物流关系呈现直接相关为标准的可视化任务分类定义，将流程工业信息可视化组件的任务简单分为生产决策辅助呈现和管理决策辅助呈现两大类，并以该定义来指导不同任务的呈现方式。

8.3.1　分类定义介绍

根据流程工业企业从考虑底层生产过程问题的过程控制系统 PCS、考虑生产与管理结合问题的中间层制造执行系统 MES、考虑企业经营管理问题的企业资源计划 ERP 和考虑为企业提供决策支持的商业智能 BI 等应用模块业务操作的特点，以及这些模块在企业信息化系统中对信息可视化的要求和各自的数据特征，组件的两大类可视化任务与这些应用模块之间的关系可由图 8-4 所示。

1）生产决策辅助呈现

生产决策辅助呈现是指与生产或仿真的动态过程结合更为紧密的任务。该任务需要呈现的数据来源于生产或仿真过程，数据的时间粒度相对较小，且更加强调用户在与根据生产数据实时生成的可视化界面进行交互时对生产或仿真进程所拥有的控制力。生产决策辅助呈现主要针对来源于 PCS 和 MES 层的业务需求，就界面特征而言，该任务以流程工业企业各生产装置物流关系图作为呈现界面的基础布局,所有的信息呈现和人机交互功能均在此基础上展开;就其所涉及的信息可视化算法和模型而言,该任务基于图结构的生成算法,并以界面中生产对象(如装置、油罐、管道等)的归并和展开为主要特征体现多层次的生产信息,同时在细节展示上可辅以其他信息可视化特征(如放大镜等)。目前该任务主要是在各类面向特定行业的可视化组件中实现。

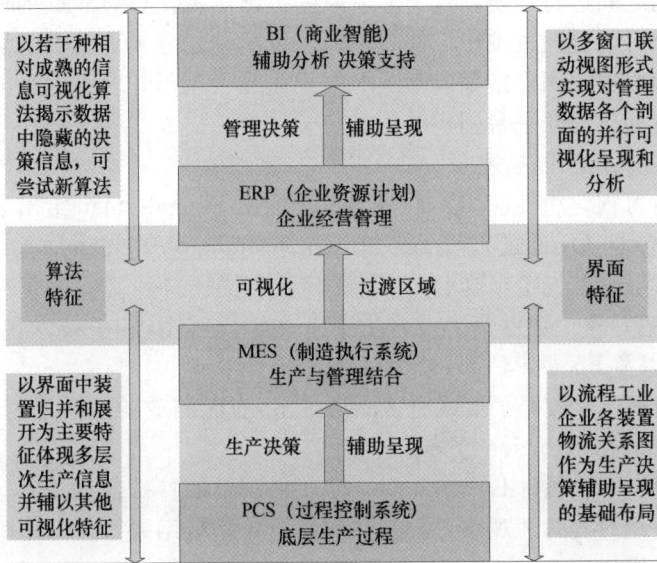

图 8-4　石化企业信息系统应用模块数据可视化特征图

2) 管理决策辅助呈现

管理决策辅助呈现是指对数据库或文件等数据源中存储的静态历史数据进行相关可视化呈现和分析的任务。该任务需要呈现的数据可能是对底层生产数据进行抽象和归并后的结果,也可能来源于与生产无直接关系的数据源,数据的时间粒度相对较大,且更加强调用户在与界面进行交互时能够获得的与企业管理相关的决策支持。用户可以针对数据提出有价值的问题,例如,"中石化下属各分公司中哪一个在 2007 年第三季度相对去年同期有超过 20% 的利润增长",并通过对数据的可视化操作和分析获得问题的答案。相对而言该任务对企业正在进行的底层生产活动没有直接的实时影响。管理决策辅助呈现主要针对来源于 ERP 和 BI 层的业务需求,就界面特征而言,该任务以多窗口联动视图形式实现对管理数据各个剖面的并行可视化呈现与分析,所有视图对应同一个数据源;就其所涉及的信息可视化算法和模型而言,以若干种相对成熟的信息可视化算法(如 Scatterplot、Parallel Coordinate 等)揭示数据中隐藏的决策信息,同时可以尝试较前沿的算法。目前该任务主要是在各类通用的商业可视化数据分析软件中实现。

3) 可视化过渡区域

由于生产决策辅助呈现和管理决策辅助呈现任务的界面特征有明显差异,前者的表现形式以图(Graph)结构为主,后者则具有其他的表现形式,因此当用户与界面交互时如果从生产决策辅助呈现界面跨越到管理决策辅助呈现界面,则需要通过某种机制实现界面之间的过渡,其宗旨是能够使用户以尽可能自然的方式在两种任务界面之间进行切换。基于上述原因提出可视化过渡区域的概念,该区域在实现形式上可以是通过按钮控件简单地进行两种任务界面之间的切换,也可以在同一个界面内根据用户指令以动画的方式完成表现形式之间的平滑过渡,具体实现方案的选择应参照平台用户的需求。

4) 信息可视化功能描述

通用信息可视化组件应当实现的参考功能由 Shneiderman 给出了相关定义,包括七项功能,即 Overview、Zoom、Filter、Details-on-Demand、Relate、History、Extract。下面首先给出这七项功能的定义和描述。

Overview:对整个数据集合及数据上下文给出视图,相关技术包括 Zooming out、Fisheye 以及 Focus&Context 方法等。

Zoom:用来观察数据子集或更多图形细节,有时缩放的同时还需保留上下文关系,相关技术为 Distortion 或多窗口视图。

Filter:用户可以通过 Dynamic Query 获得需要的特殊数据子集,系统通过紧耦合的方式使用户实时地观察每次查询和过滤对呈现结果产生的影响,可以通过 sliders 等图形组件实现。

Details-on-Demand:在新的视图中呈现出用户所关心的对象局部的细节信息。相关技术可以当用户将鼠标移至对象局部之上或进行点击之后以弹出窗口或浮动标签的形式呈现细节信息。

Relate:将同一数据源产生的多个视图进行相互连接从而实现某种联动。相关技术包括 Brushing and Linking 以及 Synchronized Scrolling,两种技术的联动效果不同。

History:保留用户的一系列动作记录并允许用户进行 Undo 和 Redo 等操作。

Extract:使用户能够抽取创建某视图所需的数据子集或查询参数,从而能够保存该视图以备后用。

接下来将对两大类任务的具体特征和数据类型进行详细介绍,包括上述七项功能在两类任务中的实现方案建议。

8.3.2　用于生产管理的信息可视化

生产管理辅助呈现任务通常与生产流程直接相关,并通过特定的表现形式使系统用户按照行业惯例和风格进行交互从而获得对系统的认同感。所谓行业惯例和风格,一方面来源于呈现界面布局方式的特征;另一方面则来源于具有行业背景的生产数据。本任务中可能涉及的数据类型主要包括：

（1）一维数据（如油罐的罐高属性、罐区的油罐数）；

（2）二维数据（如各生产对象在全厂物流关系图中的坐标信息）；

（3）多维数据（如常减压装置的生产数据，包括原油加工量、柴油产量等属性）；

（4）时间序列（如油罐在一段时间内的液位波动数据）；

（5）层次数据（如某罐区原油统计量与其中每个油罐罐存量之间的关系）。

作为跨越 PCS 和 MES 两层的任务，流程工业信息可视化组件的生产决策辅助呈现需要通过合理的方式表现装置间的物流关系、物流量和物流属性等信息，以及计划调度指令下达和生产方案切换等相关操作对生产过程所产生的影响。同时需要在流程界面布局中根据上述各类型数据的特征设计相应的数据呈现方式。下面结合信息可视化七项参考功能列举了生产管理辅助呈现任务的部分实现特征，为组件的相关功能设计提供了参考方案。

（1）将全厂生产流程图进行可视化，从 PCS 层或更抽象的层次来呈现厂区内装置、罐区、管道间的连接关系，也即对整个数据集合给出了初始化视图，并给出鹰眼图实现 Overview 功能。如图 8-5 主图和左上小图示意。

（2）实现 Zoom 功能，即可以任意放大或缩小流程图整体或局部的细节，根据需要观察任意装置在生产过程中的数据变化，当放大局部时还应当保留被放大对象与周围对象的连接关系信息呈现。如图 8-5 中圆圈所示意。

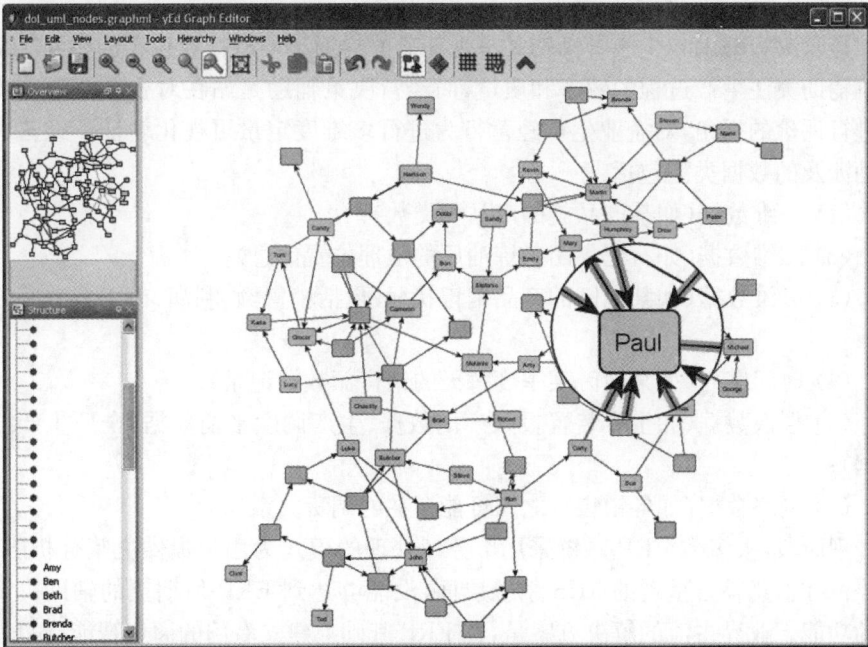

图 8-5　Zoom 功能示意图

（3）呈现生产调度指令的下达对物流数据的影响,可用高亮动态箭头表达指令下达后物流走向的变化,用动态标签显示物流量的具体数据等信息。

（4）呈现生产方案切换对全厂物流的影响,例如,当用户下达某生产指令并启动一号方案后,信息可视化平台则根据仿真进程将一号方案对生产流程的影响表现出来,如果用户发现该方案有不合理之处则可以通过信息可视化界面下达指令并切换为二号方案,从而改变生产流程和装置间物流关系到合理状态。方案表现特征除和呈现调度指令相似外,还可用不同颜色渲染与两种方案分别相关的生产对象以示区别。

（5）呈现生产流程中不同层次之间进行切换时的归并或展开效果,例如,将某罐区中的所有油罐归并成一个逻辑罐或将逻辑罐重新展开为所有油罐,将装置的若干根侧线归并为一根逻辑侧线,等等。层次切换可以是在全厂级别整体进行,也可以根据需要只实现局部切换,例如,只表现厂区内某特定罐区归并为逻辑罐的过程。实现形式可采用鼠标点击或框选该罐区的方式,即实现了 Details-on-Demand 功能。

（6）实现 Filter 功能,即通过 sliders 等图形组件实现过滤器功能,例如,根据装置加工量数值范围查询厂区物流关系图内所有符合条件的生产装置并高亮显示之。

（7）实现 History 功能,保留用户的一系列动作记录,允许用户通过 Undo 和 Redo 解除在与生产过程进行交互中的误操作。

8.3.3　用于经营决策的信息可视化

经营决策辅助与生产管理辅助呈现任务的界面布局特征有较大的差异。生产决策辅助关注生产过程的效率和质量,而经营决策辅助是站在对企业资源整体绩效进行评价的视角,对企业生产经营行为进行多维度定量可视化表征。经营决策辅助涉及的数据类型包括:

（1）一维数据(如某产品族的产品种类数);

（2）二维数据(如石化集团各炼油厂的地理位置信息);

（3）多维数据(如某地区的产品销售状况,包括销售额、利润、市场占有率等属性);

（4）时间序列(如某地区某季度每天的销售额数据记录);

（5）层次数据(如生产装置投入产出数据、生产调度平衡数据、全厂生产统计数据);

（6）网络数据(如各销售点之间可能存在的调货关系)。

现阶段,大多数 ERP 系统采用事务型处理的模式为用户提供决策分析服务,还停留在信息整合呈现的 MIS 系统层面,没能够达到 ERP 所期望的辅助决策分析的功能。业界主流的解决方案是,在 ERP 基础上建立专门的商业智能(BI)为决策支持作提升。在决策辅助系统中,信息可视化技术的应用也呈现出了报表呈现、可视化数据分析、可视化数据挖掘等多个层次。

经营决策辅助系统需要对 MES、ERP、CRM、SCM 等业务系统进行集成，获取"人、机、料、法、环、测"等资源在生产转化、生产运营中的状态信息，建立企业运营数据集市，通过报表工具、查询引擎、数据挖掘、行业工艺库等技术与工具，帮助用户以可视化界面交互的方式，从大量数据中发现有用的信息和知识，指导企业管理的持续优化和决策。

经营决策辅助系统的应用功能至少包括以下几个方面。

（1）呈现生产统计信息。例如，采用 DOITree 技术实现对某炼油厂生产日报表中的类层次数据进行呈现。当呈现整棵树的时候实现了 Overview 功能，同时也可以任意放大或缩小该树，即实现 Zoom 功能，具体如图 8-5 所示意。

（2）具有 Filter 功能。用户针对特定任务，通过主题词或关键指标取值范围，进行搜索，获得有价值的结果，并过滤掉次要的结果。例如，通过拖动滑块（sliders）减小搜索范围，来发现炼油厂中哪些装置的运行成本在正常范围波动，具体如图 8-7 右上小图所示意。

（3）具有 Details-on-Demand 功能。例如，采用 DOITree 技术呈现生产统计信息时可以单击节点展开树的任意分支，从而实现根据用户需要的局部信息放大呈现，具体如图 8-6 所示。

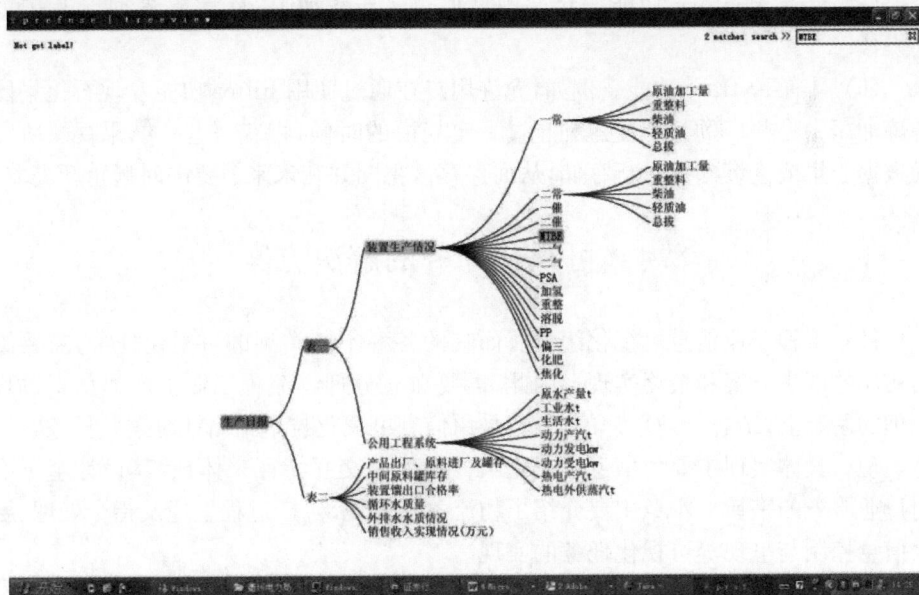

图 8-6　DOITree 示意图

（4）具有 Relate 功能。将同一数据源产生的多个视图进行相互连接从而实现某种联动，每个视图表达数据源的不同剖面。例如，对于同一批销售数据，可以从销售人员、销售额、销售地点等多个属性出发进行数据分析，并在各个视图中分别采用饼图、柱状图、曲线图等方式来对应地表达这些属性，具体如图 8-7 所示。

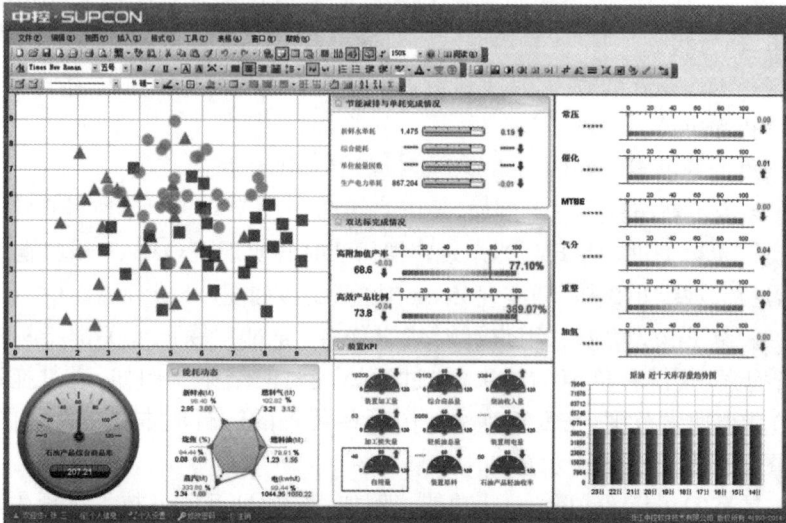

图 8-7　利用自动过滤功能的界面示意图

（5）具有 History 功能。允许用户通过 Undo 和 Redo 解除界面交互中的误操作。

（6）具有 Extract 功能。例如，允许用户在通过使用 Filter 功能发现石化集团各炼油厂中哪些厂的某季度盈利超过一定规模的时候，将获得这一结果视图所需的数据子集或查询参数进行存储，从而保存该视图并在未来需要的时候重新提取。

8.4　可视化任务的解决方案

　　针对流程工业信息可视化组件所面临的各种不同类型的可视化任务，需要给出相应的解决方案和最终实现。因此，需要在充分理解流程工业生产或仿真过程原理的基础上，结合行业用户的需求，采用信息可视化技术给出针对这些任务的具体实现。具体实现主要由信息可视化组件的界面交互特征来体现，其设计基于面向行业服务的宗旨。本章主要介绍了物流关系呈现、生产过程呈现及指令处理、层次信息控制与呈现等可视化任务的实现。

8.4.1　物流关系呈现

　　所谓物流关系呈现，是指针对流程工业中特定的生产工艺流程，以高度抽象的方式表现流程中装置、管线等对象之间的连接关系以及物流在这一流程中的走向，也即对该流程的物流关系图进行矢量化。同时需要基于呈现的结果对整个生产工艺流程所产生的数据集合给出可视化视图,也就是提供附着在物流关系图上的数据展示服务。这项任务的实现将为呈现任意指定层次(包括统计层/调度层/物理层)上的不同用户(如调度层上的角色衍生出的生产车间调度员用户和原油运输调度员用户)所关心的物流关系打下基础。

针对上述任务定义,信息可视化组件给出了相应的实现。具体的实现方案是:运行后系统将根据用户选定的生产工艺流程从数据库中主动读取定义好的全厂物流网络数据以形成适当的初始呈现,该呈现由信息可视化算法根据数据库中的物流网络数据自动生成,不需人工配置;系统为物流关系呈现的界面布局提供自动优化功能及布局方式人工选择(调用不同的布局算法),并提供鹰眼图和放大镜等典型的信息可视化技术;如果数据库中物流网络数据发生更新(无论是通过虚拟现实平台下达指令进行间接修改还是通过数据库管理系统直接修改),界面布局将在一定时间间隔内自动更新;系统允许用户通过界面交互修改全厂物流网络数据从而实时影响生产或仿真过程。

现有的其他常用解决方案主要包括以下两种。

1) 完全静态呈现

如采用 Excel 绘制静态图,如图 8-8 所示。

其相对于本章中解决方案的缺点包括:界面完全需要人工设计,无法自动生成;图中数据需要手动修改,无法动态更新;静态图与后台生产或仿真过程没有建立映射关系,不具备通过界面交互影响生产或仿真过程的功能。

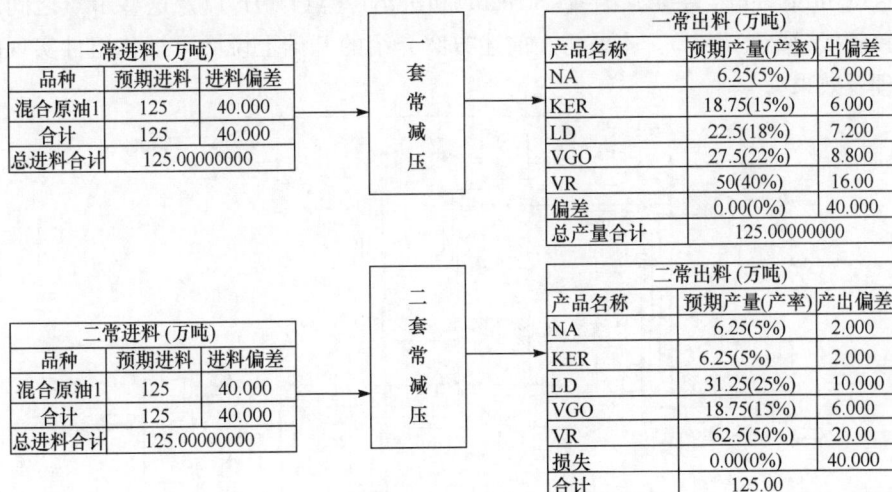

一常进料 (万吨)		
品种	预期进料	进料偏差
混合原油1	125	40.000
合计	125	40.000
总进料合计	125.00000000	

一套常减压

一常出料 (万吨)		
产品名称	预期产量(产率)	出偏差
NA	6.25(5%)	2.000
KER	18.75(15%)	6.000
LD	22.5(18%)	7.200
VGO	27.5(22%)	8.800
VR	50(40%)	16.00
偏差	0.00(0%)	40.000
总产量合计	125.00000000	

二常进料 (万吨)		
品种	预期进料	进料偏差
混合原油1	125	40.000
合计	125	40.000
总进料合计	125.00000000	

二套常减压

二常出料 (万吨)		
产品名称	预期产量(产率)	产出偏差
NA	6.25(5%)	2.000
KER	6.25(5%)	2.000
LD	31.25(25%)	10.000
VGO	18.75(15%)	6.000
VR	62.5(50%)	20.00
损失	0.00(0%)	40.000
合计	125.00	

图 8-8 Excel 静态呈现形式示意图

2) 部分动态呈现

如采用 flash 绘制动态图,如图 8-9 所示。

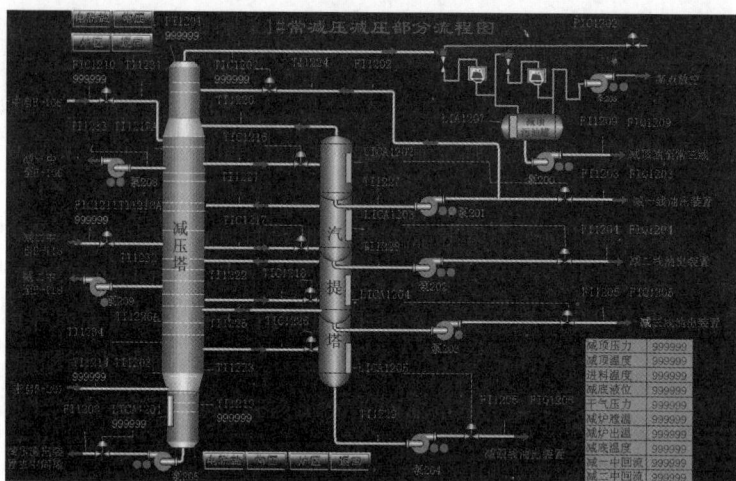

图 8-9　Flash 部分动态呈现示意图

　　其相对于本章中解决方案的缺点包括：界面需要人工预先设计，无法自动生成；界面布局不具有自动优化功能；无法提供多种界面布局风格及放大镜等功能特性。

8.4.2　实现原理及效果展示

　　目前石化 MES 可视化组件主要采用如图 8-10 所示的生产流程作为物流关系呈现的示例。该流程来源于某石化企业的炼油厂，并包括了四类节点，分别为生产装置（Unit）、油罐（Tank）、侧线（Stream）和进出厂点（I/O），以及这些节点之间的连接管线（Movement）。本节将在前述方案介绍的基础上说明可视化组件实现的原理及效果。

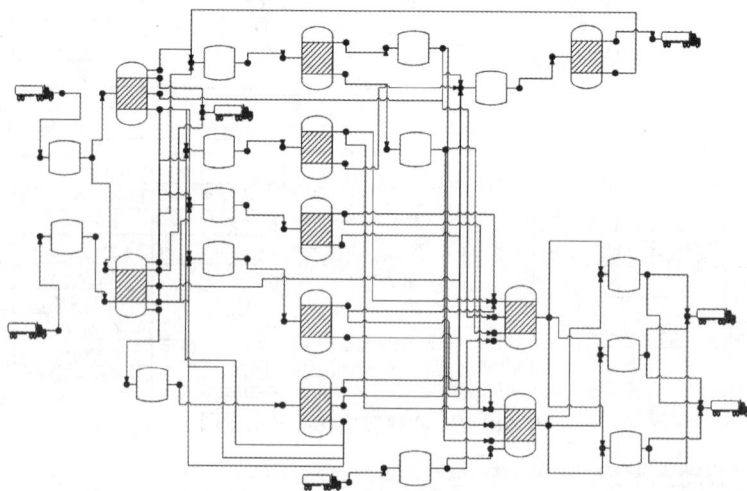

图 8-10　生产流程示意图

平台启动后,系统将访问数据库中存储上述四类节点的数据表,获得这些节点的 ID 并将节点放入呈现界面中,对于侧线节点还需要获取它所隶属对象(生产装置、油罐、进出厂点)的信息以便绘制侧线节点与所隶属对象节点之间的连线;接下来需要访问存储节点之间连接关系的表,并根据该表信息确定哪些节点之间需要绘制连线。当节点和连线都存在于呈现界面中时即已形成物流关系图,系统将调用平台中的默认布局算法对该图进行优化,从而获得图 8-11 示的效果。

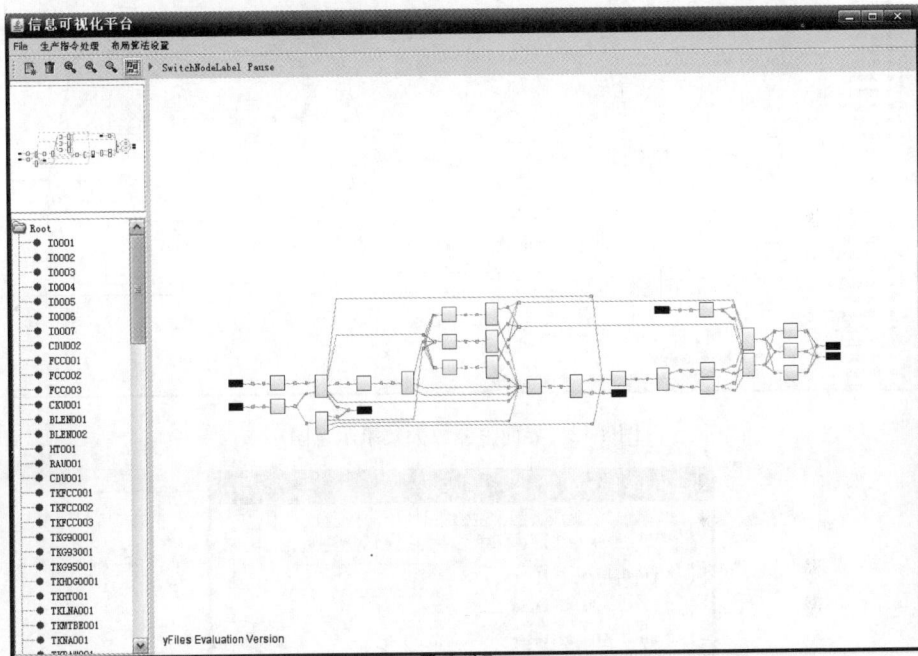

图 8-11 物流关系呈现示意图

由于信息可视化组件采用了细节消隐技术,即当可视化界面中元素的缩放倍数小于特定值时,将使用较为简单的预设形式来表现元素同时将元素的细节消隐,所以此时界面中的四类节点(生产装置、油罐、进出厂点、侧线)的图标分别用四种图形(白色矩形、正方形、黑色矩形、圆点)来代替。当将可视化界面进行整体放大至一定倍数时,系统将把这些矩形切换为具有丰富细节的图标,如图 8-12 所示。

除了默认的 Hierarchical Layout 布局方式外,平台还提供了 Orthogonal Layout 和 Organic Layout 布局方式供用户选择,同时提供了丰富的布局配置选项以便用户根据需要调整布局的细节。点击菜单项中"布局算法配置"下的"Hierarchical Layout"后,将出现图 8-13 所示对话框。

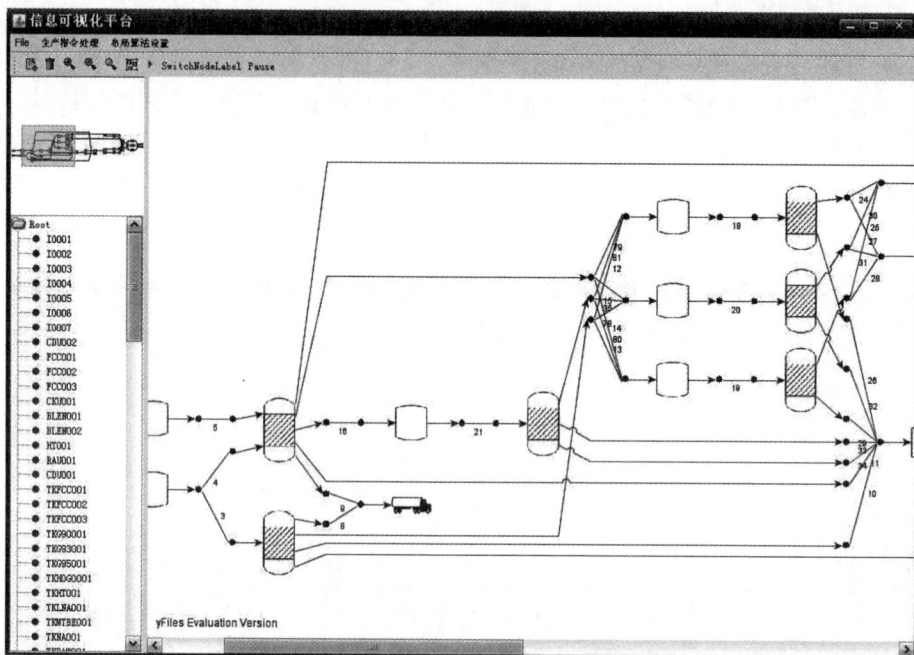

图 8-12　界面整体放大效果示意图

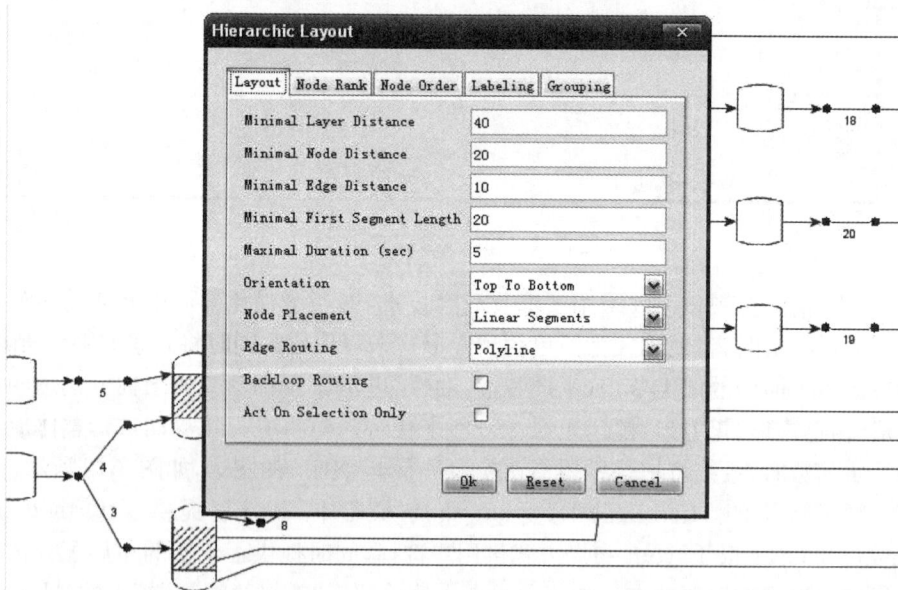

图 8-13　布局算法配置对话框

　　在该对话框中允许用户设置的选项包括物流关系图的方向、节点的放置方式、标签的显示风格等。例如,对于石化企业的用户而言,将物流关系图的方向设置为从左至右更符合其行业习惯。用户也可以选择其他的界面布局风格，Organic Layout 的风格如图 8-14 所示。

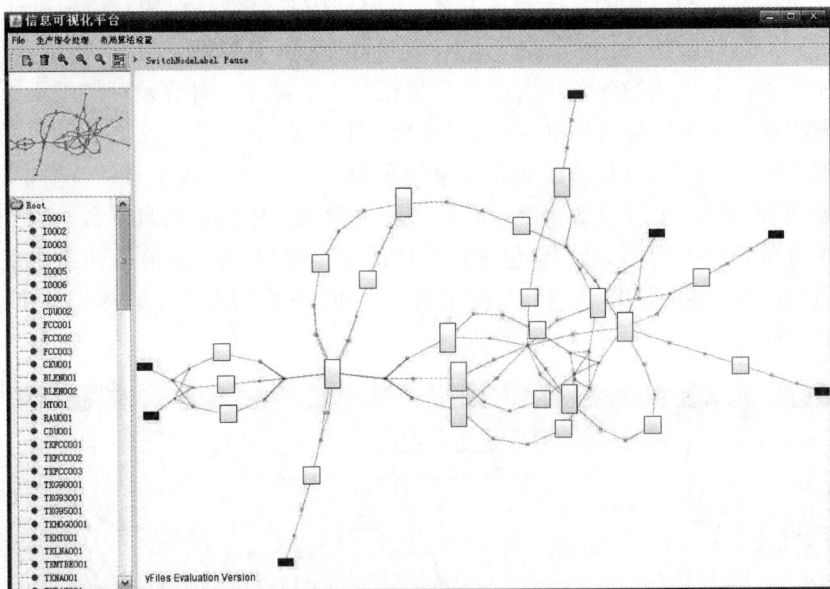

图 8-14　Organic Layout 示意图

8.5　生产过程呈现及指令处理

8.5.1　任务定义

　　所谓生产过程呈现，就是指在静态物流关系图的基础上，通过可视化技术表达在某生产方案下动态的生产过程，具体包括在若干生产周期内各节点对象（生产装置、油罐、进出厂点等）间物流关系的变化、管道上流量的变化、油罐罐存量的变化等。针对仿真生产过程进行呈现时还应当选择适当的表现周期，即在用户可以接受的时间周期内表现实际时间较长的生产过程（例如，每个班次为 8 小时）。指令处理是指系统应当允许用户在有需要时（例如，发现当前生产状况发生异常）下达生产相关指令（如方案切换）实时地影响生产进程，同时能够实时呈现更新后的生产过程。

8.5.2　实现原理及效果展示

　　针对上述任务定义，信息可视化组件给出了相应的实现。呈现的对象仍然是 8.4.2 节中演示的生产工艺流程，生产数据由仿真平台的模型计算生成。由于是针

对仿真生产过程进行呈现，因此还需要设定呈现周期，在本实例中默认情况下每 10s
为一个周期表现一个班次(8h)的生产状况，该周期长度可根据实际需要任意修改。

　　针对仿真生产过程的具体实现方案是：启动仿真平台针对用户选定的生产工
艺流程和给定的初始条件(包括仿真生产过程的开始和结束时间)进行仿真计算，
计算完成后将所生成的各个班次的生产数据写入数据库。计算及存储过程所占用
的时间相对于设定的呈现周期(10s)可忽略不计。启动信息可视化平台后系统将
针对默认的生产工艺流程完成物流关系呈现的任务。接下来点击菜单项中"生产
指令处理"下的"调度方案效果演示"，系统将从数据库中读取仿真平台已预先生成
的第一个仿真班次的相关数据，包括该班次的起止时间、各油罐在该班次内的平均
罐存量、各条管道(即节点连线)在该班次内的平均流量等，具体呈现情况如
图 8-15 所示。

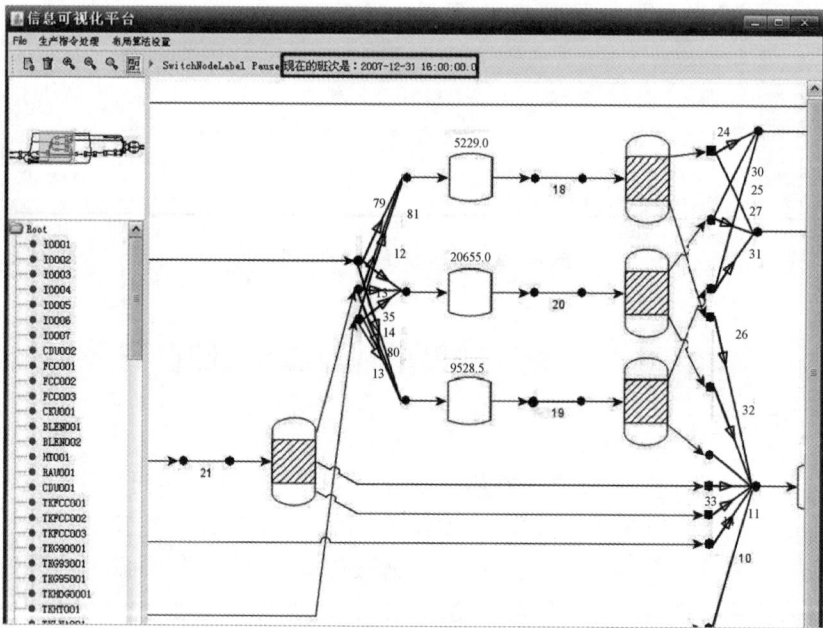

图 8-15　调度方案效果示意图

　　在上图工具栏条中方框标识处显示了当前演示班次的开始时间。根据系统已
读入的第一个仿真班次的相关数据，如果某油罐的该班次平均罐存量不为 0 则在
油罐图标上方显示该罐存量数值，如为 0 则不显示数值；如果某管道的该班次平均
流量不为 0，则以空心三角形动态箭头来表达该管道内的物流，如为 0 则不绘制箭
头动画。该动画将延续一个呈现周期(10s)，周期结束后系统将立即从数据库中读
取已由仿真平台预先写入的第二个仿真班次的相关数据，读取时间与呈现周期相
比可忽略不计。此时系统将刷新当前班次的时间显示，然后将油罐和管道的相关

数据与上一个班次的数据进行对比并根据对比结果重新绘制动画,具体规则如下。

1) 对于管道

如果某管道的该班次平均流量为 0,则不绘制箭头动画;

如果某管道的该班次平均流量不为 0 且上一个班次的平均流量为 0,则绘制空心三角形箭头动画;

如果某管道的该班次和上一个班次的平均流量均不为 0 且该班次平均流量等于上一个班次的平均流量,则绘制空心三角形箭头动画;

如果某管道的该班次和上一个班次的平均流量均不为 0 且该班次平均流量大于上一个班次的平均流量,则绘制空心三角形箭头动画;

如果某管道的该班次和上一个班次的平均流量均不为 0 且该班次平均流量小于上一个班次的平均流量,则绘制双空心三角形箭头动画。

2) 对于油罐

如果某油罐的该班次平均罐存量等于上一个班次的平均罐存量,则在油罐图标上方以绿色显示该班次平均罐存量数值;

如果某油罐的该班次平均罐存量大于上一个班次的平均罐存量,则在油罐图标上方以红色显示该班次平均罐存量数值;

如果某油罐的该班次平均罐存量小于上一个班次的平均罐存量,则在油罐图标上方以蓝色显示该班次平均罐存量数值。

基于上述规则,第二个班次的呈现情况如图 8-16 所示。

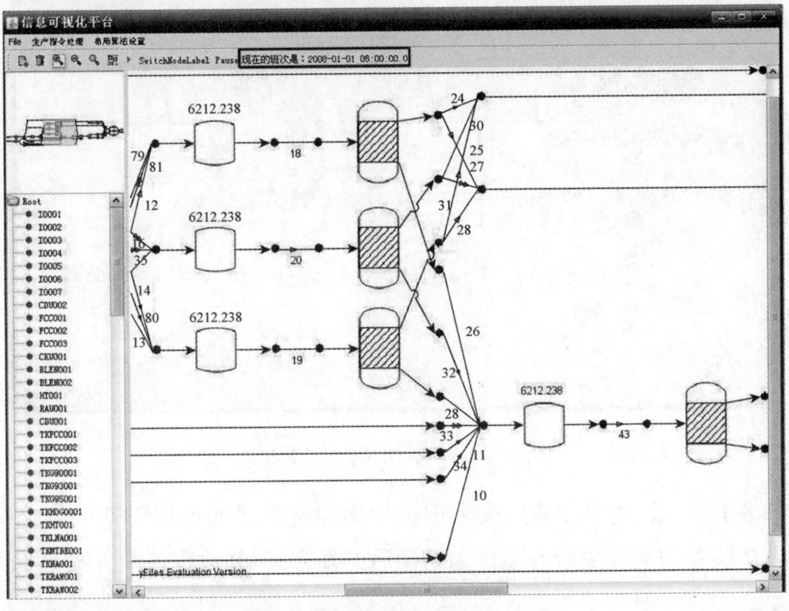

图 8-16 动画绘制规则示意图

　　按照上述过程连续呈现若干个班次的生产数据,当预先设定的所有班次都已呈现完毕时,系统将停止绘制动画。此时已完成简单的生产过程呈现任务。

　　然而对于仿真系统所承担的生产优化和调度研究等任务而言,仅仅能够呈现预先计算生成的数据是不够的,还应当提供指令处理功能使用户能够实时地影响仿真生产进程,这是对生产过程呈现的改进。针对指令处理的具体实现方案是:用户根据当前班次的数据呈现对生产状况进行研判,如果认为生产状况发生异常或出现其他情况而需要人工干预时即可激活指令下达界面。本组件中目前主要提供了生产方案切换功能,因此用户点击菜单项中"生产指令处理"下的"方案切换效果演示",将弹出图 8-17 所示对话框。

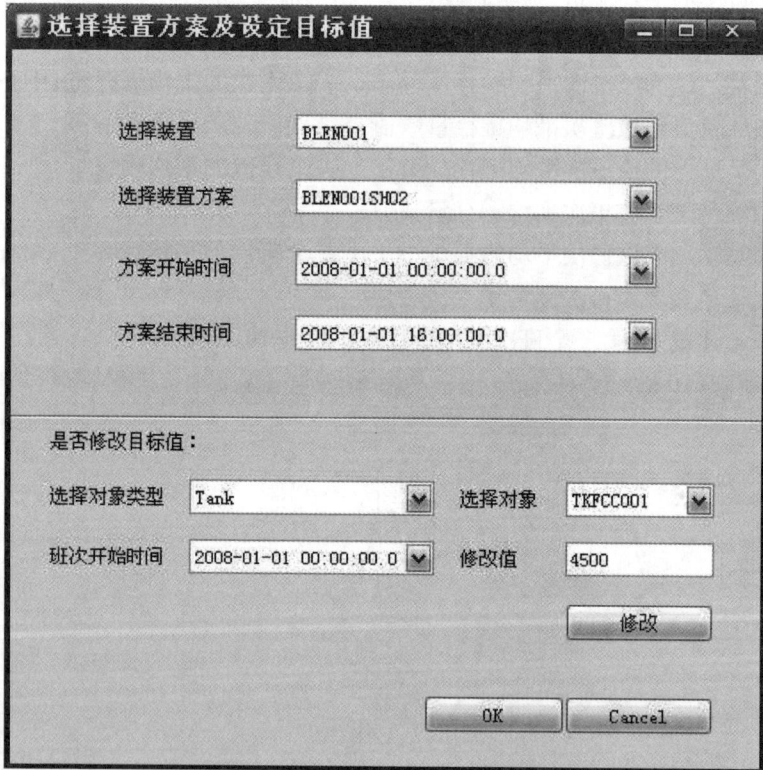

图 8-17　方案切换指令对话框

　　如图 8-17 所示,用户在某班次呈现过程中通过该界面可以下达的指令包括:选择某套生产装置的某套生产方案作为切换后的新方案,并设定该新方案运行的开始和结束时间;同时还可以选择是否修改油罐或管道对象在任意班次的目标值。当新方案被选定且修改相关对象目标值后点击"OK",则这些数据将被写入数据库中的相关表内作为针对该生产工艺流程的仿真计算初始条件,同时激活仿真平台根据这些初始条件重新进行计算,得出当前班次之后的各班次生产数据并写入数据库,该计算及存储过程所占用的时间相对于呈现周期可忽略不计。当下一个班次开始时系统将读取方案切换后的新生产数据并根据前述规则重新绘制动画,至此就完成了指令处理的过程。方案切换前后的生产数据都存储在数据库中,可以用来进行生产方案对比。

8.5.3　生产报表的多层次可视化

在装置级和调度级数据的基础上进行进一步的归并,则可以得到统计级模型的部分相关数据。统计级数据也可能来源于与生产无直接关系的数据源,数据的时间粒度相对较大,且往往以生产报表的形式出现。在实际生产中,装置级、调度级、统计级三个层次的数据都可能存在于各种形式的传统报表中,在这种情况下,生产报表中就包含了具有层次结构的生产信息。部分传统报表将所有数据都包含在单张表中,如图 8-18 所示。该方案的优点是数据较为全面,但表结构过于复杂,不利于用户高效地感知信息。另一种方案是将数据分散于多张报表之中,如图 8-19 所示,用户可在报表间切换。该方案的优点是表结构简单,易于阅读,但不利于用户了解数据的总体结构及报表间的联系。因此,有必要采用信息可视化技术来改进多层次生产报表的呈现方式。

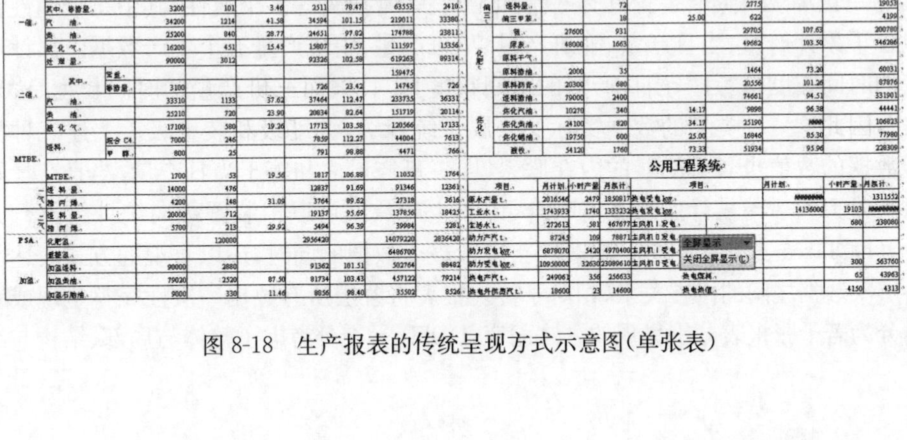

图 8-18　生产报表的传统呈现方式示意图(单张表)

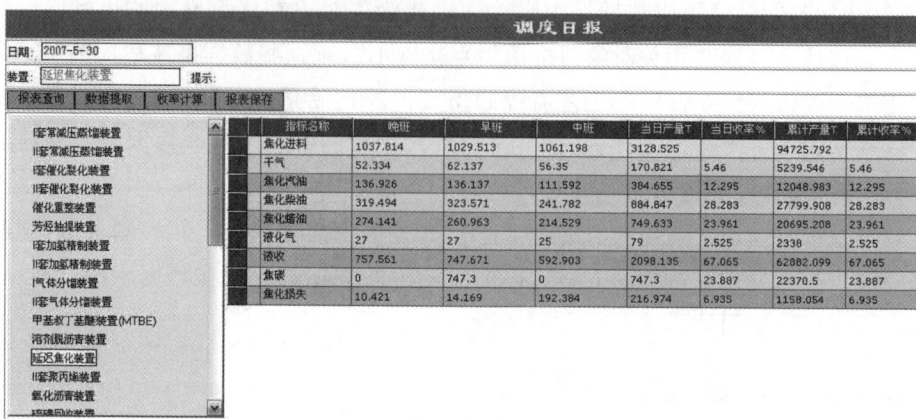

图 8-19　生产报表的传统呈现方式示意图（多张表）

　　在对某炼厂的生产报表进行信息可视化时，本组件选择了 DOITree 算法来表达报表数据中的层次结构。该方案相对于上述传统的报表呈现方式而言，通过提供多种人机交互特征和数据呈现方式增强了用户对数据层次结构的感知，既允许用户从整体上观察报表对象的结构，又允许用户通过交互观察处于不同层次的数据对象。DOITree 可视化方式的主要特征是通过用户点击鼠标的操作来折叠和展开数据树的各分支，分支上处于不同深度的节点可以用来表示属于不同业务层次的生产数据。图 8-20 所示的是生产报表多层次可视化功能启动时的默认界面，该界面中呈现的树的初始深度（节点层数）可由用户根据实际需要和使用习惯进行设置。该界面可以帮助用户了解报表对象的基本结构，当用户对更深入的信息产生兴趣时，可以通过单击树中的相关子节点来展开分支。

　　当用户希望查看生产装置中一套常减压蒸馏装置的生产数据时，可点击图 8-20 中的"装置生产情况"节点，则该节点将自动展开并呈现代表"一套常减压蒸馏装置"、"二套常减压蒸馏装置"、"一套催化裂化装置"、"二套催化裂化装置"等各类装置的节点。此时用户可以点击"一常"节点，则界面将如图 8-21 所示。可以发现一套常减压蒸馏装置具有一常加工量、一常损失等多个属性，其中每个属性都包含了累计产量、当日产量、晚班产量、早班产量、中班产量五个生产数据。累计产量的时间粒度是"月"，当日产量的时间粒度是"日"，而三班产量的时间粒度是"班次"，因此这三种类型的数据实际上分属于统计级、调度级和装置级。上述三种类型数据的数值也具有明显的内在联系，即三班产量之和等于当日产量，当日产量乘以当月天数后与累计产量基本吻合，说明生产数据可以由装置级向统计级进行归并。DOITree 方式在同时呈现多层次生产报表数据的同时，还以直观的方式表达了各层次数据之间的内在关系，相对于传统报表将各层所有数据一次性完整呈现或者拆分为若干张报表分别呈现的方法而言，DOITree 充分考虑了整体与局部、结构与细节之间的关系,是一种具有进一步研究价值的生产报表多层次可视化解决方案。

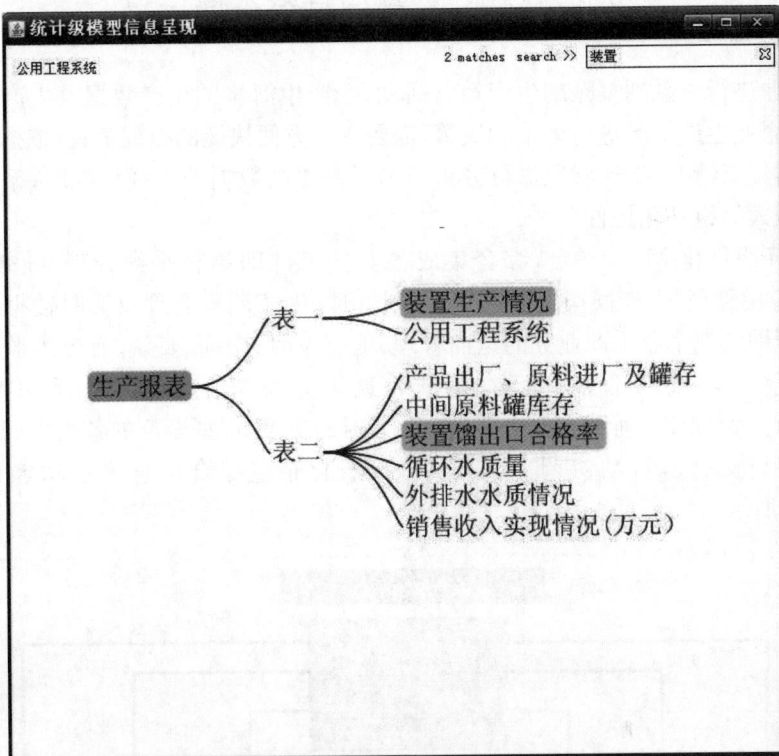

图 8-20　生产报表多层次可视化功能默认界面

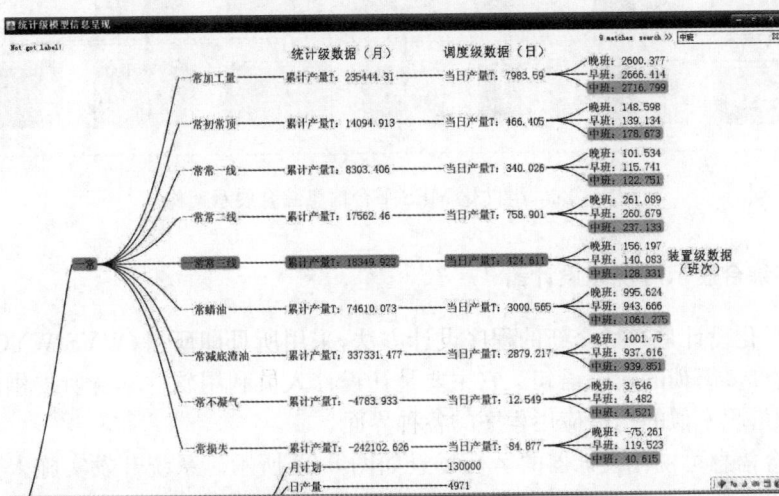

图 8-21　生产报表数据层次关系呈现示意图(以一套常减压蒸馏装置为例)

8.6　MES 平台信息综合展示

企业进行一系列复杂的生产经营活动,会产生海量的生产数据。生产管理人员要对企业生产情况进行评估和决策,需要一个方便快捷的查询工具,依据其业务特点,对经营情况、生产状况进行分析。为了能提高数据的可视化程度,系统设计图表、报表等组件化控件。

基于组件化 MES 平台,综合集成各业务组件即物料平衡管理、绩效分析、LIMS 应用管理、生产操作管理、生产计划管理、生产调度管理及实时数据平台的信息,帮助实现企业生产业务的全面管理,能够及时、全面、直观、有效地监控和管理,通过综合集成,实现整个企业的生产信息共享,提高信息的可靠性和可视性;并将信息转化为知识,辅助实现全面、准确、及时的决策,保证全厂的各级生产管理部门目标保持一致,行动协调、统一、高效。石化企业综合信息展示功能设计如图 8-22 所示。

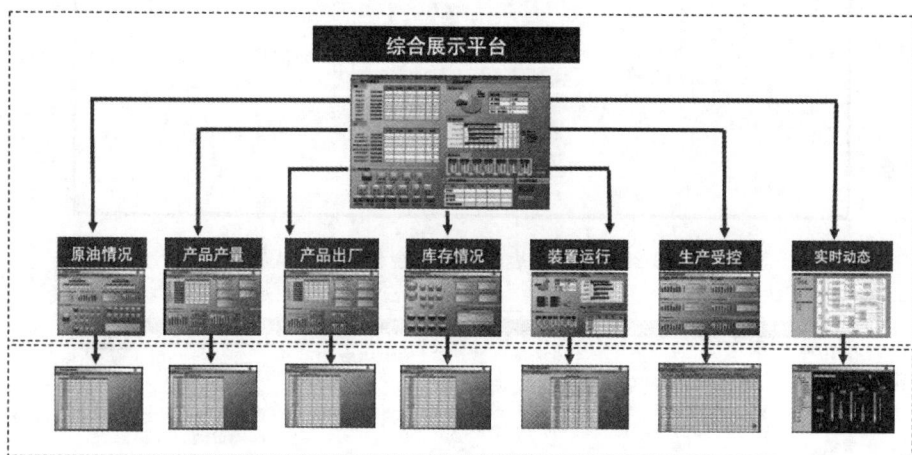

图 8-22　组件化 MES 平台信息综合展示架构

8.6.1　综合展示可视化设计器

可视化设计是一种全新的程序设计方法,采用所见即所得(WYSIWYG)的方式,避免许多繁琐的代码语句。它主要是让设计人员利用软件本身所提供的各种控件,像搭积木似的构造应用程序的各种界面。

综合信息可视化设计器的运行场景如图 8-23 所示。系统开发实施人员通过可视化设计器设计面向多层次应用岗位的应用需求,进行综合信息展示界面布局设计、展示控件选择、图表数据源配置完成综合信息展示界面设计,将形成设计的工程文件在服务器端发布,通过手机、平板、PC 等应用终端登录,即可获取到关心的信息服务。

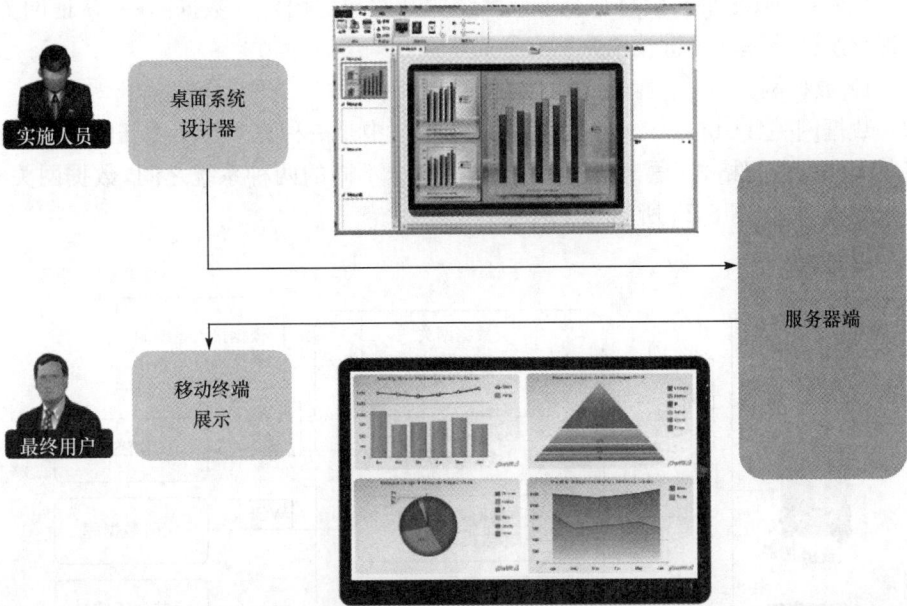

图 8-23 可视化设计器应用场景

其中,综合信息展示服务器端的体系架构,如图 8-24 所示。

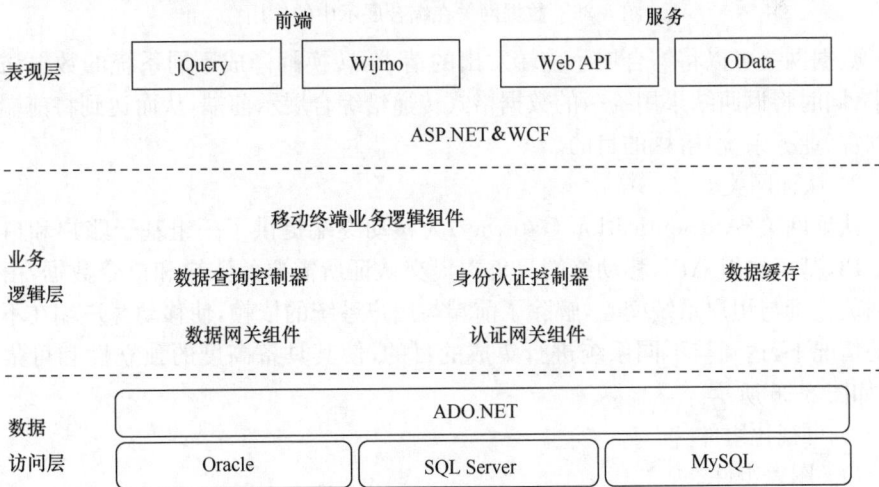

图 8-24 综合信息展示服务器端体系架构

8.6.2 综合展示关键技术

组件化 MES 平台信息综合展示系统的开发与应用包括数据网关、认证网关、可视化组件等三项关键技术。

1) 数据网关

数据网关(Data Gateway)在综合展示系统中是一种充当转换重任的角色。在使用不同的数据格式、语言,甚至体系结构完全不同的两种系统之间,数据网关是一个翻译器,如图 8-25 所示。

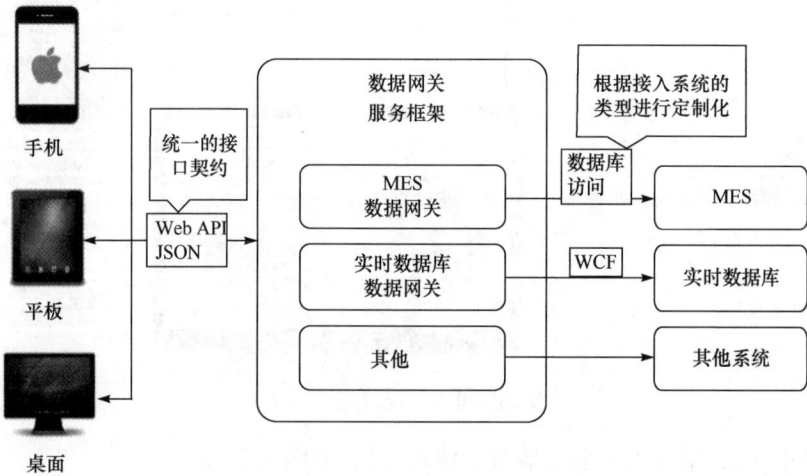

图 8-25　数据网关在综合展示中的作用

数据网关可以将综合展示前端发出的请求,转换翻译成不同系统的数据访问请求,同时将返回结果用统一的数据格式传递给综合展示前端,从而达到将前端与数据源(业务系统)解耦的目的。

2) 认证网关

认证网关(Authentication Gateway)为移动终端提供了一组基于账户和口令的 API,基于这组 API,移动终端只负责提交认证所需要的账户和口令数据,由认证网关负责与用户系统交互,解除了前端与用户系统的依赖,使移动客户端在不定制的情况下,达到与不同系统进行集成的目的,使其具备高度的独立性和可集成性,如图 8-26 所示。

3) 可视化组件

(1) 图表组件。

综合展示可为各模块提供灵活、可完全定制的统计图表。例如,支持多个模块的交叉链接、不同类型的布局、生成不同类型的图形、将报表保存在公共或私有文件夹中、定时自动生成报表并可通过邮件发送给目标用户。

综合展示图表可以给出您组织的关键参数的实时快照,使用统计图表可以很方便地显现有关原料、产品、库存和装置运行情况等数据的情况。综合展示图表支持 2D 或 3D 的比较方式,并以图片、Flash 等方式动态生成与演示。完全定制化的统计图表支持不同种类的图表:条状,漏斗,饼状,线性。独一无二的漏斗图表,能直观地显示不同阶段的数据。

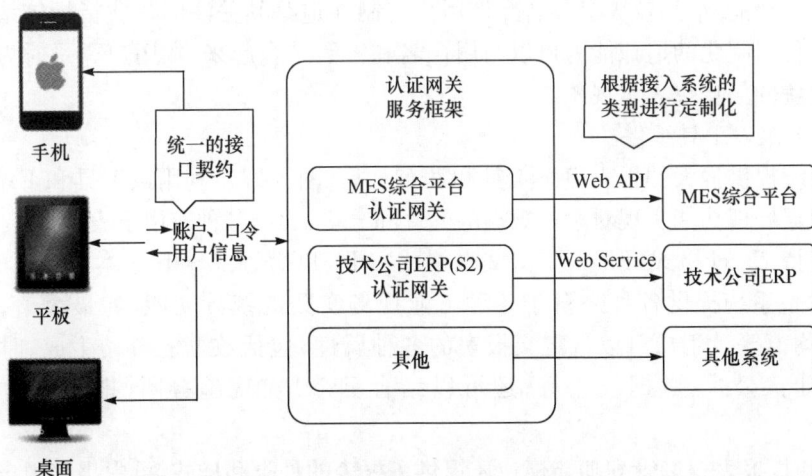

图 8-26　认证网关在综合展示中的作用

(2) 仪表盘组件。

"仪表盘"的本义是通过将各种可视化的指示器、控件有效地组织成一个便于驾驶员随时获取交通工具运行状态,并根据具体情况及时做出判断,进行决策并采取相应措施的事物。综合信息展示平台将"仪表盘"的概念引入 MES 中,使管理人员不必直面一大堆数据。

综合信息展示平台仪表盘具有:

协同性:符合人体工程学,为用户在一个独立的显示区域内协同并整合各种信息,提供可视化的信息呈现方式。

监控关键绩效指标:能够呈现各种关键绩效指标,提供决策支持。

准确性:信息仪表盘上呈现的所有信息完全准确,支撑信息仪表盘的数据经过测试和校验。

响应性:能够对事先定义的阈值做出响应,在可视化呈现并预警的同时,启动相应的预警机制(如声音报警、电子邮件告知、高亮度闪烁等),以及时触发用户对于关键事件的关注。

个性化设置:信息仪表盘呈现可以根据每个用户的职责、权限等进行个性化配置。另外,为了获得更完美的客户体验,个性化设置还可以包括对于语言、可视化颜色、风格等体现用户个人喜好兴趣的定制功能。

分析功能：信息仪表盘具备让用户进行假设分析，假定推测等导向性分析功能，让用户可以通过可视化方式选择各种钻取方式，进行比较、分析和推理。这样，信息仪表盘可以提升用户对于各种相互关联的业务变量的理解力和洞察力。

追踪功能：信息仪表盘具备允许用户定制并追踪其关注的各项指标体系的能力。这种定制化的追踪能力可以与用户名和密码结合起来，在用户登录时为其提供其设置的信息仪表盘视图。

（3）报表工具组件。

系统提供强大的报表组态工具和发布工具（图 8-27），利用该工具和 Excel 强大的数据处理功能实现对生产数据的处理和分析，编制各种应用报表。

支持 Excel 格式、RTF（丰富文本格式）、TXT（普通 ASCII 文本）、DBF（数据库文件）；系统提供各种来自于各种工业现场实践的统计功能，如最大值、最小值、平均值等。用户可以自定义报表的各种属性，包括数据的自动生成、时间偏移、自定义公式、数据校正等，还可以结合 Excel 实现趋势图，报警等功能的实现。

同时，报表查询管理功能模块还提供了报表的种类和样式，可由报表组态软件灵活设置，用户在经过工程师相关培训后掌握使用自定义报表进行个性化的组态后，即可根据自己需要制定其他的报表内容。

8.6.3 综合展示应用效果

1）原料情况综合查询

系统提供原料进厂、原料加工、原料库存信息的综合展示，记录每日的计划完成情况，月累计数据，能以趋势图形式对原料进厂、原料加工计划及完成情况进行比对；图形化展示各类原料的库存情况，设置库存上、下限，自动判断是否超限，提供实时报警及预警，如图 8-28 所示。

2）产品信息综合查询

系统提供产品出厂、产品产量、产品库存信息的综合展示，记录每日的计划完成情况，月累计数据，能以趋势图形式对产品出厂、产品产量计划及完成情况进行比对分析；图形化展示各类产品的库存情况，设置库存上、下限，自动判断是否超限，提供实时报警及预警，如图 8-29 所示。

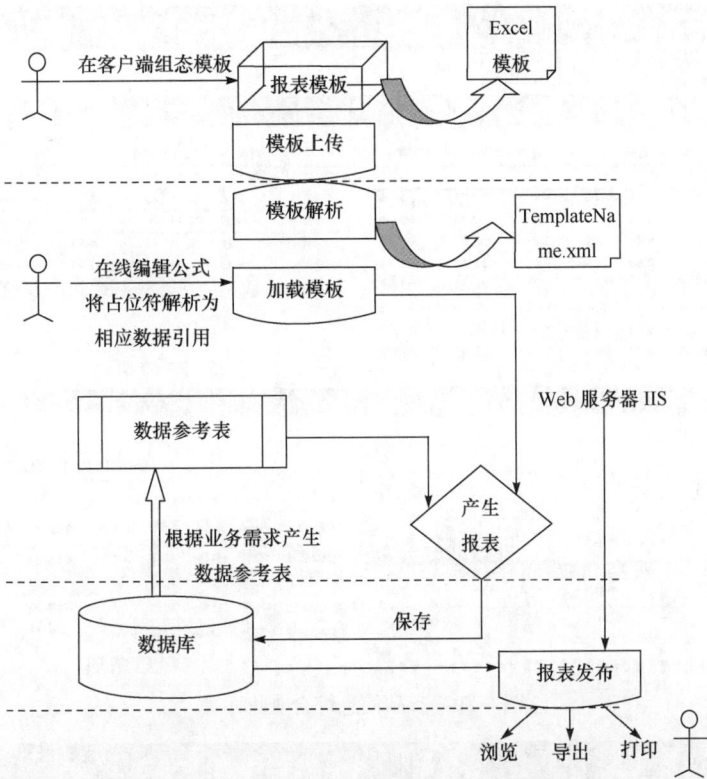

图 8-27　报表组态工具和发布工具示意图

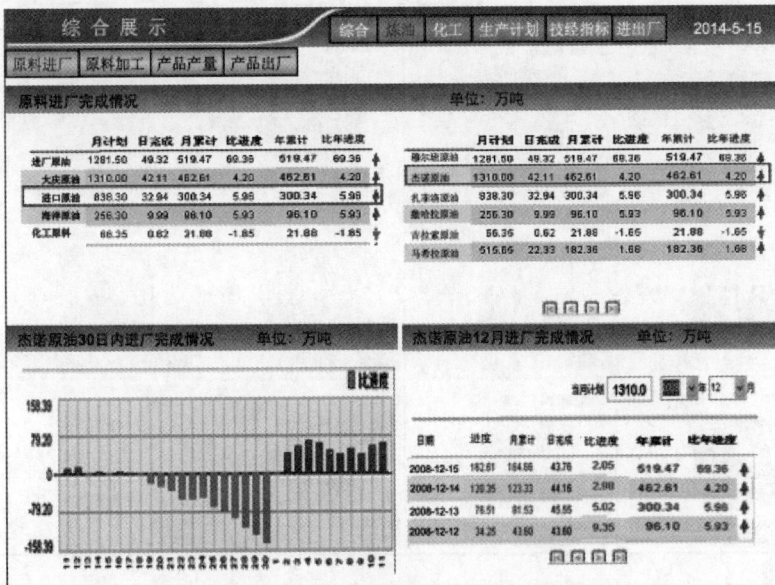

图 8-28　原料情况综合查询画面示意

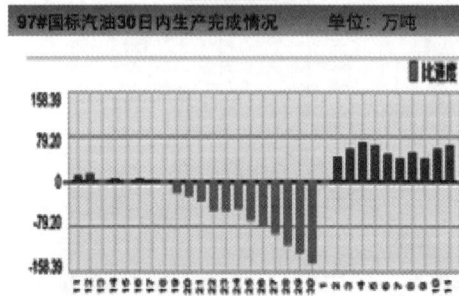

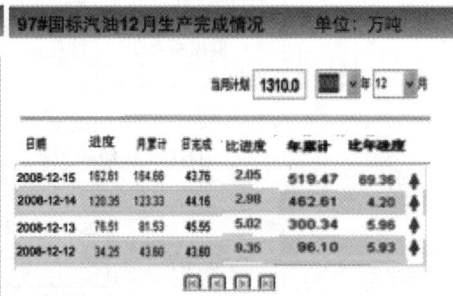

图 8-29　产品信息综合查询示意

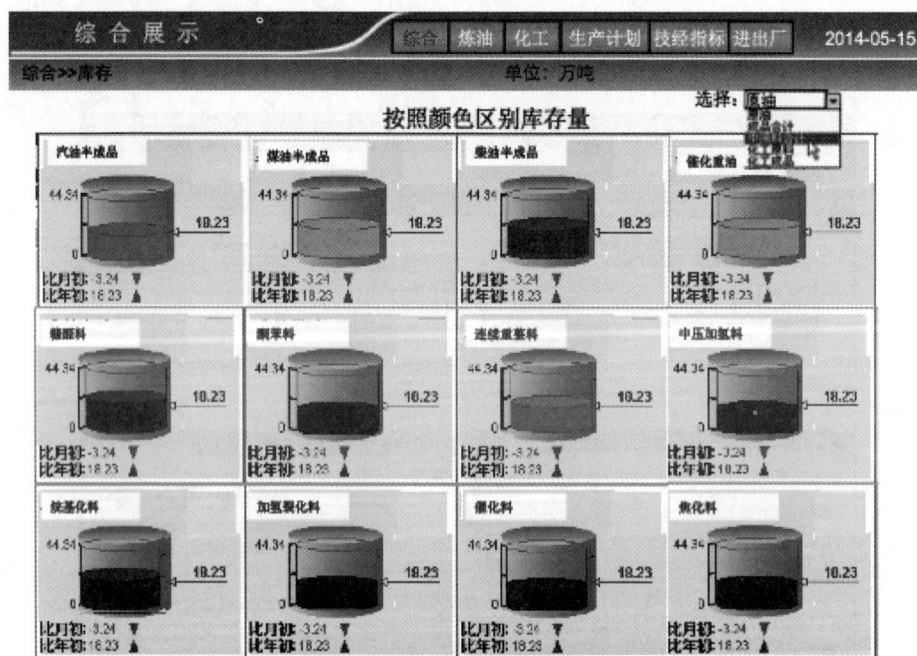

图 8-30　库存信息综合查询示意

　　3）库存信息综合查询

　　系统提供全厂所有储罐、库存信息的综合展示，方便查询储罐运行状态；能够进行库存数据的分类汇总，实现储罐信息按产品、产品组分、产品类别等进行查询，能够对某项数据进行层层钻取，便于对数据根源进行追溯，如图 8-30 所示。

　　4）装置运行情况综合查询

　　系统提供全厂所有装置运行情况图形化展示，明显标记装置开停工状态，包括开工、非计划停工；装置检修进度展示，停工时间、计划开工时间、非计划停工原因分析、非计划开工延误原因分析；装置负荷实时监控，设计小时处理能力与实际小时处理能力比对，如图 8-31 所示。

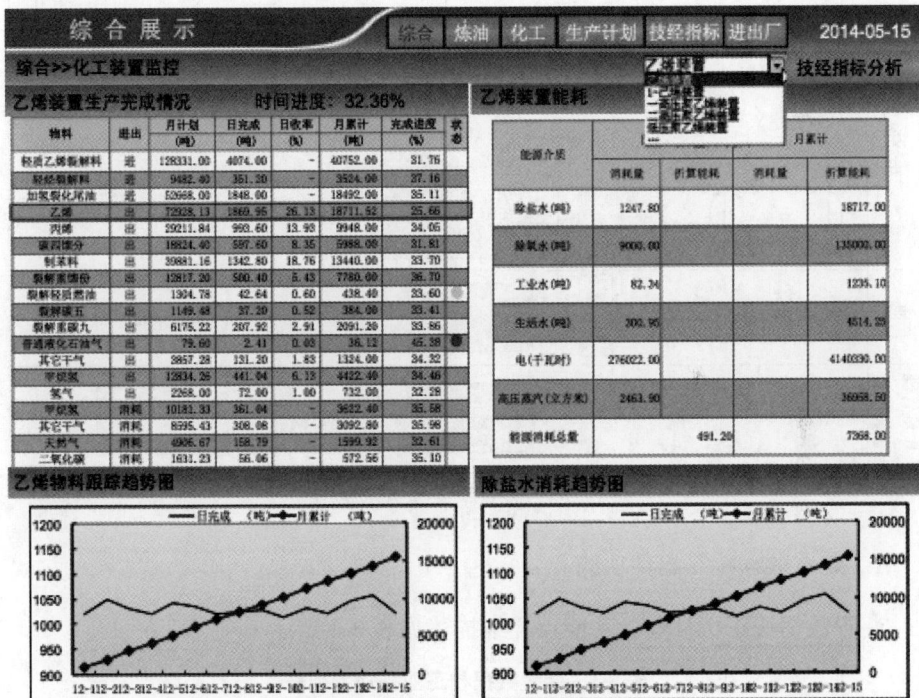

图 8-31　装置运行情况综合展示

8.7　装置数据校正组件信息可视化实例

　　装置数据校正组件实现装置的生产数据集成，包括质量系统的密度、侧线实时表量，气体固体产量等物料原始数据。数据集成和处理得到装置的进出数据，通过装置数据校正算法进行校正，得到装置的投入产出平衡数据。为以后的装置运行分析和报表提供基础数据；由车间统计员激活单装置数据校正的执行过程。车间统计员登录系统后,系统进行单装置组态信息确认,系统从数据预处理模块获取组态周期内本装置投入产出质量数据以及有关化验分析数据,通过装置数据校正算法进行校正,得到装置按物理侧线的进出料平衡数据,以表格的形式呈现结果并保存到数据库中存储,作为进行装置运行分析以及生成报表的基础数据源。

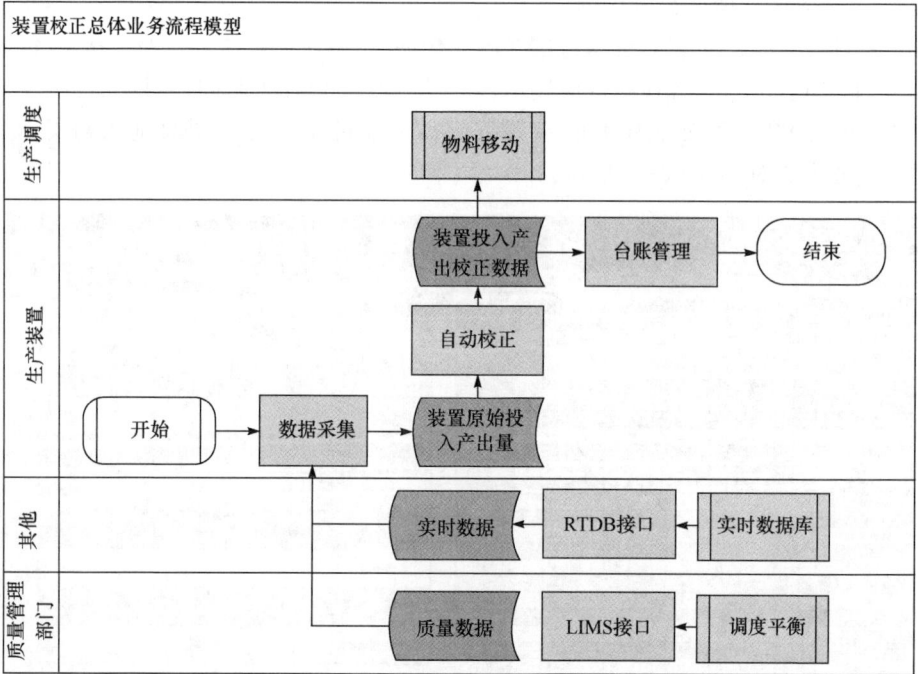

图 8-32　装置平衡业务示意图

8.7.1　装置数据校正组件功能

装置数据校正组件业务功能点详细描述见表 8-1 所示。

表 8-1　装置数据校正业务功能列表

一级功能模块	二级功能模块	功能要点
装置校正	数据采集	动态数据计算
		采集数据审核
	数据校正	方案管理
		校正处理
		数据审核
	装置台账管理	数据汇总
		报表导出

续表

一级功能模块	二级功能模块	功能要点
装置校正	装置基本运行分析	装置收率比较
		装置产品分布
		装置投入分布

1）数据采集

用户可组态确定单元平衡所需数据的周期（以天为单位），通过点击数据获取按钮，从数据预处理模块中读取单元侧线、化验分析等数据信息并经过处理得到质量数据。

确认并调整实时数据库位号数据以用于数据计算。

获取到的原始质量数据以数据列表或图形的形式呈现。

2）数据校正

方案管理：生产方案包括装置的投入物料和装置的运行操作条件以及在这种情况下的装置产出物料和产出收率，方案管理根据调度指令确定班内生产方案及其切换时间，装置的生产方案信息是装置数据校正的基础，根据装置生产方案确定装置投入产出模型。

系统采用数据校正算法自动基于模型对侧线计量数据进行单元物料平衡计算；

以数据列表或图形的形式显示校正后各侧线的量、节点残差及其节点平衡率，但允许合理误差的存在；

人工调量功能主要是将统计员进行平衡操作的一些经验知识作为一种平衡策略集成到系统中来，从而提高系统平衡结果的可靠性和准确性。对于有上下游表量、罐量的侧线，系统能够显示罐量、表量数据信息，用户可组态选择是否作为某侧线的量参与平衡计算，也作为用户人工调量的参考依据之用；用户可根据经验对自动校正结果进行修正；人工调量后，系统能够显示各侧线调节量和节点的平衡率，作为统计员进行调量效果评价的依据。

平衡数据的确认审核提交，当统计员对平衡结果满意后，系统提供平衡结果确认功能，确认后平衡结果不可再进行修改。将保存到数据库中，作为统计平衡，装置报表、运行分析及各种查询的数据源。

每一步操作系统都能保留、显示上一步操作中的数据信息。

所有的操作都可以在图形界面上进行。

3）装置台账管理

基于集成的数据，按日、旬、月及其他方式汇总数据，生成装置基本投入产出台账，为装置管理服务；同时，装置数据在数据平台集成，企业可根据需要扩展装置报表。

4）装置基本运行分析

如图 8-33 所示,基于集成或平衡的数据,生成装置的收率比较图、产品分布图、投入分布图。

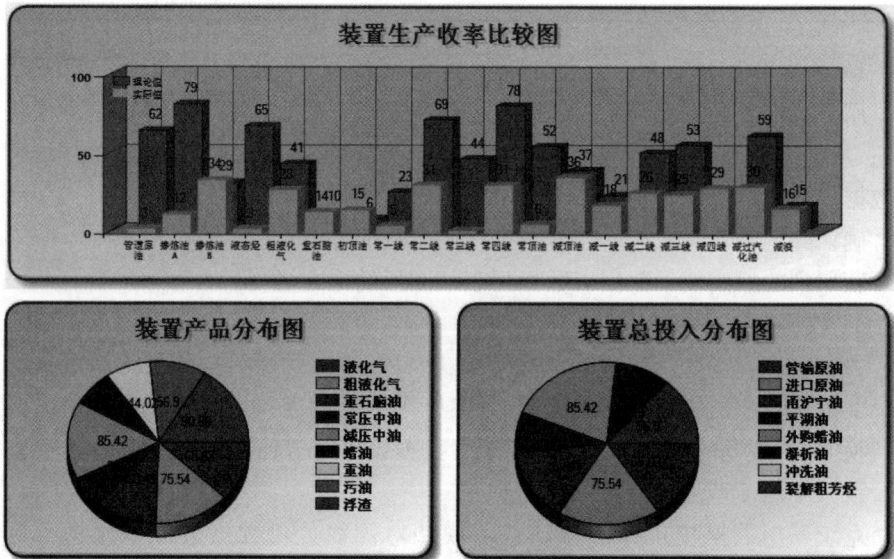

图 8-33　装置平衡综合分析示意图

8.7.2　工程应用实践

根据全厂统一工厂模型中装置侧线投入产出组态,对仪表数据进行归纳合并形成装置投入产出数据。装置级数据协调的处理周期,用户可自由组态:班、日等。装置级数据协调由装置岗位相关人员完成,校正后的装置生产数据经由数据访问接口写入关系数据库平台,从而为上层应用提供数据支持,基于装置级协调的数据,可自动生成本车间的物料平衡报表。其实现的主要功能如下。

1）装置平衡报表的自动生成

装置平衡报表的自动生成如图 8-34 所示。

2）实现了对罐区作业及罐情的实时监控

对罐区作业及罐情的实时监控如图 8-35 所示。

图 8-34　装置平衡报表

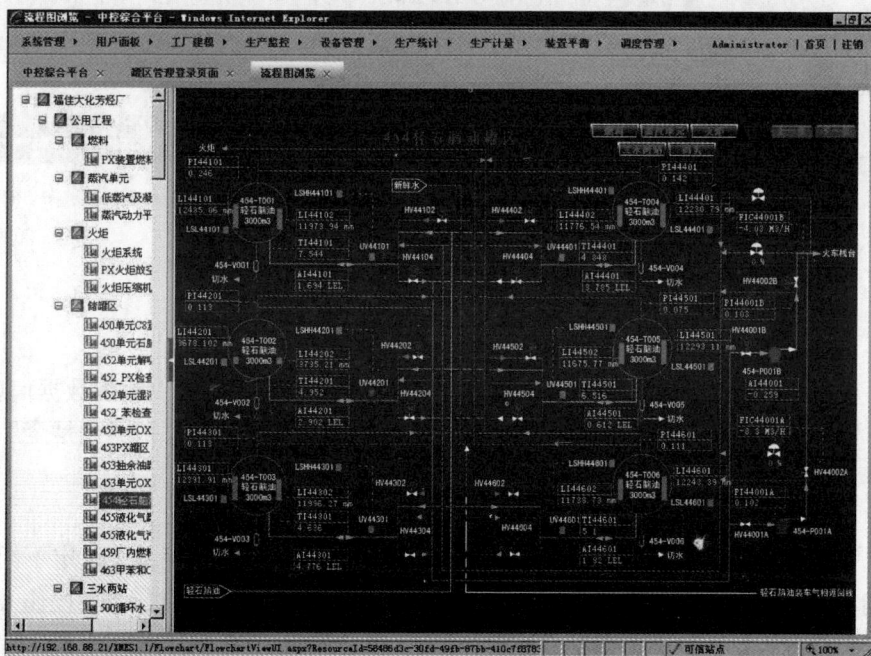

图 8-35　罐区作业及罐情的实时监控图

3）实现了对罐区收付存的动态平衡

按照罐区物料品种，根据储罐的物料信息、收付信息和罐存信息，进行按物料统计归纳，根据各个储罐的收付操作记录进行解析，然后对移动量进行统计归并得到每种物料的收付量。根据罐区提供的数据建立动态的物料平衡，通过各种直观图标给出原料、半成品、成品量的动态分布和流动情况，如图 8-36 所示。

| 罐检尺 | 罐收付 | 罐物料变更 | **物料平衡** | 日志管理 |

罐区操作：一套常减压配套罐区

罐收付：开始时间 2009-07-07 ▢ 08:00:00 ✕ 结束时间 2009-07-09 ▢ 08:00:00 ✕ 获取 重新获取 保存

	序号	逻辑罐	存放物料	开始库存	结束库存	收入量	确认收入量	付出量
⊞	1	七单元->管输原油罐	管输原油	25564	24987	16666	13941	14518
	2	七单元->外购常渣	外购常渣	0	0	0	0	0
⊞	3	八单元->重整料罐	重整料	13739	12884	69	78	933
⊞	4	八单元->-10#柴油罐	-10#柴油	697	696	0	-1	0
⊞	5	十单元->AGO罐	常压中油	18451	16384	2122	2111	4178
⊞	6	十单元->乙烯石脑油罐	石脑油	10263	11041	6226	6177	5399
⊞	7	九单元->减压渣油罐	减压渣油	13701	13560	0	0	141
⊞	8	九单元->混合蜡油罐	混合蜡油	17576	17844	3022	2263	1995
⊞	9	九单元->乙烯石脑油罐	石脑油	4523	4002	2066	2040	2561
⊞	10	十一单元->焦化柴油罐	焦化柴油	2934	3260	3743	3743	3417
	11	十一单元->粗柴、不合	不合格柴油	0	0	0	0	0
⊞	12	十一单元->AGO罐	常压中油	7465	6424	434	3142	1037
⊞	13	十二单元->扫线油罐	扫线油	143	153	0	10	0
⊞	14	十二单元->重污油罐	重污油	0	0	0	0	0
⊟	15	十二单元->轻污油	轻污油	1237	870	422	422	18

	序号	物理罐	开始库存	结束库存	收入量	确认收入量	付出量	确认付
	15-1	G-6	257	216	0	-41	0	0
	15-2	G-7	152	152	0	0	0	0
	15-3	G-8	220	309	0	89	0	0
	15-4	G-9	9	0	0	-9	0	0
⊟	15-5	G-10	599	193	422	422	18	18

	序号	物理罐	对方节点	收付	开始库存	结束库存	收付量	确认收
	15-5-:	G-10	三加(柴油精制	罐收装置	599	603	4	4

图 8-36　罐区收付存的动态平衡图

系统提供柱状图、棒图、饼图、报表等多种直观显示方式。

系统提供准确及时的油罐库存、收付、损耗的计量及计算。

提供原料进厂、产品出厂、分厂互供、装置收付等石化物流中关键的数据信息。

罐区收付存动态平衡 UI，支持装置侧线收付关联罐区的收付平衡。是全厂数据校正的重要关联查询。

4）生产调度组件提供的生产调度方案查询 UI

生产调度组件以 Web 方式发布生产调度方案，并对生产调度方案设定不同的访问权限，帮助企业管理人员、财务人员、计划人员、调度人员、销售人员、操作人员等相关业务人员从不同侧面及时了解生产动态，持续提升管理水平。

　　信息可视化 UI 界面将此组件的 4 张图关联在一起,图 8-37 生产调度方案显示装置平衡操作的给定目标,图 8-34、图 8-35 是装置平衡操作结果,图 8-36 是装置关联操作的可视化。

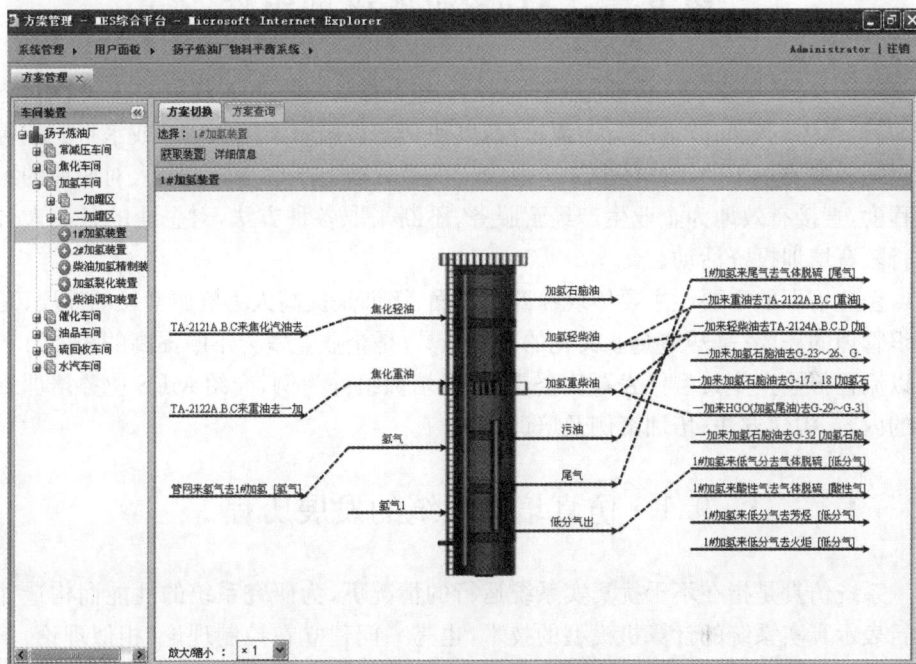

图 8-37　生产调度方案查询

第 9 章 MES 业务培训组件

培训,就是使受训学员通过有计划的、连续的系统学习而获得知识、技能、态度,乃至行为的定向改进的行为或过程,以使其能够按照预期的标准或水平完成所承担的或将要承担的工作任务。企业为了提高劳动生产率和员工个人对职业的满足程度,直接有效地为企业生产经营服务,不断采取各种方法,对企业的各类人员进行教育培训投资活动。

企业培训的重要性主要体现在四个方面:培训是提高人力资源素质的需要;是知识管理的需要;是塑造企业文化的重要工具;是企业竞争力不断提高的需要。本章以流程行业企业典型代表石化企业 MES 培训组件为例,介绍 MES 业务培训组件的内容、构建方法、培训案例及培训效果。

9.1 仿真培训系统的发展历程

系统仿真是指在不干扰真实系统运行的情况下,为研究系统的性能而构造并运行表示真实系统的计算机模型的技术,也是一门建立在控制理论、相似理论、信息处理技术以及计算方法等理论基础之上的辅助决策的综合试验性学科。系统仿真的目的是通过对模型运行的过程进行观察和统计,掌握系统模型的基本特性,调节系统的设计参数以实现对系统设计的优化。仿真培训系统 (Simulation Training System)是借助计算机仿真技术和软件创造的具有高逼真度性能优良的全物理、全范围、全流程的仿真模拟平台,是借助仿真技术、现代管理技术来建立培训系统,并实现培训目的,因此越来越成为培训的最重要手段之一。

仿真培训系统起源于 20 世纪 60 年代,首次在航天、航空领域得到应用,然后逐步在电力、生物医疗、机械等领域应用。随着科技的日新月异的发展,仿真系统在 20 世纪 70 年代末进入石化领域。电力行业早在 1976 年就有了电网调度员培训系统 DTS(Dispatcher Training System)的概念,目前 DTS 已经成为电力行业培训电网调度员的最佳工具之一。在生物医药和机械领域,培训系统也已有研究并得到较大的应用。

培训系统对现场操作人员和管理人员进行上岗培训和轮训,以迅速提高操作人员和管理人员的素质和业务水平,使学员全面掌握操作和管理技能,并增强对一些不常见状况的应变能力。

仿真系统在 20 世纪 70 年代末进入石化领域,我国的石化仿真技术研究始于

1986 年,而石化仿真培训系统则从 1992 年开始才真正得到广泛应用。从 CIMS 各层次的应用研究来看,由于不同层次的应用研究的需求各不相同,各层次的仿真培训系统的研究进展也各不相同。

石化行业仿真培训系统首先出现在过程控制层(PCS 层),兴起于 20 世纪 80 年代。这种用于培训石化装置操作人员技能的仿真培训系统,从本质上看,是属于 PCS 层的动态仿真软件。当时比较典型有美国 ABB Simcon 公司的 Simcon 动态模拟器(如合成氨培训器、乙烯培训器等)、美国 Audy Dynamic 公司合成氨和尿素培训器与低温甲醇洗和锅炉培训器等。这类操作人员技能培训,对操作员进行开车、停车、正常运行时的操作技巧和处理紧急事故的能力训练;对仪表工程师进行仪表系统的调整、组态,仪表系统故障的分析和处理的训练;对工艺工程师进行工艺流程变量的分析、工艺参数的优化选择的训练,在工业领域得到较广泛应用。

在吸收引进国外仿真培训系统的基础上,1987 年北京化工大学仿真中心研制成功了我国第一套通用型石油化工仿真培训系统,并在北京燕山石化公司应用成功。我国石化装置过程仿真培训的研究在此以后逐步展开,国内许多公司和大学也都参加了这个行业的研究,主要有北京华康达公司、东方仿真公司、洛阳炼油院和北京化工大学、浙江大学、中国石油大学、中国科技大学、清华大学、青岛化工学院、华东理工大学、抚顺石油学院等单位,许多大的石化企业也都成立了相应的仿真培训中心。其中中石化集团北京燕山石油化工有限公司仿真培训中心开发了相应的工艺操作仿真培训软件,取得了良好的效果。

之后由于石油化工领域开始推广的集散控制系统 DCS(Distributed Control System)的出现,作为过程工业自动化仪表领域的一个重大进展,世界各国的仪表公司争先推出新型集散型控制系统,因此国外化工仿真培训系统几乎全部转向仿集散系统的操作环境,我国也有不少研究机构开始研究开发 DCS 仿真培训系统,如天津大学东方仿真技术有限公司、达西奥仿真优化技术集团等,主要技术包括化工厂操作工技能培训、仪表自控系统使用方法培训、工艺过程辅助优化设计、控制系统辅助优化设计、生产装置调优等。

企业资源规划层(ERP 层)的仿真培训系统,是属于 ERP 的应用软件,此时的仿真平台模拟企业的运营环境,为 ERP 系统提供必要的运行平台,近年来已有这样的研究。例如,西班牙的 Esteves 等把培训列入复杂的 ERP 系统执行过程的一部分,不仅能让用户适应新系统,而且能帮助他们组织改变的进程。

在制造执行系统(MES 层)层面,仿真技术也得到了重视。如浙江大学的 IntelSim,已应用于数据校正系统及公用工程管理系统的测试,并形成了 MES 仿真培训的雏形。而在使用仿真技术最多的生产调度领域,现有的仿真系统主要是为生产调度优化提供仿真分析数据。因此,从严格意义上来讲,在 MES 层,尚没有真正意义上的培训系统。

石化行业的 MES 软件系统集生产计划、生产调度、操作管理、物料移动、能源管理、生产统计等业务模块为一体,具有规模大、操作复杂等特点,在石化企业的广泛应用对操作人员的素质和技能提出了很高的要求。随着石化企业综合自动化水平的提高,计算机仿真软件培训已经成为石化企业岗位操作培训不可或缺的重要手段的今天,建立一套石化 MES 操作培训系统来低成本、高效率地培训岗位操作管理人员,具有很大的现实工程意义。

建立石化 MES 培训系统,旨在帮助石化企业 MES 层面的各岗位的操作人员运用该系统进行正常操作和反复训练,熟悉软件系统的各项操作,理解业务知识,以便在短时间内能迅速掌握驾驭软件系统的操作管理能力;让受培训学员掌握相关背景知识的同时,拥有完整的培训理论体系,在理论与实践相结合的培训过程中深化业务理解;让受培训学员在精心设计的业务场景中培训,提高业务操作和管理水平;此外,智能考核测评体系,对受培训学员的培训操作过程和结果进行的评价,有利于检测培训效果,以便在后续的时间里进一步提高。

石化 MES 培训系统,与现有的石化企业 MES 层面上仿真的两类应用相比,有很大的不同;它是立足于 MES 信息管理软件系统、借助智能工厂生产调度仿真平台,融合培训测评体系,是一个集测试、研究、教学、培训、测评等功能于一体的综合培训系统。

9.2 MES 培训系统的需求分析

石化 MES 培训的学员可以分为两类:一是石化企业 MES 各岗位操作员的新员工或者候选人;二是修读 MES 理论与实践课程的学生和工程人员。培训的岗位则是石化 MES 各操作员岗位。其培训学员的知识结构为,学员一般应初步了解石化行业炼油相关背景知识,并掌握一定的石化 MES 相关知识。

MES 作为 ERP 系统的执行机构,对从生产命令下达到生产产品完成的整个生产过程进行优化管理,并实时地将生产过程信息反馈给 ERP 系统,从而将生产活动与管理活动信息有效地集成起来,在企业综合自动化中起到了承上启下的作用,是整个流程工业综合自动化技术发展的关键之一。其总体业务流程主要涉及生产销售部门、生产计划统计部门、生产调度部门、生产装置、罐区等部门。

石化企业的生产业务过程主要是将原油加工成成品油的过程,整个过程涉及油品的多次流转及物性的改变。从原油采购进厂,到输入一次加工装置、二次加工装置、精制装置等进行油品的装置加工,然后输出到罐区进行油品调和,直至成品油合格后出厂。在这一系列油品加工移动过程中,包括装置生产监控管理、罐区监控管理和油品进出厂管理。油品加工及油品移动的生产管理主要包括生产计划、生产调度和生产统计。

　　石化 MES 包括生产计划制订(年、季、月)、分解月生产计划到下达调度指令、建立油品移动关系、执行调度指令、录入移动油品移动前后量、数据校正、销售数据汇总、自动算量、调度平衡(8 小时、24 小时)、生产调度日报、全厂油品日平衡和全厂物料平衡统计等业务模块,图 9-1 总体描述了某石化 MES 各个业务之间的相互联系。

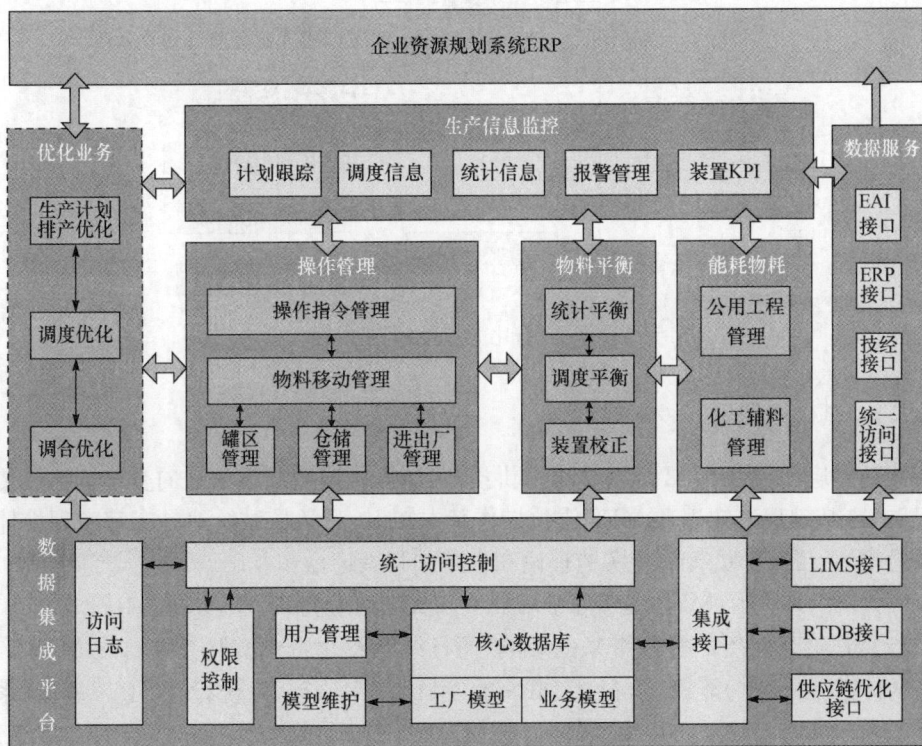

图 9-1　某大型石化 MES 总体业务流程

　　针对我国石化行业生产规模相对偏小、现场基础条件相对落后、自动化水平相对较低的实际情况,某石化 MES 采用装置校正、调度平衡和统计平衡的分层物料平衡策略,利用误差侦破及超差报警技术弥补计量仪表的不足,在借鉴国外事件驱动建立油品移动模型的基础上,根据石化行业以 8 小时为生产班次的现实,采用以一班为基础的油品移动模型动态生成的技术。

　　由总体业务流程可见,石化 MES 集生产计划、生产调度、操作管理、物料移动、能源管理、生产统计等业务模块为一体,结构复杂、内容工种繁多、技术要求各不相同,因此 MES 培训必然是多层次、多内容、多形式与多方法的。

MES 培训需要理论内容与实践相结合、培训系统集培训与研发于一体,通过培训,不仅要使受培训学员掌握 MES 基本理论、MES 基本操作方法,而且要使学员掌握实践操作技能以及现场组织管理方法,并提供技术人员进行操作分析和科研开发的环境。为此,MES 的培训实现分层培训的形式,即基础培训、操作培训、测试研究,其组成如图 9-2 所示。

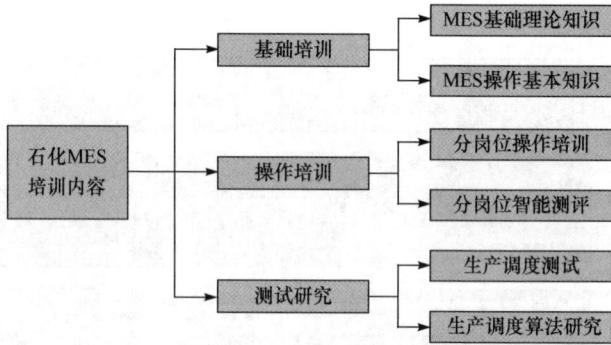

图 9-2　石化 MES 培训的内容

9.2.1　基础培训

基础培训部分,主要通过多媒体讲授法、结合网络资料培训法向受培训学员传授 MES 基础理论知识和 MES 岗位操作基本知识,为学员系统地具有完整理论体系地培训,帮助学员打下扎实的理论知识基础和理论操作基础。

如图 9-3 所示,MES 基础理论培训不仅从理论上介绍 MES 的基本原理、发展趋势及其给企业生产管理带来的影响,而且结合石化企业实际介绍石化 MES 产品的体系架构和功能模型,包括 MES 的发展、基本原理、系统设计、工厂模型、系统实施等内容。MES 的发展部分包括 MES 的产生、国内外发展现状、行业应用、未来发展趋势、我国推行 MES 存在的问题等;MES 基本原理部分包括定义、框架模型和正在形成中的 MES 的标准等;MES 系统设计部分包括体系结构、系统需求、关键技术和重要模块的设计等;MES 工厂模型部分是 MES 产品在工厂数据建模中的一些设计和实现相关的技术内容;MES 系统实施部分则是 MES 系统实施相关的实施方法、实施管理等内容。MES 操作基本知识培训部分包括 MES 各功能模块的业务模型知识,各岗位的设置和职责、主要操作流程和操作规范等。

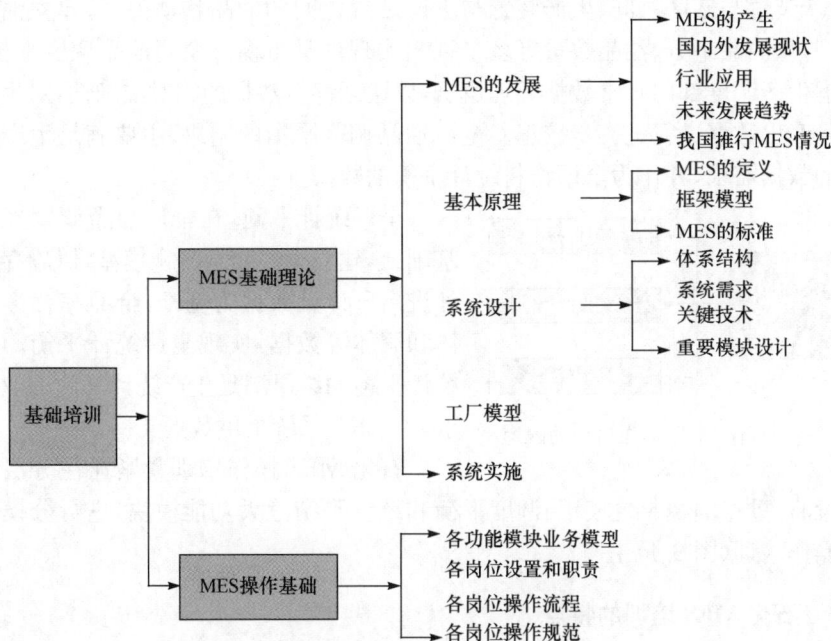

图 9-3　石化 MES 基础培训的内容

9.2.2　操作培训

操作培训部分,是 MES 培训系统的核心,对学员进行操作实践的培训,采用分岗位分模块的先进培训方式,让操作人员尽快熟悉软件系统的各项操作,掌握对该系统的运行,在实践中深入理解相关背景知识,以便在短时间内培养出能驾驭软件系统的能力。

某石化 MES 的核心关键技术是物料日平衡分装置数据校正、全厂油品调度平衡和全厂物料统计平衡的三级分层物料平衡,简称为"2 平衡 1 校正"又即"2+1"平衡策略。"2+1"平衡策略大大降低了计量条件差、日平衡难以实现的风险。

装置数据校正,是基于装置的设计参数模型和装置投入产出模型,综合考虑生产加工方案,按照一定的逻辑进行数据校正,实现装置级的物料平衡。装置数据校正的主要数据来源是生产实时数据采集系统、手工录入和其他系统。数据校正的结果,作为全厂油品调度平衡和全厂物料统计平衡的装置数据基础,提供装置投入产出统一数据源。

全厂调度平衡,以罐存数据为基准,以油品移动为主线,综合考虑装置校正数据,实现全厂油品调度平衡。全厂油品调度平衡,抓住炼油企业物料数据的主要因素(油品),忽略炼油企业物料数据的次要因素(气体、固体等),根据油罐与油罐之间、生产装置与罐区之间、生产装置与生产装置之间的油品移动关系,建立油品移动模型,从油品组分、油品数量等多个视角实现油品平衡。全厂油品调度平衡,充分考虑生产调度部门日常数据处理逻辑,以罐区存量数据的相对准确性,对生产装置投入产出数据进行进一步校正。全厂油品调度平衡的结果,主要满足生产调度部门的数据需求,并作为全厂物料统计平衡的数据基础。

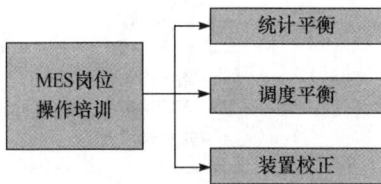

图 9-4　石化 MES 操作培训的内容

全厂统计平衡,在全厂油品调度平衡的基础上,建立全厂物料平衡模型,以罐存数据和进出厂计量数据为基准,全面综合考虑气体和固体等数据,实现全厂统计平衡。全厂统计平衡的结果满足生产统计部门的业务需求,为 ERP 系统提供数据支持。

石化 MES 操作培训紧紧抓住分层物料平衡策略,重点围绕装置校正、调度平衡和统计平衡三大功能模块,进行分模块分岗位操作培训(图 9-4)。

9.2.3　石化 MES 培训的特点

传统 MES 培训的培训方式单一,大都只停留在操作手册和培训讲座等方式,培训效果差,远远不能满足培训需求;而本书的石化 MES 培训系统则采用先进的计算机仿真培训为主,与现有的传统培训有着很大不同,可以归纳为表现在教师角色、学员角色、培训内容和学习动力等方面(表 9-1)。

表 9-1　石化 MES 培训与传统培训方式比较

	传统培训方式	石化 MES 系统培训方式
培训教师角色	主要	促进辅助者
受培训学员角色	被动接受	积极主动
内容	理论为主	模拟现场实际
学习动力	讲课内容顺序	解决实际问题需求

总的来说,石化 MES 培训系统具有以下几个特点。

(1) 分模块培训。本培训系统以装置校正、调度平衡和统计平衡三个业务模块为主线,贯穿装置层、调度层和统计层,实现分模块培训,以满足不同业务操作岗位的受培训学员。

(2) 完整的理论体系。本培训系统的培训内容注重理论联系实际,旨在建立一个完整的理论知识与技能的培训体系。

(3) 培训与研究并重。本培训系统集培训、教学、测试和研究于一体,是一个综合性的多功能平台。

（4）智能测评与考核。智能测评与考核将实现对受培训学员的操作过程和结果的操作评测等，以便学员在培训中加强自我认识和定位，取长补短，在未来的日子中继续提高。

（5）可配置的培训教程。本培训系统将实现培训教程的可配置性，根据预先设计的规则和设计，生成不同难度梯次的培训场景。

因此，本书的培训系统的先进培训方式，是一种使受培训学员学习理论知识、积累操作经验的高质量、高效率、全方位、低费用的科学训练方法，具有许多优势：

（1）能迅速提高一个操作人员和管理人员的素质和业务水平；

（2）能使受培训学员全面掌握操作技能；

（3）有利于操作人员和技术人员进行操作分析和研究；

（4）培训费用低、安全性好，而且不影响正常生产；

（5）培训消耗时间少，效果好。

9.3　石化 MES 培训组件的总体设计

9.3.1　培训组件设计原则

石化 MES 的总体目标为，支撑 ERP 实现企业的物料日平衡、旬结算；给企业提供精细化管理平台，实现全企业物流跟踪，实时掌握企业实际生产情况，及时发现物料损耗和能耗。本书设计的石化 MES 培训组件，主要围绕分层物料平衡策略的三大业务模块（装置校正、调度平衡和统计平衡），覆盖装置层、调度层、统计层，对三大业务模块的操作岗位进行分难度等级的培训，并建立行之有效的岗位测评体系，实现不同难度培训教程的可配置性，其主要设计原则如下：

（1）坚持与石化 MES 相匹配；

（2）以分层物料平衡为主线进行企业不同层面岗位的业务培训；

（3）坚持先进性、统一性、集成性、开放性、灵活性原则；

（4）充分参考国内外其他培训系统的先进经验，充分吸取系统软件开发经验；

（5）充分考虑系统开发的可操作性；

（6）充分考虑培训系统的易实施性。

9.3.2　培训组件的运行方式

根据石化行业的特点，在工厂实际运行过程中，MES 的 Web 集中访问并发数的最高峰出现在企业的交接班时刻，因此可以按峰值估算来确定最大并发数上限（如按照某中等石化厂的规模来衡量，装置校正模块最大并发数为 50 左右、统计平衡模块最大并发数为 20 左右，所有模块的总共并发数在 150~200），这样能最大限度满足实际需求。而石化 MES 培训组件在实验室环境中运行时，最大并发用户的上限的要求就大大降低了,一般不会出现上述的交接班情况,主要取决于同期培训人数的规模和培训教室硬件配置的数量。综合考虑培训规模与培训效果,石化MES培训系统的最大并发用户的上限为 20 左右,这样有利于开展小班培训模式,一定程度上保障培训的效果。

MES 在实际石化工厂中为联机运行。为了满足培训的不同需求,本石化MES 培训组件设计为既可以联网运行,也可以单机运行。

1. 联机运行

培训组件联机运行时,首先在实验室的培训教室内,在 Windows 网络基础上建立局域网,其中一台计算机为服务器端(相当于教练员机),其他计算机为客户端(作为学员机),系统的硬件配置如图 9-5 所示。

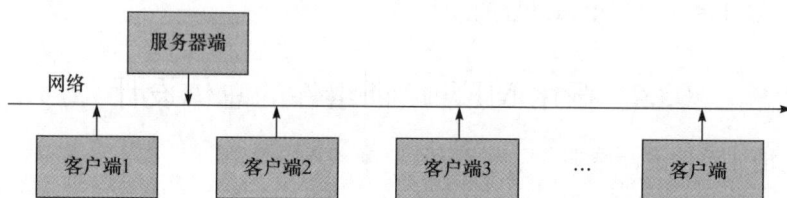

图 9-5　硬件配置(联机版)

培训组件利用 ASP. NET 技术,采用瘦客户端模式。石化 MES 系统软件和所需的 Oralce 数据库、微软 Visual Studio 2008、. net framework 3.5、Office 2003等软件,智能工厂生产调度仿真平台及数据库和所需的微软 Visio 软件的 Ac-tiveX、Office OWC 控件及 Excel 控件、CPlex 等软件,培训测评系统软件,都安装在服务器端电脑上。各客户端通过合适的用户名登录 Web 的形式访问,并在Web 页面上进行操作和培训。

2. 单机运行

培训系统单机运行时,通过网络协议的设置,在客户端电脑上建立服务器虚拟机,并把原本安装在服务器端电脑上的所有培训系统相关软件和所需的配置及支撑软件都安装到客户端电脑上,这样实现在同一台电脑上同时运行服务器端和客户端,系统的硬件配置如图 9-6 所示。

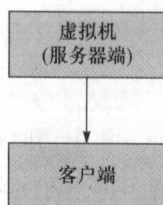

图 9-6　硬件配置(单机版)

9.3.3　培训组件的软件结构

石化 MES 培训组件,以石化 MES 工厂业务模型软件系统为载体,依靠实际工厂基础数据和智能工厂生产调度仿真平台为依托,结合独立的培训测评系统来实现培训评估并发布培训结果,其软件结构如图 9-7 所示。

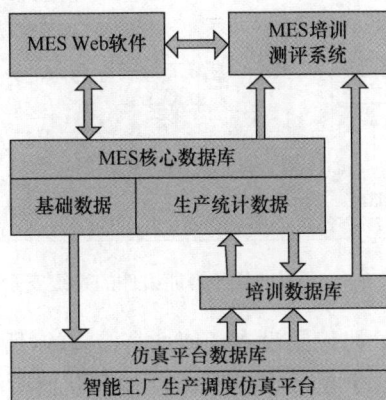

图 9-7　石化 MES 培训组件的软件结构

智能工厂生产调度仿真平台根据 MES 实际工厂基础数据配置仿真,仿真结果产生不带测量误差的真实数据和带测量误差的测量数据,其中真实数据送入培训数据库,测量数据通过培训数据库送入 MES 数据库。在学员经过培训环节操作之后,MES 数据库中的平衡数据(校正数据)送回培训数据库。最后培训测评系统在培训数据库中产生培训测评结果,并通过网页呈现测评结果和培训成绩。

1. 系统安全与用户角色

石化 MES 培训过程相关的操作和数据库主要通过石化 MES 软件,受培训学员从石化 MES 培训系统主页面进入培训系统后,用户登录是通过进入培训后的石化 MES 来控制,因此 MES 培训组件的用户角色和系统安全就主要落在石化 MES。

石化 MES 培训组件包含多个功能模块,其系统安全的需求主要表现在以下几个方面:①为了保证数据源的唯一性,各业务岗位不能修改其他业务岗位负责的原始数据;②为了减少不安全的登录和攻击,需要限定一定的用户范围;③用户通过一个统一的用户验证和授权,并在不同的模块具有不同的权限;④从数据库管理和数据访问上具有较高的安全性。

石化 MES 培训组件出于以上系统安全需求,采取基于 SSL 的 HTTP 访问、基于 IIS 的授权控制和基于角色的用户授权控制三个方面措施来维护系统安全(图 9-8)。

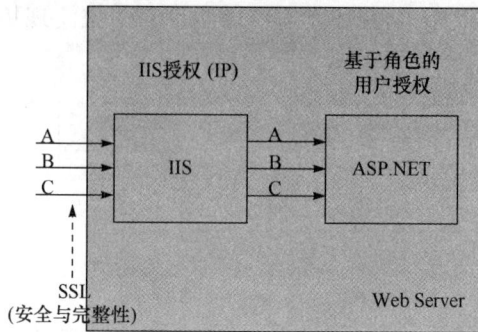

图 9-8　石化 MES 培训组件的系统安全

默认情况下的 HTTP 协议是没有任何加密措施的,所有的消息全部都是以明文形式在网络上传送的,恶意的攻击者可以通过安装监听程序来获得我们和服务器之间的通信内容。通过加密套接字协议层(Security Socket Layer, SSL)安全机制使用数字证书,是一种安全较高的认证。SSL 位于 HTTP 层和 TCP 层之间,建立用户与服务器之间的加密通信,确保所传递信息的安全性。SSL 是工作在公共密钥和私人密钥基础上的,任何用户都可以获得公共密钥来加密数据,但解密数据必须要通过相应的私人密钥。使用 SSL 安全机制时,首先客户端与服务器建立连接,服务器把它的数字证书与公共密钥一并发送给客户端,客户端随机生成会话密钥,用从服务器得到的公共密钥对会话密钥进行加密,并把会话密钥在网络上传递给服务器,而会话密钥只有在服务器端用私人密钥才能解密,这样,客户端和服务器端就建立了一个唯一的安全通道。

IIS 的身份认证除了匿名访问、基本验证和 Windows NT 请求/响应方式外,还有对访问客户端的 IP 地址范围的限制等。基于角色的用户权限是一个基于四元组(用户、角色、权限、授权)的授权模式,采用用户、角色、权限和许可集的方式,来实现对用户的权限控制,即不同业务模块的不同用户名具有各自的权限。

2. 石化 MES 软件

石化 MES 总共包括生产计划、生产调度、生产统计、操作管理、物料移动、能源管理六个业务模块,总体业务流程横向涉及操作层、调度层、统计层和 ERP 支撑层四个层面业务,纵向涉及生产计划和生产绩效两条主线,是 MES 层面典型的信息系统,以物料平衡和能源管理为主线,主要涉及计划统计、生产调度、岗位操作、能源计量等业务过程,主要的业务目标是为企业 ERP 系统提供"日平衡、旬确认、月结算"数据支撑和提高企业生产管理精细化水平。

石化 MES 向下集成实时数据库系统(RTDB)、实验室信息管理系统(LIMS)和供应链优化数据(图 9-9),向上支撑企业 ERP 系统、技经指标统计系统、企业全面预算管理(Total Budget Management，TBM)系统和总部生产调度指挥系统和生产运营指挥系统,在企业信息化建设中起着承上启下的关键作用。

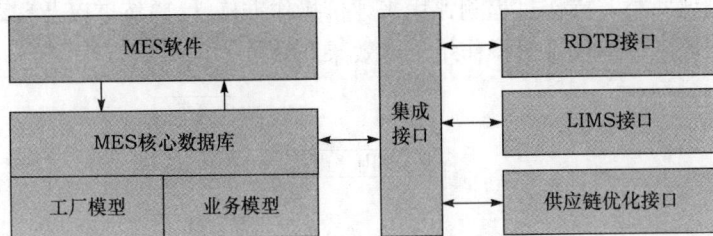

图 9-9　石化 MES 的数据来源

石化 MES 在实际工厂的作业层面主要涉及生产装置、罐区、仓储和进出厂业务,通过生产装置的投入产出管理、罐区及仓储的收付存管理和原料(油)进厂管理及产成品出厂管理,为调度层面的调度平衡提供基础数据来源。调度层面的调度平衡综合来自操作层面的基础数据,基于物料移动模型和企业业务规则,完成调度级物料平衡计算,并以此为管理工具,发现生产过程的存在的问题,进行分析和解决,在为统计平衡提供基础数据来源的同时,提升企业生产管理精细化水平。统计层面的统计平衡综合来自调度层面的基础数据,基于统计平衡模型和企业的业务规则,完成统计级物料平衡计算,实现"日平衡、旬确认、月结算",为 ERP 系统等外部系统提供数据支撑,并为生产管理的各个层面提供可组态的报表和查询功能。

石化 MES,是在通过分析石化流程行业的生产管理一般特点和中国国情建立起来的,针对我国石化行业生产规模相对偏小、现场基础条件相对落后、自动化水平相对较低的实际情况,采用装置校正、调度平衡和统计平衡的分层物料平衡策略,强调了基于现有的计量条件,采用"多层递阶"的物料平衡策略实现物料平衡。

石化 MES 培训组件,则从石化 MES 数十个业务模型中,抓住 MES 关键技术设计的三大主要核心业务模块(装置校正、调度平衡和统计平衡)进行培训,把这三大模块涉及的工厂统计数据,由智能工厂生产调度仿真平台来仿真模拟生成,在实验室环境中搭建与石化 MES 的工厂业务模型匹配的虚拟工厂。

3. 石化 MES 培训测评系统

石化 MES 培训测评系统,采用 ASP. NET 技术和瘦客户端模式,与 MES 软件系统和智能工厂生产调度仿真平台相对独立,直接与 MES 核心数据库和仿真平台数据库相连接,读取相关数据进行分析测评。

石化 MES 培训测评系统对装置校正、调度平衡和统计平衡三大模块分别测评,每个模块的不同难度(初级、中级、高级)也分开测评(图 9-10)。不同难度梯次的每个模块的测评,以绝对测评与相对测评相结合的形式进行评分。如对于一个侧线在十天的培训周期内,侧线量校正确认值与真实值之间的平均误差为绝对测评;而优秀、及格和不及格等级,是相对测评。测评指标主要分为操作过程测评和操作结果测评两类。操作过程测评用来评价操作准确性、熟练度以及称职程度等;操作结果测评则用来评价对操作结果的效果和绩效。

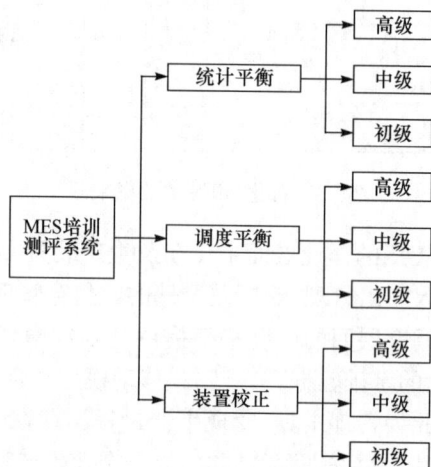

图 9-10   石化 MES 培训测评系统

9.4   生产调度仿真平台与实际工厂的匹配

智能工厂生产调度仿真模型,以某石化厂实际拓扑结构和规模为蓝本,采用多种仿真策略,以使仿真结果即班次生产统计数据贴近工厂实际生产情况,达到生产调度仿真模型与实际石化工厂相匹配。而如何判断生产调度仿真模型与实际石化工厂相匹配,则是判断智能工厂生产调度仿真结果数据是否可成为石化 MES 培训的合格的数据来源的关键。

判断生产调度仿真模型与实际石化工厂相匹配,主要分为两个部分:其一是,仿真过程是否反应实际石化工厂调度过程;其二是,仿真结果是否能与实际石化工厂的生产统计数据相吻合。

9.4.1   生产调度仿真平台的仿真策略

智能工厂生产调度仿真平台,主要分为生产调度仿真模型和生产调度优化模型。生产调度仿真模型主要模拟石化企业调度层面的实际工厂生产运行状况,在稳态物流及组分平衡的基础模型上,通过引入动态仿真模型及随机事件等不确定因素,对炼油厂调度生产过程进行仿真。生产调度优化模型,则主要模拟石化企业中调度决策指令的产生,通过供应链给出的长周期指令、给出短周期三天的可执行工厂指令。

全流程的动态仿真模型,能够提供石化企业生产流程过程的细节信息和接近现实的操作状态,但是动态建模的成本和难度往往无法接受;同时对于 MES 层面,各岗位操作和管理关注的主要是各班次的生产统计数据,所以此时全流程的动态建模就显得不必要;而仅仅静态模型在改善模型仿真效率的同时,却并不能得到较高的准确数据。为此,智能工厂生产调度仿真平台采用在稳态的调度仿真模型中建立经验模型,采用数据挖掘等技术实现从工厂的实际数据中获得企业实际运行中装置的产率。为了增加调度仿真中的不确定性,提高基于仿真的优化方案的鲁棒性,仿真平台集成了一些关键装置(主要是方案较多的几个关键装置,如常减压装置和催化裂化装置)的动态模型,在这些动态模型中考虑了装置具体操作指令,能对装置的动态特性做出很好的仿真。另外,在调度仿真过程中,采用基于离散事件和连续时间相结合的思想,利用在调度周期间处理特殊事件的方式,高效和相对准确地处理班次内及班次间的方案切换事件。

这样,智能工厂生产调度仿真平台,以经验模型和机理模型相结合的稳态仿真、集成关键装置的动态模拟,进行动稳态协同仿真,模拟了石化企业生产调度过程;并以离散事件和连续时间相结合,处理调度方案切换,使仿真结果贴近工厂实际生产情况,基本满足了石化 MES 培训对调度层面仿真过程的需求。

9.4.2　调度仿真结果与工厂数据的匹配

智能工厂生产调度仿真模型的仿真过程以稳态仿真为主、仿真结果数据为班次的生产统计数据。主要是考察生产调度仿真模型分别在无方案切换和带方案切换两种情况下,各装置各侧线各班次统计数据与工厂实际统计数据的吻合程度。我们采用平均相对误差来衡量。

以某常减压装置仿真的数据为例,表 9-2 列出了某常减压装置的各侧线的产率、在无方案切换和带方案切换两种情况下各班次各侧线量的仿真输出数据和工厂实际数据。

表 9-2　某常减压装置仿真数据与工厂实际数据比较

侧线	产率	工厂实际数据		仿真输出数据	
		无方案切换	带方案切换	无方案切换	带方案切换
		输出(t/d)	输出(t/d)	输出 (t/d)	输出(t/d)
原油	100%	−8059	−6424	−8059	−6424
干气	0.07%	5.639	5.372	5.435	5.372
重整原料	6.1%	492	358.622	475.352	365.543
石脑油	3.69%	297.746	156.345	254.529	134.632

侧线	产率	工厂实际数据		仿真输出数据	
		无方案切换	带方案切换	无方案切换	带方案切换
		输出(t/d)	输出(t/d)	输出（t/d）	输出(t/d)
汽油组分	0%	0	0	0	0
溶剂油	0%	0	1.531	0	1.531
常1线	6.27%	505.333	313.774	506.649	321.632
常2线	8.65%	696.726	633.096	726.683	653.455
常3线	6.47%	521.614	469.433	539.353	465.377
蜡油	36.15%	2913.095	2334.742	2939.704	2344.151
渣油	32.34%	2606.357	2122.574	2590.631	2103.339
轻污油	0.07%	5.997	16.307	6.153	17.186
损失	0.18%	14.49	11.782	14.491	11.782

各装置各侧线量的仿真值与工厂实际数据之间的相对误差(定义为侧线仿真误差),可以表示为

$$侧线量仿真误差 = \left|\frac{侧线量仿真值 - 侧线量真实值}{侧线量真实值}\right| \times 100\%$$

由此,某常减压装置的各侧线仿真误差计算如下,见表 9-3。

表 9-3 某常减压装置各侧线仿真误差

侧线	产率	无方案切换误差	带方案切换误差
原油	100%	0.00%	0.00%
干气	0.07%	3.62%	0.00%
重整原料	6.1%	3.38%	1.93%
石脑油	3.69%	14.51%	13.89%
汽油组分	0%	0.00%	0.00%
溶剂油	0%	0.00%	0.00%
常1线	6.27%	0.26%	2.50%
常2线	8.65%	4.30%	3.22%
常3线	6.47%	3.40%	0.86%
蜡油	36.15%	0.91%	0.40%
渣油	32.34%	0.60%	0.91%
轻污油	0.07%	2.60%	5.39%
损失	0.18%	0.01%	0.00%
算术均值	/	2.58%	2.24%
平方均值	/	4.59%	4.33%

　　然后,我们拿该常减压装置各侧线仿真误差的算术均值误差与平方均值误差两个指标来考察该常减压装置的平均仿真误差。从表 9-3 可以看到,该常减压装置在无方案切换时的算术平均仿真误差和平方平均仿真误差分别为 2.58% 和 2.24%,带方案切换时的算术平均仿真误差和平方平均仿真误差分别为 4.59% 和 4.33%,可见其平均误差都小于 5%,而且纵观所有的 13 条侧线中 12 条侧线的误差小于 5%,过半侧线的误差小于 1%(无方案切换时为 7 条,带方案切换时为 8 条),另外由于工厂在实际平稳运行中大部分班次是不带方案切换的,因此可以估算认为其平均误差大致控制在 3% 以下,这样我们可以认为该仿真结果与实际工厂生产数据的匹配度平均达到 97% 以上,符合并且达到我们进行石化 MES 培训的需求。

9.5　培训测评系统的设计与实现

　　培训测评系统的建设,往往是企业建立培训系统的过程中被容易忽视的一个环节。有时候由于培训测评缺乏相应的量化标准,无法建立有效的培训测评系统。例如,在石化 MES 培训中,如果没有仿真平台通过仿真产生一套“工厂真实数据”来作为培训测评参照的话,建立石化 MES 培训测评标准将变得非常困难。但是这些并不能说明培训测评不重要,因为培训测评的意义不仅仅在于判断培训的效果如何,还有一个重要的意义就是为下一次培训提供借鉴的经验和教训。

　　培训测评的定义可以描述为:依据组织目标和需求,运用科学的理论、方法和程序从培训过程中收集数据,以确定培训的价值和质量的过程。石化 MES 培训测评,则是根据 MES 培训目标和培训需求,运用科学的方法,从培训过程收集并分析数据,以确定培训的效果的过程。

　　要做好培训测评工作,主要是回答两个问题:第一是用什么标准来评价培训,是否有效? 第二是用什么方法来测量培训的效果? 而培训测评的核心内容就是培训效果。

　　培训测评,需遵循客观性原则、实用性原则、可靠性原则等。客观性原则是指在进行培训测评时,要坚持实事求是的态度,排斥主观臆断,真实地反映出培训的客观效果。实用性原则,是指培训测评不能走极端,不能把测评当成科学研究,把问题复杂化,测评方法要操作方便,切实可行。可靠性原则,是指培训测评结果应是可靠的,不应具有太大的随机性、特殊性。

　　本节介绍了石化 MES 培训测评系统的结构和设计原理,详细阐述了装置校正、调度平衡和统计平衡三大岗位培训的培训测评指标和培训测评标准的设计,以及石化 MES 培训测评系统的软件实现,最后介绍了培训示例和 MES 培训系统的应用效果。

9.5.1　培训测评原理

　　智能工厂生产调度仿真平台,设置测量误差进行仿真产生装置层测量数据,输送到石化 MES;不设置测量误差进行仿真产生装置层真实数据,保存到仿真平台数据库。装置校正培训的学员,在培训结束时得到的装置层校正确认值保存之后,产生装置层平衡数据,通过装置层真实数据与装置层平衡数据的比较,可以用来测评装置校正岗位培训。调度平衡和统计平衡培训的学员,分别在培训结束时可得到调度层平衡数据和统计层平衡数据。而智能工厂生产调度仿真平台,利用多分辨率模型理论和方法,在装置层真实数据的基础上,通过模型聚集,可以生成不同时间粒度和空间粒度的模型。由此,我们可以从装置层真实数据利用空间聚集和时间聚集,直接产生调度层真实数据和统计层真实数据,这个调度层真实数据和统计层真实数据又分别和受培训学员在调度平衡和统计平衡岗位在培训结束时得到的调度层平衡数据和统计层平衡数据相对应。这样,我们通过调度层真实数据和调度层平衡数据的比较,可以用来测评调度平衡岗位培训;同理,通过统计层真实数据和统计层平衡数据的比较,可以用来测评统计平衡岗位培训(图 9-11)。

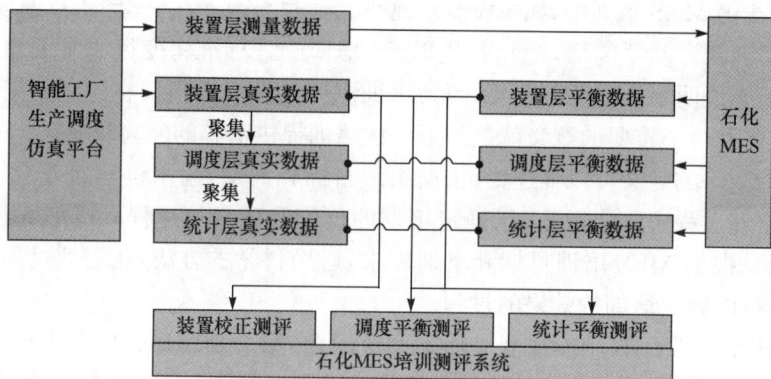

图 9-11　石化 MES 培训测评系统原理

9.5.2　装置校正培训测评

　　智能工厂生产调度仿真平台,不设置测量误差进行仿真产生各班次各装置各侧线量的真实值,即产生一套"工厂真实数据";另外设置测量误差进行仿真产生测量数据,输送到石化 MES,成为各班次各装置各侧线量的原始值。各受培训学员利用石化 MES 自带的数据校正工具,可以得到各班次各装置各侧线量的校正值,然后通过分析历史数据、经过自己思考判断、进行人工数据校正调整后,可以得到各班次各装置各侧线量的校正确认值。

　　装置校正的培训测评,主要分为操作过程测评和操作结果测评两个部分

（图 9-12）。操作过程测评用比较校正值和校正确认值而得到的校正工具依赖率来衡量，校正工具依赖率可表示为

$$校正工具依赖率 = 100\% - \left| \frac{校正值 - 校正确认值}{校正值} \right| \times 100\%$$

操作结果测评用通过比较真实值和校正确认值而得到的校正相对误差来衡量，校正相对误差可表示为

$$校正相对误差 = \left| \frac{真实值 - 校正确认值}{真实值} \right| \times 100\%$$

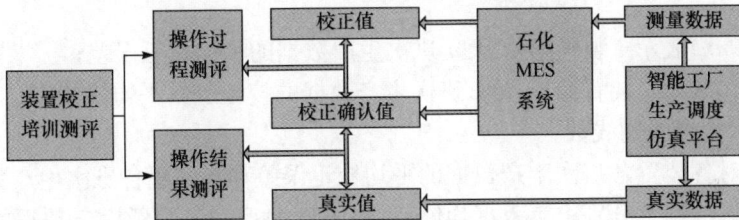

图 9-12　装置校正培训测评原理

1. 装置校正培训测评指标计算

用 $\widetilde{X}_{ij}(mn), \widehat{X}_{ij}(mn), \hat{X}_{ij}(mn)$ 和 $X_{ij}(mn)$ 分别表示 i 装置的 j 侧线在第 m 天第 n 班次的侧线量的测量值、校正值、校正确认值和真实值，则该侧线量校正确认值的校正相对误差 $\Delta X_{ij}(mn)$ 和校正工具依赖率 $\chi_{ij}(mn)$ 可以分别表示为

$$\Delta X_{ij}(mn) = \left| \frac{\hat{X}_{ij}(mn) - X_{ij}(mn)}{X_{ij}(mn)} \right| \times 100\% \tag{9-1}$$

$$\chi_{ij}(mn) = 100\% - \left| \frac{\hat{X}_{ij}(mn) - \widehat{X}_{ij}(mn)}{\widehat{X}_{ij}(mn)} \right| \times 100\% \tag{9-2}$$

其中

$\widetilde{X}_{ij}(mn)$ 表示 i 装置 j 侧线第 m 天 n 班次侧线量的测量值；

$\widehat{X}_{ij}(mn)$ 表示 i 装置 j 侧线第 m 天 n 班次侧线量的校正值；

$\hat{X}_{ij}(mn)$ 表示 i 装置 j 侧线第 m 天 n 班次侧线量的校正确认值；

$X_{ij}(mn)$ 表示 i 装置 j 侧线第 m 天 n 班次侧线量的真实值；

$\Delta X_{ij}(mn)$ 表示 i 装置 j 侧线第 m 天 n 班次侧线量的校正相对误差；

$\chi_{ij}(mn)$ 表示 i 装置 j 侧线第 m 天 n 班次侧线量的校正工具依赖率。

用各侧线的校正相对误差的平方和平均值误差，来表述各装置各班次的平均校正误差；用各侧线的校正工具依赖率的平方和平均值，来表述各装置各班次的校

正工具平均依赖率,分别可以表示为

$$\Delta X_i(mn) = \sqrt{\dfrac{\sum\limits_{j=1}^{l} \Delta X_{ij}^2(mn)}{l}} \tag{9-3}$$

$$\chi_i(mn) = \sqrt{\dfrac{\sum\limits_{j=1}^{l} \chi_{ij}^2(mn)}{l}} \tag{9-4}$$

其中

$\Delta X_i(mn)$ 表示 i 装置第 m 天 n 班次生产数据的平均校正误差;

$\chi_i(mn)$ 表示 i 装置第 m 天 n 班次生产数据的校正工具平均依赖率;

l 表示装置的侧线数。

然后对各装置各班次生产数据的平均校正误差和各装置各班次生产数据的校正工具平均依赖率分别求算术平均值,可以方便地得到各装置生产数据的日平均校正误差、各装置生产数据培训周期内的平均校正误差、各装置生产数据的校正工具日平均依赖率、各装置生产数据培训周期内的校正工具平均依赖率,分别可以表示为

$$\Delta X_i(m) = \dfrac{\sum\limits_{n=1}^{3} \Delta X_i(mn)}{3} \tag{9-5}$$

$$\Delta X_i = \dfrac{\sum\limits_{m=1}^{10} \Delta X_i(m)}{10} \tag{9-6}$$

$$\chi_i(m) = \dfrac{\sum\limits_{n=1}^{3} \chi_i(mn)}{3} \tag{9-7}$$

$$\chi_i = \dfrac{\sum\limits_{m=1}^{10} \chi_i(mn)}{10} \tag{9-8}$$

其中

$\Delta X_i(m)$ 表示 i 装置第 m 天生产数据的日平均校正误差;

ΔX_i 表示 i 装置生产数据培训周期内的平均校正误差;

$\chi_i(m)$ 表示 i 装置第 m 天生产数据的校正工具日平均依赖率;

χ_i 表示 i 装置生产数据培训周期内的校正工具平均依赖率。

最后,对各装置生产数据培训周期内的平均校正误差和校正工具平均依赖率,再分别求算术平均值,可以得到该受培训学员装置校正培训周期内的总平均校正误差和校正工具总平均依赖率,分别可以表示为

$$\Delta X = \frac{\sum_{i=1}^{p} \Delta X_i}{p} \tag{9-9}$$

$$\chi = \frac{\sum_{i=1}^{p} \chi_i}{p} \tag{9-10}$$

其中

ΔX 表示受培训学员装置校正培训周期内的总平均校正误差;

χ 表示受培训学员装置校正培训周期内的校正工具总平均依赖率;

p 表示工厂装置的数量。

2. 装置校正培训测评标准

装置校正培训测评标准以操作结果测评为主,操作过程测评为辅,作为参考,因此总平均校正误差 ΔX 是测评的主要指标,校正工具总平均依赖率χ作为测评的参考指标。

在数据校正研究中,对于校正结果尚没有严格统一的评价。一般以处理相同现场状况下的生产数据、采用不同数据校正方法得到的校正结果,进行相对地比较,来判断数据校正方法的优劣。我们对一些比较先进的数据校正方法得到的校正结果进行分析,作为测评的参考。以王旭的题为《流程工业多层次数据校正方法及其应用研究》(2008)博士论文中(如表 9-4)的基于收率模型和贝叶斯网络的数据校正方法得到数据校正结果为例,表 9-4 的生产数据为某石化企业的两套常减压装置在发生生产方案切换的情况下的 21 个侧线量的真实值、测量值和校正值,各侧线量测量值和校正值的误差计算如表 9-5。

表 9-4　基于收率模型和贝叶斯网络数据校正方法的校正结果

变量序号	真实值	测量值	校正值	Q
x_1	1000	1007.5	1009.84	0.01
x_2	1000	1005.6	1007.76	0.01
x_3	70	74.0	72.52	0.49
x_4	20	19.1	19.59	0.04
x_5	350	365.1	354.53	12.25

续表

变量序号	真实值	测量值	校正值	Q
x_6	0	0.0	0.00	1
x_7	248	235.3	257.61	6.15
x_8	0	0.0	0.00	1
x_9	247	252.8	241.96	6.1
x_{10}	65	62.4	63.62	0.42
x_{11}	105	103.5	102.59	1.1
x_{12}	70	72.5	70.47	0.49
x_{13}	165	158.7	170.39	2.72
x_{14}	0	0.0	0.00	1
x_{15}	80	84.2	83.04	0.64
x_{16}	75	72.2	77.80	0.56
x_{17}	105	101.5	107.06	1.1
x_{18}	300	310.3	293.26	9
x_{19}	0	0.0	0.00	1
x_{20}	30	30.7	30.49	0.09
x_{21}	70	73.1	72.66	0.49

表 9-5　基于收率模型和贝叶斯网络数据校正方法的校正误差计算

变量序号	测量值误差	校正值误差
x_1	0.75%	0.98%
x_2	0.56%	0.78%
x_3	5.71%	3.60%
x_4	4.50%	2.05%
x_5	4.31%	1.29%
x_6	0.00%	0.00%
x_7	5.12%	3.88%
x_8	0.00%	0.00%
x_9	2.35%	2.04%
x_{10}	4.00%	2.12%
x_{11}	1.43%	2.30%
x_{12}	3.57%	0.67%
x_{13}	3.82%	3.27%

续表

变量序号	测量值误差	校正值误差
x_{14}	0.00%	0.00%
x_{15}	5.25%	3.80%
x_{16}	3.73%	3.73%
x_{17}	3.33%	1.96%
x_{18}	3.43%	2.25%
x_{19}	0.00%	0.00%
x_{20}	2.33%	1.63%
x_{21}	4.43%	3.80%
平方均值误差	3.37%	2.34%
算术平均值误差	2.79%	1.91%

对各侧线量测量值误差与校正值误差分别求平方均值误差、算术平均值误差，各侧线量测量值的平方均值误差、算术平均值误差分别为 3.37% 和 2.79%，处于 2%～5% 区间；观察 21 个侧线量的测量值中，有 11 个相对误差处于 2%～5%，7 个相对误差小于 2%，3 个相对误差大于 5%，可见大部分侧线量测量值的相对误差也落在 2%～5% 区间；而且没有显著误差，对照本书石化 MES 培训教案，介于初级和中级培训难度梯次的范畴（详见表 9-1）。

运用较先进的效果较好的基于收率模型和贝叶斯网络的数据校正方法得到的各侧线量校正值的平方均值误差、算术平均值误差分别为 2.34% 和 1.91%，观察 21 个校正量，也只有 6 个相对误差大于 3%。由此可以认为，像这样难度的装置校正培训，其校正平均误差能达到 2%～3%，判定为优秀，是合理的，这也和各难度梯次侧线量的平均随机误差相吻合。而装置校正结果的校正平均误差要低于大部分侧线量的随机误差区域的上限，是基本要求。因此，装置校正培训测评（表 9-6），以校正平均误差 ΔX 低于侧线量的平均随机误差为优秀，以校正平均误差 ΔX 高于侧线量的平均随机误差、低于侧线量的随机误差区域的上限为合格，以校正平均误差 ΔX 高于侧线量的随机误差区域的上限为不合格。

表 9-6　装置校正培训测评标准

培训难度	随机误差	显著误差	平均误差	优秀	合格
初级培训	平均 1%～3% 范围	单显著误差 30%～60% 区间	约 2%	<2%	<3%
中级培训	平均 2%～5% 范围	多显著误差 30%～60% 区间	约 3%	<3%	<5%
高级培训	平均 3%～10% 范围	多显著误差 15%～30% 区间	约 5%	<5%	<10%

3. 装置校正培训测评的软件实现

石化 MES 培训测评系统,采用 ASP. NET 技术和受客户端模式,与 MES 软件系统和智能工厂生产调度仿真平台相对独立。装置校正培训测评部分,通过先创建两张数据库中间表进行测评指标计算分析转换,测评系统则在中间表中进行抽取,并进行格式转换后通过网页呈现(表 9-7 和表 9-8)。

表 9-7　装置校正培训测评中间表——各班次侧线量误差

属性含义	字段 ID	数据类型
装置编码	UNIT_ID	CHAR(16)
侧线编码	SIDETRACK _ID	CHAR(20)
侧线名称	SIDETRACK _NAME	VARCHAR2(100)
侧线校正值	SIDETRACK_REC	NUMBER(13,3)
侧线校正确认值	SIDETRACK _BIN	NUMBER(13,3)
侧线真实值	SIDETRACK _REAL	NUMBER(13,3)
侧线校正误差	SIDETRACK _ERROR	NUMBER(7,4)
侧线校正工具依赖率	SIDETRACK _SAME	NUMBER(7,4)
班次开始时间	ST_ TIME	DATE
班次结束时间	ST_ TIME	DATE

表 9-8　装置校正培训测评中间表——各班次各装置误差

属性含义	字段 ID	数据类型
装置编码	UNIT_ID	CHAR(16)
装置名称	UNIT_NAME	VARCHAR2(100)
装置校正误差	UNIT_ERROR	NUMBER(7,4)
装置校正工具依赖率	UNIT _SAME	NUMBER(7,4)
班次开始时间	ST_ TIME	DATE
班次结束时间	ST_ TIME	DATE

表 9-7 是计算、转换并保存装置校正培训测评的各班次侧线量相对校正误差和校正工具依赖率,对表 9-7 中的各班次侧线量相对校正误差和校正工具依赖率进行平方均值转换(见式(9-3)和式(9-4))得到表 9-8 中的各装置各班次的平均相对校正误差和校正工具平均依赖率。在表 9-8 数据的基础上,在网页制作的数据处理中,按装置分组进行时间归并,在网页中呈现本培训周期内各装置的平均校正相对误差和校正工具平均依赖率,并详细展示本培训周期内各装置每天的平均校正相对误差和校正工具平均依赖率(见式(9-6)~式(9-8))。最后,对本培训周期内

各装置的平均校正相对误差和校正工具平均依赖率求算术平均,得到本次装置校正培训的总平均校正相对误差和校正工具总平均依赖率(见式(9-9)、式(9-10)),并以装置校正培训的总平均校正相对误差为依据确定最终评价等级,同时校正工具总平均依赖率为参考(图9-13)。

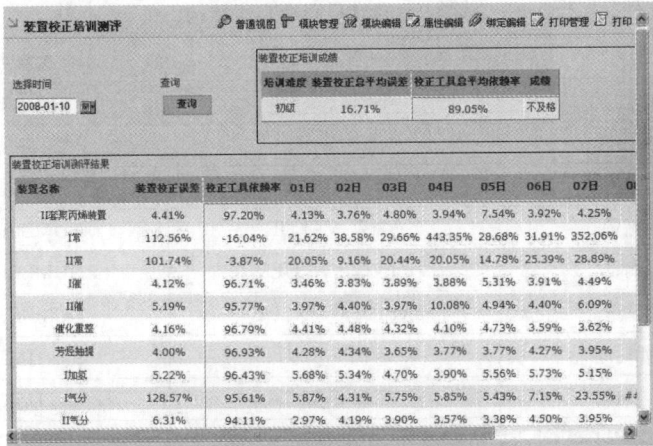

图 9-13 装置校正培训测评网页

装置校正培训测评页面,根据左上角输入的所选择的时间(日期),系统自动判别所在的旬(即培训周期),展示该培训周期内的测评结果。装置校正培训测评展示,主要分为装置校正培训成绩和装置校正培训测评结果两个部分。装置校正培训成绩部分包括培训难度、本次训练的装置校正总平均误差以及校正工具总平均依赖率、成绩等级评定。装置校正培训测评结果部分,则分装置展示培训测评结果以及各装置在培训周期内每天的测评结果,纵轴为各装置、横轴为时间(天)。

9.5.3 调度平衡培训测评

智能工厂生产仿真平台,运用多分辨率模型理论和方法,在装置层真实数据的基础上,通过模型聚集,利用空间聚集和时间聚集,可直接产生调度层真实数据。而受培训学员在调度平衡岗位培训结束时,可得到调度层平衡数据。调度平衡的培训测评,主要是操作结果测评,通过调度层平衡数据与调度层真实数据进行比较,来衡量调度平衡的培训效果。

调度平衡,最后以罐区存量数据的相对准确性,来实现全厂调度油品平衡,因此调度平衡培训测评,通过比较各班次罐区期末库存的平衡值和真实值而得到的调度平衡误差来衡量,调度平衡误差可以表示为

$$调度平衡相对误差 = \left| \frac{罐区库存平衡量 - 罐区库存真实值}{罐区库存真实值} \right| \times 100\%$$

罐区库存平衡量,即受培训学员在调度平衡岗位培训结束时,生成的调度日报中"调度平衡库存表"中的"库存平衡量"(表 9-9)经过罐区归并得到;罐区库存真实值,则是由智能工厂生产调度仿真平台利用装置层真实数据聚集生成的调度平衡真实数据库存表中的"库存真实值"(表 9-10)经过罐区归并得到。

表 9-9　调度平衡库存表结构

属性含义	字段 ID	数据类型
记录号	REC_NO	NUMBER
罐号	STOR_ID	VARCHAR2(20)
罐物料编码	MTRL_ID	VARCHAR2(20)
库存原始量	RAW_VALUE	NUMBER(8,3)
库存平衡量	BLN_VALUE	NUMBER(8,3)
手工调整量	ADJUST_VALUE	NUMBER(8,3)
班次开始时间	SHIFT_BEG	DATE
班次结束时间	SHIFT_END	DATE
调度平衡提交时间	SUB_TIME	DATE
调度手工确认时间	BLN_TIME	DATE

表 9-10　调度平衡真实数据库存表结构

属性含义	字段 ID	数据类型
罐号	STOR_ID	VARCHAR2(20)
罐物料编码	MTRL_ID	VARCHAR2(20)
库存真实值	REAL_VALUE	NUMBER(8,3)
班次开始时间	SHIFT_BEG	DATE
班次结束时间	SHIFT_END	DATE

1. 调度平衡培训测评指标计算

用 $\hat{Y}_i(mn)$ 和 $Y_i(mn)$ 分别表示 i 罐区在第 m 天第 n 班次期末库存的平衡值和真实值,则该罐区期末库存的平衡相对误差 $\Delta Y_i(mn)$ 可以表示为

$$\Delta Y_i(mn) = \left| \frac{\hat{Y}_i(mn) - Y_i(mn)}{Y_i(mn)} \right| \times 100\% \tag{9-11}$$

其中

$\hat{Y}_i(mn)$ 表示 i 罐区在第 m 天第 n 班次期末库存的平衡值;

$Y_i(mn)$ 表示 i 罐区在第 m 天第 n 班次期末库存的真实值;

$\Delta Y_i(mn)$ 表示 i 罐区在第 m 天第 n 班次期末库存的平衡相对误差。

对各罐区各班次期末库存的平衡相对误差求算术平均值,可以方便地得到各罐区期末库存的日平均平衡相对误差和各罐区期末库存培训周期内的平均平衡相对误差,分别可以表示为

$$\Delta Y_i(m) = \frac{\sum_{n=1}^{3} \Delta Y_i(mn)}{3} \tag{9-12}$$

$$\Delta Y_i = \frac{\sum_{m=1}^{10} \Delta Y_i(m)}{10} \tag{9-13}$$

其中 $\Delta Y_i(m)$ 表示 i 罐区期末库存第 m 天的日平均平衡相对误差;ΔY_i 表示 i 罐区期末库存培训周期内的平均平衡相对误差。

最后,对各罐区期末库存培训周期内的平均平衡相对误差,再求算术平均值,可以得到该受培训学员调度平衡培训周期内的总平均平衡相对误差,可以表示为

$$\Delta Y = \frac{\sum_{i=1}^{q} \Delta Y_i}{q} \tag{9-14}$$

其中 ΔY 表示受培训学员调度平衡培训周期内的总平均平衡相对误差;q 表示工厂罐区的数量。

2. 调度平衡培训测评标准

调度平衡培训测评以操作结果测评为主。由于在石化企业无法得到真正地工厂生产状况的真实数据,只能通过石化 MES 对实际测量数据进行装置层的装置校正和调度层的调度平衡等处理而得到调度层平衡数据,来作为对调度层数据的最佳估计。因此,对于通过比较各班次罐区期末库存的平衡值和真实值而得到的调度平衡误差,尚没有严格统一的评价标准。而在我们的石化 MES 培训系统中,通过对智能工厂生产调度仿真平台产生的装置层真实数据进行聚集,得到了调度层的真实数据,作为评价参照。

由于调度平衡培训所处理的调度层原始数据来源于装置校正岗位对装置层测量数据的处理,调度平衡培训的难度梯次与装置校正培训的难度梯次相对应。由于从理想状况分析,装置校正模块完成了各装置物料平衡,这样原本装置层数据的不同难度对调度平衡处理的数据影响不大,调度平衡的不同难度培训是和装置校正的不同难度培训结合起来的,因此调度平衡的测评标准,不同难度梯次是一样的。

调度平衡培训测评(表 9-11),以总平均平衡相对误差 ΔY 低于初级难度培训的装置层平均随机误差为优秀,以总平均平衡相对误差 ΔY 高于初级难度培训的装置层平均随机误差、低于初级难度培训的装置层随机误差区域的上限为合格,以总平

均平衡相对误差 ΔY 高于初级难度培训的装置层随机误差区域的上限为不合格。

表 9-11 调度平衡培训测评标准

培训难度	装置层随机误差	优秀	合格
初级培训	平均 1%~3%范围	<2%	<3%
中级培训	平均 2%~5%范围	<2%	<3%
高级培训	平均 3%~10%范围	<2%	<3%

3. 调度平衡培训测评的软件实现

调度平衡培训测评部分，通过先创建一张数据库中间表进行测评指标计算分析转换，测评系统则在中间表中进行抽取，并进行格式转换后通过网页呈现（表 9-12）。

表 9-12 调度平衡培训测评中间表——各罐区各班次平衡误差

属性含义	字段 ID	数据类型
罐区编号	TANKAREA_ID	VARCHAR2(20)
罐区名称	TANKAREA_NAME	VARCHAR2(100)
罐区库存平衡值	TANKAREA_BIN	NUMBER(8,3)
罐区库存真实值	TANKAREA_REAL	NUMBER(8,3)
罐区库存误差	TANKAREA_ERROR	NUMBER(7,4)
班次开始时间	ST_ TIME	DATE
班次结束时间	ST_ TIME	DATE

表 9-12 是计算、转换并保存调度平衡培训测评的各班次各罐区的平衡相对误差。在表 9-12 数据的基础上，在网页制作的数据处理中，按罐区分组进行时间归并，在网页中呈现本培训周期内各罐区的平均平衡相对误差，并详细展示本培训周期内各罐区每天的平均平衡相对误差（见式（9-12）、式（9-13））。最后，对本培训周期内各罐区的平均平衡相对误差求算术平均，得到本次调度平衡培训的总平均平衡相对误差（见式（9-14）），并以调度平衡培训的总平均平衡相对误差为依据确定最终评价等级（图 9-14）。

调度平衡培训测评页面，根据左上角输入的所选择的时间（日期），系统自动判别所在的旬（即培训周期），展示该培训周期内的测评结果。调度平衡培训测评展示，主要分为调度平衡培训成绩和调度平衡培训测评结果两个部分。调度平衡培训成绩部分包括培训难度、本次培训的调度平衡总平均误差、成绩等级评定。调度平衡培训测评结果部分，则分罐区展示培训测评结果以及各罐区在培训周期内每天的测评结果，纵轴为各罐区、横轴为时间（天）。

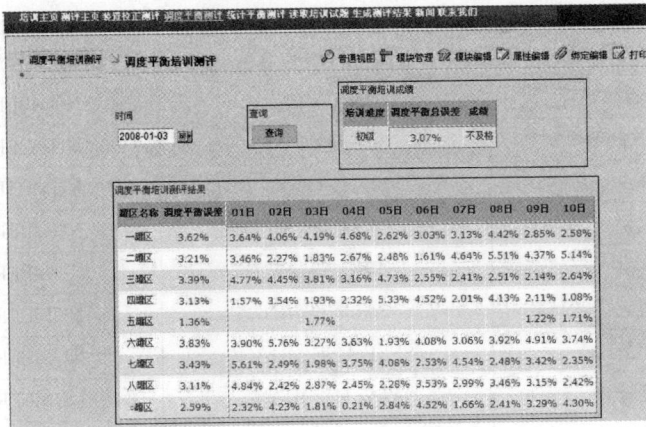

图 9-14　调度平衡培训测评网页

9.5.4　统计平衡培训测评

智能工厂生产仿真平台,运用多分辨率模型理论和方法,在装置层真实数据的基础上,通过模型聚集,利用空间聚集和时间聚集,可直接产生统计层真实数据。而受培训学员在统计平衡岗位培训结束时,可得到统计层平衡数据。统计平衡的培训测评,主要是操作结果测评,通过统计层平衡数据与统计层真实数据进行比较,来衡量统计平衡的培训效果。

统计平衡,最后以原料、生产装置、半成品和产品的平衡,来实现全厂统计物料平衡。我们的统计平衡培训测评,通过比较每日物料(产品和原料)的统计量和真实值而得到的统计平衡误差来衡量,统计平衡误差可以表示为

$$统计平衡相对误差 = \left| \frac{产品(或原料)统计量 - 产品(或原料)真实值}{产品(或原料)真实值} \right| \times 100\%$$

物料(产品和原料)统计量,即受培训学员在统计平衡岗位培训结束时,统计平衡模块输出的"每日原料半成品成品平衡表"中的"期末库存量"(表 9-13);物料(产品和原料)真实值,则是由智能工厂生产调度仿真平台利用装置层真实数据聚集生成的统计平衡真实数据库存表中的"期末库存真实值"(表 9-14)。

表 9-13　统计平衡每日原料半成品成品平衡表结构

属性含义	字段 ID	数据类型
物料编码	MTRL_ID	VARCHAR(20)
期初库存量	ST_INVT_QUAN	NUMBER(13,3)
购买量	BUY_QUAN	NUMBER(13,3)

续表

属性含义	字段 ID	数据类型
转入量	IN_QUAN	NUMBER(13,3)
生产量	COMP_QUAN	NUMBER(13,3)
交库量	PROD_QUAN	NUMBER(13,3)
转出量	OUT_QUAN	NUMBER(13,3)
处理量	PRO_QUAN	NUMBER(13,3)
销售量	SALE_QUAN	NUMBER(13,3)
自用量	SELF_USE_QUAN	NUMBER(13,3)
损耗量	WASTE_QUAN	NUMBER(13,3)
期末库存量	END_INVT_QUAN	NUMBER(13,3)
实际库存量	REAL_INVT_QUAN	NUMBER(13,3)
物料类型	MTRL_TYPE	VARCHAR(20)
统计开始时间	STAT_BEG	DATE
统计结束时间	STAT_END	DATE

表 9-14　统计平衡真实数据库存表结构

属性含义	字段 ID	数据类型
物料编码	MTRL_ID	VARCHAR(20)
期初库存真实值	ST_INVT_QUAN	NUMBER(13,3)
期末库存真实值	END_INVT_QUAN	NUMBER(13,3)
物料类型	MTRL_TYPE	VARCHAR(20)
统计开始时间	STAT_BEG	DATE
统计结束时间	STAT_END	DATE

1. 统计平衡培训测评指标计算

用 $\hat{Z}_i(m)$ 和 $Z_i(m)$ 分别表示物料(产品和原料)i 在第 m 天的统计值和真实值,则该物料(产品和原料)的统计相对误差 $\Delta Z_i(m)$ 可以表示为

$$\Delta Z_i(m) = \left| \frac{\hat{Z}_i(m) - Z_i(m)}{Z_i(m)} \right| \times 100\% \qquad (9\text{-}15)$$

其中

$\hat{Z}_i(m)$ 表示物料(产品和原料)i 在第 m 天的统计值;

$Z_i(m)$ 表示物料(产品和原料)i 在第 m 天的真实值;

$\Delta Z_i(m)$ 表示物料(产品和原料)i 在第 m 天的统计相对误差。

对各物料(产品和原料)的统计相对误差求算术平均值,可以方便地得到各物料(产品和原料)培训周期内的平均统计相对误差,可以表示为

$$\Delta Z_i = \frac{\sum\limits_{m=1}^{10} \Delta Z_i(m)}{10} \tag{9-16}$$

其中 ΔZ_i 表示物料(产品和原料)i 培训周期内的平均统计相对误差。

最后,对各物料(产品和原料)培训周期内的平均统计相对误差,再求算术平均值,可以得到该受培训学员统计平衡培训周期内的总平均统计相对误差,可以表示为

$$\Delta Z = \frac{\sum\limits_{i=1}^{r} \Delta Z_i}{r} \tag{9-17}$$

其中 ΔZ 表示受培训学员统计平衡培训周期内的总平均统计相对误差;r 表示工厂生产过程的原料和产品品种的数量。

2. 统计平衡培训测评标准

统计平衡培训测评以操作结果测评为主。由于,在石化企业无法得到工厂生产状况的真实数据,只能通过石化 MES 和 ERP 等信息管理系统对实际测量数据进行装置层的装置校正、调度层的调度平衡和统计层的统计平衡等处理而得到统计层平衡数据,来作为对统计层数据的最佳估计。因此,对于通过比较每日物料(产品和原料)的统计量和真实值而得到的统计平衡误差,尚没有严格统一的评价标准。而在我们的石化 MES 培训系统中,通过对智能工厂生产调度仿真平台产生的装置层真实数据进行聚集,得到了统计层的真实数据,作为评价参照。

由于统计平衡培训所处理的统计层原始数据来源于装置校正岗位对装置层测量数据的处理和调度平衡岗位对调度层原始数据的处理,统计平衡培训的难度梯次与装置校正培训、调度平衡培训的难度梯次相对应。由于从理想状况分析,装置校正模块完成了各装置物料平衡,调度平衡模块完成了全厂油品物料平衡,这样原本装置层数据的不同难度对统计平衡处理的数据影响不大,统计平衡的不同难度培训是与装置校正和调度平衡的不同难度培训结合起来的,因此统计平衡的测评标准,不同难度梯次是一样的。

统计平衡培训测评,以总平均统计相对误差 ΔZ 低于初级难度培训的装置层平均随机误差为优秀,以总平均统计相对误差 ΔZ 高于初级难度培训的装置层平均随机误差、低于初级难度培训的装置层随机误差区域的上限为合格,以总平均统

计相对误差 ΔZ 高于初级难度培训的装置层随机误差区域的上限为不合格(表 9-15)。

表 9-15　统计平衡培训测评标准

培训难度	装置层随机误差	优秀	合格
初级培训	平均 1%～3% 范围	<2%	<3%
中级培训	平均 2%～5% 范围	<2%	<3%
高级培训	平均 3%～10% 范围	<2%	<3%

3. 统计平衡培训测评的软件实现

统计平衡培训测评部分,通过先创建一张数据库中间表进行测评指标计算分析转换,测评系统则在中间表中进行抽取,并进行格式转换后通过网页呈现(如表 9-16)。

表 9-16 是计算、转换并保存统计平衡培训测评的各班次各物料的统计相对误差。在表 9-13 数据的基础上,在网页制作的数据处理中,按物料分组进行时间归并,在网页中呈现本培训周期内各物料的平均统计相对误差,并详细展示本培训周期内各物料每天的平均统计相对误差。最后,对本培训周期内各物料的平均统计相对误差求算术平均,得到本次统计平衡培训的总平均。

表 9-16　统计平衡培训测评中间表——各物料各班次统计误差

属性含义	字段 ID	数据类型
物料编码	MTRL_ID	VARCHAR(20)
物料名称	MTRL_NAME	VARCHAR2(100)
物料库存统计值	MTRL_BIN	NUMBER(13,3)
物料库存真实值	MTRL_REAL	NUMBER(13,3)
物料库存误差	MTRL_ERROR	NUMBER(7,4)
班次开始时间	ST_ TIME	DATE
班次结束时间	ST_ TIME	DATE

统计相对误差(见式(9-16)),并以统计平衡培训的总平均统计相对误差为依据确定最终评价等级(图 9-15)。

统计平衡培训测评页面,根据左上角输入的所选择的时间(日期),系统自动判别所在的旬(即培训周期),展示该培训周期内的测评结果。统计平衡培训测评展示,主要分为统计平衡培训成绩和统计平衡培训测评结果两个部分。统计平衡培训成绩部分包括培训难度、本次培训的统计平衡总平均误差、成绩等级评定。统计平衡培训测评结果部分,则分物料展示培训测评结果以及各物料在培训周期内每天的测评结果,纵轴为各物料、横轴为时间(天)。

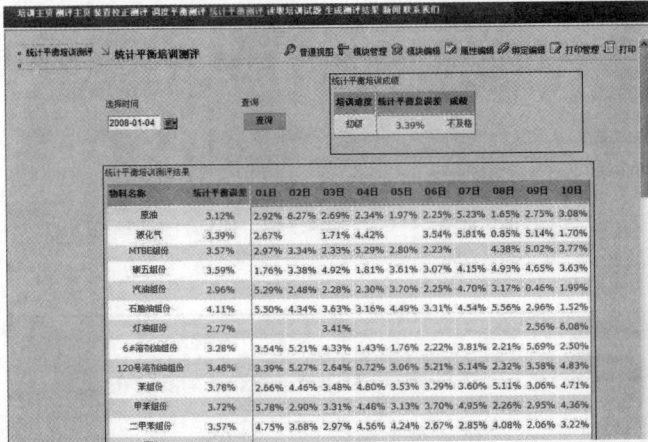

图 9-15　统计平衡培训测评网页

9.6　操作培训实例

9.6.1　装置校正培训实例

在本实例的装置校正培训场景中,设定的受培训学员首先进行装置数据采集。进入“侧线管理”后,将 2008 年 1 月 1 日到 2008 年 1 月 10 日培训周期的各班次侧线量数据(即 2007-12-31 22:00 到 2008-01-10 22:00 的 30 个班次)采集为“原始值”,对原始数据的完整性等进行核实确认,产生了“原始确认值”;接着受培训学员,主要是依靠 MES 自带的校正工具对各班次侧线量数据进行了初步装置数据校正,由于新手经验不足,基本采用了选择“沿用上班收率校正”,而本培训周期内的数据中包含了方案切换,因此初步装置数据校正处理得不理想,而且好几个大的显著误差没有检测出来;在校正确认环节中,该学员未能识别出所剩的显著误差,并把它们当做随机误差来处理,最后的结果并不理想。

本次装置校正培训测评的结果如图 9-16 所示,查询结果该次培训的校正工具总平均依赖率达到约 90%,部分装置的校正工具平均依赖率超过 95%,个别装置由于未排除超大显著误差、没有得到有效校正以至于出现负值;装置校正总平均误差超过 15%,远远没有达到 3% 的合格线,因此成绩等级评定为不及格。

装置校正培训测评结果

装置名称	装置校正误差	校正工具依赖率
II套聚丙烯装置	4.41%	97.20%
I常	112.56%	−16.04%
II常	101.74%	−3.87%
I催	4.12%	96.71%
II催	5.19%	95.77%
催化重整	4.16%	96.79%
芳烃抽提	4.00%	96.93%

装置校正培训成绩

培训难度	装置校正总平均误差	校正工具总平均依赖率	成绩
初级	16.71%	89.05%	不及格

图 9-16 装置校正培训实例

9.6.2 调度平衡培训实例

在本例的调度平衡培训场景中,设定的受培训学员首先进行了调度平衡数据准备,从生产装置获取装置投入产出数据和装置收付操作信息,解析形成装置投入产出侧线节点量和装置收付移动记录;从罐区获取储罐收拨存信息,解析形成储罐节点量和罐区收付移动记录。接着基于解析结果检查原始数据的完整性和准确性之后,进行了调度平衡推量。然后设定的受培训学员通过综合利用 MES 的工具,对调度平衡推量结果进行分析,主要运用了罐收拨存平衡检查、移动罐检尺缺失检查、罐组分丢失检查和装置侧线移动关系缺失检查,但是装置侧线超差漏检查了,故未能发现该学员在装置校正培训时留下的显著误差,最后的调度平衡结果离真实数据误差较大。

本次调度平衡培训测评的结果如图 9-17 所示,该次培训的调度平衡总平均误差为 3.07%,没能达到 3% 的合格线和 2% 的优秀线,因此成绩等级评定为不及格。图中空格表示当天该罐区没有参加生产过程。

调度平衡培训成绩		
培训难度	调度平衡总误差	成绩
初级	3.07%	不及格

调度平衡培训测评结果

罐区名称	调度平衡误差	01日	02日	03日	04日	05日
一罐区	3.62%	3.64%	4.06%	4.19%	4.68%	2.62%
二罐区	3.21%	3.46%	2.27%	1.83%	2.67%	2.48%
三罐区	3.39%	4.77%	4.45%	3.81%	3.16%	4.73%
四罐区	3.13%	1.57%	3.54%	1.93%	2.32%	5.33%
五罐区	1.36%		1.77%			
六罐区	3.83%	3.90%	5.76%	3.27%	3.63%	1.93%
七罐区	3.43%	5.61%	2.49%	1.98%	3.75%	4.08%

图 9-17　调度平衡培训实例

9.6.3　统计平衡培训实例

在本实例的统计平衡培训场景中,设定的受培训学员进行了车间日归并,包括车间内装置、罐的数据归并,逻辑罐的数据归并包括罐收拨逻辑移动和罐物料库存归并等;接着对各车间的每天的生产统计数据进行了汇总;最后对工厂内的各车间统计数据进行确认,对工厂内的统计数据实行自动平衡、仲裁,并生成了日统计报表,但由于前面模块的误差较大,最后统计平衡结果离真实数据误差也较大。

本次统计平衡培训测评的结果如图 9-18 所示,该次培训的统计平衡总平均误差为 3.39%,未能达到 3% 的合格线和 2% 的优秀线,因此成绩等级评定为不及格。图中空格表示当天没有生产该产品。

统计平衡培训成绩		
培训难度	统计平衡总误差	成绩
初级	3.39%	不及格

统计平衡培训测评结果

物料名称	统计平衡误差	01日	02日	03日	04日	05日
原油	3.12%	2.92%	6.27%	2.69%	2.34%	1.97
液化气	3.39%	2.67%		1.71%	4.42%	
MTBE组份	3.57%	2.97%	3.34%	2.33%	5.29%	2.80
碳五组份	3.59%	1.76%	3.38%	4.92%	1.81%	3.61
汽油组份	2.96%	5.29%	2.48%	2.28%	2.30%	3.70
石脑油组份	4.11%	5.50%	4.34%	3.63%	3.16%	4.49

图 9-18　统计平衡培训实例

9.7　培训系统应用效果

培训系统根据不同教案生成的不同难度的多种培训场景,邀请了本科在读大四学生、相关研究课题的在读研究生和石化 MES 资深工程师三组不同背景和经验的人员进行了 30 多人次的培训,对培训过程和结果进行观察分析得出,石化 MES 培训系统性能达到设计要求,取得了良好的应用效果。

9.7.1　本科生应用效果

本科在读大四学生拥有一定的自动化背景相关专业知识基础,但是对于石化 MES 的了解只停留在 MES 相关概念上,对具体的业务流程知识的认识几乎为零。经过简单的操作流程指导和相关背景的介绍之后,本组大四同学从零开始进行 MES 初级培训。由于没有任何经验,在培训周期的前面三四天,本组同学不知道如何识别显著误差,主要是依靠 MES 自带的校正工具对各班次侧线量数据进行了初步装置数据校正,停留在掌握操作方法和熟悉装置校正培训流程阶段,在收率选择上比较混乱,而且在选择需要参加校正的侧线时经常出现失误,因此培训测评结果很不理想,装置校正日平均误差分布在 15%~20%,为不及格。在接下去的培训时间里,本组同学相对比较熟悉操作流程了,基本掌握了如何选择收率进行校正,并且选择需要参加校正的侧线时的失误也大大减少,但是还是不知道如何识别显著误差,因此培训测评结果有了一定的长进,装置校正日平均误差分布在 8%~12%,但仍为不及格。第一阶段培训的最后两天,为了让本组同学练习处理显著误差,采取了提供显著误差侧线号的培训练习,来模拟实际工厂中操作员事先已经从工业现场等别的渠道获知一些仪表问题而知道出现显著误差的侧线号的情况,结果本组同学还是出现在自动校正之后数据确认环节的数据盲目设定,因此这个显著误差处理的振荡较大,处理得好的时候装置校正日平均误差达到 3% 而获得及格,运气差的时候装置校正日平均误差在 6% 左右(表 9-17)。

表 9-17　本科生装置校正培训第一阶段

装置校正	1 日	2 日	3 日	4 日	5 日	6 日	7 日	8 日	9 日	10 日
本科生 A	18.5%	15.8%	19.6%	16.9%	12.1%	10.3%	11.4%	8.5%	2.5%	5.6%
本科生 B	16.8%	15.5%	18.2%	17.4%	10.5%	12.5%	9.8%	10.2%	6.7%	2.8%
本科生 C	15.7%	19.7%	16.5%	18.3%	11.9%	10.7%	8.8%	10.1%	6.6%	2.7%
本科生 D	17.6%	18.3%	17.1%	16.1%	11.3%	10.1%	10.7%	9.2%	5.9%	2.9%
本科生 E	16.5%	16.4%	18.3%	17.9%	12.3%	11.7%	9.9%	10.3%	6.3%	2.6%

本组本科同学接下去的第二阶段培训中,已经具备了能识别侧线量测量值比

较大时的显著误差,但是对于侧线量测量值比较小时的显著误差。如表 9-18 中,
1~3 日的培训教案设置的单个显著误差出现在侧线量测量值比较大时的侧线,本
组同学识别并处理了显著误差,装置校正日平均误差在 2%左右,达到及格,有时
候能达到 2%以下获得优秀。而 4~6 日的培训教案设置的单个显著误差出现在
侧线量测量值比较小时的侧线,本组同学未能识别并处理显著误差,装置校正日平
均误差在 6%左右,未能达到及格。

表 9-18　本科生装置校正培训第二阶段

装置校正	初级						中级		
	1 日	2 日	3 日	4 日	5 日	6 日	11 日	12 日	13 日
本科生 A	2.5%	1.8%	2.1%	6.6%	7.1%	7.3%	11.4%	8.5%	9.5%
本科生 B	2.8%	2.2%	1.9%	7.2%	6.5%	6.8%	9.8%	10.2%	6.7%
本科生 C	2.7%	2.3%	1.5%	6.5%	6.9%	6.7%	8.8%	9.5%	6.6%
本科生 D	2.4%	2.0%	2.2%	6.8%	7.3%	7.0%	11.0%	8.1%	9.7%
本科生 E	2.6%	2.1%	1.7%	7.0%	6.7%	6.6%	10.8%	10.0%	7.7%

表 9-18 中 11~13 日为中级培训,有多个显著误差,有出现在侧线量测量值比
较大的侧线,也有出现在侧线量测量值比较小的侧线,本组同学显然尚无法在短时
间内积累工程经验,培训测评结果不理想。

针对第二阶段本组本科生同学较好的装置校正测评成绩,在该段时间装置层
数据的基础上,进行调度平衡和统计平衡培训。本组同学在培训过程中基本熟悉
了调度平衡和统计平衡模块的操作流程,对业务流程的理解尚很浅显,如基本会操
作罐收拨存平衡检查、移动罐检尺缺失检查、罐组分丢失检查、装置侧线移动关系
缺失检查和装置侧线超差检查等工具,但不会用装置侧线超差检查和推量等工具
进行分析,因此也无法利用这些工具来识别装置校正阶段没有识别出来的显著误
差。由此如表 9-19 所示,1~3 日由于装置层显著误差已经处理,调度平衡和统计
平衡的培训测评成绩也相对较好,基本都能及格,一部分达到优秀;而 4~6 日则由于
装置层显著误差没有得到完全处理,调度平衡和统计平衡结果不理想,处于不及格。

表 9-19　本科生调度平衡和统计平衡培训

		1 日	2 日	3 日	4 日	5 日	6 日
调度平衡	本科生 A	2.3%	1.6%	2.0%	3.6%	4.1%	4.3%
	本科生 B	2.2%	2.1%	1.8%	4.2%	3.5%	3.8%
	本科生 C	2.4%	2.2%	1.5%	3.5%	3.9%	3.7%
	本科生 D	2.1%	2.0%	1.9%	4.6%	4.1%	4.3%
	本科生 E	2.5%	1.7%	1.8%	3.7%	4.4%	3.9%

续表

		1日	2日	3日	4日	5日	6日
统计平衡	本科生 A	2.2%	1.4%	2.0%	3.5%	4.2%	4.1%
	本科生 B	2.1%	2.0%	1.7%	4.3%	3.3%	3.7%
	本科生 C	2.3%	2.1%	1.4%	3.3%	3.7%	3.5%
	本科生 D	2.0%	1.9%	1.8%	4.3%	4.0%	4.2%
	本科生 E	2.4%	1.6%	1.7%	3.6%	3.8%	3.8%

由本科生培训的应用效果看，利用石化 MES 培训系统进行培训，从零开始的受培训学员可以短时间内迅速提高对 MES 软件的应用能力，并较为快速地掌握较为简单的业务处理，难度高一点的业务则需多加练习和其他方面的积累。

9.7.2　研究生应用效果

本实验室相关研究课题的在读研究生，除了拥有较为扎实的自动化背景相关专业知识基础外，还掌握数据校正、生产调度等理论研究知识和背景是对于石化 MES 的理解也比本科生更进一步，对 MES 具体的业务流程知识也有一定的了解。经过简单的操作流程指导和相关背景的介绍之后，本组研究生同学开始进行 MES 初级培训的测试。培训第一阶段的流程大致与本科生培训相似，不同的是研究生相对起点较高，掌握操作流程相对较快，减少并避免选择需要参加校正的侧线的失误所用的时间也相对较少（表 9-20），在培训周期 5～6 日时已经达到了本科生组 10 日时的状况，培训周期 7～10 日时达到本科生组第二阶段的状况，其中 7～8 日为单个显著误差出现在侧线量测量值比较大的侧线，9～10 日为单个显著误差出现在侧线量测量值比较小的侧线。

表 9-20　研究生装置校正培训第一阶段

装置校正	1日	2日	3日	4日	5日	6日	7日	8日	9日	10日
研究生 A	12.2%	9.9%	12.4%	9.5%	2.6%	6.6%	2.6%	1.9%	6.9%	7.2%
研究生 B	11.7%	11.5%	8.9%	9.8%	7.2%	2.7%	2.9%	2.1%	7.1%	6.5%
研究生 C	10.8%	10.7%	9.8%	10.0%	7.6%	2.8%	2.4%	1.8%	6.7%	6.8%
研究生 D	10.9%	11.1%	9.9%	10.3%	6.9%	6.5%	2.8%	2.0%	6.7%	6.1%
研究生 E	11.9%	10.0%	12.0%	9.7%	7.2%	2.5%	3.0%	2.2%	5.9%	1.8%

本组研究生第二阶段培训结合调度平衡和统计平衡一起培训。在装置校正阶段，对于侧线量测量值比较小出现的显著误差相对比较难识别，通过调度平衡环节的装置侧线移动关系缺失检查和装置侧线超差检查等工具，可以帮助检测装置校

正阶段没有识别的部分显著误差。

表 9-21 中的 11～14 日为本组研究生进行中级的装置校正和调度平衡、统计平衡培训,调度平衡和统计平衡模块的操作流程需要熟悉,对于调度平衡环节的装置侧线移动关系缺失检查和装置侧线超差检查等工具来帮助检测装置校正阶段没有识别的部分显著误差,基本上不能完全掌握,因此中级装置校正培训的校正日平均误差比较高,分布在 10% 左右,均为不及格;对应的调度平衡和统计平衡的测评结果自然也不理想(表 9-22),分别分布在 5% 和 4% 左右。

表 9-21　研究生装置校正培训第二阶段

装置校正	初级		中级				中级			
	9 日	10 日	11 日	12 日	13 日	14 日	15 日	16 日	17 日	18 日
研究生 A	1.8%	2.1%	13.4%	9.5%	10.6%	12.6%	4.6%	3.9%	4.6%	4.7%
研究生 B	2.2%	1.5%	9.9%	9.8%	11.2%	8.7%	3.9%	3.8%	4.9%	2.9%
研究生 C	1.8%	1.9%	9.8%	11.2%	9.6%	10.8%	3.8%	4.2%	4.4%	4.8%
研究生 D	1.9%	2.3%	12.6%	10.0%	10.3%	11.1%	4.4%	3.6%	4.7%	4.5%
研究生 E	2.3%	1.6%	10.7%	10.2%	10.2%	9.4%	4.1%	4.3%	3.7%	2.8%

在后续的 15～18 日的培训中,本组研究生能逐渐掌握调度平衡环节的装置侧线移动关系缺失检查和装置侧线超差检查等工具,一旦检测出来重新回到装置校正环节进行修正,于是中级培训的装置校正日平均误差大大降低,能达到 5% 以下从而获得及格,个别处理得好的能达到 3% 以下从而获得优秀;15～18 日对应的中级培训的调度平衡和统计平衡结果也相应地提高,大部分分布在 2%～3%(如表 9-22),基本能达到 3% 以下从而获得及格,个别处理得好的能达到 2% 以下从而获得优秀。然后,本组研究生再回到处理 9～10 日的初级装置校正培训,发现成绩大大提高。

表 9-22　研究生调度平衡和统计平衡培训

		初级		中级				中级			
		9 日	10 日	11 日	12 日	13 日	14 日	15 日	16 日	17 日	18 日
调度平衡	研究生 A	1.7%	2.0%	5.7%	3.9%	5.0%	6.1%	2.6%	2.4%	2.7%	2.7%
	研究生 B	2.0%	1.2%	4.8%	4.2%	5.5%	4.3%	2.3%	2.3%	2.7%	1.9%
	研究生 C	1.6%	1.8%	4.6%	5.5%	4.1%	5.1%	2.2%	2.5%	2.6%	2.8%
	研究生 D	1.7%	2.2%	6.2%	4.6%	4.9%	5.3%	2.5%	2.1%	2.8%	2.6%
	研究生 E	2.2%	1.5%	5.0%	4.7%	4.8%	4.0%	2.4%	2.5%	2.3%	1.8%

续表

| | | 初级 | | 中级 | | | | 中级 | | |
		9 日	10 日	11 日	12 日	13 日	14 日	15 日	16 日	17 日	18 日
统计平衡	研究生 A	1.6%	2.0%	6.4%	3.5%	4.6%	5.3%	2.6%	2.3%	2.7%	2.8%
	研究生 B	2.0%	1.1%	4.6%	3.8%	4.9%	3.2%	2.3%	2.3%	2.7%	1.8%
	研究生 C	1.5%	1.7%	4.3%	5.1%	3.6%	4.6%	2.2%	2.5%	2.6%	2.7%
	研究生 D	1.6%	2.0%	6.0%	4.2%	4.3%	4.8%	2.5%	2.0%	2.7%	2.4%
	研究生 E	2.1%	1.4%	4.7%	4.3%	4.2%	3.4%	2.3%	2.5%	2.2%	1.7%

由研究生培训的应用效果看,由于起点比本科生高、理解也比本科生深刻,在培训过程中上手相对较快,并能相对较快掌握业务处理的一些技巧,因此能在较短的时间内达到中级的水平。但是对于需要经验积累的高级培训则无法在短时间内完成提高。

9.7.3 MES 工程师应用效果

资深 MES 工程师拥有扎实的 MES 相关理论知识,丰富的工业现场经验,熟谙工业业务模型和流程,并有 MES 研发和实施的经验。资深 MES 工程师组,直接从本培训系统的高级难度培训应用。高级难度的培训试题设置了比较高的随机测量误差,部分仪表精度只有 5.0 级;而且显著误差又较多,有比较大的相对较容易识别的显著误差,如 50%、60% 等,又有比较小的相对较难识别的显著误差,如 15%、20% 等,与比较大的随机误差相比,不是特别明显。

如表 9-23 中,在起初 21~24 日中,工程师组能把较大的显著误差识别并处理;由于几乎没有历史数据可参考,对于较小的显著误差,也不能识别,因此测评结果基本分布在 6%~8%。在后续的 25~28 日中,由于有了一定数量的历史数据可以参考,工程师组的显著误差识别率有所提高。从结果可以发现,所有显著误差都识别并处理的 27 日,测评结果很高;其他如 26 日和 28 日有一个比较小的很难识别的显著误差没有检测出来并处理,由于这个显著误差只有 15%,测评结果总成绩也还不错。相应一起结合培训的调度平衡和统计平衡的测评与装置校正相对应,基本上是装置校正环节达到优秀的,在调度平衡和统计平衡环节也相对容易达到优秀。

表 9-23 资深 MES 工程师高级难度培训

		21 日	22 日	23 日	24 日	25 日	26 日	27 日	28 日
装置校正	工程师 A	6.8%	7.3%	5.9%	6.4%	5.4%	4.8%	2.9%	4.6%
	工程师 B	7.4%	7.1%	6.6%	5.8%	5.3%	4.7%	3.3%	4.9%

		21 日	22 日	23 日	24 日	25 日	26 日	27 日	28 日
调度平衡	工程师 A	2.4%	2.6%	2.2%	2.3%	2.1%	1.9%	1.6%	1.8%
	工程师 B	2.8%	2.5%	2.3%	2.2%	2.1%	1.8%	1.7%	2.0%
统计平衡	工程师 A	2.3%	2.6%	2.1%	2.2%	2.0%	1.8%	1.6%	1.8%
	工程师 B	2.7%	2.4%	2.2%	2.2%	2.1%	1.7%	1.7%	1.9%

由资深 MES 工程师组的应用效果看,并与本科大四学生和在读研究生的应用效果作对比,可以看出,本书 MES 培训系统的测评体系基本符合工业现场实际情况,能够比较科学而有效地衡量培训结果;而学员通过本培训系统的培训,在相对较短的时间内,获得不同程度地提高。总之,MES 培训系统的性能达到设计要求,其应用效果显示了所研制的 MES 培训系统的工程可用性。

参 考 文 献

曹湘洪. 2008. 车用燃料清洁化-我国炼油工业面临的挑战和对策[J]. 石油炼制与工程，39(1)：
　　1-8.

柴天佑，金以慧，等. 2002. 基于三层结构的流程工业现代集成制造系统[J]. 控制工程，9(3)：
　　1-7.

柴天佑，郑秉霖，等. 2005. 制造执行系统的研究现状和发展趋势[J]. 控制工程，12(6)：
　　505-510.

陈绍洲，常可怡. 1997. 石油加工工艺学[M]. 上海：华南理工大学出版社.

陈无咎，冯绍风. 1992. 我国原油的三种蒸馏曲线(ASTM，TBP，EFV)相互换算的计算程序[J].
　　石油炼制，(8)：48-54.

程丽华. 2005. 石油炼制工艺学[M]. 北京：中国石化出版社.

冯毅萍. 2008. 石化生产过程多分辨率物流模型的建模方法[D]. 浙江大学.

顾海杰. 2009. 不确定性条件下炼油厂供应链优化问题研究[D]. 浙江大学.

郭锦标，杨明诗. 2006. 化工生产计划与调度的优化[M]. 北京：化工工业出版社.

郭伟，邱晓惠. 2006. 加氢精制工艺全流程仿真培训系统[J]. 东北师大学报（自然科学版），38
　　(2)：39-44.

韩方煜，郑世清，荣本光. 1999. 过程系统稳态模拟技术[M]. 北京：中国石化出版社.

何小荣，等. 2006. 石化企业生产计划图形建模优化系统[J]. 计算机与应用化学，23(1)：1-8.

侯震，齐艳华，熊震霖，等. 2004. 利用模拟软件计算加氢过程 Delta-base 数据及其在生产计划中
　　的应用[J]. 现代化工，24(z2)：134-138.

胡兆勇，屈梁生. 2003. 一种贝叶斯诊断网络的拓扑结构[J]. 西安交通大学学报，37(11)：
　　1115-1118.

江庆标. 2006. 炼油化工装置 DCS 仿真培训系统的开发[J]. 炼油与化工，17(1)：51-53.

李初福，何小荣，陈丙珍，等. 2005. 炼油企业供应链管理中实沸点切割点的优化[J]. 化工学报，
　　56 (11)：2142-2145.

李德芳，蒋白桦，王宏安. 2004. 炼化企业 MES 体系结构的分析与设计[J]. 现代化工，24(z2)：
　　48-51.

李进，廖良才，谭跃进. 2005. 一种简单的混合原油性质估算方法[J]. 石油化工自动化，(5)：
　　37-39.

李俊峰，等. 2006. 离散数学[M]. 清华大学出版社.

李少萍，沈本贤，张琪，等. 2006. 原油掺炼对混合原油、馏分油及渣油性质的影响[J]. 华东理工
　　大学学报（自然科学版），32(5)：524-567.

李为民，邬国英，王洪元，等. 1999. 基于 ANN 方法预测柴油调和的凝点和冷滤点[J]. 石油与天
　　然气化工，28(4)：260-271.

李亚白. 2007. 面向服务的协同制造执行系统集成与重构技术研究[D]. 南京航空航天大学.

里鹏，史海波，尚文利，等. 2009. 基于 SP95 标准的工厂模型设计与建模方法研究[J]. 计算机集
　　成制造系统，15 (3)：458-462.

廖良才,李进,王军民,等.2006.一种简单的常压塔侧线产品性质估算方法[J].石油化工自动化,(4):40-42.

林世雄.2007.石油炼制工程[M].第三版.北京:石油工业出版社.

刘宝宏.2003.多分辨率建模的理论与关键技术研究[D].国防科学技术大学.

刘建胜.2008.离散型制造业MES若干关键技术及其应用研究[D].南昌大学.

刘灵丽.2008.我国炼油企业油品质量升级面临的问题和应对措施[J].当代石油石化,16(1):30-35.

罗春鹏.2008.炼油企业生产调度研究[D].浙江大学.

裴瑞凌,荣冈.2005.炼油过程的智能工厂流程模拟仿真平台[J].化工自动化及仪表,32(2):43-46.

裴瑞凌.2005.智能工厂流程模拟仿真平台IntelSim的设计[D].杭州:浙江大学.

彭江清,王景芳.2000.原油评价实沸点收率非线性建模与应用[J].炼油,5(3):68-78.

濮芸辉,刘艳升,沈复.1999.全馏程实沸点蒸馏曲线数学模型[J].炼油设计,29(6):53-55.

仇汝臣,袁希钢,孙锐睿,等.2004.原油常压蒸馏产品恩氏蒸馏数据的预测模型[J].石油炼制与化工,35(5):63-67.

饶艳,陈德馄,周咨聪,等.2007.协同设计中基于SP95标准的产品信息模型研究[J].计算机集成制造系统,13(8):1528-1533.

宋永涛,苏秦,李钊.2008.全面质量管理和企业绩效关系的系统动力学研究[J].运筹与管理,17(6):150-169.

孙兆林,赵杉林,廖克俭.2005.原油评价与组成分析[M].北京:中国石化出版社.

唐孟海,胡兆灵.2007.原油蒸馏[M].北京:中国石化出版社.

王斌会,胡志萍.2007.六西格玛经济效益的计量模型[J].数理统计与管理,26(4):662-668.

王宏安,荣冈,冯梅,等.2007.化工生产执行系统MES[M].北京:化学工业出版社.

王宁,温浩,许志宏.1998.一种用拓扑指数和基因组成预测烷烃辛烷值的方法[J].石油学报(石油加工),14(3)67-73.

王强.2009.石化MES培训系统设计与培训测评系统开发[D].浙江大学.

王旭.2008.流程工业多层次数据校正方法及其应用研究[D].浙江大学.

王旭华.2002.混炼原油的评定与研究[J].石油技术,9(3):159-163.

王轶卿,赵英凯.2004.基于神经网络的油品质量预测[J].控制工程,11(5):403-405.

吴信才,等.2008.支持多模式的复合交通网络模型研究[J].武汉大学学报,33(4):341-347.

吴重光,沈承林.1993.石油化工仿真培训系统的研制[J].系统仿真学报,5(1):31-39.

吴重光.2000.仿真技术[M].北京:化学工业出版社.

肖力塘.2011.企业制造运行管理研究与应用[D].浙江大学.

肖田元.2000.系统仿真导论[M].北京:清华大学出版社.

徐琰.2004.华中电网调度员培训仿真系统(OTS)的实用化应用[J].华中电力,17(1):30-33.

许正宇.2001.我国化工仿真培训器的发展历史和展望[J].化工进展,10:9-12.

燕存良.2006.基于数据挖掘的制造执行系统实时数据采集和车间调度关键技术研究[D].上海交通大学.

杨佳丽. 2010. 石化企业产品质量跟踪理论与应用研究[D]. 浙江大学.

杨磊. 2008. 常减压蒸馏过程模拟与生产计划优化系统的集成[D]. 中国石油大学.

尹燕. 2007. PDCA 循环在企业绩效管理中的应用[D]. 首都经济贸易大学.

张承聪, 马翔, 杨文凡. 1999. 高分辨气相色谱法快速测定汽油辛烷值[J]. 云南大学学报(自然科学版), 21(4): 291-293.

张慎明, 姚建国. 2002. 调度员培训仿真系统(DTS)的现状和发展趋势[J]. 电网技术, 26(7): 60-66.

张银春. 2009. Lims 系统在大庆石化的建设与应用[J]. 数字石油和化工, (6): 12-14.

张云华, 俞蒙槐. 1999. 集成化工过程信息培训系统[J]. 系统仿真学报, 11(1): 63-66.

赵建炜, 郭宏新. 2009. PIMS 软件在炼油厂总加工流程优化中的应用[J]. 炼油技术与工程, 39(4): 50-53.

赵小强. 2006. 炼厂生产调度问题研究[D]. 浙江大学.

朱峰. 2013. 多尺度视角下的石化企业信息集成研究[D]. 浙江大学.

朱炜. 2012. 流程工业生产系统 TRF 模型及方法研究[D]. 浙江大学.

朱玉韬, 金星, 荣冈. 2007. 一种石化企业虚拟现实仿真系统的设计与实现[J]. 化工自动化及仪表, 34(5): 40-44.

朱玉韬. 2008. 流程工业信息可视化平台理论与应用研究[D]. 浙江大学.

Ahlberg C, Shneiderman B. 1994. Visual information seeking using the filmfinder[C]. Conference companion on Human factors in computing systems. ACM, 433-434.

Ahlberg C, Shneiderman B. 1994. Visual information seeking: Tight coupling of dynamic query filters with starfield displays[C]. Proceedings of the SIGCHI conference on Human factors in computing systems. ACM, 313-317.

Ahmed S, Huang B, Shah S L. 2006. Parameter and delay estimation of continuous-time models using a linear filter[J]. Journal of Process Control, 16(4): 323-331.

Aigner W, Bertone A, Miksch S, et al. 2007. Towards a conceptual framework for visual analytics of time and time-oriented data[C]. Simulation Conference, 2007 Winter. IEEE, 721-729.

Alexakos C, Georgoudakis M, Kalogeras A, et al. 2006. A model for the extension of IEC 62264 down to the shop floor layer[C]. Proceedings of 6th IEEE International Workshop on Factory Communication Systems, 243-246.

Alhajri I, Elkamel A. 2008. A nonlinear programming model for refinery planning and optimization with rigorous process models and product quality specifications[J]. Oil, Gas and Coal Technology, 1(3): 283-307.

Al-Enezi G, Fawzi N, Elkamel A. 1999. Development of regression model to control product yields and properties of the fluid catalytic cracking process[J]. Petroleum Science and Technology, 17(6-7): 535-552.

AMR Consulting. 1995. The challenge and the opportunity. http://www. amrconsulting. com/.

AMR Consulting. 1998. The challenge of enterprise application system management. http://

www. amrconsulting. com/.

Arbib M. 1970. A mathematical theory of systems engineering: The elements[J]. IEEE Transactions on Automatic Control,15(3): 407-408.

Aspen OrionTM petroleum refinery and petrochemical scheduling for all plant activities. http: // www. aspentech. com/ps/orion. pdf.

Balasubramanian J, Grossmann I E. 2004. Approximation to multistage stochastic optimization in multiperiod batch plant scheduling under demand uncertainty[J]. Industrial & Engineering Chemistry Research,43(14):3695-3713.

Benaissa M, Benabdelhafid A, Alimi A. 2003. The integration of manufacturing execution system and product & enterprise resource planning in the logistic chain[C]. Proceedings - 1st International Industrial Simulation Conference 317-320.

Berning G, et al. 2002. An integrated system solution for supply chain optimization in the chemical process industry[J]. Or Spectrum,24(4): 371-401.

Bhatnagar R, Chandra P,Goyal S K. 1993. Models for multi-plant coordination [J]. European Journal of Operational Research,67:141-160.

Bill S. 1998. Do we need a new model for plant system. USA: AMR Report 13550.

Bitran G R, Hax A C. 1977. On the design of hierarchical production planning systems [J]. Decision Science,8:28-55.

Blanding F H. 1953. Reaction rates in Catalytic Cracking of Petroleum [J]. Industrial &Engineering Chemistry,45(6):1186-1197.

Bonfill A, Espuna A,Puigjaner L. 2008. Proactive approach to address the uncertainty in short-term scheduling [J]. Computers & Chemical Engineering,32(8):1689-1706.

Bose S,Pekny J F. 2000. A model predictive framework for planning and scheduling problems: A case study of consumer goods supply chain[J]. Computers & Chemical Engineering,24(2-7): 329-335.

Brooks R W, van Walsem F D,Drury J. 1999. Choosing cutpoints to optimize product yields[J]. Hydrocarbon Processing,78(11): 53-60.

Brown G G, Graves G W, Honczarenko M D. 1987. Design and operation of a multicommodity production/distribution system using primal goal decomposition[J]. Management Science,33: 1469-1480.

Bruce M R. 1995. Back to the future: MES from 1999-2000[M]. Boston: AMR Inc.

Burdea G C, Coiffet P. 2003. Virtual Reality Technology[M]. New York:John Wiley & Sons.

Cameron IT. 2004. Modern process modeling: Multi-scale and goal-directed[C]. Proceedings of the 14th International Drying Symposium (IDS),3-17.

Card S K, Nation D. 2002. Degree-of-interest trees: A component of an attention-reactive user interface[C]. Proceedings of the Working Conference on Advanced Visual Interfaces. ACM, 231-245.

Caughlin D, Sisti A F. 1998. A summary of model abstraction techniques, enabling technology for simulation Science(II) [C]. Proceeding of SPIE AeoroSense.

Chang I C, Hwang H G, Liaw H C, et al. 2008. A neural network evaluation model for ERP performance from SCM perspective to enhance enterprise competitive advantage[J]. Expert Systems with Applications,35:1809-1816.

Chapurlata V, Braesch C. 2006. Verification/validation and accreditation of enterprise models. Information Control Problems in Manufacturing[C]. Proceedings of the 12th IFAC Conference,597-602.

Chapurlata V, Kamsu-Foguema B, Prunet F. 2003. Enterprise model verification and validation: An approach[J]. Annual Reviews in Control,27:185-197.

Chen G, Gan Z C, Sheng J J, et al. 2008. Equipment simulation training system based on virtual reality. Computer and Electrical Engineering, 2008 [C]. ICCEE 2008. International Conference on. IEEE,563-567.

Christopher M. 2005. Logistics and Supply Chain Management, Creating Value-Adding Networks [M]. 3rd edition. Harlow: Financial Times Prentice Hall.

Chwif L, Barretto M R P. 2003. Perspectives on simulation in education and training: Simulation models as an aid for the teaching and learning process in operations management[C]. Proceedings of the 35th conference on Winter simulation: Driving innovation. Winter Simulation Conference, 1994-2000.

Chwif L, Ribeiro M, Barretto P. 2003. Perspectives on simulation in education and training, simulation models as an aid for the teaching and learning process in operations management [C]. Proceedings of the 2003 Winter Simulation Conference. 1994-2000.

Cubert R M, Fishwick P A. 1997. A Framework for distributed object-oriented multi-modeling and simulation[C]. Proceedings of Winter Simulation Conference(WSC).

Card S, Mackinlay J, Shneiderman B. 1999. Readings in Information Visualization: Using Vision to Think[M]. Morgan Kaufmann.

Dangelmaier W, Mueck B. 2004. Using dynamic multi-resolution modeling to analyze large material flow systems [C]. Proceedings of the 2004 Winter Simulation Conference (WSC), 1720-1727.

Das B P, Rickard J G, Shah N, et al. 2000. An investigation on integration of aggregate production planning, master production scheduling and short-term production scheduling of batch process operations through a common data model. Computers and Chemical Engineering, 24: 1625-1631.

Davis K, Bigelow J H. 1998. Experiments in Multi-resolution Modeling (MRM). RAND MR-1004-OSD, 1998[R]. The RAND Corporation, Santa Monica, CA.

Davis P K, Hillestad R. 2003. Families of models that cross levels of resolution: Issues for design, calibration and management[C]. Proceedings of the 1993 Winter Simulation Conference (WSC),1003-1012.

Davis P K. 1998. Experiments in multi-resolution modeling (MRM)[R]. Bigelow J H. RAND MR-1004-OSD. Santa Monica, CA: The RAND Corporation.

Delen D, Pratt D B, Kamath M. 1996. A new paradigm for manufacturing enterprise modeling: Reusable, multi-tool modeling[C]. Proceedings of the Winter Simulation Conference(WSC), 981-990.

Esteves J, Paster J, Casanovas J. 2002. A framework proposal for monitoring and evaluating training in ERP implementation projects, in Technical Research Report.

Feiner S K, Beshers C. 1990. Worlds within Worlds: Metaphors for Exploring n-Dimensional Virtual Worlds[C]. Proceedings of UIST'90, ACM Symposium on User Interface Software and Technology. 76-83.

Floudas C A, Pardalos P M. Encyclopedia of Optimization[M]. Second Edition. New York: Springer Science+Business Media, LLC.

Foo D C Y, Kazantzi V, El-Halwagi M M, et al. 2006. Surplus diagram and cascade analysis technique for targeting property-based material reuse network[J]. Chemical Engineering Science, 61:2626-2642.

Gary J H, Glenn E. 2001. Handwerk, Petroleum Refinery Technology and Economics [M]. 4th ed. Marcel Dekker.

Georgoudakis M, Alexakos C, Kalogeras A, et al. 2004. Decentralized Production control through ANSI ISA-95 based ontology and agents[C]. Introduction to logistics systems planning and control, John Wiley and Sons: Chichester, England.

Godding G, Sarjoughian H S, Kempf K G. 2005. Building multi-formalism modeling approach for semiconductor supply/demand networks[C]. Proceedings of Winter Simulation Conference (WSC), 232-239.

Grossmann I E, Sargent R W H. 1978. Optimum design of chemical-plants with uncertain parameters[J]. AIChE Journal, 24(6):1021-1028.

Grossmann Ignacio. 2005. Enterprise-wide optimization: A new frontier in process systems engineering[J]. AIChE Journal, 51(7): 1846-1857.

Guillen G, et al. 2006. Simultaneous optimization of process operations and financial decisions to enhance the integrated planning/scheduling of chemical supply chains [J]. Computers & Chemical Engineering, 30(3): 421-436.

Guillen-Gosalbez G, Grossmann I E. 2009. Optimal design and planning of sustainable chemical supply chains under uncertainty[J]. AIChE Journal, 55(1): 99-121.

Gupta A, Maranas C D, McDonald C M. 2000. Mid-term supply chain planning under demand uncertainty: Customer demand satisfaction and inventory management [J]. Computers & Chemical Engineering, 24(12): 2613-2621.

Gupta A, Maranas C D. 2000. A two-stage modeling arid solution framework for multisite mid-term planning under demand uncertainty[J]. Industrial & Engineering Chemistry Research, 39(10): 3799-3813.

Gupta A, Maranas C D. 2003. Managing demand uncertainty in supply chain planning[J]. Computers & Chemical Engineering, 27(8-9): 1219-1227.

Gershon N D, Eick S G. Information visualization[J]. IEEE Computer Graphics and Applications, 7-8/1997, 29-31.

Ha J K, Chang H K, Lee E S, et al. 2000. Intermediate storage tank operation strategies in the production scheduling of multi-product batch processes[J]. Computers and Chemical Engineering, 24: 1633-1640.

Heaton J. 1998. Next generation plant systems: The key competitive plant operation. http://www. amrc. com/.

Heer J, Vizster D B. 2005. Visualizing online social networks[J]. IEEE Symposium on Information Visualization, 32-39.

Heer J, Card S K. 2004. DOITrees Revisited: Scalable, Space-Constrained Visualization of Hierar Chical Data. Advanced Visual Interfaces[M]. Gallipoli.

Hild D R. 2000. Discrete event system specification (DEVS) / distributed object computing (DOC) modeling and simulation [D]. University of Arizona.

Hong K K, Kim Y G. 2002. The critical success factors for ERP implementation: An organizational fit perspective[J]. Information & Management 40(1):25-40.

Hung W Y, Samsatli N J, Shah N. 2006. Object-oriented dynamic supply-chain modelling incorporated with production scheduling[J]. European Journal of Operational Research, 169(3): 1064-1076.

IEC/ISO 62264. 2003. Enterprise-control system integration Part 1:Models and terminology.

IEC/ISO 62264. 2004. Enterprise-control system integration Part 2: Object model attributes.

IEC/ISO 62264. 2007. Enterprise-control system integration Part 3: Activity models of manufacturing operations management.

Irani P, Ware C. 2003. Diagramming information structures using 3D perceptual primitives[J]. ACM Transactions on Computer-Human Interaction (TOCHI), 10(1):1-19.

ISA-The instrumentation, systems, and automation society. 2005. The ANSI/ISA 95. 00. 01, Enterprise-control system integration-Part 1: Models and terminology[R]. Research Triangle Park, North Carolina 27709 USA: ISA.

Iwatsu S, Watanabe Y, Kodama K. 2007. Development of communications protocols between manufacturing execution system and production equipment[C]. Proceedings - 12th IEEE International Conference on Emerging Technologies and Factory Automation, 280-287.

Jackson J R, Grossmann I E. 2003. Temporal decomposition scheme for nonlinear multisite production planning and distribution models[J]. Industrial & Engineering Chemistry Research, 42(13): 3045-3055.

Joana L F, Jan J V, Carla I C P. 2007. Dynamic modeling of an industrial R2R FCC unit[J]. Chemical Engineering Science,62:1184-1198.

Johnson B, Shneiderman B. 1991. Treemaps: A space-filling approach to the visualization of hierarchical information[C]. Proc. Visualization '91 Conf,284-291.

Johnsonbaugh R. 2004. Discrete Mathematics[M]. Sixth Edition, Pearson Dducation,Inc. , publishing as Prentics Hall.

Jung J Y, et al. 2004. A simulation based optimization approach to supply chain management under demand uncertainty[J]. Computers & Chemical Engineering, 28(10): 2087-2106.

Jern M. 2007. An information visualization approach to retail space management (VisMT)[C]. 11th International Conference Information Visualization (IV'07), 109-116.

Jacob S M, Gross B, Voltz S E. 1976. A lumping and reation scheme for catalytic cracking[J]. American Institute of Chemical Engineers, 22 (4):701-713.

Kallrath J. 2002. Combined strategic and operational planning—An MILP success story in chemical industry[J]. Or Spectrum, 24(3): 315-341.

Klatt K U, Marquardt W. 2009. Perspectives for process systems engineering-personal views from academia and industry[J]. Computers & Chemical Engineering, 33(3): 536-550.

Kim Y, et al. 2008. An integrated model of supply network and production planning for multiple fuel products of multi-site refineries[J]. Computers & Chemical Engineering, 32 (11): 2529-2535.

Koo L Y, et al. 2008. Decision support for integrated refinery supply chains Part 2:Design and operation[J]. Computers & Chemical Engineering, 32(11): 2787-2800.

Lababidi H M S, et al. 2004. Optimizing the supply chain of a petrochemical company under uncertain operating and economic conditions[J]. Industrial & Engineering Chemistry Research, 43(1): 63-73.

Lakkhanawat H, Bagajewicz M J. 2008. Financial risk management with product pricing in the planning of refinery operations[J]. Industrial & Engineering Chemistry Research, 47(17): 6622-6639.

Lang L X, Chen W S, Bakshi B R, et al. 2007. Bayesian estimation via sequential Monte Carlo sampling-constrained dynamic systems[J]. Automatics, 43(9):1615-1622.

Lee M H, Lee S J, Han C H, et al. 1998. Hierarchical on-line data reconciliation and optimization for an industrial utility plant[J]. Computers in Chemical Engineering, 22:247-254.

Li W K,Hui C W,Li A X. 2005. Integrating CDU, FCC and product blending models into refinery planning[J]. Computers and Chemical Engineering, 29:2010-2028.

Li W K,Hui C W, Karimi I A. 2007. A novel CDU model for refinery planning[J]. Asic-pacific Journal of Chemical Engineering, 2:282-293.

Li W K, et al. 2004. Refinery planning under uncertainty[J]. Industrial & Engineering Chemistry Research, 43(21): 6742-6755.

Li W, Hui C W. 2007. Applying marginal value analysis in refinery planning[J]. Chemical Engineering Communications, 194(7): 962-974.

Liu M L, Sahinidis N V. 1996. Optimization in process planning under uncertainty[J]. Industrial & Engineering Chemistry Research, 35(11): 4154-4165.

Liu M, et al. 2007. Improved identification of continuous time delay processes from piecewise step tests[J]. Journal of Process Control, 17(1): 51-57.

Mele F D, et al. 2006. A simulation-based optimization framework for parameter optimization of supply-chain networks[J]. Industrial & Engineering Chemistry Research, 45(9): 3133-3148.

Mendez C A, et al. 2006. A simultaneous optimization approach for off-line blending and scheduling of oil-refinery operations[J]. Computers & Chemical Engineering, 30(4): 614-634.

Mertins K, Jochem R. 2005. Architectures, methods and tools for enterprise engineering[J]. International Journal of Production Economics, 98:179-188.

MESA International. 1997. The benefits of MES: A report from the field. Chandler. Ariz. , USA: MESA International White Paper Number 1.

MESA International. 1997. Controls definition & MES to controls data flow possibilities. Chandler. Ariz. , USA: MESA International White Paper Number 3.

MESA International. 1997. Execution-driven manufacturing management for competitive advantage. Chandler. Ariz. , USA: MESA International White Paper Number 5.

MESA International. 1997. MES explained: A high level vision[R]. MESA International White Paper6.

MESA International. 1997. MES functionalities & MRP to MES data flow possibilities. Chandler. Ariz. , USA: MESA International White Paper Number 2.

MESA International. 1997. MES software evaluation / selection. Chandler. Ariz. , USA: MESA International White Paper Number 4.

Moro L F L, Zanin A C, Pinto J M. 1998. A planning model for refinery diesel production[J]. Computer and Chemical Engineering, 22:1039-1042.

Moro L F L, Zanin A C, Pinto J M. 1998. A planning model for refinery diesel production[J]. Computers & Chemical Engineering, 22: S1039-S1042.

Natrajan A. 2000. Consistency maintenance in concurrent representations[D]. University of Virginia.

Navy Modeling and Simulation Management Office. 2004. Modeling and Simulation Verification Validation and Accreditation Implementation Handbook[M]. Vol. I : VV&A Framework, Department of Navy.

Neiro S M S, Pinto J M. 2003. Supply chain optimisation of petroleum refinery complexes[J] // Proceedings of the fourth international conference on foundations of computer-aided process operations, 59-72.

Neiro S M S, Pinto J M. 2004. A general modeling framework for the operational planning of petroleum supply chains[J]. Computers & Chemical Engineering, 28(6-7): 871-896.

Naraharisetti P K, Adhitya A, Karimi I A, et al. 2009. From PSE to PSE2—Decision support for resilient enterprises[J]. Computers and Chemical Engineering, 33:1939-1949.

Panetto H. 2007. Towards a classification framework for interoperability of enterprise applications[C]. International Journal of Computer Integrated Manufacturing, 20 (8): 727-740.

Perea-Lopez E, Ydstie B E, Grossmann I E. 2003. A model predictive control strategy for supply chain optimization[J]. Computers & Chemical Engineering, 27(8-9):1201-1218.

Pinto J M, Joly M, Moro L F L. 2000. Planning and scheduling models for refinery operations [J]. Computers & Chemical Engineering, 24(9-10):2259-2276.

Pitty S S, et al. 2008. Decision support for integrated refinery supply chains Part 1: Dynamic simulation[J]. Computers & Chemical Engineering, 32(11):2767-2786.

Pongsakdi A, et al. 2006. Financial risk management in the planning of refinery operations[J]. International Journal of Production Economics, 103(1):64-86.

Pu L, Wendt M, Wozny G. 2004. Optimal production planning for chemical processes under uncertain market conditions[J]. Chemical Engineering & Technology, 27(6): 641-651.

Pu L, Harvey A G, Günter W. 2008. Chance constrained programming approach to process optimization under uncertainty[J]. Computers & Chemical Engineering, 32(1-2): 25-45.

Reijersa H A, Mans R S, Van der Toorn R A. 2008. Improved model management with aggregated business process models[J]. Data & Knowledge Engineering, 9:3-23.

Reynolds P F, Natrajan A, Srinivasan S. 1997. Consistency maintance in multi-resolution simulations[J]. ACM Transactions on Modeling and Computer Simulation, 7:368-392.

Roberts H J, Barrar P. 1992. MRPII implementation- key factors for success[J]. Computer Integrated Manufacturing Syetems ,5(1):31-38.

Robertson G, Card S K, Mackinlay J D. 1989. The cognitive co-processor for interactive user interfaces[C]. Proceedings of the ACM SIGGRAPH symposium on User interface software and technology,10-18.

Saenz de Ugarte B, Artiba A, Pellerin R. 2009. Manufacturing execution system—A literature review[J]. Production planning and control, 20(6):525-539.

Sahinidis N V, et al. 1989. Optimization model for long-range planning in the chemical-industry [J]. Computers & Chemical Engineering, 13(9):1049-1063.

Shneiderman B, Aris A. 2006. Network visualization by semantic substrates[J]. Visualization and Computer Graphics, IEEE Transactions on, 12(5):733-740.

Shneiderman B. 1992. Tree visualization with treemaps: A 2D space-filling approach[J]. ACM Trans. Graphics, 11(1):92-99.

Shneiderman B. 2003. Promoting universal usability with multilayer interface design[J]. Proc. of ACM Conf. on Universal Usability, 1-8.

Srivastava S K. 2007. Green supply-chain management: A state-of-the-art literature review[J]. International Journal of Management Reviews, 9(1):53-80.

Stadtler H, Kilger C. 2008. Supply Chain Management and Advanced Planning: Concepts, Models, Software, and Case Studies[M]. 4th edition. Springer.

Stadtler H. 2005. Supply chain management and advanced planning- basics, overview and challenges[J]. European Journal of Operational Research, 163(3):575-588.

Subramanian D, Pekny J F, Reklaitis G V. 2001. A simulation-optimization framework for research and development pipeline management[J]. AIChE Journal, 47(10): 2226-2242.

Sutcliffe A G, Ennis M, Hu J. 2000. Evaluating the effectiveness of visual user interfaces for information retrieval[J]. International Journal of Human Computer Studies, 53(5):741-763.

Trafton J, Tsui T, Miyamoto R. 2000. Turning pictures into numbers: Extracting and generating information from complex visualizations[J]. International Journal of Human Computer Studies, 53(5):827-850.

Treemaps for space-constrained visualization of hierarchies. 1998. http://www.cs.umd.edu/hcil/treemap-history/.

Ungarala S, Bakshi B R. 2000. A multiscale, Bayesian and error-in-variables approach for linear dynamic data rectification[J]. Computers & Chemical Engineering, 24(2-7):445-451.

Valckenaers P, et al. 1994. IMS test case 5. Holonic manufacturing systems[C]. Proceedings of the IFAC workshop on intelligent manufacturing systems (IMS'94), Vienna, Austria: Pergamon Press Ltd,31-36.

van den Heever S A, Grossmann I E. 2003. A strategy for the integration of production planning and reactive scheduling in the optimization of a hydrogen supply network[J]. Computers & Chemical Engineering, 27(12):1813-1839.

vanderLaan E, Salomon M. 1997. Production planning and inventory control with remanufacturing and disposal[J]. European Journal of Operational Research, 102(2):264-278.

Varma V A, Reklaitis G V, et al. 2007. Enterprise-wide modeling & optimization—An overview of emerging research challenges and opportunities[J]. Computers and Chemical Engineering, 31:692-711.

Vidal C J, Goetschalckx M. 1997. Strategic production-distribution models: A critical review with emphasis on global supply chain models[J]. European Journal of Operational Research, 98(1):1-18.

Vollmann T E, Berry W L, Whybark D C. 1992. Manufacturing Planning and Control Systems [M]. 3rd ed. Burr Ridge, IL: Irwin.

Wang D, Nagalingam S V, Lin G C I. 2008. Development of an agent-based virtual CIM architecture for small to medium manufacturers[J]. Robotics and Computer-Integrated Manufacturing, 24:187-199.

Watkins R N. 1979. Petroleum Refinery Distillation[M]. Gulf Publishing Company.

Webera P, Jouffeb L. 2006. Complex system reliability modeling with dynamic object oriented Bayesian networks[J]. Reliability Engineering and System Safety, 91:149-162.

Whitman L, Huff B, Presley A. 1997. Structured models and dynamic systems analysis: The integration of the IDEF0/IDEF3 modeling methods and discrete event simulation[C]. Proceedings of Winter Simulation Conference(WSC), 518-525.

Williams T J. 1992. The purdue enterprise reference architecture. Instrument Society of America: Research Triangle Park, NC.

Williams T J. 1994. The purdue enterprise reference architecture. Computers in Industry 24 (2-3):141-158.

Witten I H, Frank E. 2005. Data Mining: Practical Machine Learning Tools and Techniques. [M]. second edition. San Francisco: Morgan Kaufmann.

Wong N, Carpendale S, Greenberg S. 2003. EdgeLens: An interactive method for managing edge congestion in graphs[J]. IEEE Symposium on Information Visualization, 10:51-58.

Xue H, Kumar V, Sutherland J W. 2006. Material flows and environmental impacts of manufacturing systems via aggregated input-output models[J]. Journal of Cleaner Production, 7:1-10.

Yan H S, Wang Z, Jiao X C. 2003. Modeling, scheduling and simulation of product development process by extended stochastic high-level evaluation Petri nets[J]. Robotics and Computer Integrated Manufacturing, 19:329-342.

Yang J, Ward M O, Rundensteiner E A, et al. 2003. Interactive hierarchical displays: A general framework for visualization and exploration of large multivariate data sets[J]. Computers and Graphics, 27(2):265-283.

Ying P, Wei S, Zhang W X. 2008. Research on multi-agent-based MES structure of discrete manufacturing industry. Proceedings-the 15th International Conference on Industrial Engineering and Engineering Management, 1515-1520.

Zeigler B P. 1976. Theory of Modeling and Simulation[M]. John Wiley&Sons.

Zhang J, Zju X X, Towler G P. 2001. A level-by-level deblttlenecking approach in refinery operation[J]. Industrial and Engineering Chemical Research, 40(6):1528-1540.

Zhejiang Supcon Software CO, LTD. 2007. Technical report on design of Sinopec manufacturing execution systems(SMES V2. 1) [R].

缩略语一览

3

3R 减量化 Reduce、再使用 Reuse、再循环 Recycle

A

AMT 先进建模与流程模拟技术（Advanced Modeling Technologies）

API 应用程序接口（Application Programming Interface）

APS 先进计划与调度技术（Advanced Planning and Scheduling）

ASTM D86 恩氏蒸馏

B

BAPI 基于业务编程的应用程序接口（Business Application Programming Interface）

BOM 物料清单（Bill Of Material）

C

CAD 计算机辅助设计（Computer Aided Design）

CDU 常减压生产装置（Crude oil Distillation Unit）

CIMS 计算机集成制造系统（Computer Integrated Manufacturing Systems）

COM 订单管理（Customer Order Management）

CORBA 公共对象请求智能体体系结构（Common Object Request Broker Architecture）

CPM 协同生产管理（Collaborative Production Management）

CRM 客户关系管理（Customer Relationship Management）

D

DBMS 数据库管理系统（Database Management System）

DCOM 分布式组件对象模型（Distributed Component Object Model）

DCS 集散控制系统（Distributed Control System）

DDE 动态数据交换机制（Dynamic Data Exchange）

Delta-Base 加工装置产率预测技术

DEVS 离散事件仿真系统建模（Discrete Event System Specification）

DIO 决策整合与优化（Decisions Integration & Optimization）

DNC 分布式数控系统（Distributed Numerical Control）

DOM 文档对象模型（Document Object Model）

DSE 分布式系统工程（Distributed Systems Engineering）

E

ERP 企业资源规划（Enterprise Resource Planning）

EWO 企业级优化（Enterprise-Wide Optimization）

F

FCC 催化裂化（Fluidized Catalytic Cracking）

H

HCO 重催化裂化油（Heavy Cycle Oil）

HMS 可重构制造系统（Holonic Manufacturing Systems）

HPP 层次化生产计划模型（Hierarchical Production Planning）

I

IEC 国际电工委员会（International Electro technical Commission）

ISA 国际仪器系统及自动化委员会 ISA（Instrumentation，Systems，and Automation Society）

ISE 信息系统工程（Information Systems Engineering）

ISO 国际标准化组织（International Organization for Standardization）

J

JIT 准时制生产方式（Just-In-Time）

K

K-means *K* 均值聚类

KPI 关键绩效指标（Key Performana Index）

L

LIMS 实验室信息管理系统（Laboratory Information Management System）

Lingo 交互式的线性和通用优化求解器（Linear Interactive and General Optimizer）

M

MAS 多智能体系统（Multi Agent System）

MES 制造执行系统（Manufacturing Execution System）

MESA 制造执行系统国际联合会（Manufacturing Execution System Association International）

MILP 混合整数线性规划（Mixed Integer Linear Programming）

MINLP 混合整数非线性规划（Mixed Integer Nonlinear Programming）

MNSM 多节点结构模型（Multi-Node Structured Model）

MOC 一致性度量（Measurement of Consistency）

Modbus Modbus 通信协议

MOM 制造运行管理（Manufacturing Operation Management）

MRP 物料需求规划（Material Requirement Planning）

MRPII 制造资源计划（Manufacturing Resources Planning）

MSMP 建模与仿真主计划（Model and Simulation Master Plan）

MSO 建模、仿真与优化（Modeling，Simulation and Optimization）

N

NPI 新产品引进（New Product Introduction）

O

ODBC 开放数据库互联（Open Database Connectivity）

OLAP 联机分析处理（On-Line Analytical Processing）

OLE 对象链接与嵌入（Object Linking and Embedding）

OLTP 联机事务处理系统（On-Line Transaction Processing）

OMT 对象建模技术（Object-Oriented Modeling Technique）

OPC 用于过程控制的 OLE（Object Linking and Embedding for Process Control）

ORM 对象关系映射（Object-Relational Mapping）

P

P&PE 生产工艺系统（Production and Process Engineering）

PABADIS 基于分布式系统的工厂自动化（Plant Automation Based on Distributed Systems）

PCS 过程控制系统（Process Control System）

PDCA 戴明质量循环（Plan-Do-Check-Action）

PDM 产品数据管理（Product Data Management）

PERA 参考体系结构（Purdue Enterprise Reference Architecture）

PID 比例积分微分控制（Proportional Integral Derivative）

PIMS 过程工业模型系统（Process Industry Modeling System）

PLC 可编程逻辑控制器（Programmable Logic Controller）

POP 生产现场管理（Point of Production）

PS 生产系统（Production System）

PSE 过程系统工程（Process Systems Engineering）

PWC 工厂级优化（Plant Wide Control）

PWCL 工厂级控制环（Plant Wide Control Loop）

R

REPAC 制造业务过程（Ready，Execution，Process，Analyze，Coordinate）

RTO 实时优化（Real-Time Optimization）

S

SCM 供应链管理（Supply Chain Management）

SFC 车间级控制系统（Shop Floor Control）

Six Sigma 六西格玛

SOAP 简单对象访问协议（Simple Object Access Protocol）

SOC 标准操作条件（Standard Operation Condition）

SOP 标准作业程序（Standard Operation Procedure）

SPC 统计制程管制（Statistic Process Control）

SSL 安全套接字层（Security Socket Layer）

SSM 销售和服务管理（Sales and Service Management）

T

TBM 企业全面预算管理（Total Budget Management）

TBP 实沸点蒸馏（True Boiling Point）

TQM 全面质量管理（Total Quality Management）

U

UI 软件的人机交互、操作逻辑、界面美观的整体设计（User Interface）

UML 统一建模语言（Unified Modeling Language）

V

VVA 建模与仿真过程及模型

VISUAL STUDIO 微软视觉工作室

X

XML 可扩展标记语言（Extensible Markup Language）

XSLT 扩展样式表转换语言（Extensible Style sheet Language Transformation）

索　引